安大钧，1942年10月出生，山西绛县人。1963年9月，考入山西大学中文系。1968年7月—1970年2月，在石家庄驻军劳动锻炼。1970年2月—1977年11月，在右玉县委工作。1977年11月，被任命为雁北日报社科长、副总编。1983年9月，被任命为雁北日报社总编。1986年，被评为主任编辑、主任记者。1990年初，被全国记协评为全国优秀新闻工作者。1991年4月，当选为雁北地委委员、宣传部部长。1993年7月，当选为大同市市委常委、宣传部部长。1995年1月，当选为大同市市委副书记。1998年7月，当选为大同市人大常委会主任、党组书记。2008年7月，当选为大同古城保护和修复研究会会长、大同市人大理论研究会会长、山西省城镇建设学会副会长。2010年9月，当选为中国古都学会副会长。是山西省第九、十、十一届人大代表。是大同市第十、十一、十二、十三、十四、十五届人大代表。

安大钧　著

TANSUO YU GANWU
WODE RENSHENG PIANDUAN

探索与感悟

我的人生片段

山西出版传媒集团
山西人民出版社

图书在版编目（CIP）数据

探索与感悟：我的人生片段 / 安大钧著. --太原：山西人民出版社，2019.1
ISBN 978-7-203-10606-7

Ⅰ.①探… Ⅱ.①安… Ⅲ.①安大钧-自传 Ⅳ.①K827=7

中国版本图书馆 CIP 数据核字（2018）第 298251 号

探索与感悟：我的人生片段

著　　者：安大钧
责任编辑：陈俞江
复　　审：赵虹霞
终　　审：孔庆萍
装帧设计：陈　婷

出 版 者：山西出版传媒集团·山西人民出版社
地　　址：太原市建设南路 21 号
邮　　编：030012
发行营销：0351-4922220　4955996　4956039　4922127（传真）
天猫官网：https：//sxrmcbs.tmall.com　电话：0351-4922159
E - mail：sxskcb@163.com　发行部
　　　　　sxskcb@126.com　总编室
网　　址：www.sxskcb.com

经 销 者：山西出版传媒集团·山西人民出版社
承 印 厂：山西出版传媒集团·山西人民印刷有限责任公司

开　　本：787mm×1092mm　1/16
印　　张：23.25
字　　数：480 千字
印　　数：1—1 600 册
版　　次：2019 年 1 月　第 1 版
印　　次：2019 年 1 月　第 1 次印刷
书　　号：ISBN 978-7-203-10606-7
定　　价：68.00 元

2018年，与年近九旬的原雁北日报社社长贾春太（右）合影

贾春太荣获全国优秀新闻工作者称号载誉归来，省委书记李立功到车站迎接

贾春太荣获全国优秀新闻工作者称号载誉归来，省记协主席到车站迎接

1985年，与副总编任柯研究稿件

1988年，山西省报纸管理工作经验交流会在雁北日报社召开

1988 年，全国第四次地方报纸经验交流会在雁北日报社召开

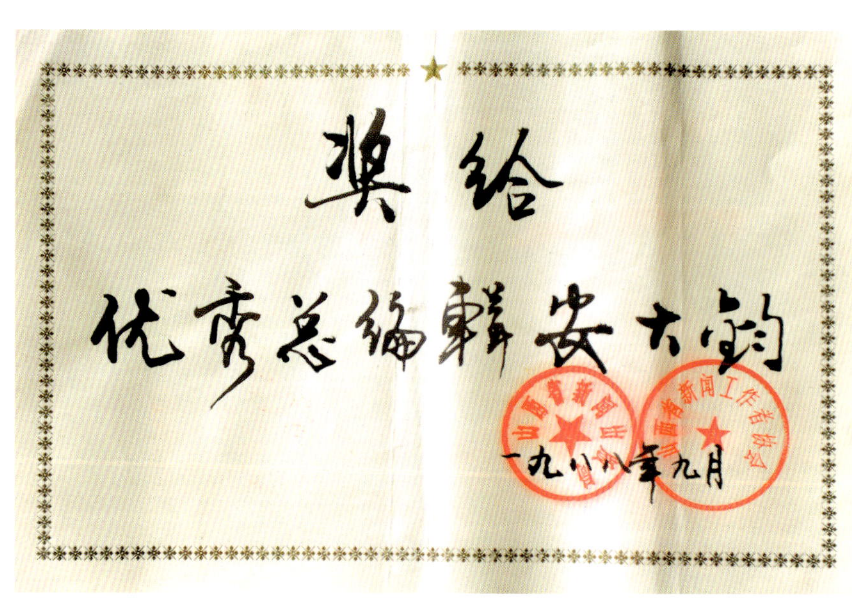

1988 年，获山西省优秀总编辑称号

在哈尔滨参加报纸总编会留影

1990年，与总编室主任赵云雾研究报纸版面

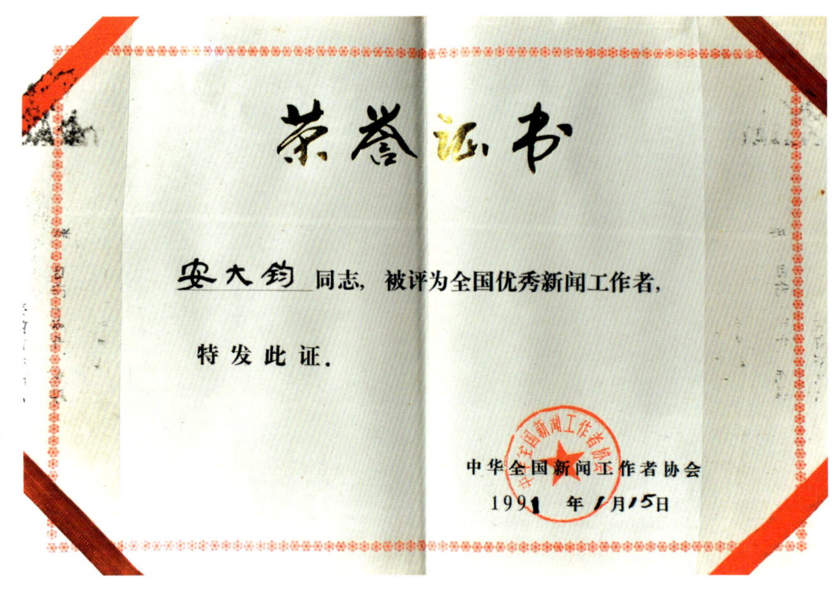

荣誉证书

安大钧同志，被评为全国优秀新闻工作者，

特发此证。

中华全国新闻工作者协会

1991 年 1 月 15 日

1991 年 1 月，获全国优秀新闻工作者证书

1991 年 1 月，获全国优秀新闻作者称号

山西省第十一届人大第一次会议期间，张宝顺同志到大同代表团参加审议

山西省第十一届人大第一次会议主席团成员

在山西省第十届人大第一次会议大同团发言

工作研究 ZHONGGUORENDA

对开好人代会的几点探索

安大钧

依法开好地方人民代表大会会议，审议和决策好本行政区域内的重大事项，进而促进经济发展和社会进步，具有特别重要的意义。近几年来，大同市人大常委会对如何开好人民代表大会会议进行了一些有益的探索，收到了较好的效果。

*一是变会前视察为会前视察与专题调研相结合。*要开好人代会，会前的视察工作是必不可少的。过去，我们的视察是笼而统之听汇报，特别是涉及政府工作的方面，门类繁多，内容复杂，单凭短短几天视察听汇报，上升不到理性认识，代表们感到收效不大。现在是在普遍视察、听取全面汇报的基础上，带着专题搞调研。近几年来，我市人大常委会在组织会前集中视察时，都根据市委的中心工作，围绕全市改革深化、经济发展和社会稳定的重大事项，围绕广大群众普遍关心的热点问题，搞出6—9个专题，让代表们在集中视察的基础上专题调研，使代表对全市工作重要方面有深入细致的了解，便于在审议报告过程中提出好的意见、建议。2001年市本届四次人代会集中视察前，市人大常委会主任会议根据全市工作的实际，提出了"夯实农业基础，促进农民增收"、"调整工业结构，推动工业创新"、"发展旅游产业，激活商贸服务"、"坚持依法治国、以德治国相结合，推进社会全面进步"等9个专题，以文件的形式发给每一个代表，由代表大组确定安排代表搞专题调研。这样，提高了会前视察的质量。

*二是变以抓会务工作为主为以抓为审议决策提供服务为主。*过去，市人大常委会在人代会前，往往只是研究会务工作，会中大会秘书处也以抓会务、抓生活为主，忽略了为会议审议决策提供服务。从二次人代会以来，通过集中视察和专题调研，市人大常委会为大会提供了十几篇调研报告，供代表审议时参考。此外，还为代表提供了知识性资料和有关问题说明，包括名词解释、有关法律用语等，为代表审议提供服务。

*三是变分组审议、全团审议为分组审议、全团审议与联团审议相结合。*人代会能否作出科学的决策，并付诸实施，会中认真审议至关重要。对此，我们一改多年代表团分组审议、全团审议的作法，采取了分组审议、全团审议与联团审议相结合的办法，使审议形式灵活多样。市二次人代会期间，以城区、矿区两个代表团为主就有关城市建设、城市管理的联团审议，发言的代表一个接着一个，到中午一点时还收不了场，对我市城市建设和城市管理提出许多好的意见和建议，不少被市政府采纳。近几年，大同市城市改造步伐加快，道路拓宽，城市变绿、变美，管理有了较大的进步，这与市人大代表提出的好意见、好建议是分不开的。

*四是变全面审议为全面审议与专题审议相结合。*审议是以专题调研为基础的。过去，大同市国有经济特别是重工业（煤炭）所占比重过大，非公有制经济发展缓慢，影响到全市经济发展。人代会期间，我们连续几年组织了关于调整所有制结构、加快发展非公有制企业的专题审议，代表们就为非公有制企业发展创造各方面宽松的环境提出了好的建议、意见；市委、市政府及时出台了加快发展非公有制经济的意见，促进了我市非公有制经济的发展。到去年年底为止，非公有制经济对全市财政收入的贡献率较以往有了很大的提高。大同市旅游资源丰富，国家重点文物保护单位就有13处，在全国地级市中是少有的。市四次人代会对"发展旅游产业、激活商贸服务"进行专题审议，代表们对把旅游产业建成精品产业以及由旅游产业带动其他相关产业的发展提出了好的意见、建议，使全市上下对抓旅游产业的发展形成共识。会后，全市上下努力改善旅游环境，提高旅游服务水平，使旅游收入有了较大的增长。

*五是变单一信访接待为多部门多方式信访接待。*以往，我们只设一个大会信访接待室。现在，每次人代会都设立信访热线电话2—3部，市人大常委会、市政府、市"两院"分别设立四个信访接待室，公开接待群众的来信来访，办理来信来访事宜，仅四次人代会就接待来电23次，来信67件，来访121人次，并认真进行了办理，受到群众的好评。

*六是变例行式审议决策为多议题审议决策。*我们增加会议审议议题。除了通常审议"一会"（人大常委会）、"一府"（政府）、"两院"（法院、检察院）的6个工作报告外，二次人代会增加审议了《关于加强对执法人员监督的决定》，四次人代会增加了《关于改善经济发展法制环境的决定》以及有关审议地方性法规议案的内容。这样，有利于发挥人代会的职能作用，提高人代会的质量。同时，我们每年还增加了市委主要领导同市、县（区）人大常委会主任一起审议关于坚持人大制度、改进人大工作的专题。这样做，促进了市委关注人大工作，加强对人大工作的领导和指导，促进人大制度的坚持和完善。此外，我们还增加了市政府主要领导会议期间深入各代表团现场办理代表提出的意见、建议的内容，提高了对政府工作的信任度以及代表提出议案和意见、建议的积极性。

*七是变封闭式会议为开放式会议。*我们设立会议旁听席。从1999年二次人代会以来，我们每年都邀请市直及城区的有关部门、单位和近郊的农民共五十人旁听会议，增加了会议的透明度。在会议期间，我们还对市民关注的热点问题，让"一府两院"召开新闻发布会，就代表们提出的涉及全市工作的重大事项，由市政府及"两院"领导或作出说明，或作出承诺，显示了代表们议政的公开性，又激发了全市人民工作的热情，便于人代会议定的重大事项的落实。会议期间，我们还不断拓展新闻报道的内容，不断改变报道方式，不仅发消息，而且发特写、侧记、纪实等，变程序性报道为实质性报道，扩大会议的透明度，便于全市人民关注会议、监督人大工作。

三年多来，我们在开好人代会上做了一些探索，但还很不够。今后，我们还要紧紧围绕人大职责的履行、人大代表作用的发挥、人代会质量的提高和实效的增强进行更多的探索，为坚持和完善人民代表大会制度做出应有的贡献。□

（作者为山西省大同市人大常委会主任）

30 中国人大 2002年第1期

中国人大 2002年第1期 31

《对开好人代会的几点探索》刊载于《中国人大》2002 年第一期

TEBIEGUANZHU 特别关注 审议意见

大同市
对审议意见书的探索和实践

⊙山西省大同市人大常委会主任　安大钧

长期探索地方人大常委会监督工作的实践中，我们深深体会到，通过听取和审议工作报告，形成审议意见书，送达有关国家机关办理，并将办理结果报告人大常委会，是强化对同级人民政府、法院、检察院（简称"一府两院"）监督的有效形式。从1998年8月我市十一届人大常委会第一次会议开始，运用这种形式，边实践、边探索、边完善，不断强化对"一府两院"的监督，到2003年8月新一届人大常委会产生，五年召开39次常委会会议，听取和审议"一府两院"工作报告142项，形成审议意见书55项，提出审议意见455条，有力地促进了全市的经济发展和社会的全面进步。

立法规范，确立审议意见书的地位

依照法律规定我们每两个月至少举行一次常委会会议，每次会议近一半的议程就是听取和审议"一府两院"的工作报告，如何提高会议的审议质量，能否落实好审议意见书，直接关系到地方国家权力机关法定作用的发挥。过去，在听取"一府两院"工作报告后，一般先由组成人员在分组会议上作审议发言，然后以《简报》的形式发给出席人员，有关部门负责人有时列席听听审议发言，更多的时候不参与分组审议，往往听不到、看不到审议意见。即使能看到，"一府两院"办理起来也有难度。因此，会后这些审议意见起到作用没有，起到多大的作用，谁也说不清楚，也很少有人过问。这样的审议报告很容易走过场，对"一府两院"工作的监督也很容易流于形式。1998年换届后，我们认为，人大常委会作为国家权力机关，要依法行使好监督权，必须改变这种状况，必须从立法规范入手，确立审议意见书应有的地位和权威。

早在1998年10月，我市十一届人大常委会第二次会议就郑重地作出《关于听取和审议市人民政府工作报告的试行办法》，该办法第20条规定："市人大常委会审议市人民政府的工作报告中提出的建议、批评、意见，会后10日内，由市人大常委会办公厅整理汇总，经主任会议审查后转交市人民政府，市人民政府应在三个月内向市人大常委会书面报告办理落实情况。市人民政府在规定的时间内，没有报告办理落实情况时，市人大常委会可责成市人民政府在市人大常委会会议上专门报告办理落实情况。具体督办工作由市人大常委会办公厅负责。"这条规定虽然沿用建议、批评、意见的提法，但它的内容实质上就是审议意见书。

2000年10月我市十一届人大常委会第十六次会议通过并经山西省人大常委会批准的《监督工作条例》第15条规定："市人民代表大会常务委员会组成人员在会议期间提出的建

大同市人大常委会主任会议成员、市人大财经委工作人员、法制委工作人员分别

中国人大 20
2004/02/10

2004年2月10日的《中国人大》介绍大同人大审议意见书的经验，此经验后来写入《监督法》

大同网上人代会动员会

听取货运司机对煤检站乱收费的意见

《水法》执法检查

省代表视察

深入基层给代表拜年(1)

深入基层给代表拜年(2)

把就业作为民生之首,视察就业中心

陪同山西省委书记田成平视察工作

2009 年 12 月，获“感动山西的人大代表”称号

荣誉证书

HONORARY CREDENTIAL

安大钧代表：

在山西省纪念地方人大设立常委会30周年评选活动中，您被评为“感动山西的人大代表”。

“影响山西民主法制建设十项业绩暨
感动山西的人大代表”评选活动组委会
二〇〇九年十二月二十四日

2009 年 12 月，获“感动山西的人大代表”称号

“感动山西的人大代表”颁奖现场

2008 年 2 月 6 日，向耿彦波同志颁发大同市代市长任命书

大同古城夜景

《大同雕塑全集》首发仪式在人民大会堂举行

在《大同雕塑全集》首发仪式上讲话

在大同被命名为“雕塑之都”的大会上留影

与耿彦波陪同冯骥才考察华严寺

与耿彦波陪同单霁翔考察华严寺

监审华严寺罗汉殿雕塑

监审华严寺山门油饰彩画

陪同吴为山考察云冈石窟

与耿彦波视察云冈大景区建设情况

陪同韩美林、冯骥才考察

与木雕大师黄文寿研究云冈石窟灵岩寺木雕佛像

在云冈石窟灵岩寺修复的北魏壁画前留影

与耿彦波在华严寺工地(1)

与耿彦波在华严寺工地(2)

陪同余秋雨考察

和耿彦波一起研究工作

在北京与耿彦波一起邀请星云大师参加灵岩寺开光大典

与耿彦波一起陪同星云大师考察云冈石窟

与耿彦波一起研究壁画设计稿

与耿彦波一起研究大同御东新区建筑设计

与耿彦波一起陪同余秋雨考察

请佛教艺术大家金维诺等给云冈石窟留墨宝

与北京古建所原所长王世仁研究大同北魏明堂设计

陪同耿彦波与大同古城保护和修复研究会专家考察云冈大景区

台湾海云法师为法华寺开光

大同古城保护和修复研究会专家监审文庙雕塑

与雕塑家陈云岗在其雕塑的梁思成林徽因像前合影

与耿彦波一起观赏大同文庙大成殿礼器

陪同专家刘庆柱、王维坤、李毓芳考察云冈石窟

2014 年 10 月 27 日，考察洛阳汉魏故城遗址

著名历史地理学家陈桥驿喜读《陈桥驿与大古都大同》

视察夯土文化窗口

在梁罗古建理论研讨会上发言

人山人海游云冈

姥姥全家照

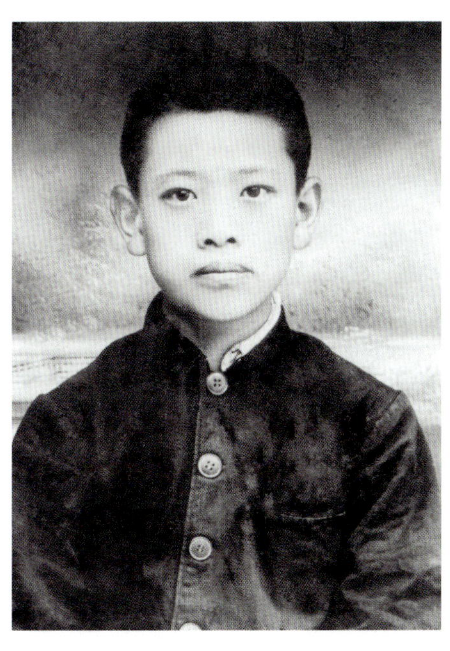

1957 年，绛县第一高级小学毕业照

1960 年，绛县一中(初中)毕业照

1966 年，在北京

1985 年，在雁北日报社

1966 年，在上海

与母亲在天安门

1999年，在大同市人大办公室

2016 年，与爱人在钟楼上

2018 年春节，全家福

序

一部探索者的纪录

贾春太

人生之路短暂，且年华有限。怎样在这不长的道路上，有限的时间里，为子子孙孙留下更多的财富？从大钧撰写的《探索与感悟》的字里行间，可以找到答案。这答案就是两个字：探索。

大钧的探索精神，写在了这部书里，也记载在他的同事们的心里。

我就是大钧探索创新的见证者之一。

在当年的雁北日报社，我和大钧在同一条战壕里滚战了十多年，目睹了他从报社的组长，成长为副总编辑和总编辑的全过程。他给我的印象是：不管是为人、为公，还是为文、为业，都是可圈可点的。

那时，我这个从事报业多年的老报人，已快到交班的时候了，就朝朝暮暮地在思考选择接班人。那时的党报，以办报为主。作为党报的领导人，不仅要有为公的思想和较强的领导能力，更要有过硬的文字功底和熟练的报纸业务。大钧在这些方面，都无可挑剔，是一个比较理想的接班人。

从《雁北日报》复刊后的第一任社长康溥泉起，雁北日报社就一直是社长负责制。大钧当了总编辑后，我在编委会上给大家说："雁北日报社实行编委会领导下的总编辑负责制。"从那时起，社长负责制终结，总编辑负责制开始。这就把年轻有为的大钧，推到第一线，使其放开手脚，有职有权，大干一番事业。

大钧当总编辑的时代，是党报要自己找饭吃的时代。这是一条前人没走过的道路，自然要由大智大胆者探索。

那时，《雁北日报》开辟了一个杂文专栏，名曰《说长道短》。在众多的杂文中，大钧撰写的《敢于第一个吃螃蟹》给人印象最深。此文的寓意就是在改革的道路上，要有不怕风险，勇于探索的精神。这篇杂文，就是大钧风格的真实写照。他经过几年一心一意辛辛苦苦的探索，终于找到了一条，既能坚持党报的党性原则，又能解决全社人员吃饭问题的两个车轮一齐转的道路。报纸越办越好，报社的日子越过越好。

雁北日报社在改革的路上探索出的这一条新路，引起了全国报界和山西省新闻出版局的关注，中国地市报研究会在雁北日报社开了现场会。山西省新闻出版局和山西省新闻工作者协会，通报表彰了雁北日报社编委会并授予大钧优秀总编辑的光荣称号。

大钧到了大同市人大后，还是一个探索者。他在大同市人大，当了十年主任，探索了十年。他的十年探索，给人们最重要的启示是：像人大这样的老资格机关，不是只能墨守成规，而是有许多可探索的空间。十年间，通过他们的不断探索，做出了十多项有针对性的重要决定、决议，就是最有力的证明。

在这些决定和决议中，对大同古城保护的决议，就是其中最重要的决议之一。这项决议的来由是：

大钧刚从大同市委副书记转任大同市人大常委会主任之后的一个月，就遇到了大同古城的改造，一座座传统民居被推倒，成片历史街区被破坏，国家重点文物保护单位善化寺、华严寺、九龙壁受到高层建筑的威胁，大同古城大有面目皆非之险。就在此时，大同市人大常委会组成专题调查组，查实情况，做出了《关于保护大同古城的决议》，促使大同市政府制定了《古城保护条例》，制止了对古城的破坏。大同市人大在关键时候的这一决议，保护了大同古城，得到大同人民的拥护，受到全国人大文物执法检查组和彭珮副委员长的肯定和赞扬。

这一事例就可充分说明：权力机关走出去进行探索，是一条掌好权、用好权，把权用在刀刃上的必由之路；大门不出，二门不迈，墨守成规，亦步亦趋，是一条无所作为之路。

大钧从大同市人大常委会主任的岗位上退下来之后，应大同市委和市政府领导之邀，出任大同古城保护和修复研究会会长。从此，他把全部的余热，都倾注在对大同古城的保护和修复的探索上来——

大钧是大同古城保护和修复的发起者。时任大同市市长耿彦波力主修复大同古城之举，和大钧不谋而合，自然得到大钧的大力支持和有力配合。这两位领导，都是积极的探索者。耿彦波是修复大同古城的伟大探索者，大钧是修复大同古城在法理上的伟大探索者，两个伟大探索者合二为一，友人般的合作，就加强了修复古城和抵御干扰古城修复的力量。修复古城的路，是一条充满艰难险阻之路。在修复的过程中，曾遇到过泰山压顶般压力，刮过数次“八九级”大风。但是，什么样的压力都没有把他们修复古城的意志压垮，都没有使古城修复终止。他们顶压挡风的武器就是修复古城的法律、理论、理由、依据。没这些武器，古城修复就要半途而废、前功尽弃，大同古城就不可能再现昔日雄伟壮观的景色。

耿市长被调走，大同古城因故停修两年之后，来了一个新的市委书记，名张吉福。他也是一位要为大同人民造福、深受大同人民喜爱的好书记，他继续了耿市长没有完成的古城修复工程。

大同古城的修复，是一个前无古人的伟大工程，也是一个对大同利在千秋的伟大工程。张吉福、耿彦波、安大钧的名字，一定会记载在大同古城修复的史册，他们的名字也会永远留在大同人的记忆里。

大同的历史地位和历史贡献，说明大同不是一般古都，而是一个大古都。为了给大同古都正名，大同古城保护和修复研究会，以大钧为会长的专家学者，投入了大量的心血，像挖煤一样挖掘大同历史文化。

在研究会里，大钧可称为首席研究员。在六年的时间里，他博览了古今中外大量的古城保护和修复的文献，撰写了《谈谈古都大同在古都史上的重要地位》《充分认识大同古城的历史文化价值》《大同古都文化的大同精神》等九篇论文。这些具有可读性、理论性、专业性的论文，说明大钧已具备了专家的资格。中国古都学会推选大钧为中国古都学会副会长是实至名归的。

大同古城保护和修复研究会，在这六年里研究成果累累，先后撰写和出版了古都大同六书——《古都大同》《佛都大同》《中华民族团结融合之都》《大同历史大事编年》《北魏平城分类纪事》《丝路起点北魏平城》等巨著。这些浩瀚的史志和大钧撰写的有理有据的论文，就完全能够证明，大同是一个真正够格的大古都。

大同具备大古都的资格，就要努力为其正名；大同应当有大古都这张名片，就要力争。不争，谁能知道大同本来就是一个大古都?！大钧就是这样的性格。不该得到的不强求，应当得到的必须争。为了让更多的人认可大同，他们以研究会的名义，多次邀请全国著名专家学者，分五批来大同实地考察研究，这就使全国越来越多的专家学者，肯定了大同古城的历史地位。功夫不负有心人，2010 年 9 月 22 日下午，在大同举行的中国古都学会全体理事会上，通过了大同继郑州后成为全国第九大古都。当全场为此而响起热烈掌声时，大钧的脸上露出了笑容，他和大同的专家学者，多年为其而奋斗的梦想成真，兴奋至极，理所当然。

跻身大古都，是大同的一张不可多得的名片，是大同的无价之宝。历史学家们在书写这张名片的来由时，不会忘记支持大同获得这张名片的中国古都学会四名发起人之一的陈桥驿先生和第二、第三任会长朱士光、萧正洪先生以及中国古都学会五、六届的副会长和理事们，也不会忘记以大钧为首的大同的专家学者多年为此而进行的奋斗。他们的名字都将被记于史册。

这部书,仅是大钧一生探索的几个片段。这几个片段,就足可证明,大钧的一生是探索者的一生,也是舍己为公的一生。他的一切探索,都不是为己,而是为公。没有舍己为公的思想,也就不会有舍己为公的探索。有付出,才会有收获。多年间,他舍去了时光,舍去了精力,舍去了健康,换来了非凡的成就。这些不一般的成就说明了大钧对社会的贡献,也说明了大钧的人生价值,还说明了大钧没有虚度年华,更能说明大钧的一生是无可悔恨的一生,是坦坦荡荡的一生。

大钧还有一项对社会的大贡献,那就是他以一生的心血,为大同人民探索出了一条人生最佳的道路——探索之路。探索之路,是一条出成果之路,也是一条增知识、长才干之路。大钧退休后的六年,成长为古都学家,被古都学家们认可,并被推选为中国古都学会副会长,就是最有力的证明。

然而,如今自觉走这条路的人还不多,究其原因,就是他们还没有认识到这是人生的阳关大道。我这个九十高龄、风烛残年的老人,期望我们的理论工作者、宣传工作者,对探索这一新的命题,进行深入探索,揭示探索的真谛,宣传探索的意义,让更多的人明白探索的重要性,自觉地、积极地走大钧所走的探索创新之路。在探索的道路上,成长为专家学者,为国为民为己,探索出更多更丰厚的财富。这就是我为大钧的作品,写这些文字的用意所在。

著书是为了立说,立说是为了启迪后人。《探索与感悟》所立之说,就是探索学。探索学是一门新的学说。这门新学说对人最大的启迪,只有两个字:探索。

人生最有意义、最有价值、最有用武之地的就是探索。探索是一种有效的工作方法,也是一门包罗万象的学说——

社会要进步,需要探索;国家要富强,也需要探索;人民要致富,还需要探索。一切事物的发生、发展、壮大,几乎都离不开探索。没有探索,就没有发展,就没有进步。

探索学,是兴国学,也是富民学,还是破旧立新学,很值得探索、研究、实践。

《探索与感悟》不是探索学的专著,期望能起到抛砖引玉之效。这部书的意义也就在这里。

前 言

勤学、多思、勇探索,这是我参加工作后对自己的要求,也算是座右铭吧。韩愈云:“书山有路勤为径,学海无涯苦作舟。”从童年入学后,老师就教导我们要勤奋学习,要有“头悬梁、锥刺股”的精神。随着年龄的增长、学历的提高,尤其是入职后,更体会到“人生识字糊涂始”“书到用时方恨少”。实际工作中,会遇到许许多多的问题,不仅要向书本学,还要向别人学,向社会学。

《论语》曰“学而不思则罔”。“学而不思”,只能是知识的增加、资料的堆积,只能是未加工的原料。古人提倡的“善思”,就是多思基础上的深思,就是剥掉表象而探索其实质的思考。

探索,是探寻,是试验,是摸索,是实践。不探索就走不出新路,就找不出好的办法,就会贻误时机影响任务的完成。我极力主张要鼓励勇于探索的人,曾在《雁北日报》小言论专栏《说长道短》中写道:“第一个吃螃蟹的人是英雄,没有他,人们不知道螃蟹是美味;第一个吃蜘蛛的人也是英雄,没有他,人们不知道蜘蛛有毒不能吃。”不能“胜者王侯败者寇”,要宽容并鼓励探索和改革的失败者。

窃以为,在四十多年的工作中特别是担任大同市主要领导职务时期,我是个勤学、多思、敢探索的人。在担任雁北日报社总编辑八年间,我弥补了自己是中文系而不是新闻系毕业的不足,系统学习新闻学理论和新闻写作,还学习了报社经营管理方面的知识。在身边楷模——贾春太社长的大力支持下,进行了“办一张指导服务型报纸、建一个企业管理型报社”的改革,取得了令人注目的成果。在担任大同市委宣传部部长期间,我曾在《中国党政干部论坛》1993 年第 1 期发表文章,提出了“要在解放人们思想上下功夫”的观点。探索了宣传部工作由务虚变务实的一系列做法。在担任大同市委副书记期间,我对地方党委工作特别是在干部选拔任用上如何贯彻执行民主集中制进行了探索,并建立了一些具体制度。在担任大同市第十一、第十二届人大常委会主任十年间，我系统学习了宪法、基本法律和适用于人大工作的法规，学习了人大理论和人大基本知识，在推进地方民主政治建设方面进行了一系列的思考和探索，获得了全国人大有关部门和许多省市人大同人的好评。我在人大工作时就比较重视大同古城保护、修复和利用工作，而且组织了一支地方专家学者队伍。在时任市委、市政府主要领导的盛情邀请下，我又担任了大同古城保护和修复研究会会长。我勤奋地学习古城古建保护和修复的国际文件和国内法规，学习古建理论和宗教知识，反复思考古城古建筑保护利用的途径，撰写了大量的文章、建议和报告，在历史文化名城保护和利用方面进行了一系列探索。

由于学识水平、工作能力有限，我一生没有雄心壮志也没有什么大的成就，但组织让干什么，就努力把它做好，做出色。我选择了自认为可以给人一点点启示的我的人生片段，从探索与感悟角度，撰写了“我在报社十三年间”、“我当大同人大主任十年间”和“退而未休十年间”三个时段的所学、所思、所为，也附录了别的同志撰写的有关文章。

目 录

我的楷模

难得身边有楷模 …… 003

附一 雁北有个新闻官——访贾春太 …… 005

附二 影响我一生的右玉八年(1970 年 2 月—1977 年 11 月) …… 010

雁北日报社十三年间的探索与感悟

让我锻炼成长的第二座“熔炉” …… 015

雁北日报社总体改革的设想与实践

——在 1988 年中国地市报研究会年会上的发言(摘要) …… 018

加强编采质量的监督 …… 027

谈谈报社开展多种经营与发展新闻事业的关系

——1988 年全国新闻出版改革典型研讨会材料 …… 030

为建设一个企业管理型报社而努力

——我社开展经营管理体制改革的几点体会 …… 036

附一 山西省新闻出版局 山西省新闻工作者协会关于表彰《雁北日报》编委会和《雁北日报》总编辑安大钧同志的通报 …… 041

附二 在改革中团结奋进的《雁北日报》编委会 …… 043

附三 一个勇于开拓进取的人

——介绍《雁北日报》总编辑安大钧 …… 047

大同人大十年间的探索与感悟

大同人大十年探索路 …… 055
怎样提高市人大常委会会议的审议质量 …… 070
讲求工作质量　不断开拓创新　靠自身作为树立权力机关良好形象
——在省委人大工作会议上的发言 …… 078
对行使重大事项决定权的认识与探索 …… 083
注重质量　完善程序　体现民意　创造性地开展地方立法工作
——在全省地方立法工作座谈会上的交流材料 …… 089
审议意见书:实施监督的有效形式 …… 094
对开好人代会的几点探索 …… 096
坚持党的领导、人民当家作主和依法治国的有机统一
——学习党的十六大报告的体会 …… 099
履行权力机关职能　维护和实现人民的根本利益 …… 105
对人大新闻宣传工作的若干思考
——在海南省全国人大新闻宣传干部培训班上的发言 …… 110
怎样做好地方人大常委会的工作
——在全省市、县(区)人大常委会主任培训班上的发言 …… 123
坚持"五抓五建"加强自身建设　不断提高权力机关的履职能力和工作绩效
——在省委人大工作会议上的交流材料 …… 136
《大同市十一届人民代表大会志》序 …… 144
《大同市十二届人民代表大会志》序 …… 146
我对民主的几点认识 …… 154
对完善代表工作具体制度的思考 …… 156
刚柔并济"三部曲"
——大同市人大常委会对监督方式的探索 …… 161
附一　我省评出"影响山西民主法制建设十项业绩"
暨"感动山西的人大代表" …… 166
附二　最美读书代表安大钧:读书一辈子　一为修身　二为工作 …… 167

退而未休十年间的探索与感悟

在大同古城保护和修复研究会成立大会上的讲话摘要 …… 173
我心目中的耿彦波 …… 176
研究大同历史文化名城保护和发展的苦与乐 …… 186
对大同古都名城保护的探索与体会 …… 188
像挖煤一样挖文化 …… 195
皇城气象今犹在 …… 198
大文化造就大古都 …… 200
大古都担负大责任 …… 203
像建设工业园区一样建设旅游大景区 …… 206
谈谈古都大同在古都史上的重要地位和特殊价值 …… 208
在《中国大同雕塑全集》首发式上的讲话 …… 218
《大同宣言》发布的前前后后 …… 221
大同古都文化中的大同精神 …… 227
大同对古城古建保护和修复的探索 …… 242
充分认识大同古城的历史文化价值 …… 250
试论中国历史文化名城的保护和修复
——一个实际工作者的学习、思考和探索 …… 254
殷殷古都情　耿耿事业心
——记古都学研究元老陈桥驿先生二三事 …… 260
"三书"人生　"三立"垂世
——沉痛悼念"郦学泰斗"陈桥驿先生 …… 265
大同与万里茶道 …… 268
《古都大同六书》总序 …… 286
《大同历史文化辞典》序 …… 290
《雁北历史纪事》序 …… 292
附一　大同古城墙保护修复背后的故事——古城墙合龙之际访安大钧主任 295
附二　大同是实至名归的大古都——本报记者专访中国古都学会副会长、
大同古城保护和修复研究会会长安大钧 …… 302
附三　历史底蕴深厚　晋商印记长留 …… 307

家庭个人生活中的感悟

恩重如山的老母亲 …… 313
在安氏祠堂落成暨《安氏宗谱》修编出版庆祝仪式上的讲话 …… 315
在七十寿筵上的讲话 …… 317
附　同舍同桌的安大钧 …… 319

我的楷模

难得身边有楷模

我这一生很幸运，一入职便先后进入了两座熔炉，遇到了两位楷模：一是在山西省右玉县，遇到了县委书记杨爱云；二是调到雁北日报社工作，遇到了社长贾春太。

1968年7月，我从山西大学中文系毕业后，到石家庄部队农场劳动锻炼。1970年2月，被正式分配到中共右玉县委办公室工作。在右玉工作的近八年中，经历了三任县委书记，亲身感受到了"一任接着一任干，一张蓝图绘到底，艰苦奋斗、久久为功，誓让塞上变绿洲"的右玉精神。在这三任县委书记中，最令我敬佩、让我视作楷模的是杨爱云同志（1983年11月8日，49岁时英年早逝）。他全心全意为人民服务，凡是影响人民利益的事、阻碍右玉发展的事，他都紧抓不放、坚持不懈。他注重调查研究，1972年7月到任后不久便从东南部的增子坊村开始徒步考察，走到了西北部的杀虎口和东北部的破虎堡。他注重蹲点调查，总结了消息屯村"林草上山、粮油下滩湾，建设基本农田"的经验。他注重长短结合、以短养长，农林牧全面发展，推动全县养牛养羊养兔，千方百计增加农民收入。他廉洁奉公不搞特殊，妻子生孩子时顾不上照看，也不到粮食局给批一两白面。我经常给他写讲话稿、工作总结和调研报告，在办公室加班时他便与我共同研究，加班后还和我睡在同一炕上休息。他带领机关干部每年参加春秋两季和雨季造林，干在工地，吃在工地。他注重造林质量，推进苗圃建设，改变压条造林。他每年都要蹲点调查，与群众亲如一家。他没有一点县委书记的架子，与机关干部经常聊工作、拉家常。我在右玉工作八年，有将近五年和他在一起，每天工作十多个小时，星期日从来不休息。耳濡目染，他让我懂得了什么是群众利益，什么是全心全意为人民服务，什么是密切联系群众，什么是艰苦奋斗。

1977年8月，我被雁北地委调到雁北日报社工作，又进入了一个大熔炉，身边又有了一位楷模——贾春太。雁北日报社领导班子坚强，报纸旗帜鲜明，报社风清气正，编采人员坚持深入采访，提倡"脚板子底下出文章"，敢于向坏人坏事"亮剑"，报道风格泼辣。为保证报纸质量，每天召开编前会、评报会，开展批评与自我批评，评优实事求是，评差不留情面。报社领导人经常上了白班上夜班,工作身先士卒,被人称为"生产队长"。时任社长贾春太,1929年生,1945年参加革命,在太行山老区一个区公所写稿件,当《新华日报》通讯员。1949年以特约通讯员身份被借调到山西日报社工作,1952年被正式调入山西日报社当记者。截至1969年,先后任晋北记者站副站长、晋东南记者站副站长、晋中记者站站长和记者部副主任等职务。老贾党性强,始终坚持"党报是党的喉舌,是宣传党的主张的阵地",牢牢把握着办报方向。他心底无私,两袖清风;他淡泊名利,工作第一;他高风亮节,甘为人梯。他带领报社一班人融入20世纪80年代的改革大潮中,"办一张指导服务型报纸,建一个企业管理型报社",使报社成为全省和全国地市报的一个先进典型。他大公无私,乐于助人,在分配工资调级指标的时期,多次让别的同志先调。他对工作精益求精,在下班回家的楼梯上为思考一个标题碰烂了玻璃瓶,洒了全家定量供应的食油,把翻毛皮鞋穿成了光面皮鞋。他在评报会上敢于批评,经常指名道姓挑差错。他以自己的实际行动影响了报社领导班子成员,影响了报社全体工作人员,使报社成为拒绝不正之风的净土。他是全国第一批优秀新闻工作者,在担任山西省新闻工作者协会副主席退休后,又回大同不计报酬担任了报社评报员,一直到八十七岁高龄。他清正廉洁,淡泊名利,时任大同市纪委书记卫洪平多次提出要树他为先进典型,他都婉言谢绝。我是他精心培养的雁北日报社领导成员,1983年9月10日中共雁北地委决定任命我为总编,但事过八天后我才知道任职消息,并了解到是他向地委书记白兴华推荐了我。我在报社大胆探索、改章立制,一手抓报纸改革,一手抓经营管理,先后被评为"山西省优秀总编辑"和"全国优秀新闻工作者"。这都是他精心培养、全力支持的结果。没有他的协调、指导,我是什么事也干不成的。

熔炉锻炼人,楷模铸就人。我在右玉县委、雁北日报社、雁北地委和大同市委、市人大工作了四十年,之所以能为党、为人民干了些事,作了点贡献,可以说,是前二十年在两个熔炉锻炼的结果,是两个楷模铸就的结果。我一生有此经历,真可谓幸运矣!

附一

雁北有个新闻官

——访贾春太

李洪启

去年嫩秋，应邀去山西雁门关外开会，会间有个人的名字总往我耳朵里灌——雁北日报社社长贾春太。

记不得哪位诗人这样描绘过雁北的苍凉："雁门关外有人家，不养桑蚕不种麻。百里不见梨枣树，三春难得桃杏花。"可见，在这个偏僻地区办一张知名度很高的报纸也是不容易的。然而如今，改革的浪潮却把默默无闻的《雁北日报》推到了全国地市报的前列。于是，一向不愿抛头露面的贾春太，也便成了新闻人物。

在新闻界，在地市报纸行列中，年近花甲的贾春太是一位备受敬重的人。我最先认识他，是在 1984 年"全国优秀新闻工作者"名单中，之后，又在 1985 年山西省"全省优秀共产党员"名单里看到他的名字。去年在沧州开全国地市报研究会成立大会，没见他出席，大家却一致选举他当了研究会常务副会长。"他也是一位有'争议'的人物哩！"有人告诉我，每当谈起他，说他"心底无私，两袖清风"者有之，说他"大权旁落，只敲边鼓"者有之，更多的人则钦佩他的"高风亮节，甘为人梯"。这个"争议"不仅给不爱出风头的贾春太平添了几许知名度，而且也展露了他独具一格的思想力量和人品。

"办开放型报纸，要让年轻人唱主角"

1983 年 9 月，40 岁出头的安大钧走马上任雁北日报社总编辑，他一时弄不清究竟是谁提的自己的名。后来，新闻出版总署来人调查情况，老贾才揭开这个谜："安大钧任总编辑，是我推荐的。"是的，老贾太了解这个在他身边工作多年的年轻人了。他有胆识，有魄力，能挑起这副担子。安大钧上任第一天，老社长来到他的身边，推心置腹地和他谈心："大钧，你放手干吧。从现在起，你唱主角，我敲边鼓。"没有多少话，但是安大钧却从老社长那信赖、器重的眼神里感到温暖、力量和期待。几年过去了，逝去的岁月可以作证：安大钧深孚众望。他把自己的生命、理想投入到新闻事业的开拓中，带领大家大刀阔斧地改革报社内部运行机制，逐步建立了一套新型的业务和经营管理体制，不仅报纸的多功能作用得到充分发挥，而且把一个每年国家财政拨款近40万元的报社，变成一个年创利润近百万元、经费自给有余的新闻单位。迈出这一关键性的一步是艰难的，全社上下为之付出了巨大的代价，也得到了从未有过的光荣。1988年9月，山西省新闻出版局和省新闻工作者协会联合发出通报，表彰在改革中团结奋进的雁北日报社编委会，授予安大钧"优秀总编辑"称号。贾春太心里美滋滋的，闭门三天，亲自写出上报材料，介绍安大钧的事迹。

近五年来，报社领导层两次换届，老贾都明确提出自己不参加编委会。他说："改革，办开放型报纸，需要年轻人唱主角，如果我参加编委工作，会束缚年轻人的手脚。现在，报社5个编委中，大多数是40多岁的年轻人。"

"让属龙的下海，让属虎的上山"

贾春太有口皆碑的爱才之心和开拓精神，使不少青年记者把《雁北日报》看成自己施展才华的天地。记者南志中送我一份礼物《山区百日行》。他向我述说了这本书的来历。那是1986年8月，报社为了反映改革给雁北山区农村带来的巨变，组织了一次"山区百日行"报道活动。南志中参加了这次报道。他跋山涉水，徒步采访2500里，历时104天，日采一稿，共写稿件100余篇。老贾发现这个年轻人不同凡响，从小南发回第一篇报道起，便一字一句逐篇为他润色、加工，将百篇报道连续在《雁北日报》上发表。小伙子在山区采访的日子里，老贾打电话去慰问，后来报社将这百篇报道出版成书，老贾亲笔为书作序。谈起这件事，南志中感激地说："我从事新闻工作时间不长，在事业上，有老贾这样的导师关怀指点，很幸运。"关心年轻人成长，严格要求，大胆使用，"让属龙的下海，让属虎的上山"，是贾春太带出来的好传统。现在，报社的业务骨干中，多数是年轻人。安大钧还悄悄地告诉我，近几年，许多有志于新闻事业的青年人，纷纷去往雁北日报社，想借这个"宝地"做栖身之所，一展宏图。

"都说我安大钧干得不错，其实，离开老贾，啥也干不成"

安大钧这样对我说：就拿办图片社来说吧，早在5年前，贾春太就在编委会上提出："办报不能躺在国家身上，要自己养自己。"这主意不错。不久，报社派安大钧去苏南考察，回来后他俩就跟大家商量办图片社的事。但办图片社得冒点风险，办起来后经济效益如何也难预卜。偏僻的雁北毕竟不是繁华的苏南啊！消息传开，有人说："你们摇笔杆的还想当企业家？""雁北有多少钱让你挣？"老贾认真听取各种意见，权衡利弊，没有动摇决心。就这样，精于事业的安大钧挑起了重担。第二年，图片社大楼建成了，老贾又提醒大钧："办图片社要稳扎稳打，可不能急功近利。"1986 年，雁北日报图片社开张营业，头半年创利润 20 余万元，人人喜上眉梢。一年过去了，实现利润 53 万元。1988 年更上一层楼，利润突破百万。人们说："《雁北日报》财大气粗啦。"有了钱怎么花？老贾老安又在思考新问题。"先扩大再生产，改善生活放后一步。"他俩不谋而合，大伙也都赞成。于是花了 45 万元买回最新型彩扩机，又建起美术服务部，还打算给报社印刷厂来一个全面改造。

思想、意见难免有相互碰撞的时候。报社工作中，老贾发现谁闹情绪了，便主动上门疏导。该解释的毫不含糊，该批评的不讲情面。有意思的是，被批评者谁都心悦诚服，从没有顶嘴的事。相互间有疙瘩的，经老贾调解，疙瘩解开了，言归于好。会议上，老贾引导大家无拘束地各抒己见，因此，报社开大会小会，大伙都能畅所欲言，不担心说错了话会得罪人。他的真诚与热情，他的坦荡大度，赢得了同志们的信赖。安大钧对我说："报社领导班子之所以有凝聚力，能带领大家心往一处想，劲往一处使，全靠老贾在中间起了平衡作用。"

回顾几年来的艰巨历程，安大钧没有夸耀自己的功劳，没有诉说个人的酸甜苦辣，而是感激地说："报社的每一步改革，都凝聚着老贾的心血。他全力支持我的工作，自己甘敲边鼓，才使报社有了今天。"

一个"没本事"的人

有人向我谈起，老贾在报社威信高，说话有人听，办事有人应，跟他始终保持自身廉洁，不谋私利，处处身先士卒不无关系。古人说："官不打送礼人。"老贾主张反其道而行之。而且，他身体力行。报社有联系各县的众多的通讯员，同志们反映，老贾从不接受通讯员的馈赠。他也要求采编人员不接礼、不吃请。一次，有个单位开表彰会，报社一位记者去采访，给老贾捎回两条床单，说是会上发给他的，他硬是不受，送到报社客房公用。另一次，记者给他带回一个压力暖水瓶，他也交给了行政科。他说："无功受禄的礼物我决不收。"

报社传达室的同志记得清楚，老社长每天早晨准提前一个小时上班，从 1970 年调到雁北日报社至今 18 个年头，无论春夏秋冬，已成习惯。老贾如今儿孙满堂，家庭生活很美满,而他却不安于这天伦之乐。有一次,我贸然去他家里拜访。那是一个什么样的家啊!室内的书桌上、窗台、床头、地上,到处零乱地摆着各种书刊和杂物,几盆花卉枝叶发蔫,显然好几天没有人浇水了。老贾有点不好意思地笑着说:“老伴出差了。其实她在家里时,我们也这样过,不会收拾。”他老伴也是一位老新闻工作者,一心扑在工作上。她是头天傍晚离家的,老贾每天下班很晚,顾不得相送。老贾的住房并不宽余,一家老少三代六七口人,挤在三间小屋里。报社同志告诉我,前几年他兼任地委宣传部副部长时,地委特意配给他一间房,他就是不肯要:“我在报社有房子,不能多占。”后来,那间房改作仓库了。看过《雁北日报》上老贾写的一篇思想短评《赞这种“没本事”精神》。其中有这样的话:“我们共产党的干部,应当是一心为公,而不应该为自己和亲戚、朋友,谋取不应得到的私利……‘没本事’搞不正之风,不是一种耻辱,而是一种光荣。”

文如其人。贾春太,就是这样一个“没本事”的人。

“不拿笔杆的新闻官我不当”

贾春太1970年调到雁北日报社,先后当副社长、总编辑、社长18年,没有歇下手中的笔。近几年岁数大了,工作又忙,他每年仍要到外地跑几遭。或考察,或开会,每次外出,都带着一些问题去,带着一批稿子回。他出席省或地区重要会议,从来是自己写报道。会上人们常问他:“你没带个记者来?”“不必了,我自己能写。”

去年夏天,贾春太去河北廊坊考察。廊坊乡镇企业发展快,全国有名,而雁北乡镇企业与廊坊是同时起步的,一个发展快,一个发展慢,原因在哪?他采写了系列报道《廊坊的启示》共8篇,介绍了其中的奥妙。参观内蒙古河套地区,看到一个叫陕坝镇的9户农民亩产1吨粮,他也饶有兴趣。问起高产秘诀,农民说是采用了粮草套种法,既养了地又能丰产。他高兴极了:“这是条好经验,可以在雁北盐碱地推广。”立即采写了报道《粮草套种——河套的启迪》。一次,应邀去云南德宏开会,本没有带采访任务,但南国的旖旎风光和改革新貌,触发了他的情思,“应该为雁北的读者带回点礼物”,他回报社后赶写了十篇散文,总题为《南国风情录》。

老贾还是报社的主笔,每年总有七八十篇文章见报。他写的小评论,或三五百字,或七八百字,或针砭时弊,或讴歌新风,笔锋犀利,针对性强。如《对话与训话》《发财与发疯》《雁北的骄傲》等,对开展舆论监督和引导舆论发挥了很好的作用。报社有关责任编辑可以随时给他下达撰稿任务。白天太嘈杂,常常是夜深人静,他才开始伏案疾书。有时,稿子要得急,便连夜赶写,从不耽误交稿。

“年岁不饶人,你写东西不能再熬夜了!”望着他消瘦的面庞,被香烟熏黄的手指,我不由地肃然起敬。

“不拼怎么行呢?眼一眨,青春就消逝了。尽管我再也唱不出青年的牧歌了,可不能忘记一个新闻工作者的社会责任,应该多留点对时代有用的东西。不管别人怎么看,我觉得新闻应该是武器,是号角。只要还能拿笔,我就要坚持写作,不拿笔杆的新闻官我不当。”

贾春太从1945年在太行山革命根据地投入新闻队伍的行列,迄今有40多个春秋。他在基层当过记者,在省报当过编辑。粉碎“四人帮”后,山西日报社请他回去工作,他不去。中央一些大报以高位聘请他,他谢绝了。为什么呢?他熟悉雁北的生活,他舍不得离开这片贫瘠又丰腴、粗犷又妩媚的土地。他说:“我的事业不在大报而在小报,我这辈子只想在小报留点痕迹。”

(刊载于新华社《中国记者》1989年02期)

附二

影响我一生的右玉八年(1970 年 2 月—1977 年 11 月)

先入为主的印象是最深刻的印象,人生转折点上的记忆是最深刻的记忆。

山西省西北端的右玉县是我正式参加工作的起始之地,也是锻炼我的熔炉。可以说,养育我的是河东大地,培植和成就我的是塞北大地。

右玉让我找到了生活上的参照标杆。在右玉八年中,我曾随县委书记下乡蹲点三年多,平时还经常深入乡村农家调查,了解贫困户的衣食住行。农户绝大多数住的是窑洞;吃的是自己种的莜麦、荞麦、豌豆、糜黍、胡麻和山药蛋;因不能种棉花,不会纺线织布,穿衣则十分困难。在冬天,我曾看到一户农家住的泥坯窑洞内,上部全被冰雪覆盖,犹如一个冰窟。炕上坐着一个十多岁女孩,用一床破烂不堪的被子盖着下半身,因她和母亲共用一条裤子,母亲在地上做饭她就没穿的。右玉当时不仅农村贫困户的生活标准低,干部收入也不高,年轻干部每月工资只有二十五元左右。他们的生活水平成了我的参照系,让我一生从不追求奢华的生活。

右玉让我树立了全心全意为人民服务的群众观点。“要想右玉富,必须风沙住;要想风沙住,必须多栽树。”这是右玉人民最强烈的呼声。自 20 世纪 50 年代以来,右玉历任县委书记一任接着一任干、一张蓝图绘到底,始终不放松植树造林,正是回应了右玉人民的这一呼声,体现了全心全意为人民服务的群众观点。我在右玉工作八年,跟随了三任县委书记,每年都参加为期近三个月的植树造林,在我的思想上也让群众观点深深扎下了根。

右玉让我养成了经常加班干工作的习惯。我记得 1971 年邵培基调离、杨爱云调入,6 月末,中共右玉县委第五次代表大会召开。会后召开了县委扩大会,从下午二时一直开到了次日凌晨四时,专门研究“十大流域摆战场,四大盆地做文章,十面埋伏锁苍龙”的农林牧全面发展,改变右玉贫困面貌,让人民尽快走向富裕的治县方略。在我的记忆中,加班这么长时间是时而有之,但每天加班三四个小时却是经常性的,而且星期日从不休息。我在雁北日报社担任领导职务后,以老社长贾春太为榜样,再次延续了加班干工作的习惯。

后来在大同市委和大同市人大常委会担负领导职务时也未改变。2008 年 7 月卸任大同市人大常委会主任后，参与大同古城保护和修复工作，退而未休也是经常加班，可以说忙了一辈子。

右玉 1972 年的纠正冤假错案让我懂得了实事求是的思想路线。“文化大革命”中，右玉县受极左路线的影响，造反派对领导干部和有不同观点的群众残酷斗争、无情打击，造成多人死亡；在“割私有制尾巴”中，取消了自留地、自留羊、自留树。1972 年 11 月下旬，中共右玉县委召开五届三次全委扩大会议，开始纠正冤假错案并落实农村政策。我跟随县委书记杨爱云，深入基层，调查研究，听取汇报，撰写了总结报告。1973 年雁北地委第一书记张广有带领调查组了解总结右玉经验，又由我撰写了调研报告。在调查纠正冤假错案和落实农村政策并撰写总结的过程中，我懂得了做什么都必须实事求是。

右玉让我认识到了调查研究的极端重要性。在右玉工作的八年，调查研究是家常便饭，不是蹲点调查，就是走访调查，有时还要徒步野外调查。杨爱云调入后，与张光熙、陈希茂等主要领导人和县各部门负责人，从右玉东南部的增子坊村开始，徒步沿元子河到高家堡、庄窝坡、威坪，再沿苍头河北上经威远、黄家窑、右玉镇到县域西北部的杀虎口，折回到马营河村沿马营河两岸又考察了李达窑和县域东北部的破虎堡。我还跟随两任县委书记先后在高家堡、威远、黑洲湾、北辛窑、消息屯蹲点三年半。

右玉是个大熔炉，锻炼了我，提高了我，壮实了我。我是县委通讯组成员，在省、地委机关报上发表了不少文章。我是县委政策调查研究室成员，也是县委办公室成员，起草过不少工作总结、调研报告、领导讲话，现仍存档在县档案馆。机关干部都称我“大笔杆子”“大材料员”。不算在部队锻炼的一年半，我在右玉工作八年，从未想过提拔之事，调离时仍是“平头百姓”。

雁北日报社十三年间的探索与感悟

让我锻炼成长的第二座“熔炉”

学校毕业后，参加工作的起始之地对一个人的成长有着十分重要的影响。我先到右玉工作八年，得到了较好的锻炼。非常幸运的是之后便被调入了雁北日报社，又进入了第二座熔炉。

这里不称官道衔

在雁北日报社 13 年，我从来没听人叫康溥泉为康社长，也没人叫贾春太为贾社长，叫高德为高总编。康溥泉担任了中共雁北地委宣传部部长后，报社的人仍叫他“老康”。我在报社先后担任组长、副总编、总编，从来没有人叫过我的职务，比我年龄小的同事叫我“老安”，比我年长的同事叫我“大钧”。我后来当了市委宣传部部长，当了市委副书记、人大常委会主任，报社的老人们仍然叫我“老安”“大钧”。这样的称谓，人们没有感到别扭、不顺口、不尊重，反而感到顺耳、亲切。

报社不仅不称官道衔，而且在日常工作和生活中也充分体现了人与人的平等。就以坐车为例吧，20 世纪七八十年代，报社只有一辆吉普车。这辆车是真正的公车、采访车，根本不是专车，记者有紧急采访任务都坐这辆车。报社负责人上下班、办私事从来没坐过这辆车。老社长贾春太，几十年如一日，上下班都骑自行车。从 1985 年到我离开，雁北日报社“两个轮子一齐转”，一手抓新闻采编，一手抓多种经营，实现了自收自支，每年结余几十万元，也没有换车、增加车。工作中，报社的领导同志和其他采编人员一样，下乡采访，坐镇编稿，没一点特殊。如果说有点不一样，那就是干得更多、付出的心血更多。每天上班十多个小时是家常便饭。说心里话，我的体会是，在报社当“官”，最多只能算个“生产队长”。

被提拔，事后才知道

1983年9月18日，中共雁北地委在应县召开县委书记、县长会议，听取各县的工作汇报和县级班子调整后的工作安排。报到时，我在参加会议人员名册上看到“《雁北日报》总编 安大钧”。我心想，我是副总编，怎么印成了总编，肯定是弄错了，便去问地委秘书长高树华同志。他告诉我：9月10日，雁北地委委员会会议已经决定任命我为雁北日报社总编。事过七天后，我才知道自己被提拔了。1993年7月大同、雁北合并后，曾任雁北地委书记的白兴华同志来大同时，我去看他，在闲聊中才得知，当时推荐我当总编的是时任雁北日报社社长的贾春太同志。回想起来，被调入雁北日报社后，我先后任理论组组长、工农组组长、副总编，都是宣布时才知道的。那时当“官”没有现在这么多规矩，也没有现在这么多的程序，但也没有人去跑，更没有人去买，也没有人去许愿，更没有人去卖。

“吹毛求疵”者被调进

雁北日报社有个好习惯，喜欢人们对自己“吹毛求疵”“评头论足”“说三道四”。1984年到1985年，报社经常能收到一位匿名者的评报意见，不是指出文章中的缺点，就是指出文字上的错误，几乎所有的意见都是对的。这件事引起了贾春太社长和我的重视。我俩商量，把这样会挑毛病的人调到报社搞编辑工作，肯定能减少报纸上的差错，提高办报质量。来信都是匿名，他到底是谁呢？我们派记者去调查，才查清是灵丘县委通讯组的赵云雾，接着就把他调到了报社，后来把他的爱人也调到了报社。

当时报社进人是很严格的。进人渠道只有两个：一是从大学本科生中选拔，二是从写稿多、写稿质量高的通讯员中选调。梁赞、张素英、张晓兰、李春梅等都是从大学本科生中选拔的；雷雪峰、高志平、郭永忠、杨培春、南志中、齐凤翔等都是因稿子写得多、写得好而被调进的。凡是从县里调回报社的，不让他们自己忙乱，他们爱人的调令我们都会很快送到他们面前。我记得有一次就调回五位同志的妻子。雁北日报社当年在全省甚至全国都小有名气，与有这么一支高素质的队伍是分不开的。

一点面子也不讲的评报栏与评报会

天天评报，有了评报意见就上评报栏，这是当年雁北日报社为了提高报纸采编质量而采取的好做法。有一天，一位副总编给我送去一篇稿子，是一位很有才能的记者撰写并送副总编审批的，稿纸边上写着一句话："请不要修改我的稿子。"我看了这篇稿子，也往上面写了一句话："狂妄至极！你的稿子里有三个错别字，也不要改吗？"并把这篇稿子贴到了评报栏。说实话，这位记者的做法不对，我的做法也欠妥，但在当年报社的环境里，有一种非常好的批评与自我批评的氛围，大家也都能理解。这位记者虚心接受批评、吸取教训，在做人做事上都有了很大长进，后来成了雁北的名记者，被调到了山西日报社工作。评报栏里不仅有报社领导的评报意见，也有普通采编人员的评报意见，你评我，我评你，即使批评尖锐，大家也都能接受，从来没有因此而影响相互之间的关系，没有影响报社的团结，因为大家都懂得"良药苦口利于病，忠言逆耳利于行"，都知道"人家是为了咱好"。

报社的评报会，所有采编人员都参加，都是被评者，也都是评人者。评人者知无不言、言无不尽，被评者有则改之、无则加勉。有时"火药味"是很浓的，被评哭了的也是有的。有个别采编人员被评得认为"吃不了这碗饭"，也有调走的。

大力提倡"脚板子底下出新闻"

到记者从不涉足的地方，报道那些从未被报道过的人和事，是当年雁北日报社在记者中倡导的一项活动。其目的一是为了扩大报道面，开发新的新闻资源，从而提高报纸质量；二是为了改变记者作风，推动记者深入基层，深入群众，提高记者综合素质，培养一支好的新闻队伍。在这项活动中，最让人们赞扬，最值得肯定的是南志中的《山区百日行》。他当时学历不高，但头脑聪明、勤奋好学，因此，从平鲁县调进了雁北日报社。在《雁北日报》当通讯员时就写过不少好新闻，他自愿报名要到雁北十三县的山区搞100天采访，写100篇报道。他在雁北南部山区，包括山阴南山、应县南山、浑源南山、灵丘南山走了100多天，吃了不少苦，写了不少好报道。编辑部为他创造条件，在一版上开辟了《山区百日行》专栏，几乎每一期都发一篇他的稿子。为培养年轻记者而这样舍得版面，在过去是没有过的。

不单单是南志中，报社的领导和采编人员都是乐意到基层去，到群众中去，到最艰苦、最偏僻的地方去的。到农村采访，就住在老百姓家中，吃在老百姓家中，如果采访需要，一住就是七八天。

雁北日报社总体改革的设想与实践

——在 1988 年中国地市报研究会年会上的发言(摘要)

一、先汇报一下雁北日报社近期改革的总体设想

地市报社的改革,是一个系统工程,必须用系统论来指导,这样就需有一个总体的设想。这个总体设想应该包括改革的目标、改革的内容、改革的方法与步骤。我们雁北日报社确定的近期的改革目标是:增强自身活力,提高工作效率,调动人的积极性,办一张指导服务型的报纸,建一个企业管理型的报社。在改革当中,态度应该坚决,步子应该稳妥,要分步骤地进行,即定方案,分步走,有重点,有穿插。雁北日报社的改革有一个比较好的外部环境,或者说外部改革有个比较好的条件。在领导体制的改革上,地委对我们是简政放权的,我们报社头上的领导层次比较少。我是 1983 年 9 月份上任的,1984 年初地委就做出一个决定,报社作为地委的直属机构,不再隶属于宣传部,这样就减少了领导的层次。再一个也给我们逐步地下放了一些权力。如我们现在有人权,报社中层干部的任命,完全由报社编委会决定,地委只控制干部职数。我们的机构基本上由我们来设置,编制委员会只控制我们编制机构的数量。同时我们有财权。一开始地委、行署给了我们很大的支持,以行署财政局的名义给我们下发了一个文件《关于雁北日报社改变财务管理体制的通知》,这是我们原来主动写的请示报告。这个报告中就提出了对我们财务管理的变化。我给大家念一下文件。文件说:“从 1986 年起,雁北日报社实行自收自支,差额补助,结余留用,超支不补,逐年减补,两年内达到经费自给。”两年之内,采取逐年减补的办法,1986 年差额补助 15 万元,1987 年 10 万元,1988 年一分不给。严格地说,这就是给我们下放了财权。去年我们又给打过一个报告,经地委、行署联合办公会议研究,以行署财政局的名义对我们财务管理体制的报告作了批复。批复中说:“为了增强雁北日报社自我积累自我发展的能力,同意你社继续实行企业化管理,从 1988 年起实行自收自

支，结余留用，超支不补，一定三年。”结余部分怎么分配呢，我们和他们商量的是，我们每年的结余部分，50%作为事业发展基金，20%作为我们的福利基金，25%作为我们职工的奖励基金，还有5%作为后备基金，或叫社长总编基金。我们在报告中还考虑到，我们刚刚实现自负盈亏，自我发展的能力严格地说还不强，如果想搞一点技术改造的话，恐怕力量上还不足，所以还跟他定了一条：考虑到报社实现经费自给不久，从1988年起三年内对单项投资在5万元以上的固定资产和技术改造项目所需资金，经地委、行署和有关部门批准，可由财政补贴一半，单位自出一半。例如我明年想改造一下我们印刷厂，在这种情况下，5万元以上财政出一半，单位出一半。这两个文件基本上肯定了我们外部的财务管理体制。我们早就有了发稿权，地委对我们比较放手，老贾和我认为应该送审才送审，不必要送审的一律不送审，地委也不干涉我们。今年我们批评和我们同级的煤炭工业局，我们也不需要送审，也不需要请示行署领导，由我们决定就可以了。外部改革大致就是这些。当然还会有发展。譬如人家行政单位实行公务员制度，我们事业单位实行什么制度呢，现在劳动人事部有个设想，搞总编辑聘任制，报社内部实行总编辑负责制，副总编、部门主任由总编聘任。这是下一步的设想。现在我们编委会成员都是地委任命的，我自己当总编也不是竞争上来的。

对于内部改革，我认为地市报社的改革，大致上有这么几个方面：

一是编辑部管理体制的改革。过去我们的体制虽然结合了业务工作，但基本上沿袭了行政管理那一套。这与我们过去一直把报社作为党委的一个部门来看待有关系。现在形势发生了变化，原来我们报社只有行政职务，而没有专业技术职务，职改工作以后，就有了专业技术职务，在这个时候编辑部内部的管理体制应该有相应的变化，这个事情我还考虑得不太成熟。应该由原来以行政职务为核心的领导体制，逐步过渡到以专业技术职务为核心的领导体制。今年我们初步地摸索了一下。为了增强活力，提高效率，提高工作人员的积极性，我们在这个方面还要有相应的内部管理的改革，内部实行严格的岗位责任制，实行严格的考核与奖惩。

二是经营管理体制的改革。我们报社经营管理体制的改革概括起来就是统一管理，分级核算，利润承包，超任务分成。就是要统一管理，不要搞统一核算。统一管理就是说，我们报社一个财务科，下设四个财务室。一个财务室是编辑部财务室，管着报社的广告收入和报社的经费支出；再一个是图片社的财务室，它来管图片社的经营活动；还有印刷厂财务室和美术服务财务室。这也就是说，一个报社分成两级核算，统一管理。既属报社财务科领导，还属所在部门领导。最大的好处是，过去完全统一核算，连发奖金也很头疼，编辑部发多少，工人发多少，麻烦事很多。一旦搞了统一管理，分级核算以后，因为有利润承包,超任务分成,根据自己的效益进行奖金分配,这样矛盾就要少一些。分得少了,他自己叫唤也不好叫唤,因为是联效益计奖的。

三是干部人事制度改革。我们原来准备把竞争机制和风险机制引入人事管理,准备在第三步改革中实行,但后来考虑到我们的条件,考虑到我们编辑人员的心理承受能力,又考虑到其他方面的因素,暂时没有搞。当时对我们刺激比较大的是,全国公布的职工家庭人均年收入是700多元,我核算我们报社的同志收入太低了,和人家比太低,在这种情况下,打破铁工资也不太现实,本来工资也没有多少,你再把他的工资打破,考虑到各个方面的因素后,这一步我们没有实行。

四是报纸自身的改革或者说新闻改革,这是报社最重要的一个改革。报道要由浅层次向深层次发展,由封闭型向开放型发展,还应该由单功能向多功能发展,在这方面我们已做了一些工作。

报社的改革,从总体上讲,一个是外部改革,一个是内部改革。外部改革不是我们能单方面决定的,很多方面要由上级来决定的,但我们也要主动去争取,让上级简政、放权。

二、下面汇报第二个问题,讲一下四年来报社改革的实践

四年来,我们雁北日报社主要走了三步,三步当中是有穿插的。第一步是以增强报纸的服务性为突破口,搞好报纸自身的改革。第二步是以经营管理体制改革为重点,走事业单位企业化管理的新路子。第三步是以完善内部管理机制为核心,增强报社编辑部自身的活力。

下面我具体讲一下我们改革的三步。

第一步,我们是以增强报纸服务性为突破口,抓好报纸自身的改革。当时我们的想法是地市报和大报相比,它有它的优势,我有我的优势。在上情下达上,在权威性上我们远远比不上《人民日报》等中央大报,这是相比而言。我们认为,地市报应该把指导性与服务性紧密结合起来,要以增强服务性为突破口。为什么要这样做呢?这与党的宗旨是相符合的,再一个是和我们地市报所处的位置相一致。报纸的服务性不强,对广大的读者是没有用的。只有服务性增强了,你这种报纸才有可读性。基于这样一种考虑,我们认为一定要把地市报纸改革的突破口放在增强服务性上。到现在对增强服务性我们也没有形成一个完整的成熟的东西。但我认为,大致有以下几个方面:第一个是一般新闻的服务,就是你这个新闻怎样为当地的经济建设服务,怎么样为端正这个地方的党风、社会风气服务。第二个是服务性新闻。这个服务性新闻,我在哈尔滨的会议上说过。这不是我们的什么发

明,我看过一个资料,在美国就有一种“拍肩膀新闻”,拍着你的肩膀告诉你一件事情,而这件事情对你很有用,实用性很强。人家的这个东西触发了我们的想法。我们的报纸从1985年1月份到现在一直发着服务新闻。服务新闻,我们自己给它下了这么一个定义:在生产、生活和科技等方面为读者提供服务的新闻就叫服务新闻。这一定义是否准确还值得研究。服务新闻首先应该是新闻,它必须是新近发生的事件,从作用上来讲,它的实用性很强,但要注意同广告新闻区别,不能变成有偿新闻。这个新闻的写法和一般新闻的写法应该明显区别开来。譬如,我们雁北一个单位在北京开了一家旅馆,这个作为新近发生的一件事,我们可以报道一下,一般的新闻就说那儿建了一家旅馆就行了。但作为服务新闻,就要给大家提供这个旅馆在什么地方,从北京火车站下车,怎样乘车到这个旅馆。再譬如,医院新进了一台设备,假如作为一般新闻来讲,说那儿进了一台什么设备就行了,但作为服务新闻来说,就不仅要告诉大家进了一台什么设备,而且要告诉大家这台设备能诊断哪些疾病。我们一般新闻是以第三人称为主,而服务新闻则应该以第二人称为主。第三个是办好服务性专栏。服务性专栏应该是知识性很强的专栏,我们四版完全是服务性专栏,有农村科技服务、生活服务、经济信息服务,还有为中小学生服务的《桃李园》。我们的文艺副刊,也办成了为文学新人服务的专栏。当时我给副刊编辑定的就是,要为培养文学新人服务。我们的《北岳》副刊上,有农民习作、处女作。办服务性专栏,使我们报纸的服务性大大增强,这也是我们第一步主要抓的。同时,我们在形式上还进行了一番探索。从1984年的6月开始,我们抓了三个月的版面。专门组成个班子,专门研究版面,对国内版面搞得活的,如《新民晚报》《羊城晚报》等,全部研究。我们的总编室主任当时很年轻,他一人全面地分析,甚至连《新民晚报》每篇文章的高低长短也量得一清二楚,在量的过程中发现它的规律,吸收各报之长,来融进我们的东西。抓了三个月,版面起了很大变化,现在把那时候的版面拿出来的话,我们认为还是非常漂亮的。现在我们的版面,严格说比不上那时的,经过那三个月的抓,就把我们的版面设计提高到一个新的水平上了,即使退也退不到哪儿去,这是因为已经有了那么一个基础。紧接着又抓了两个月的标题。现在人们是看书看皮,看报看题。你这个题不好,就不吸引人,就没人看你的。我们的副总编王继仁同志,研究各报的标题,收集有关标题的书籍和文章,给大家讲课,连续讲了几次,最后使我们的标题有了长进,标题制作水平有了提高。紧接着我们又抓了一下评论的改革。大家都知道,评论反映着一个报社的水平,但过去我们的评论存在问题太多,发号施令的、教训人的太多,尤其是社论、评论员文章,教训人的口气更浓。我们决定要逐渐改变言论的写作,多发小言论。我们《说长道短》专栏在20世纪80年代初就有了。在继续办好这个专栏的同时,我们还减少评论员文章、社论、短评之类的东西,当时我们提出搞新闻启示录。新闻启示录都是署名评论，就是你在哪一条新闻当中得到了什么启示，用你这个启示再去启示别人。在第一步改革中，我们还穿插进行了一些机构的改革，因为四版全部变成服务专栏后，这就需要成立一个专栏部，这是一个综合部。经过这几年的实践，我看到有这么一个机构，对增强报纸的服务性还是大有好处的。同时在人事上进行了改革。那一次我们在干部提拔任用上思想还是比较解放的。提拔的总编室主任当时只有二十五六岁，而且是中专毕业。我们的报社是知识分子成堆的地方，现在 40 多个人里有 30 多个大学本科、专科毕业生，我们报社没学历的极少。主要是这个人在前一时期已露出了一些才华。这位同志可以搞文学创作，发表的中篇、短篇小说很多，还写过电视剧。此外他还有一个很大的优点，他会画画儿，懂美术，这为他搞好版面设计奠定了非常好的基础。当时我们破格地用了这个总编室主任。同时还破格使用了一个记者部主任。记者部主任调入时也是破格的，他是集体所有制工人，后来我们给他转成全民所有制工人，转干时我们给想办法转了干。当时他也没学历，仅仅是初中毕业，但他很有才华。在干部任用上我们不是唯文凭，而是谁能干让谁上。当时，我们在搞机构改革，为了搞好第一步改革，人事制度改革也做了一些工作，这是穿插进来的。

第二步，我们是以经营管理体制为重点，走事业单位企业化管理的新路子。在这一步改革中，我们主要抓了三大经济支柱，一是创办图片社，二是抓广告，三是抓印刷厂社会零活收入。在开展多种经营中，我们重点是抓了图片社。在创办过程中，说实在的，咱们这些拿笔杆子的人搞经济确实有许多不适应的地方。譬如和外商谈判，我确实是“大姑娘上轿头一遭”，不知道怎么个谈法。在此之前，我请教了外贸部门的同志，懂得了在外商报价的基础上怎样谈判。在谈判之前，我调查了谁进过他的东西，咱们最多能谈判到多少。这就要我们熟悉好多东西，譬如说关税，因为关税问题，我多次去过天津口岸。彩色相纸、机器的关税各是多少，彩色冲印用药的关税是多少，须弄得一清二楚。只有这样才知道他给咱们算得对不对。然后还要算产品税，或叫增值税，这个税要加多少，也要搞清楚。外贸部门算账时，不知是有意，还是不懂，他多算了我们 5 万元。我马上派人去找他们，给他们说，你算得不对，多算了我的。彩色冲印用药关税应该是 25%，你为什么给我算 50%呢？图片社的创办，对我们报社的自负盈亏起了举足轻重的作用。1986 年 6 月 10 日开业，到当年 12 月 25 日，就实现了 147000 元利润。那时管理水平比较差，成本太高，营业额不少，利润不算太高。到 1987 年，形势大变，年初预计全年能赚 30 万，但图片社不接受。我说不行再商量，利润指标定为 20 万元。为什么这样定，确实是拿不准，所以不跟他大包干。我就跟他说，你在实现 20 万元的情况下，必须交回 17 万元。3 万元作为你自身的留利，超过 20 万元以上的部分，五五开成，收 1 万元，你 5000 元，我 5000 元。因为实在弄不准，所以实行水涨船高的办法，不要包死，包死了太被动。这一年结果大大出乎我们编委会同志的预料。全年完成约 53 万元的利润。严格地说，我这自负盈亏也就这一锤子货，这一锤子厉害。今年情况就更好一些了，上半年已完成 333 900 元，比去年同期增长幅度较大。我说个准确的数字，纯利润比去年同期增长 42.1%。这是我们在多种经营里重点抓的东西，起了一个扭转局势的作用。第二个是广告，我们这个地方经济比较落后，靠本地的广告收入非常少。我们这几年和一些兄弟报社搞了广告协作。我们的副总编孙学武同志多次外出，到呼和浩特、集宁、张家口、包头等地和兄弟报社开展广告协作。在这个方面兄弟报社给了我们很大的支持，特别应该感谢的是，张家口日报社给我们揽了不少广告，大同日报社也给我们揽了不少广告。乌盟报社、包头报社、呼和浩特晚报社，还有“三北”地区其他兄弟报社都给我们揽了不少广告，这就使我们的广告收入每年以约 3 万元的速度往上增长，去年就达到 16 万元，今年可突破 20 万元。第二大经济支柱是印刷厂。严格地说我们的印刷厂效益不高，但步子不大年年走，每年利润都有增长。原来由约 7 万元，增长到约 9 万元，前年约 12 万元，去年增长到 15.2 万元。但从整体来说效益不高。因为印刷厂是个微利企业，这几年竞争又特别激烈。一个 260 人的印刷厂只拿回约 15 万元的利润，这和咱们兄弟报社的印刷厂相比是非常落后的，这是我们当前的问题。三大经济支柱的强化，为我们自负盈亏打下了非常好的基础。使我们有了一定的自我积累、自我发展能力。今年，我们以 2.4 万元的房租费租了地区医院的一块地方，建了一个图片社二部，一共要投资 50 多万，这全部是我们出的，没有要地方财政一分钱。当初，在创办图片社过程中也遇到些麻烦。机器都买回来了，准备开呀，结果下过一个什么文件，突然说党政部门和事业单位不准办企业。在这个问题上，包括地委内部，争论也是比较大的。在地委会议上，有人提出不同意见，说党政单位不能办，你事业单位也不能办。我在这个会上据理力争，我说，过多的道理我也讲不出来。只有一条，就是新华社能办中国图片社，我雁北日报社就能办雁北日报图片社。我只给你讲这一条。新华社啥时候不能办图片社了我也就不能办了。在这个时候，有两个人起了非常关键的作用。一个是我们的地委副书记，现在的长治市委书记张正书同志，再一个是我们的地委书记李振华同志，在会上大胆拍板，就这么搞起来了。所以，这个事情也需要得到领导的支持。当然，自己也要有主见，不要听到风就是雨，马上就转弯，那就闹不成个事情。当时我想，图片社不是以权经商，不是以我们的权来取利的，而是结合我们的业务特点办企业，这样就能把人力充分利用上，给报社增加点收入，减少地方财政的负担，这有什么不好呢？反正，我总觉得有利于生产力发展，我们为什么不干呢？在这次会上，有一位领导提出：“大钧，大钧，你拿上地委给的这么多钱，你敢保证挣上钱？”我说：“这个事情很难说。每年用 37 万来办这个报纸，我的报纸别的地方不敢说,在山西我的报纸不算赖报纸。所以,我也是个好总编。但是,干这种事情,实质上是商业性经营活动,是带有冒险的性质,既可能成功,也可能失败。我们报社领导同志们不甘寂寞,想干点事情。当我们成功的时候,我们不需要你的赞扬。但我们失败的时候,你们也不要去指责,因为我们的心想办点事业。"我在地委会上就是这样讲的。在办的过程中,都会遇到麻烦,都需要随时做一些工作。这是我汇报的改革的第二步。

下边,我再汇报我们的第三步改革。

第三步是以完善内部管理机制为核心,增强报社自身的活力。对于这个问题,我们发的材料里边已经讲了。整个思路是这样的:一个是去年的报刊整顿,给了我们一些启示。这个启示是我们报社的工作应该规范化、制度化。这样才能避免出现问题。再一个是专业技术职务的聘任。我们有这样一个想法,任什么职,拿什么钱,也应该干什么活儿;同样,干什么活儿,也应该享受什么待遇。起码在奖金上、补助上不应该"大锅饭"。评上专业技术职务的人,和没有评上专业技术职务的人,干一样多的活儿,拿一样多的奖金,这个不太合理。比如,这次有许多人评上职称,工资一下从 70 多元上升到 97 元。还有人从 70 元增加到 97 元,一下增加 27 元。这些同志的工资爬上去了,如果你对他的业务工作没有提出新的要求,这就不公道。还有一个问题,就是这次评审职称,论资排辈比较严重,因为原来对业务实绩没有记载,没有考核。但这种现象在以后评定职称时不能再继续下去了。若再继续下去,以后我们有吃不完的苦果。像我们报社这次就评上 20 多个中级职称,下次谁该上那个副高级,你没有考核,到时候大家的年限都够,学历都够,你该让谁上不该让谁上?这都是麻烦。与其到那个时候为难,不如现在把丑话说在前头,咱们订一套比较严密的考核制度,你写篇文章,你多高的质量,就给你打多少分。每天给你记出勤,记分。出了全勤加分。这就为下一次评定职称奠定了一个比较好的基础。这也是我们进行第三步改革的一个思路。进行第三步改革,我们还有几个有利的条件。一个有利的条件,是我们制订严格的考核与奖惩制度已经有了一定的条件。刚才已经说了,就是说我们已经有经济实力了,我们能够拿出钱啦。能够把收入差距拉开一点。起码能够拉得稍微大一点。这是一个很重要的经济条件。还有一个是我们报社的班子比较好,这不是自吹,包括地委和省里的业务主管部门都承认这一点。对我们的班子,我多次分析过,50 多岁的有 3 位同志,40 到 50 岁的有 4 位同志,7 个人组成的领导班子,年龄结构比较合适,形成了一个梯形结构。再一个文化结构也可以。我们 7 个人里边,5 个本科毕业生,有 2 位同志是老新闻工作者。我们贾社长已经有 38 年新闻工龄啦。我们的第一副总编任珂同志已经有 30 年新闻工龄啦。文化知识结构也比较好。还有一个是性格组成也比较好,我这个班子里边,严格地说外向型性格的人不多,我是一个比较外向的人,还有一个副社长,主管这次会议的管生活的贾明阳同志，他性格比较外向。其他同志性格都比较内向。性格组成也比较好。再一个，这么多年来，还有一个最大的好处，我们现在的班子，严格地说是我们老社长贾春太培养起来的。除贾明阳同志外，其他领导都是在老贾的培养下成长起来的。老贾当社长的时候，我们都是他手下的科长。老贾在报社德高望重，恐怕在山西省也是德高望重的一个老新闻工作者。因为他在“文化大革命”前就是山西日报社记者部副主任。有老贾这个人就给我们起了稳定班子的作用。所以，老贾在报社举足轻重。再一个我们老贾高风亮节，应该说我们报社实行的是在社长领导下的编委会负责制。因为1983年机构改革任命时，任命老贾在前，任命我在后。但是，我们老贾现在不争什么权力，不像有些人争权夺利，年龄越大越不放那点权。我们老贾不是这样的。在1983年新机构刚成立的第一次编委会上，老贾就说，“你们年轻人干吧，我给你们敲一敲边鼓就行啦”。我们老贾不仅是这样说了，而且真正是这样做了。当然，他所起的作用，绝不是敲敲边鼓的作用。但是，在放权这一点上，那确确实实地放了权啦。现在，我们这个班子团结，我和老贾特别协调。我们两个人商量好了，上编委会很容易通过。这次新闻出版局来总结，说班子很好，写个班子材料。我说一定不要忽视了我们老贾在当中的作用。因为我们的副总编、副社长里边还有比我年龄大的同志，资历比我长。有的同志虽然年龄比我小，但是新闻工龄却比我长。有些工作我是做不了的，老贾是能做了的。当然这也没什么大的需要做工作的地方，因为我们团结得比较好。有这么好的班子，而且又办事公正，直接为我们下一步搞改革奠定了很好的基础。因为制度好订执行难，执行的时候能不能公道正派这是关键。不能对这个人是一个样子，对另一个人又是一个样子，在制度面前不能人人平等，这种情况是绝对不行的。这就是我们第三步改革的一个重要政治基础。我们还有一支比较好的队伍，对实行严格的考核奖惩，大家心理承受能力比较好。1984年实行岗位责任制后，一直实行到现在，该罚就罚，该奖就奖。罚绝不客气，我本人在值班期间错了大标题也被罚3块钱。我们值班副总编都受过罚，没有一个人没受过罚。这几年，岗位责任制的实行，使大家有了一定的心理承受能力。也为我们的第三步改革奠定了好的基础。在第三步改革中，我们首先在机构上进行了一番调整，现在我们设置的是要闻部、经济部、政教部和专栏部。从事编辑工作的就是这四个部。此外还有记者部。我们制订和重新修订了一些制度，实行了严格的考核，实行了制度化、规范化的管理。在1984年岗位责任制的基础上，我们制定了《雁北日报社编采人员考核奖惩暂行条例》。这些规章制度的出发点，一个是要健全动力机制，挖掘人员的潜力。我们规定得非常明确。对编采人员的考核，包括德、能、勤、绩四个方面，考核重点是业务工作实绩。考核实行定量定性分析，采用以月计分，全年累计的办法。助理编辑、助理记者全年累计分达到2100分，在下一年可享受编辑、记者待遇一年；编辑、记者累计分在2600分以上者，在下一年工资可向上浮动两个档次。当然，助理编辑、助理记者完不成任务，累计分在700分以下的，在下一年工资向下浮动一级。编辑、记者累计分在900以下者，解除原聘技术职务。这样，多干可多得利，把责权利紧密相连，能调动人们的积极性。这是健全动力机制。再一个还要完善自控机制，或者叫作约束机制。我们在订的时候跟大家开玩笑说，就像汽车，越高速的汽车，越得有一个好的刹车系统。你没有一个好的刹车系统，是要出问题的。约束机制也是这个意思。原来我们就有宣传纪律、审发稿制度、防止新闻失实的规定，这些制度对防止失实报道等各类事故的发生，对杜绝关系稿、交易稿都起了一定的作用。在此基础上，我们去年12月份又制订了一个《雁北日报社关于报纸编采质量的暂行规定》，在暂行规定里，明确规定了严格遵守党的政治纪律和宣传纪律，坚持以社会效益作为一切活动的准则是报纸编采质量的基本要求。要求编采人员在报纸宣传中做到：一是不发表与中央的路线、方针、政策以及决议相反的意见，无条件与党中央保持一致。二是不违背新闻真实性原则。三是不允许在报纸上泄露党和国家的秘密。四是不违反国家的法律、法规。五是不助长和挑起人民内部和各族人民之间的矛盾，一切宣传都要有利于社会的安定和各族人民的团结。这个我们都非常明确地规定出来了。制度制订比较容易，关键是考核问题和执行问题。现在我们采取的是用表格考核的办法。这些表格，主要有几种：雁北日报采编人员考勤考绩表、部（科）人员工作数量质量考核登记表、编采人员业务实绩登记卡、采写稿件登记表、编采质量情况登记表和出差人员审批单。一切都用科学考核的办法确定下来，这样才能保证制度的执行，否则就会落空。现在已完全走向正规。填报表是科长的主要任务，完成了，科长加20分。内部机制的完善，调动了工作人员的积极性，促进了报纸自身的改革。今年以来，根据十三大精神、新闻改革座谈会纪要精神和中宣部文件精神，我们抓了一些深度报道。这些报道中有反思性报道，如《三个司机闹平鲁续篇》《西瓜反思录》等；有沟通报道，如《产供用三方谈化肥》《产供用三方谈电力》等；有心态报道，如《拍卖前奏曲》《拍卖进行曲》等；有中性的批评报道，如对行署煤炭工业局、地区新华书店的批评等。由于报社有了一定的活力，工作效率有所提高，大家的积极性也有了，这样我们在第三步改革中也穿插进行了报纸自身的改革。总之，地市报社的改革，是一个系统工程，牵涉到许多方面，中心的问题是搞好新闻改革，办好我们的报纸。但办好报纸靠人办，发挥不出人的积极性，挖掘不出人的潜力，那是一句空话。所以，我认为现在单方面强调新闻改革是不适当的，而应该综合考虑，全面考虑，要与整个社会的改革同步。我们的改革，有不少是学了工商企业改革的经验，也学了一些单位政治体制改革的经验，这些都是与社会的改革同步的。

加强编采质量的监督

工厂要重视产品质量，地市报社也应重视报纸的编采质量。从某种意义上讲，报纸的编采质量比工厂的产品质量显得更为重要，因为报纸的编采质量不高，不仅会造成经济损失，而且会造成政治损失。

编采质量监督的内涵

对报纸编采质量的监督，主要包括对报道内容与形式两个方面的监督。具体地讲，就是要看报纸的宣传是否坚持了无产阶级的党性，是否坚持了为社会主义服务、为人民服务的方针，是否坚持了正面宣传为主，是否符合新闻的真实性、时效性原则，是否为广大读者所喜闻乐见，是否产生了比较好的社会效果。

编采质量监督的机制

要加强对报纸编采质量的监督，就必须建立和健全监督机制，真正做到事前监督与事后监督、内部监督与外部监督、领导监督与群众监督相结合，形成一个全方位的编采质量监督体系。这一体系可包括以下几个方面：

制定审发稿制度，搞好出版前的监督。首先，要把好选稿关。通讯员的来稿，一律要在通联科（室）登记，注明来稿时间，防止“后门”稿件，要实行总编辑（或副总编辑）、编辑科（室）负责人和责任编辑三级审稿，防止漏掉重要新闻。其次，要把好发稿关。记者采写的稿件，编辑编出的稿件，都要实行责任编辑、编辑科（室）负责人、分管副总编辑三级审稿，然后才允许发稿。第三，搞好报纸大样审查。报纸大样一式多份，分送总编辑、值班副总编辑、总编室负责人、有关科室负责人和责任编辑等审查,有些特别重要的新闻还应送地市委领导审查,最后由值班副总编辑签字付印。

制定《编采质量管理条例》,建立质量监督检查机制。《编采质量管理条例》应当是编采人员的编采规范,应明确规定编采质量的基本要求,例如党性、真实性、时效性等。还应对编采稿件、组划版面、拟制标题、刊头设计、专栏设置、标题美化等提出具体要求,真正做到内容与形式的完美统一。为了保证《编采质量管理条例》的落实,还应建立质量监督检查组织并给它确定具体职责。该组织一般应由编辑部负责人、编辑科室负责人、编采人员代表、新闻研究室人员组成。

举办编辑原稿展览,开展内部评报活动。为了提高编稿质量,促进在实践中的业务学习,报社编辑部可以不定期地举办编辑原稿展览,看看哪件稿编得好,哪件稿编得不好,哪个编辑工作认真,哪个编辑工作不认真,同时将修改汇总后的报纸大样也放在一起,让编辑本人看看哪个稿件被审查大样的人修改了,为什么要修改,以达到交流经验、相互学习、共同提高业务能力的目的。报社编辑部定期召开评报会,开设评报栏,评报会一周一次,定时召开,参加的人可以是全体编辑(业务人员较少的报社),也可以是各科室编辑人员的代表(业务人员较多的报社)。每次评报会前,各编辑科室都要确定本科(室)的评报发言人。评报栏内的评报,可以随时进行,发现问题,及时指出。

聘请兼职报纸审读员,开展读者有奖评报活动。报社可以从社会上聘请几名政治敏锐性强,思想水平较高,比较熟悉新闻工作,有一定文字表达和鉴赏能力的同志担任兼职报纸审读员,请他们审读每一期报纸,并从报纸编采质量方面提出批评与建议,写出审读意见。对审读员可给予相应的劳动报酬。报社还可以开展读者有奖评报活动,对热心评报、善于挑刺、热心推荐等贡献最突出的读者给以奖励,对审读员的审读意见和读者的评报意见,报社要认真研究并作为编采人员业务学习、改进工作的重要依据。适宜于公开发表的,要在报纸上开办的《读者评报》或《读者与编者》专栏里发表。

编采质量监督的意义

加强对报纸编采质量的监督,有着重要的意义,它可以使报纸更好地成为党、政府和人民的喉舌,更好地在社会主义的“两个文明”建设中发挥积极作用。

首先,它有利于编采人员政治素质和业务素质的提高。无论是内部监督,还是外部监督，无论是内部评报，还是外部评报，都为编采人员提供了一个在实践中学习、提高的机会，使他们知道哪些做对了，做好了，哪些没做对，没做好。此外，监督本身就是一种约束，它可以约束和规范编采人员的行动，促使他们工作更认真、学习更努力，促使他们更快地成为合格的党的新闻工作者。

其次，它有利于报社内部的岗位责任制和奖惩制的落实。近年来，不少报社都制定了管理制度，但真正能全面落实的为数并不多。其中原因之一，就是缺乏监督检查机制，使定下来的制度往往成为一纸空文。如果都能建立一个全方位的编采质量监督检查体系，这个问题就可以迎刃而解，奖惩也就容易兑现，也可以进一步调动工作人员的积极性，激发他们的高度责任心。

最后，它有利于“开门办报”“群众办报”，有利于加强报社同广大人民群众的联系。

总之，加强了对报纸编采质量的监督，就可以不断提高报纸的编采质量，把报纸办得引人入胜，使报纸产生更大的社会效益和经济效益，更好地为社会主义服务，为人民服务。

（刊载于人民日报社主办的《新闻战线》1990 年第 9 期）

谈谈报社开展多种经营与发展新闻事业的关系

——1988 年全国新闻出版改革典型研讨会材料

近年来,在改革大潮的推动下,我国许多新闻单位进行了经营管理体制的改革,突破了"单一经营"的旧格局,走上了"一业为主,多种经营"的新路子。不少新闻单位在以主要精力搞好新闻业务工作的同时,兴办了一些与自身业务有关的经济实体,开始了由"事业单位行政化管理"向"事业单位企业化管理"的过渡。这是我国新闻事业发展中出现的一个令人注目的新趋势。

随着这一新趋势的出现,有一些急须解决的新问题摆在了我们的面前。例如:怎样看待新闻单位开展多种经营?经营管理体制的改革与新闻事业的发展有什么关系?开展多种经营怎么样才能促进新闻事业的全面发展?

下面,结合我们报社自身的经历和近年来的实践,谈谈报社开展多种经营与发展新闻事业的关系。

无钱难办报

长期以来,人们(包括我们自身)都把报社作为党委的、政府的、团体的一个部门来看待。报社也长期躺在国家或地方财政的怀里,过着无钱要钱、无物要物的日子。这一观念、这一状况是在长期的革命战争年月里形成的。当时,战事频繁、条件艰苦,让报社独立经营、自负盈亏显然是不可能的,因此,也只能实行亏损多少补贴多少的予取予求的单纯报销制。但是,随着新闻事业的不断发展,这一状况是应该及时改变的。所以,早在中华人民共和国成立初期,党中央就批转过中央人民政府新闻总署党组的《关于全国报纸经理会议的报告》,决定让条件好的公营报业争取自给,废除予取予求的报销制。1950 年 9 月,中共中央宣传部又发布了《关于报纸实行企业化管理情况的通报》(以下简称《通报》)。《通报》指出:"企业化经营的方针是完全正确的,可以实现的。"《通报》还批评了"有些报社的同志,还不了解和不重视企业化的方针,他们以为发行报纸是文化事业,不能当成生产事业来经营,甚至个别报社的同志,还残留着赔多少向国家报销多少的错误思想;他们缺乏精打细算的经济核算观念”。可惜,这一方针和措施,由于这样或那样的原因,没有坚持下来,致使国家或地方财政的负担越来越重,新闻事业的发展也受到了极大的限制。

以我们雁北日报社为例。我报创刊于1958年9月1日,1962年因为经济困难而停刊。1970年10月1日复刊。从复刊到1985年的15年中,据不完全统计,仅报纸亏损补贴一项,就使用了地方财政拨款240多万元。由于改刊(从周三刊改为周六刊)和发行量增大,1983年地方财政给我社的亏损补贴达到了30万元。1984年又达到了37万元。虽然地委和行署十分重视新闻工作,在各个方面都给报社以大力支持,但由于我们自身缺乏经济实力,仍面临着不少难题:报纸发行量不敢扩大,生怕亏损增多;落实责任制无钱,奖惩难以兑现;印刷设备落后,无力进行更新;职工住房紧缺,建房没有投资;办公条件简陋,设备无钱购置;职工需要培训,报社没有资金。这些“旧愁”尚未解决,近几年来又添“新愁”:新闻纸价格一涨再涨,发行费率越来越高,工资补贴不断增加,全部需要“内部消化”。“旧愁”和“新愁”集中到一点上,就是“愁钱”。钱从何来?完全靠国家和地方财政拨款吗?不可能。地方财政对我社实行的是定额补贴。周三刊时每年补贴15万元。改为周六刊后,每年补贴30万元。1984年,我社超支了7万元,就遇到了不少麻烦。我们又是找行署财政局局长,又是找地委、行署领导,不知跑了多少腿,磨了多少次嘴皮,这7万元还拖了近一年才得以解决。靠大幅度提高报价来赚钱吗?也不现实。报社是一个特殊的生产部门,报纸是一种特殊的商品,不能只追求经济效益而忽视社会效益。实践证明,报社躺在国家怀里,靠财政拨款过日子的历史应该结束了。要做到独立经营,自负盈亏,就必须进行经营管理体制的改革,走事业单位企业化管理的新路子。就必须坚持“一业为主,多种经营”,在搞好报纸业务的同时,兴办一些与自身业务有联系的经济实体。不这样做,报纸就难以生存,更谈不到新闻事业的全面发展。

有钱好办报

1984年以来,同全国其他新闻单位一样,我们雁北日报社也进行了一番改革。大致可分为三步:第一步是以增强服务性为突破口,抓好报纸自身的改革;第二步是以经营管理体制改革为重点,走事业单位企业化管理的新路子;第三步是以完善编辑部内部管理机制为核心,增强报社编辑部自身的活力。这三步改革中,奠定经济基础的改革是第二步,即以经营管理体制改革为重点,走事业单位企业化管理的新路子。在这一步改革中,我们创办了雁北日报图片社和雁北日报美术服务部，与兄弟报社开展了广告业务协作，对印刷厂进行了技术改造，并对经营部门实行了“统一管理，分级核算，包死基数，确保上缴，超利分成，亏损自补”的内部经营管理体制。多种经营的开展，管理体制的改革，图片社、印刷厂、广告等三大经济支柱的强化，给报社带来了可观的经济效益。1986 年我社多种经营利润达到了 36.7 万元，基本实现了办报经费自给；1987 年多种经营利润猛增到 83.9 万元，实现了经费自给，大有结余。今年 1 至 9 月，多种经营利润又达到了约 77 万元，比去年同期增长 30%以上，全年有望达到 100 万元。

报社收入的大幅度增长，办报经费的自给有余，给我们完善内部机制、增强报社自身活力创造了条件。早在 1979 年，我们报社就制定过岗位责任制，但由于当时报社完全靠财政补贴过日子，经费十分紧张，责、权、利很难挂钩，奖惩无法兑现，所以岗位责任制基本上成了一纸空文。1984 年 5 月，我们修订了岗位责任制，又有了少量的广告收入，所以也就开始能做到责、权、利挂钩，奖惩兑现。这一奖惩制度一直执行到 1987 年底。从 1987 年 11 月初开始，我们由于有了较强的经济实力，所以开始了“以完善内部机制为核心，增强报社自身活力”的第三步改革。在第三步改革中，我们对原有的奖惩责任制进行了较大修改，重新制定了《雁北日报编采人员考核奖惩暂行条例》，新制定了《雁北日报社关于报纸编采质量管理的暂行规定》，进一步把激励机制和约束机制引入了报社编辑部的内部管理。《考核奖惩暂行条例》规定：“编辑和助理编辑，每编一个标准条记 1.1 分，每编一个标准版记 19 分”；“记者和助理记者每采写一个标准条记 12 分”；“全月完成规定的工作量可享受基本奖……超额完成规定的工作量，按超额部分与规定工作量的比例增发超额完成任务奖”。“获得国家级好新闻奖，一等奖每件记 400 分，奖现金 100 元；二等奖每件记 300 分，奖现金 80 元；三等奖每件记 200 分，奖现金 60 元；表扬奖每件记 150 分，奖现金 50 元。获省部级好新闻奖，一等奖每件记 200 分，奖现金 30 元；二等奖每件记 150 分，奖现金 20 元；三等奖每件记 100 分，奖现金 10 元；表扬奖每件记 80 分，奖现金 10 元；获本报好新闻奖，每件记 60 分，奖现金 10 元。”“凡对报纸编采工作提出好建议、被采纳并经实践证明取得好效果，每条好建议记 40 分，奖现金 20 元。”《考核奖惩暂行条例》中还规定：“每年年初对上一年每个编采人员、校对人员的记分情况进行累计，编采人员累计分高的前三名、校对人员累计分高的第一名，如无特殊情况可分别获得好编辑（好记者）和好校对称号，获得此称号者，可加记 50 分，奖现金 20 元。”“助理编辑、助理记者全年累计分在 2100 分（完成基本任务为 1260 分）以上者，在下一年可享受编辑、记者工资待遇一年；编辑、记者累计分在 2600 分（完成基本任务为 1300 分）以上者，在下一年其工资可向上浮动两个档次，浮动一年。”为了做到实绩有记载、奖惩有依据，我们设计了雁北日报编采人员考勤考绩表、编采人员工作量考核登记表、编采人员业务实绩登记卡等六种报表,工作数量逐日登记,一月一汇总;工作质量月月登记、半年一汇总;业务实绩登记卡月月填写,全年汇总后存入业务实绩档案。这一套制度及考核奖惩办法,使报社编辑部的内部管理初步走上了规范化、科学化的道路。为了解决职改工作中的不合理问题,进一步调动编采人员的工作积极性,今年四月,我们还实行了责任编辑特聘制。经民主推荐、评审委员会评审、编委会聘任等程序,将六位助理编辑特聘为责任编辑(我们报社规定,责任编辑一般由取得中级技术职务的人员担任),给他们每人浮动两级工资,从报社奖励基金中支出。在职改工作中,既发了全国通用粮票,还发了单位粮票。

在充分运用经济手段调节的同时,我们还在尊重人、关心人、理解人的基础上,加强了思想政治工作,注意了物质奖励与精神奖励、经济手段与行政手段相结合,增强了编采人员的事业心和责任感。

经济杠杆的运用,内部激励、约束机制的完善,思想政治工作的开展,极大地增强了活力,提高了工作效率,调动了工作人员的积极性。原来编辑部一个科室六至七名编辑,今年年初,我们压缩了编辑人员,增加了采写人员,每个编辑科室只留五名编辑,其余人员都充实到了记群部。编辑人员减少,编辑工作量却没有减少,但多干可以多记分、多得奖,所以编辑人员并无怨言,即使是一个科室有一至两人缺勤,这个科室也照样能完成任务,不再找领导要人。采编人员下乡采访的积极性也大大提高,今年一至九月,报社采编人员亲自采写的稿件达到了 1079 件,比去年同期增长了 107.8%。自采稿件的增加,大大提高了报道质量,改变了单靠通讯员来稿吃饭的被动局面。据我们报社一至九月的统计,我们报社已有一名编辑累计分突破了 2000 分,一名助理编辑累计分突破了 1800 分。这两位同志在下一年向上浮动工资已大有希望。

报社收入的大幅度增长,办报经费的自给有余,还为印刷条件的改善创造了条件,也增强了报社自我积累、自我发展的能力。今年七月,我们《雁北日报》已由铅印改为胶印,提高了报纸的印刷质量。从 1985 年到 1987 年三年间,我们报社的结余资金已达 91 万元,按照提取 50%的事业发展基金的规定,我们已提取事业发展基金约 45 万元。今年,我们利用这笔资金和一部分更新改造基金,又办起了图片社二部和美术服务部,总投资达 50 多万元,为报社进一步创收奠定了基础。

经营管理体制的改革、多种经营的开展还为我们报社领导人提供了一块熟悉经济体制改革、熟悉经济管理工作的"试验田"。过去我们的报纸每天都在宣传经济工作,但严格地说,我们对经济工作并不熟悉。报社多种经营的开展,经营管理体制的改革,使我们报社领导人有了从事经济工作的经验,增长了经济管理的知识,也进一步认识到了搞好经济体制改革的重要意义,这对我们报社搞好经济工作的报道、搞好经济体制改革的报道,无疑是十分有益的。

总之,报社多种经营的开展,收入的大幅度增长,有利于完善激励机制,有利于引入竞争机制、风险机制,有利于增强报社自身的活力和调动工作人员的积极性,有利于提高报纸的编采质量和印刷质量,有利于减轻国家和地方财政的负担,有利于新闻事业的全面发展。总之,一句话,有钱好办报。

抓钱为办报

报社进行经营管理体制的改革、开展多种经营的目的是什么?是为了更好地办好报纸,更快地发展新闻事业。简而言之,就是抓钱为办报。

要做到抓钱为办报,首先要树立一个正确的指导思想。既要认识到抓钱的重要性,也要明确抓钱的目的性。我们是报人,不是商人,我们从事的主业是报业,而不是商业。报人和商人都要抓钱,在这一点上是相同的。报人的主要任务是办报,商人的主要任务是经商,在这一点上二者又是不相同的。指导思想端正了,就能正确地执行"一业为主,多种经营,全面发展"的方针,就能够分清主次,不至于主次不分、主次颠倒。

要做到抓钱为办报,除利用多种经营利润弥补报纸亏损外,还要注意结余资金得有一个合理的分配比例,一个合理的投向。我们报社结余资金的分配比例为:事业发展基金50%,奖励基金25%,福利基金20%,后备基金5%。这就保证了结余资金的合理投向。近两年来,我们把事业发展基金用到了固定资产的购置上,用到了技术更新改造上,用到了印刷条件和工作条件的改善上,也就是说用到了新闻事业的发展上。我们把奖励基金作为经济杠杆,作为一个重要的激励因子用到了奖惩制度的落实上,用到了激励机制的完善上,用到了责任编辑的特聘上,也就是说用到了增强报社自身活力,提高工作效率,调动工作人员的积极性上。我们把福利基金用到了职工的劳动保护和身体保健上,用到了职工生活的改善上。

要做到抓钱为办报,就要正确处理抓钱与办报两项工作之间的关系。报社的负责人尤其要注意这一点。抓钱可以发展新闻事业,可以更好地办报纸,这一点是无疑义的。但对报社负责人来说,抓钱势必要分散一些精力,也就可能产生顾此失彼的现象。为了防止这一现象的发生,报社的领导体制就要进行相应的改革。要将社长负责制或总编负责制的单轨制改变为社长领导下的总编辑、总经理负责制的双轨制。报社的工作系统,也要分为编辑部和经理部两大系列。这样,有人抓钱,有人办报,可以做到二者兼顾,共同发展。

要做到抓钱为办报，还要注意怎样去赚钱。今年三月，国家新闻出版局和国家工商行政管理局联合发布了《关于报社、期刊社、出版社开展有偿服务和经营活动的暂行办法》，允许报社等部门"适当开展国家法规、政策允许的其他经营项目"，具体指明了报社等部门可以开展的有偿服务和经营活动的项目，同时还限制开展纯商业性经营活动，限制编辑、记者参加经营活动。我们要按照这一暂行办法，在国家政策和法令允许的范围内，充分发挥自己的特长和优势，开办一些与我们自身业务有联系的经济实体和一些有偿服务项目。我们可以利用自己的人才优势，开办图片社、美术服务部等服务性经济实体；可以利用自己掌握的大量的商品经济所需要的信息，开展有偿的咨询服务活动；可以利用报社工作人员社会活动面广的优势，举办信息发布会、技术交流会等；还可以利用内部及外部的人才举办各种讲座、培训班、辅导班、函授班等；也可利用我们所掌握的大量的经济、科技、文化、教育、政策、法律等方面的信息，给有关部门或有关单位提供决策服务。这样做，不仅可以给我们增加不少的收入，而且可以使我们新闻工作的领域大大拓宽，更好地发挥大众传播媒介的作用。

要做到抓钱为办报，还要注意讲求新闻职业道德，注意维护新闻单位的声誉。在开展多种经营的过程中，我们始终把新闻采访和经营活动严格区别开来。经营活动完全由经理部及其所属单位负责，编辑、记者一律不参与经营活动，不利用自己手中的发稿权、采写权承揽业务，从中牟利。为了杜绝以权谋私、以权经营，我们在《〈雁北日报〉审发稿制度》中明确规定："邮寄或直接寄给编辑部的稿件，均应先在记群部登记，加盖《雁北日报》来稿登记章，不经登记盖章的稿件，一律不得采用"；"除特约稿件外，其他稿件，一律不得直接寄给编辑科室或编辑部任何个人，直接寄给编辑科室或个人的稿件，一律不得采用"；"本报编辑、记者采写的稿件，必须经所在部室负责人和分管副总编审阅，不经审阅同意，一律不得采用"。这些规定的严格执行，大大减少了"人情稿""关系稿""交易稿"。与此同时，我们还坚决反对出卖报纸版面，搞什么"有偿新闻"，坚持了依法经营、正当经营、文明经营。这样做，不仅没有损害新闻单位的声誉，而且提高了我们新闻单位的名望。

无钱难办报、有钱好办报、抓钱为办报，这是我们在多年的办报实践中得到的深切的体会，也是我们对开展多种经营与发展新闻事业二者之间关系的认识。

（1988 年 10 月 24 日）

为建设一个企业管理型报社而努力

——我社开展经营管理体制改革的几点体会

1985年初,我们报社在提出"办一张指导服务型报纸"的目标的同时,还提出了"建一个企业管理型报社"的目标。五年多来,为了实现这一目标,我们积极又稳妥地推进了报社经营管理体制的改革,进行了不懈的努力,使一个过去每年曾吃地方财政补贴近40万元的报社,变成了一个每年多种经营利润超百万元、经费已连续四年自给并大有结余的实行自收自支管理的事业单位,在企业化管理的路子上迈出了坚实的一步。下面,谈谈我们在这方面的几点体会。

利用自身优势,开展多种经营

国家新闻出版局、国家工商行政管理局联合制定的《关于报社、期刊社、出版社开展有偿服务和经营活动暂行办法》中明确指出:"报社、期刊社、出版社可以根据有关规定和本身的条件,发挥其联系面广以及信息、人才、技术、知识、设备器材等方面的优势,开展国家政策允许的、与本身业务有关的有偿服务和经营活动。"这一暂行办法虽然是1988年3月下旬颁发、1988年4月1日起施行的,但早在1985年,全国就有不少报社,包括一些中央级、省级和地市级报社,在报社该不该开展多种经营、怎样开展多种经营方面已经有了一个共识:为了减轻国家财政负担,解决报社经费不足,促进新闻事业发展,报社可以在保证办好报纸、注重社会效益的前提下,利用自身的条件和优势,积极开展多种经营。当时,中华全国新闻工作者协会、中共中央宣传部新闻局也同意这一认识并积极予以提倡。这是因为早在中华人民共和国成立初期党中央就批转过中央人民政府新闻总署党组的《关于全国报纸经理会议的报告》,中共中央宣传部也发布过《关于报纸实行企业化管理情况的通报》,明确指出过"公营报业争取自给",报社可实行"企业化经营"。

正是在全国不少报社讨论该不该开展多种经营,怎样开展多种经营并有一些报社已经开展了多种经营的时候，我们报社确定了“建一个企业管理型报社”的目标，研究了怎样利用自身优势，开展与本身业务有关的多种经营的方案。我们认为，报社具有六大优势，即人才多、信誉高、信息灵、联系广、设备强、技术好。人才多，是说报社有较多的写作、摄影、美术、印刷等方面的人才；信誉高，是说报社知名度、信誉度高，人们对报社办事信任、放心；信息灵，是说报社能够迅速而广泛地掌握各方面的大量信息；联系广，是说报纸作为传播媒介和桥梁可以联系上下左右各方面；设备强，是说报社有较好的印刷设备、摄影器材等；技术好，是说报社人员有较好的专业素质。只要报社发挥了这六大优势，挖掘出了人员、设备的潜力，报社的多种经营就可以迅速而全面地开展起来。

基于这一认识，1986 年 6 月，我们利用原有的摄影设备、摄影人才，并购置了一套彩色照片扩印、放大设备，办起了雁北日报图片社。1988 年 7 月，我们利用美术人才多的优势，办起了雁北日报美术服务部，专门承揽美术设计、室内装潢、牌匾制作、字画装裱、展览布置等有偿服务业务。1989 年 7 月，我们利用报社写作人才多、信息灵、联系广等优势，又办起了雁北日报公共关系服务部，专门从事公关活动策划、经济信息咨询、提高企业知名度和美誉度等服务。目前，我社的经营部门已从原有的两个发展到现在的五个，即印刷厂、广告科、图片社、美术服务部、公共关系服务部，形成了一个与本身业务有密切联系，门类也比较齐全的经营体系。在开展多种经营的过程中，我们始终坚持了依法经营、正当经营，认真执行了国家有关工商、税收、物价等方面的政策规定，执行了《关于报社、期刊社、出版社开展有偿服务和经营活动的暂行办法》，遵守了职业道德，从未搞过违法违纪经营，也没有搞过“有偿新闻”。

多种经营的开展，使我们报社的经济效益连年增长。1986 年，全报社多种经营利润达到了 36.7 万元，初步实现了经费自给，略有结余。1987 年全报社多种经营利润达到了 81 万元，实现了经费自给，大有结余。1988 年全报社多种经营利润达到了 101 万元，第一次过了“利润百万关”。1989 年，在原材料大幅度涨价、经营困难、市场疲软的情况下，全报社多种经营利润仍达到了 105 万元；今年上半年多种经营已实现利润 70.3 万元，比去年同期增长了 28.3%。

坚持统分结合，改善经营管理

1986 年 6 月，在开办雁北日报图片社的同时，我们就给地委、行署送上了《关于改革我社财务管理体制的请示》。经地委、行署领导研究批准，我社从 1986 年起实行“自收自支，差额补助，结余留用，超支不补，逐年减补，两年内达到经费自给”的财务管理体制。

1988年又实行了“自收自支,结余留用,超支不补,一定三年”的财务管理体制。报社内部则实行“统一管理,分级核算,包死基数,确保上缴,超任务分成,完不成任务自补”的财务管理体制。外部财务管理体制的改革,给我们的经营管理带来了压力,也为我们的增收节支带来了动力。内部财务管理体制的改革,充分调动了经营单位的积极性,解决了各经营单位不吃报社“大锅饭”的问题。

以图片社为例,1988年它与报社的承包协议是:承包基数是45万元,实现45万元利润,三七分成,70%上缴报社,30%作为自身留利;超过45万元利润,超额部分五五分成,给报社上缴50%,自留50%。图片社的留利按以下比例分配:50%作为事业发展基金,25%作为奖励基金,20%作为福利基金,5%作为经理基金。这一承包形式大大调动了图片社职工的生产积极性,当年实现利润63.4万元,比上年增长近20%。今年,图片社与报社的承包协议做了小的修改,承包基数仍是45万元,完成45万元利润,实行二八分成,给报社上缴80%;超过45万元的部分仍实行五五分成。今年上半年,图片社已实现利润约45万元,半年完成了全年的利润承包基数。

再以报印分厂为例,报社对它实行的是“限额亏损,超亏不补,以收抵亏,减亏有奖”。1989年它和报社签订的承包协议是:最大亏损额为13万元,超亏自补,减亏部分拿出60%作为自身留利。留利按“四、三、二、一”的比例分配,即事业发展基金40%、奖励基金30%、福利基金20%、厂长基金10%。由于实行了“限额亏损,超亏不补,以收抵亏,减亏有奖”的办法,所以,他们进一步改善了经营管理,增加了收入,降低了成本。1989年亏损只有近10万元,比原计划减亏约3万元。

报社内部实行“分级核算”,解决了内部“吃大锅饭”的问题,克服了奖金福利问题上相互攀比、拉不开差距的弊端,调动了各经营单位的积极性,确有不少好处。但是,分级核算后,极容易产生各自为政、手里有了钱随便乱花、不按国家规定滥发钱和物的问题。为了解决这一问题,就必须加强统一管理,坚持统分结合。我们的具体做法:一是强化财务科“统”的功能。各经营单位的财务室接受双重领导,既要接受本部门的领导,又要服从报社财务科的领导。发放奖金、加班工资、劳保福利物品必须到财务科审批;凡动用更新改造资金、大修理基金、事业发展基金在千元以上的必须到财务科审批;凡单项金额在千元以上的非生产性开支也必须到财务科审批。各财务室每月十日前必须报出会计报表,缴利单位须于每季初十日内足额解缴上一季的利润。二是报社对各经营单位定期审计,每半年审计一次,检查各单位的经营情况、成本核算情况及执行财经纪律和会计制度的情况,发现问题,及时处理。三是在执行国家法规及财经纪律和报社的财务制度上实行严格的奖惩。凡违反国家财政、税收、物价、工商、金融法规,由于个人责任而造成罚款的,均由责任者承担全部罚款,报社不予承担;凡违反报社财务制度,滥发奖金实物,随意购置非生产性用品,随意动用专项基金者,都要对责任者处以开支金额的20%的罚款。

用好用活资金,促进事业发展

报社开展多种经营,实行企业化管理的目的是进一步发展新闻事业,进一步办好报纸。因此,对各项经营收入都必须用好用活,真正把钱花在正经处,花在刀刃上。近年来,我社把多种经营利润主要用在了以下几个方面。

把钱用到了报纸亏损和编辑部经费的补贴上。1986 年补贴了 32.5 万元,1987 年补贴了 34.9 万元,1988 年补贴了 58.5 万元,1989 年补贴了 40.9 万元,四年累计补贴 166.8 万元,为减少地方财政支出做出了贡献。

把钱用到了扩大再生产的投入上。4 年来,我社共提取更新改造资金 97.6 万元,还按留利的 50%的比例提取了事业发展基金 90.6 万元。用这笔款中的 64 万元,我们先后办起了图片社二部、美术服务部、公共关系服务部、图片社人像艺术摄影部,进一步增强了自我发展能力;这笔款还弥补了流动资金的不足,在银根紧缩、资金困难的情况下,保证了各项生产的正常进行。

把钱用到了对工作人员的激励上。4 年来,我社按留利部分的 25%共提取奖励基金 45.3 万元,按“干多干少、干好干坏不一样”的原则,灵活使用了奖励基金,拉大了分配上的差距。以编辑部为例,我们先后制定了《编采人员岗位责任制》《编采人员考核奖惩暂行条例》《编采质量管理的暂行规定》《行政后勤人员岗位责任制》《行政后勤人员考核奖惩暂行条例》等,明确规定了各个岗位上的工作人员,完成基本任务可领基本奖,超额完成工作任务可享受超额奖,编辑、记者评上好新闻也给予奖励;全社人员凡提出合理化建议被采纳并取得好效益的根据贡献大小给予奖励;编辑、记者如全年累计考核分在 2600 分(完成基本任务为 1300 分)以上,助理编辑、助理记者累计考核分在 2100 分(完成基本任务为 1260 分)以上,行政后勤人员全年累计考核分在 2100 分(完成基本任务为 1260 分)以上者,下一年可浮动 1 至 2 级工资。这就大大调动了全体人员的工作积极性。1988 年,有 4 人得到了向上浮动两级工资的奖励;1989 年,有 6 人得到了向上浮动两级工资的奖励。为了解决职改工作中的不合理问题,经民主推荐、评委会评审、编委会聘任等程序,我们特聘了 5 位助理编辑担任了责任编辑(我社规定,责任编辑一般由取得中级技术职务的人员担任),给他们浮动一级工资,从奖励基金中列支。在职改中,既发了全国粮票,还发了单位粮票。4 年来,我社还按照留利部分的 20%提取了福利基金近 40 万元,用这笔款弥补了福利费的不足,使患病者得到了及时治疗,使困难户得到了补助。今年7月初,编辑部花了2850多元,为编采人员普查了身体,检查出了20多人身上的隐患。1989年,图片社还利用结余的奖励基金和福利基金,为8位无住房的职工解决了8套家属宿舍。

把钱用到了提高报纸质量上。1988年7月,我报由铅轮印刷改为胶轮印刷,增加了印刷成本,但使报纸印刷质量有了明显的提高。为了加强对报纸编采质量的监督,今年我们从社会上聘请了两位报纸审读员,每月给他们30元报酬;从今年5月开始,我们开展了读者有奖评报活动,设立了"热心评报""善于挑刺""热心推荐"三个单项奖(奖金为150元)和一个综合评报奖(奖金为500元),广大读者积极响应,踊跃参加评报,提出了不少好建议,挑出了不少毛病,我们编辑部还在阅览室办起了"读者评报展览"。内外监督相结合,增强了编采人员的工作责任心,使报纸差错减少,编采质量有了一定的提高。从今年3月份开始,我们还在报纸上开展了"读者推荐我身边的先进人物"的活动,在一版开办了《我身边的先进人物》专栏,加强了正面报道,弘扬了先进人物的事迹,使报纸增色不少。为开展这一活动,我们设立了热心推荐先进人物奖、采写先进人物好新闻奖和最佳先进人物奖,奖金全部由我们报社支出。

4年来,我们报社的多种经营利润连年增长,日子越来越好过,但我们却没有摆阔,一直坚持"富日子当穷日子过"。就以车辆配置来说,现在全报社有一辆东风140、一辆波罗乃茨小卧车、一辆北京212吉普,主要都是为有利生产经营而配置的,还有一辆小车编制,一直是有编无车。报社领导乘坐的仍是1982年购置的北京212吉普,在雁北地直机关县级单位中是最差的。有不少同志劝我们,"你们报社是百万富翁,还不买个'桑塔纳'坐坐",我们考虑,报社还有不少干部职工住房拥挤,花一二十万元买个好车,就等于坐掉了六七户的住房,于心何忍?正是我们坚持了"不该花的钱坚决不花",才使有限的资金投到了事业发展上,投到了提高报纸质量上,真正做到了抓钱为办报。

我们报社在"建一个企业管理型报社"上有了一定的进展,取得了一些成绩,但与一些先进的兄弟报社相比,仍有不少差距。这次全省成立报协,对我们无疑又是一个促进。我们决心进一步搞好报社经营管理体制的改革,积极创收节支,加速技术改造,以加快新闻事业的发展。

(1990年7月10日)

附一

山西省新闻出版局
山西省新闻工作者协会文件

晋新出报发(1988)7号

关于表彰《雁北日报》编委会和《雁北日报》总编辑安大钧同志的通报

各报社：

目前,在我国政治体制改革和经济体制改革深入发展的形势下,新闻事业如何更好地为建立社会主义商品经济新秩序服务,积极推进改革开放;如何在搞好改革宣传的同时,加快和深化新闻工作的自身改革,是摆在每个新闻单位面前的重要课题。《雁北日报》从1984年以来,以锐意改革,勇于开拓的精神,对上述问题进行了积极的探索和大胆的实践,并取得了显著成绩。

他们首先以增强报纸的服务性为突破口,开展了提高报纸宣传质量,完善报纸总体社会效益的第一步改革。通过调整机构,大胆起用年轻干部,集中精力调整版面和解决编采业务难点等有步骤的改革措施,报纸的质量有了很大提高,加强了报道的广度和深度,有力地促进了当地的各项工作,受到本地区党政领导机关和广大读者的赞扬。与此同时,他们着眼于经济体制改革的大趋势,以开办多种经营为重心,开展了建一个企业管理型报社的第二步改革。从1986年开始,他们创办了雁北日报图片社并逐步建立了统一管理、分级核算、部门承包的经营管理体制,仅用两年时间就把一个每年花掉地区财政拨款近40万元的报社,变成了实现年利润近百万元,经费自给有余的文化企业,成为全省第一家实现自负盈亏的报社。他们的第三步改革是建立健全各种规章制度,完善内部管理机制。经过一年的努力,他们以严格而科学的考核制度作保证,确立了报社内部的自我激励机制和自我约束机制。《雁北日报》富有成效的改革得到了有关领导部门的充分肯定,为我省报纸工作创造了新鲜的改革经验。

《雁北日报》编委会在几年的改革工作中，团结奋战，形成了一个坚强的领导核心。这个领导班子保持和发扬了我党实事求是、作风民主和关心群众的优良传统，共同创造了《雁北日报》健康的政治生活风气；他们坚持了民主、科学的决策程序，有力地推动和领导了《雁北日报》的宣传改革和改革宣传工作。《雁北日报》总编辑安大钧同志是个有魄力，有胆识，勇于开拓进取，敢于改革创新的人。他不畏风险，不故步自封，以民主的作风和求实的精神，为《雁北日报》的改革和发展做出了突出贡献。

为了表彰《雁北日报》在改革中取得的成绩，为了表彰安大钧同志在改革工作中做出的贡献，特决定在全省通报表彰《雁北日报》编委会，并授予安大钧同志“优秀总编辑”称号。

抄报：新闻出版署、省委办公厅、省委宣传部、省政府办公厅、省人大教科文工作委员会。

附二

在改革中团结奋进的《雁北日报》编委会

山西省新闻出版局

1983年9月,中共雁北地委调整了雁北日报社的领导班子。从此,《雁北日报》编委会在改革大潮风起云涌之际,开始驾驶报社的航舵。

《雁北日报》编委会一班人上任后锐意改革,大胆创新,在全省地市报纸中率先开始了从指导型报纸向指导服务型报纸的转变,在雁北地区直属事业单位中率先走上了企业化管理的改革之路。短短四年多时间,雁北日报社已经由一个每年花掉地方财政拨款近40万元的事业单位,变成多种经营年利润可达百万元,经济上完全自负盈亏的企业管理型报社,创造了雁北日报社改革模式。与此同时,《雁北日报》也成了全国地市报纸中的佼佼者,成了全省地市报纸改革的一面旗帜。更可贵的是,在编委会一班人的共同努力下,创造了雁北日报社健康的政治生活风气。他们坚持和发扬了党的求实精神和民主作风,坚持了一套民主、科学的决策和工作程序。他们深入实际,关心群众,创造了思想政治工作和领导班子建设的新鲜经验。在他们坚强有力的领导和推动下,《雁北日报》正在改革的大道上奋进。

他们创造了健康的政治风气,保证了改革事业的顺利进行

《雁北日报》编委会是一个团结奋进的班子。他们共有7人:社长贾春太,总编辑安大钧,副总编任珂、孙学武、王继仁,副社长贾明阳、曹耀周。这个班子,无论从人员的知识结构,还是年龄结构看,组成是比较合理的,既有历经磨炼、经验丰富的老新闻工作者,又有学有专长、年富力强的同志。这7人中,年龄在50岁以上的3人,40岁至50岁之间的4人;其中从事新闻工作30年以上的2人,大学本科毕业的5人。从人员的基本素质和性格构成看,配备也很协调。老社长贾春太,高风亮节甘当人梯;总编辑安大钧,敢想敢干有胆有识;诸位副总编、副社长,有的思想敏锐果断,有的脚踏实地勤勤恳恳。拿一句通俗的

话说,《雁北日报》编委会这台戏唱得好,就是由于在前台的人表演卖力,在后台的人服务周到。大家互相支持,取长补短,心往一处想,劲往一处使,从不计较个人名利地位、荣辱得失,人人作风正派,办事公正,不谋私利。整个领导班子坚持和发扬了党的优良传统,共同创造了健康的政治风气,保证了改革事业的顺利进行。

政治体制改革和经济体制改革的深入发展,打破了多年产品经济所形成的观念。在改革中,对许多具体的人和事,无论是班子内部还是干部职工中间,不同意见甚至完全对立的意见是不可避免的,有了不同意见如何统一认识,这是改革中政治思想工作的难点,也是班子建设的难点。雁北日报社实行社长负责制,但他们不搞一言堂。任何决策都是经过班子民主讨论产生,有时对一些问题也争得面红耳赤,但大家从不以个人意见为取舍标准,而是服从和拥护正确的意见。一旦形成决策,就坚决按工作程序向下贯彻,绝不搞小动作。正如贾春太同志讲的那样:"我们都自觉地认识到,编委会上同意了的意见,就是每个成员的意见。每个领导成员都很好地坚持了个人服从组织的原则。因此,在雁北日报社没有窝里斗,没有团团伙伙,大家都在一心一意干事业。"一位编辑感慨地说:"在如今的社会风气下,雁北日报社就是一片净土,这是编委会各位领导同志以高尚的政治品德创造的净土。"他本人曾经调过好几个单位,都因干不成事业而苦恼。报社在引进外国扩印设备时候他当翻译,他发现这里是个干事业的地方,便毅然决然地调到报社工作。现在报社有一大批优秀的青年人,他们都有出色的专长,许多比他们水平差的人都靠一技之长发了财,而他们却毫无怨言地为新闻事业奋斗,他们没有丰厚的收入,但舍不得这个干事业的环境。

中国地市报纸研究会顾问向村同志曾指出:"《雁北日报》最好的方面是领导班子好,这个班子好就好在清廉正派,好在发扬了党的优良传统。"这个结论确实反映了《雁北日报》编委会的一个重要特点,编委会的每个同志在利益面前都是先别人后自己的模范,调级、分房、享受福利,就连报社集体分点瓜果,编委会的同志都是把好的让给同志们,把次的留给自己,从不搞特殊。他们在经济方面十分廉洁,老社长贾春太同志外出参加会议接受的纪念品,也要送给社里的编辑、记者。这种优良的作风感动着人们,温暖着同志们的心。

领导班子的高尚政治品德使这个领导核心具有强大的凝聚力和号召力。他们在群众心目中不是官,而是可亲可信可靠的前辈和兄长。因此,这里的思想政治工作比较好做。例如在改革中,报社虽然打破了部门之间的"大锅饭",但一时还没有解决脑体劳动分配方面倒挂的问题,引起了一些思想问题,编委会与同志们公开对话,给大家讲清了改革需要逐步前进、逐步完善的道理,统一了大家的认识,解决了许多人认为不来点"实"的就无法解决的问题。近几年报社的经济实力越来越强，但报社至今只有一部用以采访的212北京吉普车。他们不是买不到高级小轿车，也不是没有指标，而是编委会舍不得买。总编辑安大钧同志说得好："如果工作确实需要，两台高级车我们也买得起，但现在更紧要的是把钱用在扩大再生产上，用在更新印刷设备上。"在整个雁北地区直属机关中，报社是唯一不要财政拨款的事业单位，是经济实力很雄厚的单位，也是为数不多的没有高级小轿车的单位之一。

他们以奋发进取的开拓精神，推动着《雁北日报》的改革

《雁北日报》的改革，可以归结到三个方面，一是经济体制的改革，二是用人观念的改革，三是内部管理体制的改革。编委会上任伊始，就开始考虑报社经济体制的改革。从当时的社会外部条件来看，报社想摆脱财政去办实业，是有一定风险的，不少人在担心，报社办实业，失败了怎么办？还有人认为报纸是党的报纸，这样搞不是要摆脱党的领导吗？社长贾春太同志是个从事新闻工作30多年的老同志，历经种种风雨坎坷，但他致力改革的锐气并没有磨灭，在讨论上报地委要求对报社实行新的财务管理体制时，老贾坚定地说："改革就要敢冒风险。大家放手干吧，出了问题我负责。"总编辑安大钧，副总编辑任珂、孙学武、王继仁等同志深深为社长的精神和态度所感动，个个情绪激动：事业我们共同去干，改革的路大家一起走，责任我们一人一份。改革之船就是在这种奋发进取的精神推动下启航的。

改革需要调动人的积极性，改革的目的就是要更好地发挥人的积极性。但在1983年时，报社还没有用人自主权，干事业的管不了兵马，广大干部职工的积极性被束缚着，优秀人才不能脱颖而出，这种情况严重阻碍着改革事业的展开。多少年来，干部人事工作一直被认为是执行什么路线的决定因素，一直是非常神秘和敏感的，因此，用人观念的改革困难很大，如果弄不好，上面会指责，下面会形成团团伙伙。编委会面对难题没有躲避，而是大胆进行正面突破，冲破制度上的关卡，接连提拔起用了几个年轻有为的同志到中层领导岗位上来。其中有一位当时年仅26岁，又不是党员的同志当了总编室主任；有一位当时还是工人的同志当了记者科科长。为此，《雁北日报》编委会轰动了整个地直机关。报社的同志们感到改革的春风扑面而来，极大地振奋了人们的精神。

编委会的用人观念是让属龙的下海，让属虎的上山。报社有个司机出身的摄影记者，他的特长是活动能力强，有经营才干，编委会就任命他为图片社经理，他干得非常出色，使同志们都对他刮目相看。有位少年时就开始文学创作的同志，想象力丰富，文笔优美，

但当编辑却很吃力，编委会就让他去记者部当记者，结果他写出了许多有分量的通讯，成了当地小有名气的记者。

为了更好地发挥人的积极性，在专业技术职务聘任中，他们克服各种困难，为一些业务骨干解决了种种实际问题，进一步焕发了大家的工作热情。有几名业务骨干，因指标限制，不能得到中级职称，编委会不拘泥有关条文对他们一推了事，而是通过群众公议和编委会评选的办法，将这些同志特聘为责任编辑，并为他们向上浮动两级工资，从而使职称评定中的消极因素转变为积极因素。

《雁北日报》编委会就这样以平凡的工作和奋进的精神，开创着伟大的事业，取得了令人瞩目的成绩。

附三

一个勇于开拓进取的人

——介绍《雁北日报》总编辑安大钧

山西省新闻出版局

《雁北日报》总编辑安大钧和编委会一班人用短短四年时间，使这一张塞外小报跻身于全国第一流地市报纸的行列，把一个每年要花掉地区财政近四十万元的报社，建成了一个多种经营年利润近百万元的初具规模的文化企业。凡到过雁北日报社的人，无不为他们的改革成绩赞叹，凡结识过安大钧同志的人，无不称他是一个勇于开拓进取的人。

他以强烈的事业心，把《雁北日报》办成了全国第一流的地市报纸

安大钧同志1983年9月就任《雁北日报》总编辑。当时，雁北日报社正处于更新换代时期，一方面大批富有经验的老同志纷纷调离，一方面改革的大潮对报纸工作提出了更新、更高的要求。就在这种情况下，安大钧同志在社长贾春太同志的帮助下，仅用了一年时间，就配备了一支强有力的业务干部队伍，同时实现了报纸由指导型向指导服务型，由单一功能向多功能的转变，报纸质量有了很大提高，受到了广大读者的欢迎，得到了中宣部新闻局负责同志、省委宣传部和雁北地委的肯定和表彰。原先默默无闻的雁北日报社，变成了全国地市报纸中引人注目的佼佼者。

安大钧同志就任总编辑之后抓的第一项工作就是报纸改革。他在编委会上提出了要把《雁北日报》办成全国第一流地市报的目标。所谓“第一流”，就是要有第一流的版面、第一流的内容、第一流的标题和第一流的印刷质量。为了达到这样一个高标准，安大钧同志实实在在地抓了五个方面的改革和提高。

首先是狠抓报纸版面的改革。安大钧同志组织副总编辑任珂、总编室主任齐凤翔等同志成立了攻关小组，系统地研究了《新民晚报》《羊城晚报》等报纸的版面设计技术，并召集全体编采人员介绍研究心得，培养全体编采人员编好版面的责任感。经过一段时间努力后，《雁北日报》旧貌换新颜，版面设计质量有了很大突破。

第二步是抓了报道内容的改革。安大钧同志认识到,在政治体制和经济体制改革的要求下,报纸必须由指导型向指导服务型转变。他提出,加强报纸的服务性是《雁北日报》新闻改革的突破口。根据编委会的决定,安大钧同志调整了业务科室建制,组建了一个为多方面、多层次读者服务的专栏科。同时,调整了报纸版面,把四版改为直接为工农、为企业家、为家庭、为师生服务的专版,并在一版开辟了《服务新闻》专栏。这个专栏办得很有点国外那种"拍肩膀新闻"的味道,总是像一位老朋友似的拍着你的肩头告诉你一件你最需要知道的事,很受读者欢迎。

第三步是抓报道形式的改革。安大钧同志提出,在信息的时代,报纸必须增大信息传播量。为了增加报纸的信息量,消灭长而空的文章,安大钧同志与有关同志一齐制定了一系列规定,规定一个版不得少于 12 条信息,并以此作为评好版面的基本标准。从此,报纸的信息量大大增加了。

第四步是抓标题的改革。为了改掉标题不生动、不鲜明的毛病,安大钧同志支持副总编辑王继仁同志举行专门研究,并开设专题讲座,培养和提高编采人员制作标题的基本素质。同时,在制度上把评选好标题列为评报活动的主要内容。现在,《雁北日报》的标题制作水平较高,为报纸起到了画龙点睛的作用。

第五步是印刷质量的提高。为了提高报纸的印刷质量,安大钧同志狠抓了印刷厂的技术改造。他认识到,要办好报纸,没有先进的印刷技术,是无法跟上时代脚步的。因此,他克服资金、设备、厂房等等方面的困难,把报纸由铅印改为胶印,实现了《雁北日报》印刷技术的更新换代。为了培养技术人才,他还不惜重金聘请了胶印技师。

经过这几方面的努力,雁北日报社在众多的地市报纸中渐渐小有名气。"桃李无言,下自成蹊",到 1985 年,全国不少兄弟地市报纸都主动来雁北日报社登门取经。

他以大胆改革的魄力和胆识,把雁北日报社办成了多种经营年利润近百万元的文化企业

安大钧同志没有陶醉在已有的成绩中, 对党的新闻事业的强烈事业心和责任感,使他敏锐地认识到,随着政治体制改革和经济体制改革的深入发展,旧的报业体制必然要发生深刻的变革,报社的经营管理体制改革已经刻不容缓。在编委会的支持下,安大钧同志主动请缨,向地委提出了《改善经营管理,实现自负盈亏的实施方案》。这个方案请求地委批准把报社办成企业管理型报社,请地委允许报社开办实业,而两年后,报社实现自负盈亏,不再要地区财政拨款。《雁北日报》自 1970 年复刊到 1985 年,仅业务经费就用了地方财政 220 多万元,1984 年一年就用了财政补贴 37 万元。但由于自身缺乏经济实力,报

纸发行量不敢扩大，印刷设备无力更新，职工福利得不到提高，办公条件无法改善，连岗位奖惩责任制也无法兑现。由国家拨款尚且如此，再让一帮“秀才”去办实业，报社的许多同志也捏了把汗。因为当时老安这“一锤子”不仅冒着经济上的风险，而且政治上也有一定风险。不少人认为老安放着便宜官不当，偏要去找不自在，就连一些领导同志也怕落个“鸡飞蛋打”的结果，毕竟这是全区第一家要求企业管理的事业单位，又是敏感度很高的报社。

假如安大钧安安稳稳坐在办公室编报纸，也会是一个好总编，何必别出心裁，把“乌纱帽”拿在手中冒风险呢？他在地委会议上慷慨陈词：风险是有的，但不冒风险怎能推进改革呢！改革是大业，个人荣辱何足挂齿。决策者被感动了。1986 年下半年，地委正式下达了对报社“从 1986 年起实行自收自支，差额补助，结余留用，超支不补，逐年减补，两年内达到经费自给的财务管理体制”的通知。雁北日报社的改革迈出了关键的一步。

雁北日报社社长贾春太同志说：“老安不仅有办报的思想和才气，而且有办企业的胆魄和见识。”此言不虚，早在向地委请缨的同时，安大钧审时度势，就在想办实业的“点子”了。他组织一班人认真分析本地区经济发展状况，分析本报的人才和技术优势，考察外地经验，请人翻译和研究有关技术资料。在此基础上，他向编委会提出了开办雁北日报图片社的决策建议。编委会讨论通过了他的蓝图。在为实现蓝图的四个月里，老安用他那厚实的农夫般的肩头，挑起了企业家、社会活动家和总编辑三副重担，一边与各部门办交涉，一边与外商洽谈，一边做报社同志们的观念转变工作，一边干总编辑的本职工作，克服了重重困难，冲破了许多政策上的障碍，终于使图片社如期开业，当年就实现利润 14 万元，1987 年利润达到约 53 万元，1988 年利润可达 70 万元，图片社成为报社的主要经济支柱之一。如今，报社的经济实力增强了，深化改革有了更大的承受能力，在他的组织领导下，又创办了美术服务部、图片社二部。雁北日报社已经成为一个初具规模的文化企业。

他以现代化管理知识和手段，在雁北日报社建立了一套较合理的管理体制

安大钧同志经过深入研究我国现行税收政策和经济体制改革的各方面经验之后，在编委会的支持下，实施了一套统一管理、分级核算、部门承包的内部管理体制。经过两年的实践，说明这套经济管理体制适合当前大部分地市报社的实际。在改革之前，报社吃财政，内部没有竞争机制，“大锅饭”窒息了人们的积极性和创造性，许多报社也都进行了种种改革探索，但既能充分调动广大干部职工积极性，又能宏观上有利于报社事业发展，成功的经验还不多。雁北日报社是在这种情况下推出自己的管理体制的，这套制度比较合

理地处理了报社与部门及部门间职工的分配关系，既集中了资金，有利于报社用于整体的发展，又给了部门一定的自主权，打破了部门间的“大锅饭”，调动了具体工作的同志们的积极性。尽管这套制度现在还有脑体分配倒挂的不足，但在改革过程中它的优越性是十分明显的。

安大钧推行的第二套制度是岗位责任制，这是一个由八项制度和一套考核办法组成的管理体制。这个体制包括对编采人员德、能、勤、绩的考核以及定性定量分析的办法，还包括保证党的宣传纪律和报纸社会效益的有关制度。这套制度的实施确立了报纸业务人员的自我激励和自我约束机制，比较好地处理了如何把社会效益当作唯一准则的问题。

在全国地市报纸业务研讨会上，许多新闻界的专家都认为雁北日报社的业务管理体制对当前地市报纸的业务工作来讲，是比较适合的。在这套管理制度中，把编采人员的岗位责任制与奖罚结合起来，建立了以编采质量检查小组为首的监督执行体系，做到了实绩有记载、奖罚有依据，同时，有一整套比较合理的计量标准和办法，这在各地市报纸的业务管理方面具有推广价值。

他以优良的领导作风，团结广大干部职工一道开拓进取

充分调动人的积极性，是一切改革的主要目的。安大钧同志在改革中不仅注意了制度方面的问题，而且也十分注意思想方面的问题。他舍得在用人上下功夫，很巧妙地把关心群众生活与调动人的积极性结合起来，使同志们思想愉快，工作积极性非常高。

他善于用人之长。雁北日报图片社的一位负责人是当地彩色扩印技术权威，原来在某局任科长，但并不能发挥他的专长。安大钧三顾茅庐，感动了他，他放弃了悠闲自在的工作，跟着安大钧来创业，终于干成了一番事业。

记者部主任原来是个工人，早在1984年，安大钧就冲破各种关卡，把这样一个无学历，不是国家干部，但确有才华的年轻人提拔到记者部的重要岗位上来。为了办成这件事，光找地委主要负责人也不知跑过多少趟。这位同志上任后，工作搞得有声有色。

总编办公室主任1983年上任时只是一个26岁的中专生，在雁北日报社众多的大专毕业生中提拔这样一个同志，在当时阻力是相当大的。老安在编委会的支持下，与主管部门据理力争，终于起用了这个年轻人。这位同志上任后勤奋工作，为报纸的版面改革做出了突出贡献。

老安不仅知人善任，而且对同志有着真挚的情感。一位记者说，老安用火一样的情感温暖着大家的心灵，用改革者宽广的胸怀和组织才能使雁北日报社聚集了一批优秀

人才。

凡接触过他的人都知道,他有着典型的知识分子脾气,万事不想求人。但为了解决报社同志们的后顾之忧,他不知求过多少人。小高夫妻分居两地,他默默地去奔走,直到把小高爱人的调令放在小高办公桌上,小高才知道喜从天降。小王的家属根据政策可以“农转非”,他亲自替小王办好了一切手续。要子璃同志的住房最挤,编委会上安大钧和其他领导同志一致表示,要优先给他安排。

几年来,安大钧同志先后为12位同志奔走过夫妻分居问题,为7位同志奔走过家属“农转非”的问题,为十几位同志奔走过住房问题。这些同志中有中层干部,有一般工人,大家无不感动地说:“我们搞报纸改革有劲,一个重要原因是没有后顾之忧,该解决的事情,老安都帮助我们解决了。在雁北日报社干事业,越干越有奔头。”

大同人大十年间的探索与感悟

大同人大十年探索路

从1979年7月1日第五届全国人民代表大会第二次会议通过《中华人民共和国地方各级人民代表大会和地方各级人民政府组织法》，决定设立地方人民代表大会常务委员会以来，至今已30年了。地方人大设立常设机关，对于加强地方人大工作，坚持和完善人大制度，促进社会主义民主政治建设起到了重大作用。在这30年中，我有幸在1998年8月至2008年7月担任了大同市人民代表大会第十一、第十二两届常务委员会主任。我目睹了改革开放使祖国发生的翻天覆地的变化，也亲身体会到了祖国社会主义民主政治的巨大进步。正是在这样的大背景、大环境下，从1998年8月至2008年7月的10年中，大同市第十一、第十二两届人大常委会以党的理论创新成果为指导，以《中华人民共和国宪法》为根本依据，对人大及其常委会的工作进行了一系列的探索。这10年中，中共山西省委共召开两次全省人大工作会议，大同人大常委会两次都受到表彰，这在全省11个市中是唯一的。

创新是一个民族的灵魂，是社会前进的不竭动力。要创新就必须先探索，不探索哪有创新？没有吃螃蟹的勇气，哪能知它是美味？从农民协会、工人罢工委员会到工农兵代表大会、人民代表会议，再到人民代表大会制度，其本身就是实践探索的结果。产生需要探索，发展、完善也需要探索。人民代表大会制度是好制度，是有中国特色的实现人民当家做主的好制度，但它还年轻，还要成长、发展，还要与时俱进、适应历史潮流。从根本大法上完全走到现实，这都需要探索、探索、再探索，创新、创新、再创新。正是基于这一思考，大同市第十一、第十二届两届人大常委会任期的10年，可以说是不断探索的10年。探索就会有成果。关于讨论决定重大事项的规定、监督条例、人事任免办法、议事规则等大同市的地方性法规都记录了这些创新成果，每次人大常委会都整理审议意见书的做法还被《中华人民共和国各级人大常委会监督法》所采纳。探索要允许有试验过程，甚至有失败教训。好在有中央和省级党委的坚强领导和支持，有人大常委会全体组成人员对人民的高度负责和工作上的奋发有为,有同级"一府两院"的理解和认可,我们才走了10年的探索路。我现在回忆着把一些主要的探索写出来,呈送给人大的同人和广大读者,请大家评判。

让说了的不白说

"不说白不说,说了也白说,白说也要说。"这是人大常委会一些组成人员过去常说的一句顺口溜。这句话说得不完全对,但也反映了一些事实:在人大常委会上,组成人员审议"一府两院"专项工作报告,都要发言,工作人员也做记录并整理写成简报,会后原封不动地送给"一府两院",办不办理也不过问,因此便成了"说了也白说"。

为了解决这一问题,1998年7月下旬,新产生的大同市第十一届人大常委会召开第二次主任会议专题进行了研究。主任会议成员一致认为,出现这种"说了也白说"的问题,原因有两个方面:一方面是"一府两院"负责人的人大意识还不强,对人大常委会组成人员的意见不重视;另一方面是自身工作不到位,监督力度也不够。这一问题,影响到了权力机关的形象,也不利于本市经济与社会的发展。在提高认识的基础上,经研究提出了以下解决办法:一是在每次常委会会议一个月之前,确定听取"一府两院"专项报告的内容,让"一府两院"精心准备;与此同时,常委会组成人员要开展专题调研,深入了解民情,充分收集民意,广泛集中民智,做到有一项专题报告,就要有一项专题调研报告。二是常委会组成人员在会议期间的发言要精心准备,做到言之有理、言之有法、言之有据,工作人员要认真记录。三是会后办公厅要把多数成员认同的、内容比较具体的、问题也有条件解决的建议、批评和意见整理成审议意见书,经主任扩大会议审查同意再书面送达"一府两院"办理。四是"一府两院"收到审议意见书后,要认真研究、扎实办理,凡有条件解决的问题都要尽快解决,并把办理情况逐条书面在三个月内答复人大常委会。五是人大常委会全体组成人员收到复函后,多数人不满意的要重新办理或依法采取其他监督方式。

为了保证这一办法的实施,1998年10月,在大同市第十一届人大常委会第二次会议上制定了《关于听取和审议市人民政府专项报告的试行办法》;2000年10月,在第十六次会议上制定了《监督工作条例》;2001年3月,又制定了《大同市人大常委会议事规则》,以地方性法规的方式,确定了审议意见书的地位。这一办法的认真实施,取得了明显的监督实效,做到了"说了不白说"。《中国人大》2004年第1期介绍了大同市人大常委会的这一做法。全国不少地方人大常委会学习大同人大常委会的经验,也采取了这一做法。2006年8月,全国人大制定的《中华人民共和国各级人民代表大会常务委员会监督法》,也采纳了地方人大的这一做法。

敢于就重大事项做决定

《中华人民共和国宪法》明确规定:“县级以上的地方各级人民代表大会及其常务委员会讨论、决定本行政区域内各方面工作的重大事项。”《中华人民共和国地方各级人民代表大会和地方各级人民政府组织法》也明确规定:地方人大及其常委会有权“讨论、决定本行政区域内的政治、经济、教育、科学、文化、卫生、环境和资源保护、民政、民族等工作的重大事项”。但一般来说,人大及其常委会除批准“一府两院”例行报告、做出决议和审查、批准年度计划、财政预算外,都很少就其他重大问题做出决定。

1998 年 7 月,大同市第十一届人大常委会产生之日,正是大同古城改造轰轰烈烈开展之时。一座座传统民居被推倒,成片的历史街区被破坏,国家重点文物保护单位善化寺、华严寺、九龙壁也受到了高层建筑的威胁。对此,文物保护专家激烈反对,新华社和人民日报社《内参》尖锐批评,广大人民群众强烈不满,留任的人大常委会副主任也呼吁解决。新选出的人大常委会主任会议成员在第二次主任会议上就专题进行了研究。之后,新选出的人大常委会组成人员开展了大同古城保护的专题调研。在 1998 年 8 月大同市十一届人大常委会第一次会议上,审议并通过了《关于保护大同古城的决议》(以下简称《决议》。《决议》要求:“市人民政府要从大同古城的现状出发,按照《中华人民共和国文物保护法》和国务院保护历史文化名城的有关规定,坚持保护与开发利用相结合的原则,把大同古城的城墙、街巷、民宅、名居、店铺等各种古建筑列入古城保护范围,尽快制定《大同古城保护规划》《大同古城保护管理条例》,使古城保护纳入法制轨道。在规划未出台前,对古城内目前尚未批准实施的拆迁改造计划停止执行。”《决议》的实施、有效的监督,加之 2000 年 3 月出台了《大同古城保护管理条例》,使破坏古城的活动得到制止,使古城得到了较好保护。2002 年,全国人大文物执法检查时,彭珮云副委员长和检查组的同志对此予以肯定和赞扬。

大同市第十一届、第十二届人大的 10 年,先后在人民代表大会会议上做出了《关于对执法人员监督的决定》《关于改善经济发展法制环境的决定》《关于代表认真履行职责、自觉接受监督的决定》《关于对城乡特困家庭实施救助的决定》等。先后在历次人大常委会会议上,做出了《关于推进依法治市的决定》《关于加强对执法人员监督的决定》《关于加强信访工作的决定》《关于加强娱乐场所管理、保护未成年人健康成长的决定》《关于加强行政复议和行政审判工作的决定》《关于保护市区地下水资源的决定》《关于加强城市饮用水水源地保护的决定》等。重大事项决定权的行使,有力地推动了本市经济、政治、文化、社会的发展,也树立了地方国家权力机关的形象。

把调研作为人大常委会的日常工作

调查研究是深入了解民情、充分反映民意、广泛集中民智的重要手段,是民主决策、科学决策的重要前提,是尊重人民的知情权、表达权、参与权的重要表现,也是把人大及其常委会真正建设成为民意机关、代表机关的重要基础。大同人大常委会起草地方性法规前要调研,初次审议时要调研,法规草案修改时要调研,法规审议通过前还要调研,切实把调研贯穿到了立法的全过程;凡听取“一府两院”的专项工作报告,事前都要调研,做到了每听取一项专项报告,就有一篇人大常委会专题调研报告;对审议代表或常委会组成人员提出的议案也要多次调研,直到做出决议决定。第十一届人大常委会有一位副主任深有体会地给人们说:“我原以为来人大到了二线,可以消闲了,没想到这么忙。”说实在的,我在人大常委会的十年,确实够忙的,忙就忙在调研上,忙就忙在真正把调研变成了日常工作。

大同市第十一届人大常委会的专题调研工作是从第一次会议前就开始的。1998 年 7 月 27 日,常委会主任、副主任、秘书长和全体委员分五个组,用一周时间分别深入到 20 个不同类型的企业,听取企业负责人的汇报,与 367 名职工座谈,还广泛地听取了工人群众的意见,对国有企业经营状况、下岗职工再就业、职工基本生活保障进行了专题调研。1998 年 8 月 25 至 28 日召开了第十一届人大常委会第一次会议,听取和审议了市人民政府关于国有企业经营状况、职工下岗再就业和基本生活保障情况的报告。由于会前进行了专题调研,所以组成人员的发言有理有据,针对性很强,提出的建议也很具体。在送达市人民政府办理的审议意见中指出:“针对下岗职工底数不清, 社会保障资金不落实,企业再就业服务中心尚未全部建立或不健全的问题,建议市政府抓紧此项工作,弄清底数,加强管理。采取多种措施,多渠道筹资,确保下岗职工的基本生活费和退休职工的生活费。要重视做好中年下岗职工特别是 35 岁以上女职工的安置工作,真正把我市下岗职工基本生活保障和再就业工作做深做细,落到实处。”

大同市人大常委会的专题调研工作是经常性的,形式也是多种多样的:有事前告知的,也有事前不告知的;有明察的,也有暗访的;有在白天进行的,也有在晚间进行的。在 2000 年 3 月下旬召开的大同市第十一届人民代表大会第三次会议上, 有 50 多位代表提出了《加强娱乐场所管理,保护未成年人健康成长》的议案,大会主席团交由市人大常委会办理。2000 年 4 月上旬和中旬,市人大常委会组成人员就此开展了为期两周的专题调研,听取了市文化、教育、公安等部门的汇报,访问了学生家长,进行了问卷调查,还不打招呼地在夜间突击检查,基本摸清了网吧、歌舞厅等娱乐场所的基本情况,由人大常委会教科文卫工委起草了《关于加强娱乐场所管理,保护未成年人健康成长的决定(草案)》。之后,听取了市政府及其有关部门的修改意见并经主任会议多次研究,在第十一届人大常委会第十三次会议上经审议、表决通过了这个决定。

大同市第十一、第十二届人大常委会不仅在常委会会议前搞专题调研,而且多次在人代会会议前搞专题调研。每次为大会提供六至九篇专题调研报告,供代表专题审议时参考。

对不满意的专项报告就否决

不少地方人大常委会的议事规则都规定:常务委员会组成人员对审议的工作报告不满意意见较多时,主任会议可以决定有关机关在本次或者以后的常务委员会会议上重新或者补充报告。但都没有规定对专项工作报告进行满意度表决。怎样才算“不满意意见较多”?是多数人的不满意意见较多,还是一些人的不满意意见较多?不表决就很难确定。在 1998 年 10 下旬召开的大同市第十一届人大常委会第二次会议上,经过对《大同市人民政府关于房改工作和安居工程实施情况的报告》的审议,不少组成人员提出了较多意见。主要有:房改工作进展缓慢,房管体制不顺,住房特困户底数不清,部分经济适用住房面积过大且卖给了高收入家庭,中低收入家庭的住房困难并未真正解决。为了摸清有多少组成人员对这个报告不满意,主任会议决定进行一次表决。表决结果是:应到 33 人,实到 30 人,不满意 16 人,弃权 14 人,报告被否决。常委会会议决定 6 个月后市政府再重新报告。 给人大常委会的专项工作报告第一次被否决,引起了市人民政府极大震动。他们按照市人大常委会的审议意见认真进行了为期半年的整改。重新报告时获得了通过。

这一次实践后,大同市第十一届人大常委会又经过了三年摸索,在 2002 年 2 月下旬召开的第十一届人大常委会第二十六次会议上通过了《关于对“一府两院”专题报告进行满意度表决的决定》。全文如下。

“为了提高市人民代表大会常务委员会会议对市人民政府、市中级人民法院、市人民检察院专题报告的审议质量, 加强对行政执法机关和司法机关的工作监督和法律监督,根据《中华人民共和国宪法》、《中华人民共和国地方各级人民代表大会和地方各级人民政府组织法》和《大同市人民代表大会常务委员会议事规则》的有关规定,结合本市实际,特作如下决定：

一、市人民政府、市中级人民法院、市人民检察院向市人民代表大会常务委员会会议做专题报告，常务委员会组成人员审议后，全体会议应对专题报告进行满意度表决。

二、满意度表决采用无记名投票的方式进行。表决票设满意和不满意两项。

三、经表决，满意票未超过常务委员会组成人员半数的，报告机关应重新报告。

四、市人民政府、市中级人民法院、市人民检察院在重新报告后，经市人民代表大会常务委员会全体会议再进行满意度表决。满意票仍未超过半数的，常务委员会应依法采取其他监督措施。”

从决定做出后至今，大同市人大常委会凡听取“一府两院”的专项报告都要进行满意度表决。

2004 年 1 月，春节前夕，市人大常委会机关接连收到群众来信，反映食品安全问题。主任会议成员高度重视，召开紧急会议专题研究了对《食品卫生法》《产品质量法》《消费者权益保障法》等相关法律、法规实施情况进行执法检查，并决定在 2 月下旬召开的常委会会议上听取市人民政府关于食品安全工作情况的专项报告。在执法检查的专题调研中，常委会组成人员了解到，群众反映的猪肉注水、牛羊肉不检疫、小麦面粉中有吊白块、用福尔马林水发干海产品、蔬菜中农药残留严重等问题确实普遍存在。在调查中还发现，卫生、工商、质检、畜牧等部门检验设备严重短缺，国家要求检验的 500 多个项目本市只能检验 45 项，执法体制不顺，执法不严、有法不依甚至以权谋私也时有发生。

由于存在问题较多，所以在 2004 年 2 月召开的人大常委会会议上市人民政府《关于食品安全工作情况的报告》未获通过，市人大常委会以专题审议意见书的形式给市政府提出了整改意见。市政府对此高度重视，召开常务会议专题进行了研究，组成了以副市长为组长、相关部门负责人参加的领导组，投资近 500 万元购置了食品检验设备，加强了食品检验，加大了打击假冒伪劣产品的力度，促进了食品安全工作。经过近一年努力，在给人大常委会重新报告时，报告高票获得通过。

自 2002 年 2 月下旬做出决定后，大同市人大常委会至今对“一府两院”的专项工作报告都要进行满意度表决。七年中，曾有煤炭安全生产、旅游中心城市建设、项目建设、装备制造业发展、城市垃圾无害化处理、城市交通管理、社会治安管理、维护劳动者合法权益等八项专项报告未获通过。对此，市人民政府都根据人大常委会的专题审议意见认真进行了为期半年的整改，在重新报告时，报告都高票获得通过。

人代会审议方式多样化

在人民代表大会会议上，对“一府两院”给大会做的报告，地方人大一般都采取分组、全团综合审议的方式。这种审议方式，有利于对报告全面做出评价，有利于多数代表发言，但难于突出重点，易造成泛泛而论，缺乏深度。为了解决这一问题，从1999年4月下旬召开的大同市第十一届人大第二次会议开始，对人代会的审议方式大胆进行了改革。

一是变会前视察为会前视察与专题调研相结合。要开好人代会，会前的视察工作是必不可少的。过去，我们的视察是笼而统之听汇报，特别是涉及政府工作，门类繁多，内容复杂，单凭短短几天视察听汇报，上升不到理性认识，代表们感到收效不大。现在是在普遍视察、听取全面汇报的基础上，组织代表带着专题搞调研。1999年3月，大同市人大常委会在组织会前集中视察时，根据市委的中心工作，围绕全市改革深化、经济发展和社会稳定的重大事项，围绕广大群众普遍关心的热点问题，搞出6个专题，让代表们在集中视察的基础上专题调研，使代表对全市工作重要方面有深入细致的了解，便于在审议报告过程中提出好的意见、建议。

二是变分组审议、全团审议为分组审议、全团审议与联团审议相结合。人代会能否做出科学的决策，并付诸实施，会中认真审议至关重要。对此，大同市人大常委会一改多年代表团分组审议、全团审议的做法，采取了分组审议、全团审议与联团审议相结合的办法，使审议形式灵活多样。第十一届人大第二次会议期间，以城区、矿区两个代表团为主就有关城市建设、城市管理的联团审议，发言的代表一个接着一个，到中午一点时还收不了场，对我市城市建设和城市管理提出许多好的意见和建议，不少被市政府采纳。

三是变全面审议为全面审议与专题审议相结合。审议是以专题调研为基础的。过去，大同市国有经济特别是重工业(煤炭)所占比重过大，非公有制经济发展缓慢，影响到全市经济发展。人代会期间，大同市人大常委会连续几年组织了关于调整所有制结构、加快发展非公有制企业的专题审议，代表们就为非公有制企业发展创造各方面宽松的环境提出了好的建议、意见；市委、市政府及时出台了加快发展非公有制经济的意见，促进了我市非公有制经济的发展。

四是把组建人大代表专业小组、开展会前专题调研与会中专题审议结合起来，不断提高审议质量。2001年，大同市人大常委会根据代表从事的职业和专业特长，分别组建了财经小组、法制小组、城建小组、工业小组、农业小组、科技文卫小组等，每次人代会前都要在全体代表全面视察的基础上开展相关专题调研，写出专题调研报告，会上发给每位代表,供他们在专题审议时参考、使用。为抓住重点、引申审议创造了条件。

第一件特定问题调查案

2005 年 2 月,在市第十二届人大常委会第十四次会议上,市人大常委会部分组成人员联名提出了《关于对山西合成橡胶生产对大同市民生命财产造成威胁情况进行特定调查并组成特定问题调查委员会》的议案,经表决将其列入了本次会议议程。经组成人员审议,市第十二届人大常委会第十四次会议一致通过了《关于对山西合成橡胶集团有限责任公司氯丁橡胶生产严重污染环境和事故危害情况进行特定问题调查的决定》,并组成特定问题调查委员会。在 2005 年 4 月召开的市第十二届人大第三次会议上,部分代表又联名提出了《关于加大对山橡集团污染整治力度》的议案。

为什么组成人员和代表要提出这个议案?原因还得从 2004 年"8·18"事故说起。山西合成橡胶集团有限责任公司,作为大型化工企业,多年来,为全市经济发展做出了较大贡献,但由于历史的、技术的等多种原因,山橡集团氯丁橡胶生产过程中所伴生的有毒、有害物质,给周边地域内的水和空气造成了严重污染,社会反响强烈。2004 年 8 月 18 日该企业又发生了中间储槽爆炸事故。由于工人奋不顾身地抢险,所以未造成氯气罐爆炸,但这也在大同市造成了极大影响:该企业建在城市建成区北部,处于上风头位置,生活在城区的多数市民经常会闻到刺鼻的气味。爆炸发生后,市民们联系 8 个多月前重庆开县天然气矿发生井喷事故,造成近 200 人死亡的教训,议论纷纷,反响强烈。不少市民包括一些参与灭火的消防人员都认为,如果该企业的氯气罐爆炸将会造成几十万市民死亡。为了保障全市人民生命安全,彻底解决这个企业造成严重污染的问题,组成人员和代表才提出了议案。

特定问题调查委员会组成后,市人大常委会又特邀化工、消防、安监、劳动等方面的专门人才组成了专家指导委员会。接着便开始了为期 8 个月的调查研究工作。特定问题调查委员会成员深入到当地居民区、当地驻军,也深入到该企业与有关人员座谈,向专业人员请教,到居民家里访问,还听取消防、安全生产、环保、企业主管部门的有关工作汇报。他们还征询专家委员会意见,与政府有关部门共同研究,并采取召开听证会、辩论会、论证会等形式,对山橡集团氯丁橡胶生产污染环境和安全隐患情况进行了较为全面的调查,掌握了大量资料。2005 年 10 月下旬,召开的市第十二届人大常委会第十九次会议听取并审议了特定问题调查委员会《关于对山西合成橡胶集团有限责任公司生产污染环境及潜在事故危害特定问题调查的调查报告》,会议充分肯定特定问题调查委员会的工作,同意调查报告所提出的意见和建议。为了加快我市建设和谐社会的步伐，坚定不移地以科学发展观统领经济社会发展全局，有效地改善市区人民的生存环境，保证人民生命财产安全，常委会做出了《关于对山西合成橡胶集团有限责任公司氯丁橡胶生产项目实施搬迁的决议》(以下简称《决议》)。《决议》要求，市政府应抓紧研究制定山橡集团氯丁橡胶生产项目搬迁计划，力争近年内完成搬迁任务，具体搬迁时间由市政府根据情况确定。市政府及有关部门在山橡集团氯丁橡胶生产项目未搬迁之前，要对山橡集团几项污染治理项目加大监管力度。一是要加强对山橡集团电石炉改造的监管工作，不达标不得生产。二是对山橡集团电石渣等厂内二次扬尘点源加快治理，按标准如期完成治理任务。三是要加大山橡集团工业污水深度处理的监管力度，尽早实现废水一级稳定达标排放，配备废料处理先进装置，切实保证有毒有害气体达标排放。四是责令山橡集团关闭在厂区内建设的严重污染环境的塑料生产线、煤气发生炉等非法项目，并监督其不得再建设有污染的项目。同时，也要进一步加大对山橡集团安全生产的监管工作，以保证职工和周边军民的生命、财产安全。市人民政府高度重视《决议》的执行，确定4年内将其搬迁并按《决议》加强了环境治理和安全生产的监管。

人大常委会机关要成为信访绿色通道

信访工作是人民群众表达利益诉求、维护自身合法权益的重要平台，是人大常委会机关了解民情、倾听民意、汇聚民智的重要渠道。搞好信访工作，对于人大及其常委会实现民主决策、民主立法、民主监督，对于把自身建设成为体现人民当家做主的权力机关、紧密联系人民群众的代表机关都有着十分重要的意义。1998年7月，大同市第十一届人大常委会一诞生，便把信访工作摆上了重要议事日程。经过近一年的实践，1999年6月，第十一届人大常委会第六次会议做出了《关于加强信访工作的决定》。它确定了信访工作应坚持的原则、受理的范围、部门职责、办理程序等。

按照《关于加强信访工作的决定》，大同市第十一、第十二两届人大常委会每年都要接待上访群众上千人次，收到群众来信500件左右。一般性上访都由办公厅信访科工作人员接待，也可以由相关专委、工委工作人员接待；特殊性上访由专委、工委主任和秘书长接待。与此同时，他们还建立了常委会主任、副主任定期接访制度，每逢星期一，主任、副主任便轮流接访。主任办公室也常常会变为信访接待室。比较重要的群众来信，工作人员都要报请主任批阅，由相关专委、工委督促“一府两院”及其部门办理。可以说，人大常委会机关就是人民群众来信来访的绿色通道。

大同市人大常委会《关于加强信访工作的决定》(以下简称《决定》)还建立了人民代表大会常务委员会主任会议研究重要信访案件的制度,和对于特别重要的信访案件,经主任会议研究,认为有必要,可提交人民代表大会常务委员会会议审议的制度。《决定》还要求:“要把信访工作同法律监督、工作监督和人事监督有机地结合起来。”“举行主任会议研究信访案件,应由有关办案单位参加并汇报案情和办理情况。由分管信访工作的办公室主任或秘书长牵头做好各项准备工作,包括了解汇报案件涉及的相关法律规定和有关部门的态度、意见等。”

按照这个规定,大同市第十一、第十二两届人大常委会每年都要在主任会议上研究十几件信访案件,促进了“一府两院”及其相关部门对信访案件的办理,维护了人民群众的合法权益。

对垂直管理单位也要监督

税务、工商、质检、海关、进出口检验等行政执法部门,有的是国务院部门垂直管理,有的是省、市、自治区政府部门垂直管理,它们不是本级政府的组成部门,也不是本级政府的工作部门。对这些部门当地人大及其常委会能否监督,可以监督什么,法律上没有明确而具体的规定。2002 年 8 月上旬,主任会议成员与各专委、工委负责人对这个问题进行了专题研究。主任会议认为,《宪法》和《组织法》都规定,地方人大及其常委会要“在本行政区域内,保证宪法、法律、行政法规的遵守和执行”。对垂直管理的行政执法单位的行政执法工作情况进行监督,是保证法律在本行政区域内遵守和执行的重要方面,是完全必要的、可行的。在 8 月下旬召开的大同市第十一届人大常委会第三十一次会议上,常委会组成人员经过投票表决,决定对工商局、地税局的执法工作进行工作评议。

2002 年 9 月 10 日,市人大常委会召开了评议工作动员会,组成了工商局和地税局两个评议调研组。接着便开始了为期 3 个月的评议调研工作,主要做法是:一、在本地媒体上发布评议公告,征求广大市民对这两个行政执法部门的批评、建议和意见;二、对这两个执法部门的执法人员包括领导人员进行随机抽查式法律考试;三、评议调查形式不拘一格,有明察也有暗访,有问卷也有民主测评。2002 年 12 月下旬,在第十一届人大常委会第三十三次会议上,组成人员根据调查报告对这两个执法部门进行了工作评议,对他们的执法工作进行了满意度表决并形成了审议意见。根据审议意见,这两个局进行了为期 4 个月的整改并给市人大常委会报告了整改情况。

根据这次的实践经验,在第三十三次会议上,常委会还做出了《加强对垂直管理单位执法工作的监督的决定》。《决定》要求，各垂直管理单位都应建立和实行法律知识学习考核、考试制度。各垂直管理单位都应全面推行部门执法责任制，认真落实《大同市人大常委会关于推进依法治市工作的决定》。把划分职责范围、明确执法责任、建立配套制度作为主要内容，确保我市全面推行部门执法责任制工作落到实处。市、县(区)人大常委会要把落实执法责任制，作为考核执法机关及其工作人员目标管理责任制的重要内容，进行监督检查。垂直管理执法单位每年要至少一次以书面形式向同级人大常委会报告执法工作情况。各垂直管理单位对人大及其常委会提出的建议、批评和意见，必须按要求反馈办理情况和处理结果。在本行政区域内的垂直管理单位及其执法人员必须自觉接受人大及其常委会的监督检查，不得以任何理由拒绝、抵制、干扰或阻挠人大及其常委会依法履行职责。也不得以任何理由拒绝、阻挠人大代表依法执行职务。违反《决定》的，人大常委会将建议其上级主管部门予以处理，必要时建议上级人大及其常委会进行监督；情节严重构成犯罪的，建议司法机关依法追究有关责任人的刑事责任。

让代表有权又有责

人大代表是国家权力机关的组成人员，是人民代表大会的主体。尊重代表的法定地位，维护代表的法定权力，发挥代表的法定作用，建立代表的活动制度，是地方人大常委会做好人大工作的基础。大同市第十一、第十二届人大常委会高度重视代表工作，切实做到了让代表有权力也有责任。

1998 年 10 月下旬，第十一届人大常委会第二次会议表决通过了《加强同代表联系充分发挥代表作用的办法》，这是这届人大常委会制定的第一部地方性法规，在全国地方性法规中也是较早的。这部法规规定：市人大常委会要“根据需要，联系安排市人民代表大会代表约见市人民政府、市中级人民法院、市人民检察院负责人”。“市人民代表大会常务委员会主任、副主任、秘书长和市人民代表大会各专门委员会、市人民代表大会常务委员会各工作委员会负责人定期走访代表，征询意见，了解情况。”“市人民代表大会常务委员会组成人员应分工定点联系代表，互通情况。”“每月五日(如遇节假日，推至休息后的第一天)，为市人民代表大会常务委员会主任或副主任接待代表日，听取代表反映情况。”“对市人民代表大会代表在代表大会和闭会期间提出的建议、批评和意见，市人民代表大会常务委员会人事代表工作委员会要及时转办和加强督办。承办单位主要负责人要认真办理，并在法律规定的期限内将办理情况答复代表。因特殊原因不能按时办结的，应在规定期限内向批转机关和代表说明情况；无故拖延，顶着不办的，代表可以向市人民代表大会常务委员会提出督办的要求，市人民代表大会常务委员会接到后十日内，应责令承办单位报告情况。”从 1999 年起，市人大常委会坚持了每月 5 日的常委会主任、副主任接待代表日活动，坚持了春节过后统一由常委会主任、副主任、专职委员深入县（区）登门入户走访代表、联系代表的制度，带去人大常委会的问候，带回人大代表对常委会、政府、“两院”的意见和建议，其联系代表的广泛性、深入性大大超过了以往。

2003 年 8 月 2 日，大同市第十二届人民代表大会第一次会议又表决通过了《大同市人民代表大会关于代表认真履行职责自觉接受监督的决定》（以下简称《决定》）。《决定》要求：“市人民代表大会代表应当与原选举单位和人民群众保持密切的联系，并加强与原选举单位代表的联系，向原选举单位和人民群众负责，走访人民群众，了解情况，听取和反映他们的意见和要求，回答他们的询问，主动协助本级人民政府推行工作，努力为人民服务。”“市人民代表大会代表要自觉接受原选举单位的监督，应邀列席原选举单位的人民代表大会及其常委会；积极采取各种形式回原选举单位听取人民群众和原选举单位意见；定期就履行代表职务的情况向原选举单位述职，并接受原选举单位的评议。原选举单位应当对代表履行职务的情况进行监督。对不忠实履行代表职责，不认真行使代表权力的代表，原选举单位有权依法罢免其代表资格。”代表在人民代表大会上做出这样公约性、自律性的决定，这在全国是第一例。按照《决定》，市人大常委会建立了代表履职档案和考核奖励处罚制度。2008 年 5 月，对优秀代表进行了奖励。在每届人大的届中，代表还要进行述职，接受原选举单位的评议。

为了规范代表提出议案、质询案和建议，规范国家机关的办理，2002 年 3 月 31 日，大同市第十一届人民代表大会第五次会议还表决通过了《代表议案，质询案，建议、批评和意见的提出和办理办法》。按照这个法规，市人大常委会认真办理大会主席团交办的代表议案，经过认真调查研究，先后做出了有关加强娱乐场所管理、保护市区地下水资源、保护饮用水水源地等决定，还先后制定了多部地方性法规。每年人代会一结束，人大常委会还要召开专题会议，给“一府两院”提交代表重点建议，之后还要跟踪监督办理情况。

人大应是民主的殿堂

人民代表大会制度是我国的根本政治制度，是实现人民当家做主的主要途径。人民代表大会是由人民选举产生的、对人民负责、受人民监督的国家权力机关。它本身就是人民民主的产物，是人民的代表机关、代议机关。所以，人大及其常委会从本质上讲，就应该是以实现人民当家做主为目标，认真履行法定职责，把人大及其常委会建成最讲民主的殿堂。

胡锦涛总书记在纪念人大制度建立50周年大会上的讲话中指出:“衡量一个政治制度是不是民主的,关键要看最广大人民的意愿是否得到了充分反映,最广大人民当家做主的权利是否得到了充分实现,最广大人民的合法权益是否得到了充分保障。”大同市第十一、第十二届人大常委会始终把“以人为本,关注民生,维护民利,保障人权”作为自己的工作主题,让主流民意左右自己的行为,让民生、民利、人权成为全部工作的重中之重,让人民当家做主成为自身工作追求的根本价值目标。2000年,根据社会各界和家长们的强烈反映,以及市第十一届人大第三次会议主席团对大会期间11名代表提出《关于加强对电子游戏机管理》的议案处理,主任会议组织了常委会组成人员对全市50家电子游戏机场所进行暗访,并将有关情况报告常委会。4月,人大常委会第十二次会议做出了《关于加强娱乐场所管理,保护未成年人健康成长的决定》(以下简称《决定》),受到了全市人民特别是学生家长的热烈欢迎。《决定》的出台,早于国务院的通知,具有比较超前的意识和作为。特别是2001年12月,常委会组成人员夜查煤检站并进行了现场录像,在随后召开的有市政府及其部门负责人参加的常委会主任会议上,当场播放夜查录像,要求对夜查中发现的问题进行严肃处理。市政府根据反映的问题处理了当事责任人,并对全市煤检站进行了全面整顿,保障和维护了人民的利益。常委会特别关注困难群体、特定人群的生产生活问题和他们的合法权益的保护。2001年大同市农业遭受了历史性的较大灾害。12月中旬一场大雪后,全体常委会组成人员冒雪深入9个农业县(区),到最偏僻的乡镇、最穷困的村子、最穷的农户,登门入户了解情况,并在该月的常委会会议上审议市政府的有关报告,对全市抗灾救灾提出意见、建议。2004年4月,十二届二次人代会做出《关于对城乡特困家庭实施救助的决定》,要求:市、县(区)人民政府大力筹措特困家庭救助资金;在城镇积极实施“分类施保”的救助办法;重点实施农村特困家庭就医、就学和吃穿困难等方面的救助;千方百计扩大特困家庭成员就业,努力增加收入。

常委会特别关注行政复议案件和诉讼案件的办理,加大对此项工作的监督。2000年12月,第十一届人大常委会第十七次会议做出《关于加强行政复议和行政审判工作的决定》,要求市政府及其各行政执法部门和县(区)政府应加强行政复议工作,对公民、法人和其他组织提出的行政复议申请,有关机关应及时审查,依法受理;要求市和县(区)两级人民法院要加强行政审判工作,切实保护具体行政行为相对人的诉讼权利,促进了依法行政工作。

大同市第十一、第十二届人大常委会在追求实体上、目标上的民主的同时,也特别重视程序上、手段上的民主,以此来保证人民当家做主的实现。一是实施了市人大代表和本市公民自愿旁听人大常委会会议的制度，只要持代表证或身份证，在人数限制范围内按先后顺序即可旁听。二是实施了表决方式的改革，人民代表大会会议选举实行投票制，通过地方性法规、决议、决定实行用表决器电子表决的方式；人大常委会会议对专项报告进行满意度表决，通过决议、决定、会议议程，均实行电子表决，人事任免、上级人大代表补选均实行票决。三是实行立法、决策听证制度。1999 年 9 月，市人大常委会举行《大同古城保护管理条例（草案）》立法听证会，以及在听证过程中进行辩论，这在山西省是首次，在全国也较早。2000 年 4 月，举行《大同市住宅小区物业管理条例（草案）》立法听证会；2002 年 5 月，举行《大同市学校周边环境保护条例（草案）》立法听证会；2003 年 7 月，举行《城市市容和环境卫生管理办法修正案（草案）》立法听证会。其中《古城保护管理条例（草案）》和《住宅小区物业管理条例（草案）》还全文刊登在《大同日报》上，征求广大市民的意见。2003 年在特定问题调查中，为了民主的、科学的决策，也召开了听证会。

人大工作要让人民都知道

人大及其常委会是代表人民行使职权的，是对人民负责、受人民监督的。因此，它的一切工作、一切活动，包括工作原则、工作依据、工作程序、工作结果，都应该是公开的、透明的。这既有利于人民群众的监督和支持，又有利于人民群众有序地政治参与。大同市第十一、第十二届人大常委会始终把公开、透明贯穿于行使职权、履行职责的全过程。

一是人大常委会会议公开。每两个月召开一次的常委会会议，在召开之日的 15 日前，通过本市新闻媒体和自己的网站向社会发布公告，说明会议议程草案，欢迎人大代表自愿申请列席，欢迎本市公民自愿申请旁听，在规定人数内按先后顺序确定参加者。会议上形成的审议意见，做出的决议、决定都要在会后公布。

二是人大常委会听取和审议“一府两院”专项工作报告的年度计划、执法检查年度计划、五年立法规划和立法年度计划，经常委会会议通过后要向人大代表通报并向社会公布。人大常委会进行专题调研、立法调研、集中视察、执法检查和特定问题调查的 15 日前，要向社会公告，征求人民群众对相关机关及相关部门的意见。

三是立法活动、法规草案公开。市人大常委会把调研贯穿于立法全过程，法规草案起草前、初次审议后的调研都要向社会公开，听取群众意见；召开立法听证会事前要公告，公布听证内容和听证人，民主确定陈述人；一些关系到人民群众切身利益的法规草案也要向社会公布，听取群众的修改意见。

四是工作评议的过程和结果公开。为了保证宪法、法律和法规在本行政区域内的遵守和执行，大同市人大常委会无论是对市政府组成部门，还是对上级垂直管理工作，对“两院”的司法工作都要进行评议。从评议的动员到评议的过程和结果都对外公开，认真听取广大人民群众对被评议单位的意见。

大同市第十一、第十二届人大常委会经过多年的探索实践，并根据《中华人民共和国各级人民代表大会常务委员会监督法》，于2007年10月修订了《大同市人民代表大会常务委员会监督条例》。在这部地方性法规的第四章，专门规定了“监督信息公开”，使人大信息公开走上了法制化轨道。人大信息的公开，尊重了人民群众的知情权、表达权、参与权和监督权，也树立了人大及其常委会的权力机关、工作机关、代表机关的良好形象。

（发表于山西人大网《代表博客》栏　2008年10月）

怎样提高市人大常委会会议的审议质量

市人大常委会会议，每两个月至少举行一次，是市人大常委会依法行使职权的最基本、最主要的形式和途径。宪法和法律赋予市人大常委会的各项职权，大都是通过常委会会议这种法定形式来实现的。开好常委会会议，提高会议审议质量，对于坚持和完善人民代表大会这一根本政治制度，充分发挥地方国家权力机关作用，切实保障人民充分有效行使国家权力，实现民主科学决策，加强对"一府两院"的监督，保障党的路线、方针、政策的贯彻执行和宪法、法律、法规的有效实施，促进当地经济和社会的全面发展，都具有十分重要的意义。我市新一届人大常委会把开好常委会会议，提高会议审议质量，作为开局起步的一个重要方面，在较短的时间内，收到了明显的效果。同时，在实践中使我们的理性认识也有了一个新的提高。现就怎样提高常委会会议的审议质量，谈一点粗浅的认识。

一、坚持审议原则

怎样提高常委会会议的审议质量，首要的一点是必须坚持审议原则，这是提高常委会会议审议质量的根本所在。

（一）要坚持依法审议的原则

常委会会议是依据法律规定举行的会议，因此，必须坚持依法审议的原则。确定会议议题要符合宪法、法律关于常委会职权的规定，做到以法律为依据，既不越权，又不失职。审议"一府两院"的工作报告，要按照有关规定，着重审议执行法律法规和执行上级、本级人大及其常委会有关决议、决定的情况。审议议案、立法草案和决议、决定草案，要将其合法性作为审议的重要原则。此外，从会议召开的时间、议程、参加人员等方面，都必须严格依法规范，切实遵守人大制定的常委会议事规则。我市新一届人大常委会举行的几次会议，尽管审议的容量和难度较大，加之常委会组成人员近一半是新同志，但由于我们十分重视依法办事这一原则，在新一届常委会刚产生后，立即举办了法律知识培训班，组织常委会组成人员和机关部门负责人认真学习法律知识，使大家增强了法律意识，提高了法律水平。所以，常委会会议前前后后都始终坚持了依法审议的原则，做到了提前计划、充分准备、依法办事、从容进行，保证了会议的审议质量，收到了预期效果。

（二）要坚持实事求是的原则

实事求是是我党的优良传统，因此，也是我们人大常委会必须坚持的一条根本原则。确定常委会会议议题要从实际出发，每次会议议题不宜过多，避免泛泛而谈，流于形式。会前组织的视察和调查，要深入基层掌握第一手资料，去伪存真、去粗取精，得出科学的结论。会中对议题的审议，要实事求是、一分为二、客观公正。会议做出的决议、决定和形成的审议意见要符合实际、切实可行。我市人大常委会正是把实事求是作为提高常委会会议审议质量的一条根本原则，才收到了较好的效果。如在1998年的几次常委会联组会议审议政府的几项工作报告时，常委会组成人员在深入基层调查研究的基础上，以大量的真实事例为证，提出了具有真知灼见的科学观点和尖锐意见，博得了与会人员的一致好评，列席会议的市长深有感触地称赞常委会会议的审议水平很高。

（三）要坚持民主集中制的原则

宪法和法律规定我国国家机构的组成与活动实行民主集中制原则。民主集中制在人大常委会的活动中，集中体现为集体负责的会议制，即集体行使职权，集体决定问题的原则。常委会会议要严格遵守和实行这一制度。我们的主要做法是：一方面，要充分发扬民主，切实尊重和保障常委会组成人员的民主权利，保证常委会组成人员的言论免责权，让大家都能畅所欲言、各抒己见，使会议的各项决策最大限度地体现集体的意见和智慧。另一方面，要特别注意正确地实行集中。在常委会会议上，组成人员不论职位高低，他们的法律地位都是完全平等的，表决议案时，每人都只有一票的权利。会议的一切决议、决定，都必须依照法定程序进行表决，过半数才能通过。这种民主基础上的集中，防止了任何形式的个人独断专行，从而保证了决策的正确性。

（四）要坚持抓大事的原则

人大常委会的工作不同于政府工作，不能围绕具体工作转，而要严格按照抓大事、议大事、管大事的原则进行。要在重大的、长远的、宏观的、全局的问题上下功夫，在人民群众普遍关心的热点问题上下功夫，在党委和政府关心的重点和难点上下功夫。我市人大常委会主任会议在每次常委会会议之前拟订议题时，总是紧紧围绕市委确定的中心工作和近期部署，紧紧抓住经济和社会发展中的重大战略问题和经济工作中的深层次问题以及群众意见比较集中的经济和社会生活中的突出问题，经过比较排队，然后才慎重选择和拟订会议议题。由于议题抓住了重点、难点、热点，因而，常委会组成人员的重视程度高，讨论审议兴趣浓，对“一府两院”的工作触动和促进也大，甚至起到了抓住一点，波及一片，推动全盘的作用。

（五）要坚持监督与支持并重的原则

监督和支持的关系是多年来一直探讨的问题。处理好这一关系，对于提高会议审议质量，促进“一府两院”工作具有十分重要的意义。江泽民同志指出：“监督‘一府两院’的工作是人大及其常委会的一项重要职责。这种监督是一种制约，又是一种支持和促进。”江泽民同志的这段论述是我们正确理解和把握人大监督本质含义的依据。人大的监督是一种国家体制，是一种权力制约，监督的目的是防止掌权者滥用权力，以权谋私，违法乱纪。从实际工作看，监督与支持又具有一致性，往往融为一体。人大和“一府两院”工作都是为国家和人民利益工作，具有目标的一致性，只不过是工作方式不同，职能不同，分工不同而已。人大对“一府两院”的合法、正确的行为给予肯定，就是支持。人大通过监督，帮助“一府两院”纠正失误，减少损失，吸取教训，改进工作也是支持。因此，人大常委会在审议“一府两院”工作报告中，既有监督的权利，又有支持的义务，要寓支持于监督之中，通过监督来达到支持的目的。我市人大工作的实践证明，人大监督“一府两院”的工作力度越大，对改革、发展和稳定的促进和支持作用就越强。

二、把握审议环节

常委会会议的整个过程，是一套高度程序化、规范化和科学化的决策、监督过程，要提高会议的审议质量，必须把握好全过程中的每个环节。这是开好常委会会议，提高审议质量的关键和保证。

（一）精心选择议题

选择议题要精心组织、合理安排，概而言之，要体现“四性”：一是计划性。要长计划短安排，统筹考虑，协调适当，防止随意性。二是针对性。要有的放矢，不能脱离实际，对执行确有困难或执行不了的问题，不要轻易决定。三是全面性。要抓住事关全局的重大事项，坚持少而精,不要事无巨细,眉毛胡子一把抓。四是合法性。要依法选择议题,做到职权范围内的重大事项不能漏,职权范围外的事情不乱管。

(二)认真组织学习

建议议题确定后,要围绕议题组织调查,视察人员认真学习有关法律、法规、方针、政策及其他文件资料,通过集中学习,达到统一思想、掌握法律武器的目的,为调研和审议做好充分准备。

(三)深入调查研究

常委会会议前,要组织常委会组成人员和有关专委、工委组成人员围绕议题深入调查研究。我们的主要做法是:一要深入基层、深入实际掌握第一手资料,切忌走马观花的面上调查;二要突出对影响重大、涉及全局的重点进行调查;三要抓住人民群众普遍关心的热点和难点进行调查;四要以事实为依据,以法律为准绳,坚持客观公正的原则,切实维护法律尊严。在调查研究的基础上写出有理有据、翔实可靠的调查报告,调查报告力求做到"三少""三多":一是少讲成绩,多提问题,以避免和"一府两院"报告重复;二是少讲面上的情况,多讲点上的问题,做到小中见大,窥一斑而知全豹;三是少作空泛议论,多提建设性意见,使调查报告有深度、有力度。

(四)安排预先初审

目前"一府两院"送审的工作报告还存在一些问题。比如,有的讲成绩多,讲问题少;有的角度不对,把政府报告写成部门报告;有的甚至准备不认真,文不对题。这样势必影响审议效果。为此,一方面,我们加强与"一府两院"的协调,在会议召开 20 天前,对"一府两院"的工作报告提出原则要求;另一方面,我们要求"一府两院"的工作报告必须在会议 5 天前送交有关专委、工委,对内容、角度、格式等多方面进行初审,并拿出初审意见,最后由主任会议审定。这样,就为提高审议效果把好了质量关。

(五)实行分组审议

为保证常委会组成人员充分发表意见,在有限的时间里增加发言的人次,采取分组审议是一种行之有效的办法。我市人大常委会共有组成人员 33 人,加上列席人员每次会议有 60 多人。在审议中我们划分成 3 个小组,这样就保证了大家畅所欲言,各抒己见,充分发表自己的意见。

（六）重视联组发言

审议“一府两院”报告，既要让大家畅所欲言，各抒己见，又要突出重点，抓住实质。为此，要把分组审议与联组审议相结合，通过联组会议上的重点发言，把有价值的意见集中起来，形成集体智慧，增强审议的权威性。如我市今年召开的第二次常委会会议，在审议政府房改报告和重点建设项目进展报告中，组织了 9 名常委会组成人员，在分专题认真准备的基础上作了重点发言，发言时间不长，议题讨论集中，审议气氛民主，剖析问题深刻尖锐，所提意见切实可行，对提高会议审议质量起到了很好作用。

（七）搞好意见整理

审议意见，是常委会用于对“一府两院”工作报告审议结果的书面表述。审议意见作为“一府两院”改进工作和人大常委会实施监督的依据，必须严格把关，确保质量。一要合法；二要准确；三要具体；四要可行。审议意见的形成，目前各地做法不一。我市是由常委会办公室会后根据会议记录整理并经主任会议审查后以监督意见书的形式转交“一府两院”办理。这种方式，保证了常委会审议意见的严肃性和权威性。

（八）酌情做出决议

常委会会议上，一项十分重要的职权是对重大事项的决定权。如何有效地行使决定权？我们认为，要突出抓重点、定大事的原则：一是围绕市委的中心工作行使决定权；二是围绕加强民主法制建设，保证宪法、法律和地方性法规的贯彻实施行使决定权；三是围绕人民群众普遍关心和反映强烈的问题行使决定权；四是围绕人大工作薄弱环节行使决定权。为此，我市新的一届人大常委会在不到半年的时间里，从我市的实际情况和需要出发，及时做出《关于推进依法治市的决定》《关于保护大同古城的决议》《关于批准 1997 年市本级财政决算的决议》《关于加强禁毒工作的决定》。在这些决议、决定中，提出了不少刚性要求，如在《关于保护大同古城的决议》中，要求市政府尽快制定《大同古城保护规划》，在《规划》未出台前，对古城内尚未批准实施的拆迁改造计划停止执行，对破坏古城传统风貌的违法行为，追究当事人及有关部门责任。这些决议、决定的实施，在保障我市经济和社会各项事业的全面发展，推进我市民主法制建设中发挥了重要作用。

（九）督促检查落实

常委会会议作出的决议、决定和审议意见，“一府两院”必须认真贯彻执行，否则，决议、决定和审议意见就是一纸空文，人大常委会的权威也是空谈，常委会组成人员的议政积极性也会受到影响。所以会后必须抓好督促检查落实。一要加强督查催办。主任会议和各专委、工委等办事机构要通过各种方式加强对贯彻落实情况的督促催办工作,对敷衍塞责的应予通报批评或提出质询。二要建立反馈制度。我市规定,“一府两院”对常委会的审议意见书应认真办理和执行,并在3个月内书面报告办理落实情况,没有按时报告的,常委会可责成“一府两院”在常委会会议上专门报告办理落实情况。三要公布落实情况。为使“一府两院”贯彻落实决议、决定和审议意见书,有效地接受人民群众的监督,要适时在常委会会刊或通过新闻渠道公布贯彻落实情况。

三、发挥多方作用

要开好常委会会议,提高审议质量,人是决定因素,因此必须充分发挥以常委会组成人员为主体的各方面的作用。

(一)发挥组成人员的作用

常委会会议的主体是全体组成人员,发挥组成人员的作用对于提高审议质量至关重要。我们的做法:一是认真组织组成人员学习党的路线、方针、政策和宪法、法律、法规及专业知识,不断提高大家的参政意识和议政水平。二是拓宽组成人员知政渠道,组织他们参加各种活动,深入调查研究,及时了解“一府两院”的工作情况。三是将会议内容及有关事项和资料在会前5天提前通知和送交组成人员,便于他们掌握情况,有所准备。四是保证宪法和法律赋予组成人员的言论免责权和表决权。五是健全组成人员制度规范,如会议考勤制、发言记录制等。改变少数人“开会不到会、不发言或发言质量不高”等状况。

(二)发挥主任会议的作用

一是发挥好主任会议的法定职权作用,如决定常委会会议的召开时间、建议议题、议案取舍等。二是发挥好作为领导集体的正确导向作用,如:通过提出人民群众拥护的切实可行的议案,获得多数组成人员的赞同;通过个人在常委会议上的发言,努力使党的主张变成组成人员的共识,经过法定程序转化为国家意志。三是发挥好个人的品德、知识、才能和感情等非权力因素所产生的影响感染作用。四是发挥好主任会议处理重要日常工作的作用。

(三)发挥专委会的作用

专门委员会和工作委员会是人大及其常委会的工作机构,要紧紧围绕服务会议做好本职工作，发挥职能作用。一要在确定会议建议议题时发挥好参谋助手作用。二要在会前调查、视察中发挥好具体组织工作作用，写出有理有据的调查报告。三要在会前初审“一府两院”报告中，发挥好把关作用。四要围绕议题，依法提出相关议案，发挥专委的职能作用。五要围绕会议做出决议、决定和审议意见书，发挥好督办检查作用。

（四）发挥列席代表的作用

人大代表来自各条战线、各个方面，要注重发挥他们同人民群众密切联系的特点和优势。一要选择与议题相关或有相关专业知识并能反映群众意见、敢于直言不讳的代表列席会议。二要将会议有关事项提前通知列席代表，并组织他们参加会前视察、调查。三要在审议中让代表畅所欲言，充分反映他们的意见和要求。分组召集人要做到“三善”，避免“三场”：善于启发引导，为列席代表自由发言创造一个宽松的环境；善于组织协调，让列席代表有充分的发言时间；善于总结提高，尽可能把列席代表意见建议反映上来。避免列席代表怯场、组成人员包场、三言两语走过场。

（五）发挥顾问组的作用

我市人大常委会为加强各专门委员会和工作委员会的工作，在这些机构中都设立相应的顾问组。顾问组成员都是上届人大或政府部门的负责人和本届人大代表以及方方面面的专家、学者，发挥他们的作用非常重要。我们规定，每次常委会会议都要邀请相关顾问组成员列席会议并参与会前的调查研究，请他们献计献策，充分发挥他们的顾问作用。

（六）发挥“一府两院”的作用

常委会会议审议的大都是“一府两院”的工作报告，发挥“一府两院”的作用十分重要。我们规定：一是在会前组织的调查、视察中，“一府两院”要积极配合，提供资料，汇报情况，回答问题。二是“一府两院”提请会议审议的工作报告，要由其主要负责人签署，对政府重大事项的工作报告，须经政府常委会讨论通过。三是“一府两院”负责人要依法按时列席会议，并报告工作，对涉及全市性的政府工作报告必须由市长或副市长报告。四是列席会议的“一府两院”负责人及有关部门主要负责人，要按时到会认真听取审议意见，回答询问，提供情况，说明问题。五是对会议的决议、决定和审议意见，“一府两院”要认真贯彻落实，并按要求报告办理落实情况。

（七）发挥新闻媒体的作用

新闻媒体的宣传报道要实现两个转变。一是由突击性宣传向经常性宣传转变：一方面要集中反映会议的实质内容和民主化科学化的决策过程；另一方面要把宣传的视野和功夫放在经常性宣传上，如会前视察、调查，会后督促检查和落实情况都要跟踪报道。二是由浅层次宣传向深层次宣传转变。要突出思想性，防止一般化的就事论事反映过程，要把常委会行使职权中的具体生动的事实与坚持人民代表大会制度紧密结合起来；要突出典型性，要宣传常委会组成人员、人大代表履行职权，为人民说话办事，参与推进民主法制建设的典型言论和事迹。

（八）发挥旁听群众的作用

常委会会议要增设旁听席，邀请熟悉会议议题内容的民主党派、人民团体、普通高校和其他单位派人旁听，让社会各界和人民群众直接目睹权力机关行使职权的具体过程，进一步扩大人大常委会的影响力，更广泛地接受人民群众的监督。

（刊载于《大同人大工作》1999 年第 3 期，《山西人大》1999 年第 3 期、第 5 期）

讲求工作质量 不断开拓创新
靠自身作为树立权力机关良好形象

——在省委人大工作会议上的发言

我们在实践中深深体会到，搞好人大及其常委会的工作，要靠地方党委坚强有力的领导，要靠“一府两院”的理解和配合，更要靠自己的探索和创新。“有用才有命，有为才有位。”有了作用，才有生命；有作为，才有人代会的地位。

一、夯实基础，提高工作质量

换届两年来，我们大同市新的一届人大常委会，依照宪法和法律赋予的职责，根据党的十五大精神，在总结多年工作经验的基础上，确立了全新的指导思想和总体工作思路，这就是高举一面旗帜（马克思列宁主义、毛泽东思想、邓小平理论伟大旗帜），树立三种意识（主权在民、对人民负责、受人民监督），处理好三种关系（与地方党委、代表大会和“一府两院”的关系），履行好四项职权（立法权、监督权、重大事项决定权、人事任免权），完成好四大任务（建设民主政治、推进依法治市、保证决议落实、加强自身建设），做好十项工作（审议报告、地方立法、执法检查、代表评议和述职评议、人事任免、代表工作、自身建设、理论研究、宣传报道、信访接待）。按照这个指导思想和总体工作思路，我们不断夯实基础，努力提高工作质量。

首先是抓学习。我们把学习法律、人大业务知识当作领导班子和机关干部的必修课和基本功，当作常委会全部工作的基础工程来抓，先后健全完善了中心组学习制度和机关日常学习制度。做到每次常委会会议必学，每次视察、调查必学，每次执法检查和评议活动必学。我们还坚持每两个月举办一次法律、经济知识讲座的制度。去年常委会主任、副主任带头讲了《宪法》《地方组织法》《代表法》和十五大精神，还邀请中国人民大学许崇德教授、中国政法大学张树义教授和省人大彭致圭副主任，分别就《宪法》修改、依法行政和预算监督等问题举办了大型学习讲座。两年共举办大型、较大型学习讲座 30 余次，日常机关学习110余次,学习成了本届常委会一种新风气。

其次是抓调研。没有调查就没有发言权,没有调查就没有决策权。我们从人大工作的实际出发,围绕审议议题、立法专题和视察检查审查的内容,狠抓调查研究工作,基本做到常委会每审议一项“一府两院”的报告,就有我们的一份专题调研报告;每审议一部地方性法规,就要写出相应的立法调研报告;每组织一次视察检查,就要写出相应的视察报告或检查报告。两年共写出各类报告62篇,调查研究成了本届常委会又一新的风气。

再次是抓规范。没有规矩不成方圆。我们两年先后制定了《地方立法的规定》《讨论决定重大事项的规定》等3部法规,出台了《听取和审议市政府工作报告的暂行办法》,修订了《常委会议事规则》,草拟了《主任会议议事规则》,我们还制定各项具体的工作流程和以岗位责任制为主要内容的具体制度40余项1000余条。

通过“三抓”,提高了组成人员和机关工作人员的思想政治水平和依法行使职权的能力,基本做到言之有理,言之有法,言之有据,行之有规,为提高常委会整体工作质量奠定了坚实的基础,再加上今年新组成的有40多位专家学者参与的法律咨询委员会和财经咨询委员会,常委会各项工作特别是在立法、决策、监督等方面的工作质量比往年明显提高。以提高立法质量为例,两年中我们审议通过并经批准的13部地方性法规,在数量方面是前所未有的。《大同古城保护管理条例》的出台,经过了多次讨论、多次调研、多次审议,特别是在征求各界人士和市民群众意见的基础上,还召开了有40多位专家学者参与的立法听证会和征求座谈会,吸收了许多有价值的意见和建议,增强了这部法规的科学性和可操作性。前不久,全国人大常委会副委员长彭珮云来大同视察时给予了高度评价。

二、开拓创新,讲求工作实效

开拓创新,是任何一项事业成功的秘诀所在。换届两年来,我们在工作实践中,勇于开拓,不断创新,讲求实效,走出了一条新路子。

首先是抓制度创新。制度创新是工作创新的保证。我们在抓好各项工作规范化管理的同时,始终把制度创新当作奠基工程扭住不放,抓紧抓好。执法监督是实现依法治市的关键环节,我们把它放在与立法同等重要的位置,不断从完善创新制度入手认真抓好,在实践中形成了执法责任制与岗位责任制、执法情况报告制、执法检查制、执法评议制、错案责任追究制相结合的格局。“五制结合”的实施,使市人大的执法监督掷地有声。1999年,我们重点抓了《科技进步法》、《科技进步条例》、《科技协会条例》和《村委会组织法》、《土地管理法》、《妇女权益保障法》的执法大检查。两次检查都成立了领导组和办公室,由常委会组成人员和市人大代表分别组成22人的4个组和37人的4个组，前者深入11个县(区)和部分企事业单位重点检查,后者深入9个农业县(区)24个乡镇47个行政村重点检查。针对检查中发现的科技三项费用投入不足和土地管理比较混乱等问题,提出了意见和建议,受到全市各级政府的高度重视,纷纷采取措施予以解决。

其次是抓机制创新。机制创新是工作创新的内在动力。两年来,我们十分注重机制转换与创新工作。一是健全完善了深入了解民情、充分反映民意、广泛集中民智的民主决策机制;二是建立健全了维护法律尊严、谋求社会公正、推动社会进步的权力监督机制;三是建立健全了接受人民监督、依法履行职责、依法发挥作用的自我约束机制;四是建立健全了不断开拓进取、提高工作质量和实效的自我激励机制。这些机制的形成与创新给各项工作注入了新的生机与活力。就以民主决策机制的创新为例,针对过去人代会程序固定化、议程老一套、审议形式化、决议落实差的问题,我们不断创新审议方式。换届以来的两次会议都给人耳目一新的感觉。今年(2000年)的人代会我们第一次采取分组审议与全团审议相结合、分团审议与联团审议相结合、全面审议与专题审议相结合、专委会审议与代表审议相结合的形式,就产业结构调整、国有企业改革和发展旅游业等12个专题进行了审议,提出建议、批评和意见78条;第一次开设了3部信访热线电话和人大、“一府两院”4个信访接待室,收到群众的意见建议16条,受理群众申诉、控告和检举案件106件,绝大多数得到转办、督办和现场办理;第一次设立了议案审查委员会,受理和审议议案35件;第一次对市政府就上次人代会代表们提出的议案、建议、批评和意见办理情况的报告进行审议,市长、副市长与代表面对面听取审议意见;等等。在此基础上,我们把组成人员的建议、批评和意见以审议意见书的形式经主任会议审查把关正式行文,送达“一府两院”要求落实办理。两年开了14次常委会共转送审议意见书12次,提出审议意见160多条,绝大多数被政府采纳,并且政府在法定的时间内将办理情况书面报告了市人大常委会。

再次是抓工作创新。我们概括的审议报告、地方立法、执法检查等10项工作,项项都在“实”字上下功夫,在“新”字上做文章。代表工作是一项基础工作,新一届常委会刚一组成就在全国率先出台了关于加强同代表联系、充分发挥代表作用的地方性法规;坚持每月5日为接待代表日的制度;坚持代表列席常委会会议的制度;坚持每年春节期间登门入户走访代表,送去关心和问候,带回意见和建议;坚持在闭会期间多组织代表视察、调查、执法检查和建言献策活动。从而为全市改革发展稳定做出了贡献。保证决议决定的落实是我们实施工作创新的重要一环。为此我们采取了4个步骤:一是在决定公布之后立即召开会议做出安排部署;二是深入下去强化督查;三是就落实情况进行成效反馈;四是对责任部门和单位进行评比检查。4 个步骤就是 4 条硬性措施，产生了很好的效果。换届以来我们先后做出的 13 项重大决定，每项都得到较好的落实。针对全市 400 多家游戏厅 90%以上属于非法经营且诱发青少年犯罪的问题，我们做出了《关于加强对娱乐活动场所的管理，保护未成年人健康成长的决定》，在《大同日报》一公布就召集政府及文化、公安、工商、教育等有关部门开会做出安排部署，要求高度重视，依法管理，明确责任，综合治理。各部门齐抓共管，加大了打击非法经营的力度。到目前，这项工作基本转入规范化、法制化的轨道。常委会紧紧围绕经济建设这个中心，在依法行使对重大问题决定权的基础上依法行使了对经济工作的监督权。我们高度重视全市国民经济计划和财政预算执行情况。常委会每半年听取和审议一次市政府关于计划和预算执行情况的报告；主任会议每季度听取一次汇报，市人大财经委定期对计划和预算执行结果进行审查。我们充分发挥财经咨询委员会的作用，做到及时按月度了解计划和预算执行情况，为科学决策提供依据。我们还把监督工作贯穿计划预算草案从编制到执行的全过程，经常听取和审议审计部门的审计报告，为全市的经济发展出谋划策。

三、对人民负责，树立良好形象

作为人民的代议机关，头上顶着“人民”二字，理应知民情，晓民意，急民难，帮民需，集民智，释民疑。基于这种认识，我们通过多种方式反映人民群众的要求，维护人民群众的利益，在人民群众中树立了地方国家权力机关的良好形象。

信访工作是人大常委会的窗口，关系到权力机关的声誉和形象，必须带着对人民群众的深厚感情重视和做好信访工作。1999 年 6 月，常委会做出了《关于加强信访工作的决定》，建立了信访工作制度和主任会议研究重点信访案件的制度，成立了信访接待的专门机构，加强了信访接待力量，形成了专人接待、各委室研究办理信访案件、主任会议督办重点信访案件的新格局。从 1999 年 4 月到 2000 年 3 月，一年共受理群众来信 378 件，来访 3190 人次，其中申诉控告检举的有 182 件，集体上访 27 次，基本做到件件有着落，事事有交代。在人大常委会机关大院内，每天群众来访想找哪级领导就找哪级领导，想找哪个部门就找哪个部门，想找哪个人就找哪个人，形成了人民群众来信来访的绿色通道。

强化法律监督既能保证宪法、法律、法规在本行政区域内的遵守与执行，又能充分体现权力机关的形象和价值。近年来，市人大常委会相继做出了《关于加强依法治市，推行部门执法责任制的决定》《关于推进依法治市的决定》《关于加强对执法人员监督的决定》。为把这三个决定的精神落到实处，我们于 1999 年 7 月进行了大规模的集中检查，组织了由 62 人组成的 8 个检查组，由市人大 8 位副主任担任组长，按行业系统对全市 66 个司法和行政执法部门、单位进行了全面检查。随后对其执法的总体工作情况进行综合评价，评出好的单位 40 个，较好的单位 16 个，差的单位 8 个，有力地推动了依法治市工作，在人民群众的心目中树立了权力机关的形象。

良好的精神状态和扎实的工作作风，更是权力机关形象的生动体现。常委会全体机关工作人员普遍感到，人大常委会机关根本不是赋闲之地，在人大工作实在太忙了。换届两年来，我们第十一届人大常委会共召开 14 次会议，制定法规 13 部，做出决定 13 项，执法检查 20 多次，审议“一府两院”工作报告 60 多项，撰写各类调研报告 60 多个。各项工作取得较好成绩，这有多方面的原因，但最根本的还在于常委会组成人员和机关工作人员具有良好的精神状态和扎实的工作作风。我们的领导集体总的特点是生动活泼、没有顾忌、队伍整齐、责任心强，是个团结战斗的集体。1999 年农历腊月二十八，主任会议还为研究重点信访案件照开不误，今年(2000 年)农历正月十五，我们还同“一府两院”召开联席会，互通情况，交流思想。各专委、工委经常夜以继日地工作，从来不讲价钱，不计报酬，甚至带病坚持在第一线。正是由于常委会组成人员的表率作用，整个机关工作才出现了节假日能见到上班的身影、夜晚能见到加班的灯光、日常能见到繁忙的景象。

威信在依法履行职责中树立，形象在对人民负责、为人民服务中塑造，实效在不断提高工作质量中取得，经验在勇于探索、不断创新中产生，我们大同市人大常委会靠自身的作为，在全市人民心目中有了一定的地位，树起了较好的形象。但是，与兄弟地市相比，我们还存在很多差距和不足。我们坚信只要勇于开拓，不断创新，就能提高工作质量和水平，为坚持和完善人民代表大会制度做出贡献。

对行使重大事项决定权的认识与探索

地方人大及其常委会决定在本行政区域内的政治、经济、教育、科学、文化、卫生、环境和资源保护、民政、民族等方面的重大事项，是宪法和法律赋予地方人大及其常委会的一项重要职权。依法行使好重大事项决定权，发挥人大常委会应有的作用，对促进本行政区域的经济发展和社会进步，有着非常重要的作用。近几年，大同市人大常委会在行使重大事项决定权方面进行了有益的探索，开展了一些工作，取得了一定成效，但也有不尽如人意的地方。本文结合大同市的实际，就行使重大事项决定权谈些粗浅的看法，不妥之处请批评指正。

一

所谓重大事项决定权，就是地方人大常委会依照法定程序，对本行政区域内各方面工作的重大事项，在调查研究、充分审议的基础上，做出决议、决定，由“一府两院”组织实施的一项权力。过去，由于种种原因，我市人大常委会在行使重大事项决定权方面虽然也做了不少工作，但还存在着不足，主要有：一是行使重大事项决定权认识上的错位，往往认为市委居于领导核心的地位，市委决定了，人大没有必要再作决定，怕人说“与市委争权”，怕形成两个决策中心；二是重大事项决定权行使上的不到位，由于宪法和法律对重大事项决定权只有原则性的规定，实践中不易操作，有放弃对重大事项做出有针对性决定的情况，加之偏重于运用监督权，用监督权代替决定权，存在着对应由人大决定的重大事项往往不能及时做出决定的情况；三是实施决议、决定中的错位，存在对人大及其常委会做出的决议、决定，没有认真地组织检查、督促落实的情况，致使有的决议、决定贯彻实施流于形式，效果不明显。针对这些问题，近两年来，市人大常委会组成人员认真学习马克思、毛泽东关于国家学说的论述和邓小平关于社会主义民主与法制建设的理论，以及有关法律法规，从以下几个方面，增强对地方人大常委会行使包括重大事项决定权在内的各项权力重要性的认识。

要行使好包括重大事项决定权在内的各项权力就要树立主权在民的意识。地方人大常委会行使立法权、重大事项决定权、监督权和人事任免权，是人民赋予的。《宪法》明确规定："中华人民共和国的一切权力属于人民。"树立主权在民的意识，就要使常委会组成人员心中装着人民，时刻想到人民的利益、人民的重托，重视人民赋予的权力，对人民负责，向人民交账，为人民掌好权、用好权，保证人民的事业不受到侵害，人民的利益得以维护。否则，就是失职，就是对人民犯罪。

要行使好包括重大事项决定权在内的各项权力就要树立为民服务的意识。为人民服务是我们党的宗旨，也是国家机关及其工作人员的宗旨。地方人大常委会依法行使好重大事项决定权，就要从人民的利益出发，以经济建设中心，围绕本行政区域内改革、发展、稳定的重大的事项，围绕群众普遍关心的重大事项及时做出各项决议、决定，为人民着想，为群众排忧解难，努力为人民做好事、办实事，全心全意为人民服务，确保国家权力机关为人民服务、维护人民利益的政权性质。

要行使好包括重大事项决定权在内的各项权力就要树立受民监督的意识。地方人大及其常委会作出的决议、决定，也有好坏之分。一个好的决议、决定的贯彻实施，可以推进本行政区域内改革深化、经济发展、社会稳定；反之，一个坏的决议、决定，可能要阻碍或影响本行政区域内各方面的工作。树立受民监督的意识，就是要使地方人大常委会行使重大事项决定权，做出的决议、决定，接受人民监督，经受实践检验，这样，有利于推进人大及其常委会的工作，有利于促进社会主义民主政治建设。

在提高思想认识、增强工作主动性的基础上，我市人大常委会加强了行使重大事项决定权作用的发挥，从 1998 年 7 月换届到现在，除通常只作常规性批准性的决议、决定外，已做出关于推进依法治市、关于禁毒工作、关于保护大同古城、关于加强行政复议和行政审判、关于改善经济发展法制环境等决议、决定 20 多件，决定权使用频率之高，超过了以往，同时，带动和促进了我市人大工作的开展。

二

实践表明，地方人大常委会行使重大事项决定权，最重要的是对重大事项做出界定，使之在依法的范围内进行，这是行使重大事项决定权的前提和基础；决议、决定一经做出，最关键的是抓好决议、决定的贯彻落实工作。对此，我市人大常委会从抓制定行使重大事项决定权地方性法规和抓决议、决定的贯彻落实入手，为行使好重大事项决定权创造了条件。

一、制定地方性法规，规范行使重大事项决定权

这项工作是从1999年初开始的，根据我市人大工作的实践，借鉴和吸收兄弟省、市好的做法和成功经验，在充分调查研究、广泛征求省人大常委会、市委以及专家、学者等意见的基础上，经过三次常委会会议审议，于2000年3月2日在本届人大常委会第十一次会议通过，并经省人大常委会批准，出台了《大同市人民代表大会常务委员会讨论决定重大事项的规定》地方性法规。该法规依据宪法、法律和省市县区人大组织通则，重点从三个方面对本行政区域内的重大事项加以界定。

一是明确了本行政区域内下列重大事项须经市人大常委会审议决定，包括：市本年度国民经济和社会发展计划的部分变更；市本年度财政预算的调整方案；市上年度本级财政决算；撤销县、区人民代表大会及其常委会不适当的决议；撤销市人民政府不适当的决定和命令；市人民检察院检察长在重大问题上不同意检察委员会多数人的决定而提请决定的事项；授予地方荣誉称号。

二是明确了本行政区域内下列重大事项须向市人大常委会报告，由市人大常委会审议，必要时依法做出相应的决议、决定，包括：本市经济建设与社会发展的战略和重大改革方案；贯彻实施法律、法规和民主法制建设方面的重大事项；维护社会稳定，维护国家和集体利益，保障公民、法人和其他组织合法权益方面的重大事项；涉及人民群众物质、文化生活和人民群众普遍关心和迫切要求解决的重大事项；市人大代表和常委会组成人员的议案、建议、批评和意见的办理情况；危及社会稳定和造成恶劣影响的重大事件处理情况；重大自然灾害及抗灾救灾情况；与国外以及国内其他城市缔结友好城市关系；确定和变更城市标志和永久性纪念物、纪念日；确定市级、市级以上专门保护区。

三是明确了本行政区域内下列重大事项须向市人大常委会报告，由市人大常委会审议，包括：市本年度国民经济和社会发展计划内的重大建设项目实施情况；市人民政府投资的，未列入国民经济和社会发展计划的重大建设项目；本级财政预算执行情况和预算外资金收支计划执行的审计情况；基本养老保险基金、失业保险基金、住房公积金、教育基金、基本医疗保险基金等专项基金使用情况；城市总体规划、土地利用总体规划、古城保护规划的制定、变更和执行情况；本市科教兴市、计划生育、环境和资源保护的情况和重大措施；本市行政区划的调整或变更；本级行政机关的增加、合并和撤销；市人大常委会交办的公民对本级国家机关和工作人员的控告、检举、揭发和申诉的办理情况；市人民

政府、市中级人民法院、市人民检察院廉政建设情况和市人大常委会任命的工作人员严重违法、违纪的处理情况;市人民政府、市人大专门委员会、市中级人民法院和市人民检察院提请审议的专题报告。

通过制定这一地方性法规,对重大事项做出具体的界定,为市人大常委会依法行使好重大事项决定权提供了更好的保障和依据。

二、抓决议、决定落实的规范性工作

保证上级和本级人大及其常委会决议决定的落实,是地方人大常委会的重要职责。针对以往工作中存在的问题,我市人大常委会明确了落实决议、决定的工作程序,即决议、决定一经做出,就要安排布置决议、决定的落实工作;有关部门报告决议、决定的落实情况;市人大检查反馈决议、决定落实的意见、建议。这样,就保证了决议、决定落到实处。以我市落实"三个决定"检查为例。"三个决定"是指大同市第十届人大常委会做出的《关于加强依法治市推行部门执法责任制的决定》和市本届人大及其常委会做出的《关于推进依法治市的决定》、《关于加强对执法人员监督的决定》。"三个决定"的核心是部门执法责任制,推进依法治市。为了搞好这次检查,市人大常委会召开会议安排部署,把"三个决定"的内容综合为6个大项,具体细化为42个小项,由8名副主任分别带队,深入到全市68个执法部门和单位进行检查,最后按照好中差,评出好的单位20个,中的40个,差的8个,并在全市进行通报。之后,在常委会会议上分别听取了"一府两院"贯彻落实"三个决定"情况的报告。常委会组成人员经过认真审议,结合检查情况,向"一府两院"提出进一步落实"三个决定"的意见和建议,有力地促进了各执法部门的工作,推进了依法治市的进程。

此外,我们还采取其他措施,确保决议、决定的贯彻落实。

三

依法行使好重大事项决定权,就要针对本行政区域内的重大事项,在宪法和法律规定的职权范围内,适时做出具体的决议、决定。这几年,我市人大常委会依法行使了这一职权,其主要做法有:

围绕全市可持续发展做出决议、决定。大同历史上曾是北魏的都城、辽金的陪都、明清的九边重镇之一,1982年为国务院公布的首批24个历史文化名城之一。但长期以来对古城保护与城市建设的关系没有解决好,使古城内的各项古建筑和古城风貌受到严重的建设性破坏。保护大同古城直接关系我市的可持续发展。新一届市人大常委会第一次会议就做出《关于保护大同古城的决议》(以下简称《决议》)。为了使《决议》落到实处,常委会会议、主任会议多次听取市政府关于《决议》贯彻实施情况的报告或汇报,审议了市政府进一步修订的古城保护规划,明确了保护区范围,包括古文物、古建筑、古民宅、古街道格局等。市人大常委会还通过听证会、辩论会,多方调研,听取各方面的意见,多次审议,修改充实,制定通过并经省人大常委会批准《大同古城保护管理条例》地方性法规,有力地促进了大同古城保护工作,为城市建设和发展打下了良好的基础。

大同市是全国严重缺水城市之一。在今年的人代会上,陈正元等45名代表提出《加强保护市区地下水资源确保我市生存和发展》的议案。为了办好这件议案,市人大常委会专门组织了《中华人民共和国水法》的执法检查,针对市区地下水超采严重、水污染严重、水资源浪费严重、水环境正在恶化等问题,向市政府提出意见、建议;常委会第二十三次会议专题审议了市政府《关于大同市地下水开发利用和水资源保护情况的报告》,随即做出了《关于保护市区地下水资源的决定》(以下简称《决定》)。《决定》提出"严格控制开采地下水","充分利用地表水","下最大决心治理水污染","今后要禁止在城市规划区内新建高污染、高耗水项目",特别鼓励要节约用水,等等。这些对大同市水资源保护,促进经济、社会可持续发展起到了积极的作用。

围绕推进依法行政做出决议、决定。地方人大常委会在依法治市中有着不可替代的作用。而依法治市的关键是依法行政。因此,我市在推进依法行政方面做了不少工作。去年第四季度,市人大常委会在组织开展《行政复议法》和《行政诉讼法》执法检查的基础上,常委会会议专题审议了市政府贯彻执行《行政复议法》和市中院贯彻执行《行政诉讼法》情况的报告,组成人员对依法行政提出了许多好的意见和建议,随即做出了《关于加强行政复议和行政审判工作的决定》。之后,市四次人代会之前,市人大常委会组织了专题调研,把市直机关的人大代表分成25个小组,深入到54个行政执法单位和95个企事业单位,就行政许可、行政收费、行政罚款、行政强制、行政摊派等11个大项、41个小项的内容进行了调研,有针对性地寻找了经济发展的软环境方面的差距,同时委托县、区人大常委会也组织了此类问题调研。代表们就此掌握了大量的第一手资料,就改善全市经济发展法制环境提出了好的意见和建议,人代会上审议通过了《大同市人民代表大会关于改善经济发展法制环境的决定》,有力地促进了市政府及所属部门依法行政的工作。最近,市人大常委会做了安排,12月初对《关于改善经济发展法制环境的决定》贯彻执行情况进行检查,并在常委会会议上专题审议市政府这方面的工作报告。

围绕执法人员队伍建设做出决议决定。针对前些年执法队伍人员屡屡出现徇私枉法、知法犯法、违法违纪的情况，市二次人代会上做出了《关于加强对执法人员监督的决定》。为了落实好一决定，市人大常委会除对决定落实情况进行检查之外，还要求在完善执法责任制的同时，各执法部门建立启动内部监督制约机制，包括内部相互监督制度、上下监督制度、层级监督制度等，发挥内部监督作用，加强对执法人员监督。据检查统计，全市 50 多家主要执法单位、部门都建立健全了内部监督制度。仅去年，公安司法机关结合整治教育工作，通过内部监督处理了 23 案 49 人，其中调离公安司法机关 3 人，免职 3 人，其余均受到党纪政纪处理，这样，有力地加强了执法队伍建设。

围绕群众普遍关心的热点问题做出决定。前几年，大同市一些文化娱乐、游艺场所违法经营、追求非法所得，对未成年人身心健康造成极大的危害，社会反映强烈。市本届三次人代会上，11 名人大代表联名就这一问题提出议案，强烈要求加强对娱乐场所的管理。对此，市人大常委会由主任、副主任带队，组织人员深入到全市 50 多家娱乐场所进行夜访，了解掌握了具体情况，在 2000 年 4 月的常委会会议上做出《关于加强娱乐场所管理，保护未成年人健康成长的决定》，要求市人民政府加强对娱乐场所管理的领导工作，组织协调有关部门，依法做好娱乐场所的管理工作。这项决定早于同年国务院的通知精神，有较强的前瞻性。市政府为了落实好这项决定，认真研究部署，采取措施，加以整顿规范，使全市娱乐场所管理有了很大的改善。不少市民讲："人大为群众办了一件好事。"

（2002 年 6 月 26 日）

注重质量　完善程序　体现民意
创造性地开展地方立法工作

——在全省地方立法工作座谈会上的交流材料

江泽民同志在党的十五大报告中提出:“发展社会主义民主,健全社会主义法制,依法治国,建设社会主义法治国家。”这一指示,对地方立法工作提出了新的要求。5年来,大同市人大及其常委会在市委的领导下,在各方面的大力配合下,以马克思列宁主义、毛泽东思想、邓小平理论和“三个代表”重要思想为指导,按照《立法法》的规定,认真履行法律赋予的职责,围绕以下几个方面创造性地开展地方立法工作,收到了良好的效果。

一、注重地方立法的创制性,努力突出地方特色

我市的地方立法始于1988年,15年来大同市人大及其常委会共制定地方性法规44部。其中最近5年制定了22部,是前10年的总和,步伐之快,力度之大,在大同市地方立法的历史上是没有的。与此同时,我们的立法质量也明显提高,一批较高水平的地方性法规脱颖而出,产生了较大影响,这在以前也是没有过的。

地方立法必须在不与宪法、法律、行政法规和本省地方性法规相抵触的前提下,从当地具体情况和实际需要出发,积极慎重地进行。由此可以看出,制定地方性法规一定要着眼于解决本地区的实际问题,突出地方特色,也就是要有创制性,这是保证地方性法规质量的关键所在。遵循以上原则,5年来,我们在坚持法制统一的前提下,始终把创制性立法作为我们立法工作的重中之重,高度重视,突出抓好。

首先是对国家尚未专项立法的事项制定符合本地情况的创制性法规。具体讲,主要涉及两个方面。一是对全市各界广泛关注、人民群众反映强烈的热点和难点问题进行立法。比如,针对大同是国家级历史文化名城,大同古城遭到严重建设性破坏,保护任务十分艰巨的形势,我们及时制定出台了《大同古城保护管理条例》,从根本上扭转了长期以来大同古城保护不利的被动局面,为大同历史文化名城的美好未来提供了有力的法律保

障。《大同古城保护管理条例》是全国第一部市级制定的保护历史文化名城的地方性法规,它的出台在社会上产生了很大反响,许多相关省市专门派人来我市取经调研。2000年,全国人大常委会原副委员长彭珮云来我市检查文物工作时,对此给予了充分肯定和高度赞扬。再比如,近年来,随着社会经济的发展,大同市区的拆迁改造日益频繁,住宅小区大量涌现,由此也带来了物业管理混乱等诸多新的问题,市民反映极为强烈。面对新情况,我们急人民之所急,根据本市实际制定了《大同市住宅小区物业管理条例》,使住宅小区的管理走上了法制化的轨道,此举受到了全市广大人民群众的热烈欢迎。作为我省第一部有关住宅小区物业管理的地方性法规,它的制定引起了方方面面的广泛关注,全国人大常委会为此派人来我市专题调研。再如,中央、国务院"两办"文件明确要求在全国推行企(厂)务公开制度。我市作为国家重要的能源重化工基地,拥有众多的国有大中型企业,但由于"两办"文件不具有强制性,全市真正按照文件执行的企业并不是很多。针对这一实际问题,我们制定了《大同市企务公开条例》,从法律上保障了全市推行企(厂)务公开工作的顺利进行。在国家、省尚未立法的情况下,通过制定地方性法规把党的意志变为国家意志这在我市尚属首次。二是为完善和规范人大及其常委会自身行为进行立法。这方面的地方性法规我们共制定了8部。其中,为充分发挥人大代表的作用,加强代表与人民群众的联系,提高代表接受监督的自觉性,我们先后制定了《大同市人民代表大会常务委员会加强同代表联系充分发挥代表作用的办法》《大同市人民代表大会代表议案,质询案,建议、批评和意见的提出和办理办法》《大同市人民代表大会关于代表认真履行职责自觉接受监督的决定》。以立法的形式系统地规范代表工作,这在全国是比较超前的。此外,我们还根据大同市是全国优秀旅游城市的特点和全市学校周边环境普遍存在脏、乱、差的问题,制定了《大同市旅游管理条例》和《大同市学校和周边环境保护条例》,有力地促进了大同市旅游业的健康发展,维护了学校的合法权益和教育教学的正常秩序。

其次是对所制定的实施性地方性法规的有关条文进行创制性规定。这方面内容主要有以下两种情形。一种是为解决国家法律在本地实施中遇到的具体问题进行规定。在制定《大同市户外广告管理规定》中,针对全市户外广告管理混乱、严重影响市容市貌的实际问题,我们根据《广告法》的基本原则和精神专门规定:"依据城市规划编制户外广告设置整体规划,重要街区的户外广告应制定详细规划。广告整体规划和重要街区的详细规划由市人民政府向社会公布。""户外广告载体空置时,其所有人或广告经营者应当代置公益广告,公益广告的内容由市人民政府确定。""重要街区不得设置擎天柱、龙门架等严重影响景观、市容市貌的户外广告设施。"另一种是为解决部门之间职责不清的问题进行规定。在制定《大同市体育市场管理条例》和《大同市建筑安全生产监督管理条例》的过程中，由于上位法没有规定或笼统规定了执法部门的职权，导致各执法部门上下级之间、相互之间为权力和责任的分工争得面红耳赤，互不相让。如市文化局和市体育局根据各自系统内部的文件，均称对台球厅、游泳馆、保龄球馆等文体娱乐场所享有管理权和执法权，为此两家争论不休，甚至吵到了人大常委会会议上。针对此类问题，我们一改过去调解员的角色，当上了监督员，要求市政府必须先拿出协调意见再提交常委会审议；在法规审议通过时，我们又变为裁判员，最终裁决各执法部门和单位的权力和责任。这样做有效地避免了执法单位在执法中互相扯皮、互相撞车现象的发生。

二、注重地方立法的民主性，切实完善地方立法程序

地方立法是一个复杂而烦琐的系统工程。俗话说，无规矩不成方圆。同样，没有完备严格的立法程序就很难保证立法活动的科学性和民主性，立法质量也就无从谈起。为规范立法行为，1999 年，我们在《立法法》和省立法条例未出台前，先制定了《大同市人民代表大会常务委员会关于制定地方性法规的规定》，在国家、省相关法律法规出台后，又及时将其废止，并重新制定了《大同市地方立法条例》。与此同时，为把好立法质量关，我们对原有的不适应当前立法工作需要的有关立法制度、立法方法和立法技术进行了改进，摸索出了与立法程序相配套的行之有效的立法工作流程。主要包括：(一)科学编制立法规划和年度立法计划。以前，我们立法项目中很大一部分是由政府提出，实践证明，这种做法不利于发挥人大立法的主导作用。1998 年，新一届人大常委会产生伊始即根据各方意见，制定了五年立法规划，并决定每年制定立法计划。为保证立法进度和质量，又及时制定了定任务、定领导、定人员、定时间、保质量的"四定一保"责任制。2003 年，首次通过媒体向社会公开征集立法项目，大大增强了立法选项的科学性和民主性。(二)多元化起草地方性法规。前 10 年，我市的地方性法规草案都是由政府起草，由此不可避免地造成了很大一部分草案强化了部门权力和利益。最近 5 年，我们充分运用法律赋予的职权，努力拓宽起草渠道，扭转了我市起草法规单纯依赖政府的被动局面。如大同市人大财经委、内司委根据我市实际先后起草了《大同市户外广告管理规定(草案)》《大同市企业集体合同条例(草案)》《大同市企务公开条例(草案)》。为弥补常委会法律人才少的不足，我们成立了法律咨询委员会，从社会上聘请法律专业人士担任委员，为立法工作献计献策。(三)建立了一套较为完整的立法调研制度，即初审前的可行性调研，审议中重大问题的调研，修改法规的调研和立法后的追踪调研。在立法调研中，为保证立法的民主性，真正体现立法为民，立法为公，我们对调研的形式和途径进行了大胆探索，取得了很好效果。其中，开

门立法,广纳群言作为我们创新工作的亮点之一,也同时成为我们五年立法工作最显著的特点。一是每部法规起草时的调研和一审后的调研,我们都要走群众路线,通过座谈会、汇报会、专家论证会、辩论会和实地察看等形式,听取各方面意见,为正确决策提供依据。在修改《住宅小区物业管理条例(草案)》时,常委会领导带领8个调查组深入居民住宅小区,登门入户征求意见。二是把一些直接关系到人民群众切身利益的法规草案,通过新闻媒体向全社会征求意见,努力使制定的法规更加完善,更加符合人民群众的利益。在修改《大同市城市市容卫生和环境管理办法》过程中,为使更多的群众参与到立法活动中来,我们把该条例修改草案刊登在《大同日报》上,播放于电台、电视台,并提出了11个相关问题由全市人民讨论决定解决的办法。三是针对一些情况复杂、分歧较大的法规草案,我们大胆借鉴国内外经验,首次尝试举行立法听证会,以保证法规制定得科学合理。大同古城保护立法是一件事关本市发展前途,牵涉方方面面利益的立法案。为此我们于1999年9月21日首次召开了由有关方面专家、学者和政府有关部门负责人参加的立法听证会。听证会上,与会人员纷纷举证,毫无保留地对条例草案提出了自己的观点和修改意见,争论十分激烈。在《大同古城保护条例》的立法过程中采用听证会的形式,是全省第一次,在全国也是较早的,其意义不仅仅在于这种形式在我省这样一个相对闭塞的内陆省份首次采用,更在于这种形式所体现出来的法治精神、民主精神和开拓创新精神,《人民日报·民主法制》周刊为此专门做了介绍。(四)逐步完善了法规审查的程序。法规审查是立法工作中的重要环节,但以往这方面的制度没有得到很好的规范。为此我们对原有程序进一步加以完善,明确要求每部法规草案在交付表决前,必须征求市委常委会和省人大常委会的审查意见,以保证法制的统一和在大的方向、原则问题上不出偏差。(五)确立了审次制度。针对以往法规审次不清的情况,我们做出规定,列入常委会会议议程的地方性法规草案,一般应当经过两次常委会会议审议后再交付表决,对重要法规草案实行三审制或多审制。审次制度的确立,使我们的立法更加严谨。(六)改进了表决方式。为充分发扬民主,我们将地方性法规的表决方式由举手改为无记名投票。

三、注重地方立法的人民性,充分体现最广大人民群众的根本利益

地方性法规同法律一样,是国家意志和人民意志的体现。但在立法过程中,有的地方和部门不适当地强调本地方、本部门的权力和利益,同时尽量减轻应负的责任,对应承担的义务及保护公民、法人和其他组织合法权益的事项,则互相推诿,不写或仅做原则性的规定。这种“重权利、轻义务,重管理、轻服务”的现象在各地立法工作中一直不同程度地

存在。对这个问题，我们的态度非常明确，那就是，一定要把国家和人民的利益放在立法工作的首位。本着这一原则，我们在制订地方性法规时，十分注意消除带有地方和部门利益色彩的规定，注意突出执法者权力与责任的统一，突出公民、法人和其他组织权利与义务的统一，避免扩大执法者的权力而减少其应承担的责任，避免扩大公民、法人和其他组织的义务而忽视其应有的权利，真正体现人性关怀和亲民情结。《大同市住宅小区物业管理条例》（以下简称《条例》）是为规范小区物业管理，维护业主、使用人和物业管理企业的合法权益而制定的。但在审议该条例草案时我们发现，草案中没有对广大业主反映强烈的分摊水、电用量，擅自提高或变相提高收费标准等侵害消费者合法权益的做法如何进行管理和处罚做出相关规定，为此我们提出了修改意见，在《条例》中明确规定："供水、供电、供气单位和物业管理企业收取水、电、气费用不得擅自变相提高收费标准。"同样，针对《大同市燃气管理条例（草案）》中有关执法者责任和消费者权利被弱化的问题，我们做出规定："因燃气工程施工等原因，需要调整用气量、降低供气压力或暂停供气的，燃气供应企业应当在三日前通知用户。""用户单位和个人不得强制燃气用户到指定地点购买指定的燃气器具。"再如，在审议《大同市旅游管理条例（草案）》（以下简称《条例》）中，考虑到旅游者合法权益的维护直接关系到大同市作为全国优秀旅游城市的形象，我们将《旅游者权益保护》作为《条例》单独一章，从旅游者享有的权利和义务、投诉的方式、投诉的处理以及处理机关和单位的职责等方面重点加以规定，从而为旅游者保护自己的合法权益提供了有力的法律武器。

5年来，我们的地方立法工作虽然取得了一些成绩，获取了一些经验，但是必须看到，与全国各兄弟市相比，我们还有许多不足，特别是同我市改革开放和现代化建设的要求还不完全适应，同新时期建设法治大同、小康大同的根本任务还有很大差距。其中，经济立法工作滞后；有些法规质量还不够高，缺乏地方特色；法规的创制性力度还不够，立法的民主化有待扩大，是主要问题。凡此种种表明，我们今后面临的任务将更加艰巨。但我们坚信，只要我们解放思想，实事求是，与时俱进，开拓创新，我们的立法水平就一定会越来越高，立法经验就会越来越丰富，我们的地方立法工作就一定会迈上新的台阶。

（2003年9月29日）

审议意见书:实施监督的有效形式

在长期探索地方人大常委会监督工作的实践中,我们深深体会到,通过听取和审议工作报告,形成审议意见书,送达有关国家机关办理,并将办理结果报告人大常委会,是强化对同级人民政府、法院、检察院(简称“一府两院”)监督的有效形式。从1998年8月我市第十一届人大常委会第一次会议开始,运用这种形式,边实践、边探索、边完善,不断强化对“一府两院”的监督,到2003年8月新一届人大常委会产生,5年召开39次常委会会议,听取和审议“一府两院”工作报告142项,形成审议意见书55项,提出审议意见455条,有力地促进了全市的经济发展和社会的全面进步。

立法规范,确立审议意见书的地位

人大常委会的审议意见书,既不同于决议、决定,又不同于代表的建议、批评和意见,现行法律虽然没有明确规定它的地位和作用,但它是对“一府两院”工作报告专题审议后形成集体意见的结晶,体现了国家的意志,代表了人民的利益。依照法律规定我们每两个月至少举行一次常委会会议,每次会议近一半的议程就是听取和审议“一府两院”的工作报告,如何提高会议的审议质量,能否落实好审议意见书,直接关系到地方国家权力机关法定作用的发挥。过去,在听取“一府两院”工作报告后,一般先由组成人员在分组会议上作审议发言,然后以简报的形式发给出席人员,有关部门负责人有时列席听听审议发言,更多的时候不参与分组审议,往往听不到、看不到审议意见。即使能看到,简报的审议意见也比较分散,针对性不强,“一府两院”办理起来也有难度。因此,会后这些审议意见起到作用没有,起到多大的作用,谁也说不清楚,也很少有人过问。这样的审议报告很容易走过场,对“一府两院”工作的监督也很容易流于形式。1998年换届后,我们认为,人大常委会作为国家权力机关和人民的代议机关，要依法行使好监督权，必须改变这种状况，必须从立法规范入手，确立审议意见书应有的地位和权威。

早在1998年10月，市第十一届人大常委会第二次会议就郑重地作出《关于听取和审议市人民政府工作报告的试行办法》。该办法第20条规定："市人大常委会审议市人民政府的工作报告中提出的建议、批评、意见，会后10日内，由市人大常委会办公厅整理汇总，经主任会议审查后转交市人民政府，市人民政府应在3个月内向市人大常委会书面报告办理落实情况。市人民政府在规定的时间内，没有报告办理落实情况时，市人大常委会可责成市人民政府在市人大常委会会议上专门报告办理落实情况。具体督办工作由市人大常委会办公厅负责。"这条规定虽然沿用建议、批评、意见的提法，但它的实质内容就是审议意见书。在我市人大工作的历史上，这是确定审议意见书法定地位的第一个文件，标志着审议意见书作为地方人大常委会一种监督形式正式登上历史舞台。在此后出台的有关地方性法规中，又做了明确而具体的规定。

2000年10月，第十六次常委会会议通过并经山西省人大常委会批准的《监督工作条例》第15条规定："市人民代表大会常务委员会组成人员在会议期间提出的建议、批评和意见，会后10日内，由常委会办事机构整理汇总，由主任会议审定形成审议意见书，专函送达有关机关研究处理。需要做出答复的，有关机关必须在3个月内书面报告办理结果，由主任会议决定印发常委会会议。"2001年3月，第十八次常委会会议通过并经省人大常委会批准的《大同市人大常委会议事规则》第14条规定："常委会组成人员在会议期间提出的建议、批评和意见，会后10日内，由常委会办事机构整理，经主任会议研究形成审议意见书，专函送达有关机关办理。办理情况报告印发常委会组成人员。"这些用来规范自身行为的地方性法规，不仅明确使用了审议意见书的提法，而且以立法的形式进一步确立了审议意见书应有的地位和作用，还规定了办理时限和要求，确定了督办主体和方式，这些都是我们在规范议事程序、提高议事效率、强化监督实效方面积极探索的成果。实践证明，这种监督形式对提高常委会工作监督质量起到了非常重要的作用。

审议意见书的探索和实践，使我们找到了人大监督工作的一把钥匙，它使人大常委会的审议意见的落实变为现实，成为监督和支持"一府两院"工作的有效载体，为实现大同小康社会的宏伟目标做出了应有的贡献。

（刊载于《中国人大》2004年第3期）

对开好人代会的几点探索

依法开好地方人民代表大会会议，对审议和决策好本行政区域内的重大事项，进而促进经济发展和社会进步，具有特别重要的意义。近几年来，大同市人大常委会对如何开好人民代表大会会议进行了一些有益的探索，收到了较好的效果。

一、变会前视察为会前视察与专题调研相结合

要开好人代会，会前的视察工作是必不可少的。过去，我们的视察是笼而统之听汇报，特别是涉及政府工作的方面，门类繁多，内容复杂，单凭短短几天视察听汇报，上升不到理性认识，代表们感到收效不大。现在是在普遍视察、听取全面汇报的基础上，带着专题搞调研。近几年来，我市人大常委会在组织会前集中视察时，都根据市委的中心工作，围绕全市改革深化、经济发展和社会稳定的重大事项，围绕广大群众普遍关心的热点问题，搞出6至9个专题，让代表们在集中视察的基础上专题调研，使代表对全市工作重要方面有深入细致的了解，便于在审议报告过程中提出好的意见、建议。2001年市本届四次人代会集中视察前，市人大常委会主任会议根据全市工作的实际，提出了“夯实农业基础，促进农民增收”“调整工业结构，推动工业创新”“发展旅游产业，激活商贸服务”“坚持依法治国、以德治国相结合，推进社会全面进步”等9个专题，以文件的形式发给每一个代表，由代表小组确定安排代表搞专题调研。这样，提高了会前视察的质量。

二、变以抓会务工作为主为以抓为审议决策提供服务为主

过去，市人大常委会在人代会前，往往只是研究会务工作，会中大会秘书处也以抓会务、抓生活为主，忽略了为会议审议决策提供服务。从本届第二次人代会以来，通过集中

视察和专题调研，市人大常委会为大会提供了十几篇调研报告，供代表审议时参考。此外，还为代表提供了知识性资料和有关问题说明，包括名词解释、有关法律用语等，为代表审议提供服务。

三、变分组审议、全团审议为分组审议、全团审议与联团审议相结合

人代会能否做出科学的决策，并付诸实施，会中认真审议至关重要。对此，我们一改多年代表团分组审议、全团审议的做法，采取了分组审议、全团审议与联团审议相结合的办法，使审议形式灵活多样。大同市本届第二次人代会期间，以城区、矿区两个代表团为主就有关城市建设、城市管理的联团审议，发言的代表一个接着一个，到中午一点时还收不了场，对我市城市建设和城市管理提出许多好的意见和建议，不少被市政府采纳。近几年，大同市城市改造步伐加快，道路拓宽，城市变绿、变美，管理有了较大的进步，这与市人大代表提出的好意见、好建议是分不开的。

四、变全面审议为全面审议与专题审议相结合

审议是以专题调研为基础的。过去，大同市国有经济特别是重工业（煤炭）所占比重过大，非公有制经济发展缓慢，影响到全市经济发展。人代会期间，我们连续几年组织了关于调整所有制结构、加快发展非公有制企业的专题审议，代表们就为非公有制企业发展创造各方面宽松的环境提出了好的建议、意见；市委、市政府及时出台了加快发展非公有制经济的意见，促进了我市非公有制经济的发展。到去年年底为止，非公有制经济对全市财政收入的贡献率较以往有了很大的提高。大同市旅游资源丰富，国家重点文物保护单位就有 13 处，这在全国地级市中是少有的。市本届第四次人代会对“发展旅游产业，激活商贸服务”进行专题审议，代表们对把旅游产业建成精品产业以及由旅游产业带动其他相关产业的发展提出了好的意见、建议，使全市上下对抓旅游产业的发展形成共识。会后，全市上下努力改善旅游环境，提高旅游服务水平，使旅游收入有了较大的增长。

五、变单一信访接待为多部门多方式信访接待

以往，我们只设一个大会信访接待室。现在，每次人代会都设立信访热线电话 2 至 3

部，市人大常委会、市政府、市"两院"分别设立信访接待室，公开接待群众的来信来访，办理来信来访事宜。仅本届第四次人代会就接待来电23次，来信67件，来访121人次，并认真进行了办理，受到群众的好评。

六、变例行式审议决策为多议题审议决策

我们增加会议审议议题。除了通常审议"一会"（人大常委会）、"一府"（政府）、"两院"（法院、检察院）的6个工作报告外，本届第二次人代会增加审议了《关于加强对执法人员监督的决定》、本届第四次人代会增加了《关于改善经济发展法制环境的决定》以及有关审议地方性法规议案的内容。这样，有利于发挥人代会的职能作用，提高人代会的质量。同时，我们每年还增加了市委主要领导同市、县（区）人大常委会主任一起审议关于坚持人大制度、改进人大工作的专题。这样做，促进了市委关注人大工作，加强对人大工作的领导和指导，促进人大制度的坚持和完善。此外，我们还增加了市政府主要领导会议期间深入各代表团现场办理代表提出的意见、建议的内容，提高了代表对政府工作的信任度以及代表提出议案和意见、建议的积极性。

七、变封闭式会议为开放式会议

我们设立会议旁听席。从1999年市本届第二次人代会以来，我们每年邀请市直及城区的有关部门、单位和近郊的农民共50人旁听会议，增加了会议的透明度。在会议期间，我们还对市民关注的热点问题，让"一府两院"召开新闻发布会，就代表们提出的涉及全市工作的重大事项，由市政府及"两院"领导或做出说明，或做出承诺，显示了代表们议政的公开性，又激发了全市人民工作的热情，便于人代会议定的重大事项的落实。会议期间，我们还不断拓展新闻报道的内容，不断改变报道方式，不仅发消息，而且发特写、侧记、纪实等，变程序性报道为实质性报道，扩大会议的透明度，便于全市人民关注会议、监督人大工作。

3年多来，我们在开好人代会上做了一些探索，但还很不够。今后，我们还要紧紧围绕人大职责的履行、人大代表作用的发挥、人代会质量的提高和实效的增强进行更多的探索，为坚持和完善人民代表大会制度做出应有的贡献。

（刊载于《中国人大》2002年第1期）

坚持党的领导、人民当家作主和依法治国的有机统一

——学习党的十六大报告的体会

党的十六大报告，是我们党在新世纪新阶段的政治宣言，是全面建设小康社会，加快推进社会主义现代化的行动纲领，是马克思主义的又一经典文献。报告的第五部分，即政治建设和政治体制改革部分，对我国社会主义政治文明的基本特征做了高度概括和科学总结，明确地把发展社会主义民主政治，建设社会主义政治文明作为全面建设小康社会的重要目标，深刻地论述了实现这一目标的根本途径，指出："发展社会主义民主政治，最根本的是要把坚持党的领导、人民当家做主和依法治国有机统一起来。"表明我们党对建设中国特色社会主义民主政治基本规律的认识、掌握和运用达到更高的层次和水平，是当前和今后一个时期我们做好人大工作的根本指针。

一

中国共产党是中国特色社会主义事业的领导核心。在国家政治生活中坚持和依靠党的领导，是实现人民当家做主的根本保证。

一、人民当家做主只有在党的领导下才能得到实现和发展

离开党的领导，就不可能建立工人阶级领导的以工农联盟为基础的人民民主专政的国家政权，就不可能从国家根本政治制度上确立人民当家做主的地位，更不可能通过政治体制改革兴利除弊，使我国的民主政治建设得到长足的发展。目前，我国各级人大及其常委会依法履行职责，依法行使职权，在国家政治生活和社会生活中日益发挥着重要作用，保证了全体人民更加充分享有和行使管理国家和社会事务的权力，保证了各级国家机关更有效地组织改革开放和现代化建设，为建设高度社会主义的政治文明奠定坚实基

础，这都是坚持和依靠党的领导的必然结果。

二、共产党执政就是领导和支持人民当家做主

党领导人民建立国家政权，还要领导和支持政府机关充分发挥职能作用，维护和实现人民群众的意志和根本利益。《宪法》规定，中华人民共和国的一切权力属于人民，人民行使权力的机关是全国人民代表大会和地方各级人民代表大会。人民代表大会制度是我国的根本政治制度，是党领导下的人民民主制度，因此，领导和支持人民当家做主，首先必须坚持和完善人民代表大会制度，保证各级人大及其常委会依法履行职能，不断强化立法、监督、重大事项决定和人事任免等项职权，努力完成建设民主政治、推进依法治国、保证决议决定落实、加强自身建设等项任务，进一步密切人大常委会同人民代表、人民代表同人民群众的联系，逐步形成深入了解民情、充分反映民意、广泛集中民智、切实珍惜民力的决策机制，保证立法和决策更好地体现人民的意志。同时还要扩大基层民主，进一步加强基层政权的民主建设、基层群众性自治组织的民主建设和企事业单位的民主建设，保证人民实行民主选举、民主决策、民主管理和民主监督，保证人民依法享有广泛的权利和自由，尊重和保障人权，真正使人民群众能直接行使民主权利，依法管理自己的事情。

三、改善党的领导方式和执政方式

这对于推进社会主义民主政治建设具有全局性作用。党的领导主要是政治、思想和组织领导，作为地方党委，就必须按照报告的要求，努力增强总揽全局的能力，提高协调各方的水平。在政治领导方式上，要善于把党有关国家事务的主张通过法定程序变成地方性法规和规章，使其成为人民群众的行为规范，又要加强地方国家机关党组的建设，并通过党员的先锋模范作用带动广大群众，同时还要向国家机关推荐重要干部，由权力机关依照法定程序选举或任命，从而实现党的路线方针政策和地方党委的重大决策。在日常领导方法上，要加强对全局情况的调查研究，集中精力把好方向，抓好大事，出好思路，管好干部。在具体工作方式上，党委按照总揽不包办、协调不代替的原则，尊重和支持人大及其常委会依法行使职权，重视发挥人大及其常委会的作用，通过科学化、规范化、制度化的机制，加强对国家机关的领导。地方人大及其常委会在整个地方国家政权体系中处于核心地位，能否自觉接受和依靠同级地方党委的领导，不但直接影响到同级地方国家行政机关、审判机关、检察机关能否自觉接受和依靠同级地方党委的领导，而且关系到在整个地方国家政治生活中能否坚定不移地坚持四项基本原则，坚持党的基

本理论、基本路线、基本纲领和各项方针政策。李鹏委员长指出:“人大及其常委会是在党的领导下开展工作的,人大要依靠党委的领导,没有党委的领导和支持,人大是很难开展工作的。”坚持和依靠党的领导是坚持和完善人民代表大会制度的根本原则,是人大及其常委会行使职权、开展工作的基本前提和根本保证,是总结多年人大工作经验得出的最重要的结论。

二

实行依法治国,建设社会主义的法治国家,必须坚定不移地坚持中国共产党的领导。

一、党领导人民制定宪法和法律,把党的主张变为国家意志

依法治国,立法是前提。加强社会主义法制建议,首先必须做到有法可依。社会主义法制建设的完备程度是社会主义民主政治发展程度的重要标志,是社会主义政治文明的重要尺度。因此,地方党委要把搞好地方立法作为法制建设的重要内容切实加强领导,抓紧抓好。要积极支持和保证同级人大及其常委会依法行使好地方立法权,坚持对立法规划、年度计划、重要地方性法规草案以及重要决定草案的审批制度,定期听取人大常委会党组关于立法情况的汇报,切实加强立法队伍建设。拥有立法权的地方人大及其常委会要珍惜立法权,用好立法权,特别要以党的十六大精神为指导,按照“三个代表”重要思想的要求,以宪法法律为依据,适应发展市场经济和加入世贸组织的新形势,本着立、改、废相结合的原则,认真贯彻实施《立法法》及相关法规,把立法重点放在促进经济发展和维护实现人民根本利益上来。在加快立法步伐的同时努力提高立法质量。要严格统一审议制度,坚持走群众路线,严把法规草案的起草关、调研关、审议关和表决通过关,真正把反映人民意志和利益的党的主张,通过法定程序变成国家意志,变成全社会必须遵循的法律法规和制度,为建设社会主义的法治国家提供法制保障。

二、党领导人民实施依法治国的方略

依法治国,建设社会主义法治国家,是中国特色社会主义宏伟大业的重要组成部分,是全面建设小康社会的一项艰巨复杂的系统工程, 离开党的核心领导作用是不可想象的。实施依法治国方略,立法是前提,普法是基础,执法是关键,监督是保障。要紧紧抓住这四个环节,扎扎实实地推进依法治理进程。要坚持不懈地狠抓法治宣传教育工作,通过深入广泛的宣传教育,将宪法、法律和地方性法规,变成人民群众维护当家做主权利和自

身利益的强大武器,变成建设社会主义现代化国家的自觉行动。要团结和凝聚各执法主体和全体公民,认真落实执法责任制、执法情况报告制、执法检查制、执法评议制、执法考核制、错案责任追究制以及执法过错追偿制,做到依法行政、严格执法和公正司法。还要有效地启动国家政权体系中的监督网络和监督机制,尤其要健全和完善人大及其常委会作为国家权力机关的最高层次的监督机制,不断强化法律监督和工作监督,特别是执法监督、个案监督、信访监督和人事监督,采取多种方式,刚柔并用,软硬结合,充分发挥在依法治理过程中的监督作用,确保依法治国方略的有效贯彻实施。

三、党要带头在法律允许的范围内活动

我们党领导人民制定了宪法和法律,也要领导人民遵守宪法和法律。党的十六大报告指出:“宪法和法律是党的主张和人民意志相统一的体现。必须严格依法办事,任何组织和个人都不允许有超越宪法和法律的特权。”因此,各级党组织和全体党员必须带头在宪法和法律允许的范围内活动。从中央到基层,任何党组织和党员的活动都不能同国家的宪法和法律相抵触,决不能以党代法,以权压法,这是一条重要的政治纪律。人大常委会的党组和党员,特别是党员领导干部,要自觉模范地遵守宪法、法律以及地方性法规,在遵纪守法方面做出表率,这不但是由他们作为法律法规的主持起草者和制定者的身份决定的,也是由他们所处的机关在整个国家政权体系中居于核心地位决定的。这种表率作用会大大影响和带动其他国家机关及其工作人员廉洁自律,从而保证党的路线方针政策的顺利贯彻实施。

三

一、人民当家做主的权利要靠依法治国方略的实施来保障

邓小平同志指出:“为了保障人民民主,必须加强法制。”社会主义法治规定了人民作为国家主人所享有的民主权利范围和人民管理国家的程序,规定了国家公职人员如何运用人民赋予的权力去实现人民的意志,规定了依法办事的制度和违反法律如何处理的制度,还规定了公民的权利、义务和对妨碍破坏公民民主权利的行为所实行的制裁措施,由于这些规定具有国家意志的特性、规范的特性和强制执行的特性,所以,运用起来有其他手段如思想教育、道德规范、方针政策和行政命令等不可替代的功能,因而对保障人民当家做主的权利也就具有特别重要的作用。从这个意义上说,依法治国方略的贯彻和实施,

对于进一步坚持和完善人民代表大会制度，从根本上确保人民当家做主的切实实现，也就具有特殊重要的作用。

二、依法治国要以人民当家作主为目标

全面建设小康社会，既包括物质文明和精神文明，还包括政治文明。只有加强包括民主法治建设在内的全面建设，才能促进社会的全面进步。邓小平同志指出："我们进行社会主义现代化建设，是要在经济上赶上发达的资本主义国家，在政治上创造比资本主义国家的民主更高更切实的民主，并且造就比这些国家更多更优秀的人才。"因此发展社会主义民主政治，努力建设社会主义政治文明，是社会主义现代化建设的根本目标，也是依法治国、建设社会主义法治国家的根本目标。同时，只有把人民当家做主作为根本目标，依法治国作为新型的治国方略才能具有深厚的群众基础和可靠的力量源泉。人民当家做主是社会主义民主的实质和核心，我国的基本政治制度以及由它派生出来的各项具体制度，无不以人民在国家政治生活中的主人翁地位为出发点和归宿。没有什么人在国家政治生活中被允许凌驾于人民之上，人民是国家一切权力的来源，也是国家权力的主体。党和国家的各级领导干部，包括领袖在内，他们既是人民的领袖，又是人民的公仆。以社会主义民主为内容和基础的社会主义法治，既体现着人民群众的意志和根本利益，又深深扎根于人民群众的土壤之中。这样，依法治国作为党领导人民治理国家的基本方略，也就具有了深厚的群众基础和可靠的力量源泉，才能为实现人民当家做主的目标发挥重要的保障作用。

三、立法、执法都要做到权力与责任相统一，权利与义务相统一

从立法的角度看，无论是中央立法，还是地方立法，必须坚持以民为本，把维护人民的当家做主地位和根本利益放在第一位。现在确有个别部门和行业，重权力，轻责任，重处罚，轻服务，片面强调自己的管理、审批、发证、收费、罚款等权力，并力图通过立法将这些权力予以确认。作为拥有地方立法权的地方人大及其常委会，在立法过程中尤其要警惕部门利益倾向和地方保护主义倾向，警惕权力利益化、利益法制化的倾向。在赋予行政机关必要权利的同时，规定其相应的义务；在赋予必要权力的同时，规定其相应的责任。注重权利与义务的统一，权力与责任的统一，审批与管理的统一，促进政府职能切实转变到经济调节、社会管理、公共服务上来。从执法的角度看，政府及其工作部门作为大部分法律法规的执法主体，虽然在推进依法行政方面取得明显成效，但仍然不同程度地存在着权力与责任不平衡的问题，权责脱节、错位、失衡的现象较为突出。有些部门热衷于争

审批权、许可权、检查权、收费权、处罚权，却很少考虑自己必须承担的义务和应尽的责任。他们不懂得政府是为人民而存在，而不是人民为政府而存在，是人民养育了政府，而不是政府养育了人民。因此要加强教育，完善制度，健全法制，使政府及其工作人员牢固树立为人民掌权、对人民负责、受人民监督的意识，时刻牢记自己所承担的责任和履行的义务，自觉地遵守法律法规，切实做到严格依法办事。

党的领导是人民当家做主和依法治国的根本保证，人民当家做主是社会主义民主政治的本质要求，依法治国是党领导人民治理国家的基本方略，一个是根本，一个是目标，一个是保障，构成了社会主义政治文明的总体框架和基本特征。只要我们按照党的十六大报告的精神，在实践中把这三者有机地统一起来，就能够把中国特色社会主义民主政治继续向前推进。

（2002 年 12 月 2 日《大同日报》发表）

履行权力机关职能
维护和实现人民的根本利益

党的十六大报告指出，共产党执政就是领导和支持人民当家做主。地方人大及其常委会作为地方国家权力机关，在当前和今后一个时期，必须以“三个代表”重要思想为指导，认真贯彻落实党的十六大精神，把坚持和实现人民当家做主作为根本任务，把维护和实现人民的根本利益作为全部工作的出发点和归宿，依法履行职责，依法行使职权，依法发挥作用，靠自身的作为树起地方国家权力机关的良好形象。

一、认真行使议决权，保证立法和决策更好地体现人民的意志

按照权利与义务、权力与责任相统一的原则行使好立法权。拥有立法权的地方人大及其常委会要在全面建设小康社会的进程中，珍惜立法权，用好立法权，在加快立法步伐的同时，努力提高立法质量。但是，当前不容忽视的问题是，有些行政部门和单位，重权力、轻责任，重处罚、轻服务，热衷于争审批权、许可权、检查权、收费权、处罚权等等，很少考虑自己必须承担的责任和应尽的义务，并力图通过立法将这些权力予以确认，其后果是增加了人民群众的经济负担，侵害了人民群众的切身利益，亵渎了人民群众的民主权利，因此，在立法的过程中，必须注意防止这种典型的部门利益倾向和地方保护主义倾向，尤其要警惕权力利益化、利益法制化的倾向，在赋予必要权力的同时，规定其相应的责任，要求人民群众履行义务的同时，也要尊重和维护其法定权利，坚持权力与责任的统一，权利与义务的统一，审批与管理的统一，使制定的每一部地方性法规更好地体现人民群众的意志、愿望和要求。

紧紧围绕人民群众反映强烈的热点难点问题和涉及人民群众根本利益的重大事项行使好决定权。要充分认识重大事项决定权在人大及其常委会职权体系中的重要地位，摆正重大事项决定权与行使的其他职权的位置，克服长期形成的程序性决定多、实质性

决定少，号召性决定多、强制性决定少，一般例行公事的决定多、针对某个影响较大的重大事项决定少的缺点，真正把重大事项决定权的行使摆在重要议事日程常抓不懈。同时，要在工作实践中处理好行使重大事项决定权与同级地方党委决策权的关系，敢于并善于将党委的重大决策及时通过法定程序上升为国家意志，变成人民群众维护合法权益和实现自身利益的自觉行动。还要通过科学界定重大事项，正确处理好与同级“一府两院”的关系。应该说，凡是涉及人民群众根本利益的事项都是重大事项，都要由人大及其常委会及时地做出决议和决定。1998年换届以来，我市先后就禁毒工作、信访工作、古城保护、水资源保护、未成年人健康成长保护等问题做出决议和决定，仅推进依法治市工作做出的决定就有五项，最近又做出加强对条管部门和单位监督的决定，较好地行使了重大事项决定权，对确保常委会的决策更充分地体现人民的意志发挥了重要作用。

完善深入了解民情、充分反映民意、广泛集中民智、切实珍惜民力的决策机制。要始终把“三个代表”重要思想作为制订正确决策的出发点和落脚点，把调查研究作为制订正确决策的基本功和必修课，把群众路线的方法作为制订正确决策的根本方法，把人民群众拥护不拥护、赞成不赞成、高兴不高兴、答应不答应作为衡量决策是否正确的最终标准。无论是立法还是重大事项决定，在决策之前，都要紧紧围绕立法专题、审议议题和重大决定事项，深入实际，深入群众，开展扎扎实实的调研工作，做到每审议一部地方性法规，就要附有相应的立法调研报告，每审议一项报告或做出一项决议决定，就要有相应的专题调研报告，并使之经常化、制度化、规范化。在调研的基础上，召开立法听证会、专家论证会和各界人士的座谈会，引入决策咨询机制，充分发挥法律和财经咨询委员会的参谋助手作用。还要坚持重要法规草案在报纸公布征求全社会意见的制度和严格统一审议的制度，坚持走群众路线，严把重大决策特别是法规草案的起草关、调研关、论证关、审议关和表决通过关，使立法和决策的过程成为深入了解民情、充分反映民意、广泛集中民智、切实珍惜民力的过程。

二、认真行使监督权，保证人民群众享有广泛的权利和自由

行使好监督权是贯彻落实好党的十六大精神的一个重要方面，必须在总结近年来监督工作经验的基础上，克服柔性监督较多、刚性监督较少，程序性监督较多、实质性监督较少的缺点，刚柔并用，软硬结合，切实加大监督力度，增强监督效果。

搞好“五制结合”，强化法律监督。在全面推行执法责任制过程中，认真落实执法情况报告制、执法检查制、执法评议制、执法考核制和错案责任追究制并使之有机地结合起

来,形成稳定有效的执法监督机制。实践证明,“五制结合”是加强监督、促进工作的有效形式,是防止行政违法、司法不公的重要手段,是维护法律尊严、谋求社会公正、保障公民合法权益的根本途径。近两年来,我们在搞好“五制结合”的基础上,重点突出执法评议制的落实工作。对工作搞得好的要评议,对工作搞得差的更要评议。尤其要搞好对意见较大、反映强烈的部门和单位的评议。经常委会组成人员以无记名投票表决,去年选择三名政府组成人员进行了评议,今年又选择公安、工商、地税三个行政执法部门进行评议,同时还对法、检两院的部分法官和检察官进行评议。在评议过程中采取听取述职汇报、相关法律知识考试、深入调查了解,再根据需要运用多种方式和手段进行监督,收到良好效果,为搞好地方国家权力机关的监督工作积累了较成功的经验。

畅通信访渠道,抓好信访监督。人民群众通过来信来访反映问题,提出申诉、控告、检举是宪法和法律赋予的权力,也是对权力机关的信任,人大及其常委会绝不能采取“堵”的办法横加制止,而必须采取“疏”的办法热情引导解决。要把信访工作当作联系人民群众的重要渠道,高度重视,加强领导。本届人大常委会上任不久就郑重作出关于加强信访工作的决定,制定并全面落实信访工作责任制度和主任会议研究重点信访案件的制度以及各类信访案件的督办制度;还设立信访工作机构,增加专职人员,扩大兼职力量,形成常委会各工作部门齐抓共管、专兼职人员密切配合的信访工作格局,在常委会机关形成人民群众来信来访的绿色通道, 每年接待的来访群众一般有两千八百到三千多人次,受理的群众申诉、控告、检举信件一般有三百多件,基本做到件件有回音,事事有交代,为维护公民合法权益发挥了应有的作用。

强化工作监督,促进经济发展和社会全面进步。计划和预算执行是经济发展水平的综合标志,是人民群众根本利益的集中反映,作为欠发达地区的人大常委会,要坚持每半年听取和审议一次政府关于计划和预算执行情况的报告,主任会议每季度听取一次汇报的制度;要求人大财经委对计划和预算从编制到执行进行经常性的审查;定期听取和审议审计部门的审计报告;充分发挥财经咨询委员会的作用,做到按月了解计划和预算执行情况,为及时决策提供依据。对人民群众反映强烈的热点难点问题进行监督更是人大常委会的经常性工作。城市居民最低生活保障和下岗职工再就业、煤台围城造成严重污染、职工医疗保险制度改革、社会治安综合治理、农村抗灾救灾以及企业员工特别是妇女儿童合法权益的保障等都是事关人民群众切身利益的问题,常委会在深入开展执法检查的基础上不但要多次听取和审议政府的相关工作报告,而且还要进行满意度表决,对超过半数不满意的,不予通过,限期改进,直到满意为止。为审议好一项报告,全体组成人员要倾注大量心血。去年年底为审议好农村抗灾救灾报告,他们冒着风雪严寒深入灾区群众之中进行实地调查,要求政府千方百计解决灾区缺粮、缺草、缺煤、缺种子、缺备耕资金等严重困难。煤台围城使市民深受其害,常委会两次审议就此问题提出的议案,向政府提出限期关闭或搬迁的专题审议意见书,成效显著,受到人民群众的好评。

三、必须自觉接受人民群众的监督

要自觉接受人民代表大会的监督。由于人大代表是国家权力机关的主体,与广大人民群众有着血肉般的联系,人大常委会接受人民群众的监督,集中体现为接受本级人民代表大会的监督,实质上就是接受本级人大代表的监督。这就要求我们认真贯彻《代表法》,努力为代表执行职务创造必要的条件和有效的服务。一是在人代会会议期间,常委会认真负责地向大会做好工作报告,并为人大代表审议好报告提供有关知识性资料和会前准备好的专题调研资料;采取分组审议与全团审议、分团审议与联团审议、全面审议与专题审议、专委会审议与代表审议相结合的办法创新审议方式,努力提高审议质量;认真吸收和办理代表提出的议案及建议、批评和意见。二是在闭会期间不断密切常委会与代表的经常性联系,注意随时倾听代表的意见和建议。坚持部分人大代表列席常委会会议的制度,实行主任会议成员接待代表日的制度,每年春节期间走访慰问代表的制度,基本做到联系代表听取意见经常化、制度化。三是组织代表开展集中视察、调查、执法检查和评议等活动,特别是坚持开展每年一次的全体代表参与的集中视察活动,围绕改革发展稳定的重大问题和人民群众关心的热点问题,深入基层,深入群众,倾听呼声,了解情况,既为提出议案及建议、批评和意见创造了条件,又架起了常委会与人民群众密切联系的桥梁,为接受人民群众监督提供了方便。

自觉接受上级和本级地方党委的监督,是坚持和依靠党的领导的重要表现,与接受人民群众监督在本质上是一致的。因此在日常工作中,要认真领会党委关于国家事务的重大决策和意图,及时把党委的主张通过法定程序变成国家意志,动员和组织人民群众共同去实现;凡是人大及其常委会开展的重要工作和制定的法规以及做出的决议决定,都要向党委请示,在行使职权过程中遇到问题要及时向党委报告;还要充分发挥人大机关中党组织和党员的作用,保证党委重大决策的有效贯彻实施。

自觉接受直接来自人民群众的监督,首先是推行代表述职的制度,要求凡是市人大代表都要赴原选举单位述职,每届不少于两次,常委会组成人员,特别是主任、副主任要带头述职,到目前为止,我市常委会绝大部分组成人员先后进行了述职,接受了原选举单位的评议和监督,收到良好效果。其次是完善公民群众旁听常委会会议的制度,制定暂行规定，健全旁听申请手续，主动征求意见。尽管每次申请旁听人数不太多，但在增强地方国家政治生活的公开度和透明度，拓宽人民群众知政知情渠道方面迈出可喜的步伐，该制度需要进一步在实践中完善。再次是改革新闻媒体报道的方式，由传统的程序性报道向实质性报道转变，同时健全新闻发布会制度，沟通人大常委会与人民群众之间的联系。还要通过新闻媒体公开审议程序和审议结果，真正把国家权力机关的各种行为置于人民群众的监督之下，从而赢得人民群众的信赖和拥护。

（2002年12月18日）

对人大新闻宣传工作的若干思考

——在海南省全国人大新闻宣传干部培训班上的发言

我是1998年7月当选为大同市人大常委会主任的，去年8月换届时再次当选，到现在已有6年多。20世纪七八十年代，我从事新闻工作近20年，担任《雁北日报》总编辑9年。由于这一经历，近几年对如何做好人大新闻工作进行了一些思考，现利用本次会议提供的机会做一汇报，以就教于在座的各位领导和同志们。

搞好人大新闻宣传工作，不仅是宣传人大制度、宣传政治文明建设的需要，也是公开人大信息、让人民群众知政参政的需要，是人大接受人民监督的需要，同时还是人大监督与新闻舆论监督对接、强化监督力度、增强监督效果的需要。基于这一认识，我对人大新闻宣传工作是比较重视的，实践中也有以下一些体会。

一、人大是新闻宣传的“富矿”，有着丰富的新闻资源

长期以来，人们往往把物质文明和精神文明建设作为重要的新闻资源，这是毫无疑义的，但是把政治文明建设特别是把人大制度和人大工作作为重要的新闻资源，却是不多见的。这一方面与对人大的新闻宣传工作重视不够有关，另一方面，也与对做好新形势下人大工作重要性、紧迫性的认识不足有关。党的十六大明确把发展民主政治、建设政治文明作为全面建设小康社会的宏伟目标，充分说明政治文明建设也是社会主义现代化建设的一个重要组成部分。因此，人大制度和人大工作就成为新闻宣传的“富矿”。多年的实践使我深深体会到，要把人大新闻的资源优势转化为传递信息、引导舆论、实施监督的巨大宣传优势，就必须在实践中讲求工作质量，不断探索创新，充分挖掘丰富的新闻资源。人大制度从法律条文走向现实的过程，就是人大新闻产生的过程；从法律条文的概括性、抽象性规定，变为地方性法规具体性规定的过程，就是人大新闻产生的过程；对人大制度和人大工作探索创新的过程，就是人大新闻产生的过程；对民主选举、民主决策、民主管

理、民主监督落实的过程，就是人大新闻产生的过程。因此，没有人大工作的探索创新，就不会有高质量的人大新闻；没有新闻资源的扩展，就不会有人大新闻的扩展。

（一）权为民所授、权为民所用、情为民所系、利为民所谋是人大新闻宣传的永恒主题

人大新闻最大的特点和优势就是党性和人民性的高度统一，这不但是由它作为党的新闻事业的重要组成部分决定的，而且也是由人大作为国家权力机关和人民代表机关的性质和地位决定的。人大及其常委会拥有立法、监督、重大事项决定和人事任免等项法定职权，依法行使职权，充分发挥作用就是对人民负责，为人民服务，受人民监督。因此，权为民所授，权为民所用，情为民所系，利为民所谋，始终是做好人大工作的最高准则，也是做好人大新闻宣传工作的永恒主题。几年来，我们紧紧围绕这一主题，坚持以邓小平理论和“三个代表”重要思想为指导，把以人为本、关注民生、维护民利、保障人权作为最高理念，把人民群众普遍关注的热点难点作为工作重点，把维护和实现人民群众的根本利益作为第一要旨，重视和抓好人大新闻宣传工作。

一是在立法工作的宣传报道方面，我们要求各新闻单位和机关写作人员，不但要报道好立法的结果和成效，而且要报道好每部法规在形成过程中体现出来的立法为民、民主立法的指导思想。去年出台的《大同市行政执法责任制条例》（以下简称《条例》），事关老百姓的切身利益，对政府及所属部门能否做到依法行政、严格执法，特别是对不当的和违法的行政行为如何追究责任做了具体规定。《条例》一颁布，我们立即举行了新闻发布会，全市各新闻媒体纷纷予以报道。《人民代表报》以《为行政执法者定规》为题目，近五千字，连同新闻照片以多半版的篇幅予以深度报道，产生了广泛的影响。企务、村务、政务三个信息公开条例，通过对公开的内容、方式、程序、时限和法律责任做出规定，对民主选举、民主决策、民主管理、民主监督和维护人民群众合法权益具有保障作用。三个系列条例一颁布，就受到广大群众的关注和拥护，我们抓住时机，利用各种新闻媒体进行大张旗鼓的宣传报道，受到市民群众的好评。6年多来，我们加快立法步伐，提高立法质量，先后制定28部地方性法规，可以说每部法规的出台，都是坚持立法为民和民主立法的结果，做到法为民立、法为民用、法为民富、法为民安。相应地，对立法的宣传报道也取得明显成效，市级新闻媒体大约发稿400多条，省级以上新闻媒体发稿80多条。

二是在监督工作的宣传报道方面，我们要求各新闻单位和机关写作人员，不但要报道好监督工作的做法和效果，而且要报道好监督过程中体现出的监督为民、民主监督的指导思想。大气和水污染问题，长期以来一直是市民群众关注的热点问题，我们连续10

年开展了人大监督和新闻舆论监督相结合的“环保记者行”活动，由省、市人大组织，上下联动，新闻记者参与采访，每年至少有 50 至 80 多篇稿件见诸报端和电台电视台新闻栏目，有力地促进了全市的环保工作。特别是我们采写的《让古城靓起来》的长篇报道在《人民代表报》刊发后，受到好评，获得省人大好新闻一等奖。就业是民生之本，关注民生之本，关注社会弱势群体，做好劳动就业和再就业以及社会保障工作，是多年来常委会监督工作的重要着力点，我们每年都要听取和审议政府相关专题报告，都要进行视察调查和执法检查。今年人代会上做出《关于对城乡特困家庭实施救助的决定》，对保持社会稳定发挥了重要作用。作为新闻报道的重点内容，对此我们利用各新闻媒体，加大力度，大造声势，受到广大市民群众的一致好评。据此采写的《维权：关爱弱势劳动群体》的报道，在《大同人大工作》《大同日报》，特别是在《人民代表报》发表后，产生了较大的影响，成为一篇深度报道的稿件，获得省人大好新闻二等奖。

三是在重大事项决定的宣传报道方面，我们要求各新闻单位和机关写作人员按照决策为民、民主决策的指导思想，抓住人大及其常委会在解决人民群众关注的突出问题，行使重大事项决定权的工作上进行深入细致的报道。特别是对城乡特困群体实施救助的决定和加强对条管单位监督的决定做出后，《人民日报》《人民代表报》都在显著位置予以报道，产生了较好的社会影响。之所以如此，最根本的就是我们从人民群众的根本利益出发，依法行使重大事项决定权。6 年多来我们先后就保护大同古城、加强信访工作、加强禁毒工作、保护未成年人健康成长、保护地下水资源、加强对条管单位监督、改善经济发展法治环境、做好就业和再就业工作、对城乡特困群体实施救助等问题，做出决议、决定 28 项，有效地维护和实现了人民群众的根本利益和合法权益。所有这些，都为人大新闻宣传提供了丰富的资源。

（二）讲求工作质量、不断探索创新是打造人大新闻精品的重要途径

首先，在工作思路的创新方面出了一批新闻力作。几年来，我们在各项工作上进行了许许多多的探索和创新，这些探索和创新都源于工作思路的创新，工作思路的创新自然成为经验的总结和新闻报道的重点。2000 年 6 月，省委人大工作会议上我市作为全省唯一地市进行大会发言，题目就是《讲求工作质量，不断探索创新，靠自身作为树立起地方国家权力机关的良好形象》，随后《人民代表报》给予特别报道，详细介绍了我市在这方面的经验和做法。2000 年《山西人大》第 4 期开辟专栏给予长篇系列报道。我们认为，好的工作思路是科学指导思想的具体体现，是做好人大工作的灵魂和动力，而好的工作思路来源于“三个代表”重要思想的指引，来源于思想的解放、观念的更新和始终不渝地与时俱

进。上届人大常委会一产生，我们就遵照宪法和法律的基本精神，在总结多年经验的基础上，确立了全新的总体工作思路。这就是：高举一面旗帜（邓小平理论和“三个代表”重要思想），树立三种意识（对人民负责、为人民服务、受人民监督），处理好三种关系（与市委、代表大会和“一府两院”的关系），开好四种会议（常委会、主任会议、人代会、专委会），履行好四项职权（立法权、监督权、重大事项决定权、人事任免权），完成好四大任务（建设民主政治、推进依法治市、落实好决议决定、加强自身建设），全面创新十项工作（审议报告、地方立法、执法检查、代表评议和述职评议、人事任免、代表工作、自身建设、理论研究、新闻宣传、信访接待）。按照这一总体思路的要求，我们夯实基础，不断开创人大工作的新局面。同时以这一总体思路为指导，全面创新立法、监督等项具体工作的思路，成为创新各项具体工作的强大动力。立法工作步伐加快，质量提高，主要得益于有一个明确的具体工作思路。《人民代表报》等新闻媒体以《提升地方立法质量探索》为题目，用半版的篇幅在显著位置予以报道，还在全省立法工作会议上进行了经验交流。这就是我们概括的“12345”工程，即坚持一个根本指针，用“三个代表”重要思想统领地方立法；树立两种意识，即立法为民和民主立法的意识；维护三项基本原则，即自觉接受党的领导、依法立法和维护法制统一、从实际出发急用先立的原则；抓住四个重要环节，即立法项目的制定、法规草案的起草、审查和审议、表决；处理好五个关系，即法制统一与地方特色、统一审议和各方积极参与、公权利与私权利、数量与质量、制定新法与及时修改旧法的关系。代表工作也是如此，就是以“三个代表”重要思想为指导，以提高代表素质为根本，以加强两个联系为重点（人大常委会与代表的联系和代表与选民或选举单位的联系），以发挥代表作用为核心，以探索创新为灵魂。据此，我们认真探索和抓好代表工作，出台“两办法一决定”，保证《代表法》的贯彻实施；探索新的联系代表的方式，如建立代表接待日制度、组织代表视察调查执法检查和评议制度、走访慰问代表制度和代表述职的制度，密切与代表和人民群众的联系；探索新的服务代表的方式，为提高审议决策质量创造条件；探索新的代表活动方式，更好地发挥代表作用；探索新的对代表监督的方式，发挥原选举单位和人民群众的监督作用。对这些做法我们在全省代表工作经验交流会上进行了发言和交流，《人民代表报》在头版头条以《大同上演代表工作精彩大戏》为题进行长篇报道，产生了广泛的社会影响。

其次，在工作方式的创新方面出了一批新闻力作。一是对“一府两院”工作报告听取和审议之后形成审议意见书的报道在国内产生较大影响。审议意见书是我市在全国最早推行的一种监督形式。这种形式避免了过去常委会会议以简报的形式带来的种种弊端，从 1998 年 10 月第一次提出将审议发言整理成审议意见书之后，我们在《监督工作条例》

《常委会议事规则》等法规中加以规范,并以立法的形式使其确立起应有的地位和作用,还规定了办理时限和要求, 对提高人大审议监督质量和民主决策质量发挥了重要作用。今年《中国人大》第3期以《审议意见书:实施监督的有效形式》为题,用较长的篇幅发表,产生了良好的社会效应。二是在会议审议方式的创新方面,我们取得较成功的经验,引起上级新闻媒体的特别关注,人民网和《中国人大新闻导刊》给予了深度报道,我市人大的新闻网站以"网上人代会"的形式进行全面报道。在工作实践中我们也感到,无论是人代会还是常委会,审议质量至关重要。不创新审议方式,就无法提高审议决策质量。因此,早在1998年我们就着手改进审议方式, 经过几年探索, 形成了人代会会议的新的审议方式,这就是分组审议与全团审议相结合、分团审议与联团审议相结合、全面审议与专题审议相结合、专委会审议与代表审议相结合,打破了过去人代会程序固定化、议程老一套、审议形式化、决议落实差的状况,使每次会议都给人以耳目一新的感觉。常委会会议审议也是如此,我们采取小组会与联组会相结合、全面审议与专题审议相结合、普遍发言与重点发言相结合的方式,使每个组成人员的聪明才智得以充分发挥。这一做法在2002年全国人大成都新闻研讨会上进行了交流,并受到好评。三是评议方式创新的做法受到各级新闻媒体的关注,《人民代表报》《中国人大》《山西人大》等报刊予以特别报道,产生了良好的社会效果。事实上我们从1998年开始,就先后对市经委主任、教委主任、国资局长,市公安、工商、地税三个部门,市中院65名法官和市检察院79名检察官,一位副市长和市政公用局长进行了四次大型评议活动,今年又开展对一名副市长和市政公用局局长的评议,逐渐形成了一整套成熟的做法。这就是由常委会组成人员采用无记名投票的方式,按照民主、公平、依法的原则,民主确定评议对象;通过新闻媒体发布公告,征求全社会的意见,使评议工作更加公开透明;改进法律考试办法,所有试题一律输入题库,随机定人,随机抽题,当面问答,现场评分,避免了过去流于形式的现象;评议调查采取明察与暗访相结合、自评与他评相结合,形式上的不拘一格,做法上的多样并用,确保了评议监督的质量。上述工作思路和方式的探索创新,为打造人大新闻宣传的精品提供了优质的"原材料"。

(三)深化理论研究,提高队伍素质是搞好人大新闻宣传的有力保障

我们深深感到,无论是做好人大工作,还是做好新闻报道工作,都需要将人大制度和人大工作从理论和实践的结合上深入研究探索。没有理论上的研究和探索,就不会有创新性的人大工作,就不会有大量的新闻精品出现。多年来,我们把人大制度和人大理论研究工作作为加强人大机关自身建设的一件大事,高度重视认真抓好。一是连续三年开展

了有奖征文活动,即2002年以提高人大工作质量为主题,2003年以人大代表如何忠实实践“三个代表”为主题,今年围绕纪念人大制度五十周年三次大型有奖征文活动,深化人大制度和人大工作的理论研究,锻炼了队伍,创造了新闻宣传报道的新做法。比如在全市三级代表中开展了“提高人大工作质量”的有奖征文活动,共收到论文509篇,成立了领导组、评委会和办公室,历时半年,还邀请全国人大办公厅联络局、研究室、《中国人大》编辑部和省人大有关单位的专家学者把关审定,共评出一等奖5篇,二等奖10篇,三等奖19篇,提名奖156篇。对此《人民代表报》开辟专版进行了系列报道,并详细介绍了征文的经验和做法,引起全国各地的强烈反响。两个月后,《人民代表报》又刊登山东省的一位作者对这项活动的评论文章,这篇文章给予了高度评价。二是结合邓小平理论和“三个代表”重要思想的学习以及党和国家领导人重要讲话、党中央重要决定的学习,联系我市人人工作的实际,深入研究人大制度和人大工作中的重大理论问题,形成了一批重要的理论成果。比如2000年我们撰写的《国家政权建设的行动指南》一文4000多字,在当年山西省委《前进》杂志发表;2001年撰写的《建立四个机制,实践“三个代表”》一文5000字,《人民代表报》摘要发表;2002年撰写的《社会主义民主政治建设的根本指针》一文,同年在《山西人大》杂志发表;《认真落实五中全会决定,促进国家机关的作风建设》一文6000字,《人民代表报》摘要发表。党的十六大召开之后,我们在认真学习的基础上,撰写了《坚持党的领导、人民当家做主和依法治国的有机统一》一文7000字,《山西人大》给予全文刊发。6年多我们共撰写并在市级以上报刊发表理论文章30多篇,加强了思想理论建设,提高了思想政治素质,也大大地丰富了人大理论宣传的内容。三是在创建学习型机关活动中,我们坚持“三抓四有”,即抓学习抓调研抓规范,做到言之有理、言之有法、言之有据、行之有规,着力提高常委会组成人员、人大代表和机关工作人员三支队伍的学习能力、实践能力和工作创新能力。比如,今年3月,宪法修正案公布施行后,我们分别列出宪法与党的领导、宪法与人大制度、宪法与人权保障、宪法与统一战线等9个专题,由我带头,部分“专委”“工委”主任、副主任积极参与,开展了系列专题讲座活动,对推动机关宪法学习发挥了重要作用。《大同人大工作》出专辑刊登所有讲课提纲,《人民代表报》给予报道和介绍。最近,胡锦涛总书记九一五讲话发表后,我们分别列出人大制度的强大生命力和巨大优越性、人大制度与党的领导、人大制度与人民当家做主、人大制度与依法治国等12个专题,连同学习吴邦国委员长的九一六讲话和十六届四中全会决定,由机关部分副处级和科级干部参与,开展系列专题讲座,目前正在进行之中。6年来我们坚持常抓不懈,形成了浓厚的学习氛围,极大地提高了机关整体学习能力,也带动了“一府两院”和各县区人大机关的学习。对此,市委十分重视这一做法,现已整理成经验材料加以推广。

马克思主义的历史唯物论告诉我们，社会存在决定社会意识，经济基础决定上层建筑。新闻作为一种社会意识形态，归根到底源于社会物质资料的生产方式和生活方式。列宁有句名言，生机勃勃的社会主义是人民群众自己创造的。中国特色社会主义伟大事业，是人民群众用自己的智慧和力量创造的，理所当然地成为党的新闻事业唯一源泉。人大制度和人大工作，作为政治文明建设的重要内容，作为中国特色社会主义伟大事业的重要组成部分，必然蕴藏着取之不尽、用之不竭的新闻资源，这也正是我要讲的这一部分内容所得出的结论——人大是新闻宣传的“富矿”，那种认为人大工作没有新闻价值的观点是错误的。

二、人大是新闻宣传的“富矿”，“富矿”也要勤挖掘

有了丰富的“矿藏”“资源”，不等于就有了新闻精品，就像资源优势不等于经济优势一样。要将人大新闻的资源优势转化为巨大的宣传舆论优势，就必须充分调动新闻宣传队伍的积极性和创造性。因此，人大是新闻宣传的“富矿”，“富矿”也要勤挖掘。如何做到勤挖掘呢？

（一）“富矿”要靠人大机关写作人员勤挖掘

首先，建设一支素质较高的新闻宣传队伍。1998 年换届后，我们充分意识到，人大工作要上新台阶，必须高度重视新闻宣传工作。一方面，人大新闻宣传本身是人大工作的重要组成部分；另一方面，人大新闻宣传能够架起人大及其常委会与人民群众的桥梁，进一步拓宽人民群众知政知情的渠道，既便于人民群众积极有序地政治参与，又便于人民群众的有效监督和大力支持。然而长期以来形成的人大机关干部队伍年龄偏大的问题，既不能适应大力加强人大工作的需要，也不能适应人大新闻宣传新形势新任务的需要。因此，经主任会议研究，我们制定了一系列具体措施：一是采取考试、考核、考察相结合的办法，从市直机关公开选调了 11 名 40 岁以下具有大专以上学历的写作人员；二是连续三年接受了 10 名具有大专以上学历的转业军人；三是从全市机构改革和撤并时分流出来的人员中，接受了 4 名大专以上学历的写作人员；四是今年又公开选调 35 岁以下的 5 名大学毕业生，连同 80 年代分配到人大机关的 9 名大学生，累计达 39 名，大多数在 45 岁以下。这支队伍既是人大机关的写作队伍，又是新闻报道队伍，从根本上改善了人大机关干部队伍的年龄结构和文化结构，解决了人才短缺的突出矛盾，为搞好我市人大新闻宣传工作提供了有力的人才保证。与此同时，我们还以《人民代表报》大同通联站为基础，在

全市 11 个县(区)人大机关中,组建了一支由 20 多人组成的新闻通讯员队伍。这支队伍既是《人民代表报》的特约记者,又是市人大机关"两刊一站"的通讯员。可以说,目前我市人大新闻宣传队伍已达 60 多人,而且年龄较轻,素质较高,是搞好人大新闻宣传的重要依靠力量。

其次,建设好自己的宣传阵地。搞好人大新闻宣传,没有自己的宣传队伍不行,没有自己的宣传阵地也不行。过去我们搞人大新闻宣传,主要依托"两报两台",即日报、晚报、电台、电视台,上级新闻媒体的报道基本没有。当然这与当时的人大工作有关,由于停留在走走程序的水平上,新闻报道也就停留在程序性报道的程度上,因而没有多大的新闻价值,也就不可能借助上级新闻媒体。当时,人大机关内部也办了个刊物,叫《大同人大工作》,基本上反映反映常委会会议资料,形式也比较呆板,印刷不多,发行在机关内部,就等于是常委会会议的资料汇编。此外,再没有其他阵地可言。随着我市人大工作的深入开展,随着我市人大常委会法定职权的充分行使和法定作用的充分发挥,人大新闻宣传的阵地建设显得越来越重要,越来越紧迫。从 1998 年开始,我们先后采取了一系列措施加强了阵地建设。一是调整了原有《大同人大工作》的办刊思路,由资料汇编转变为用来指导全市各级人大工作的权威性刊物。办刊方式灵活多样,生动活泼,印刷质量有所提高,由 16 开白皮书变为大 16 开的彩色封皮印刷,图文并茂。二是从 1998 年第十一届人大开始,增加了一个内部刊物《大同人大信息》,不定期出刊,就像中央党校的《理论动态》一样。每期刊登一篇动态性报道,是全市人大工作的生动记录,而且逐年有所增加,过去一年最多时出近 80 期,近三年来每年都突破 100 期。发行范围主要是市、县(区)两级人大机关和市人大代表,每期印刷 500 多份。其作者都是市人大机关的写作人员,并且与《大同人大工作》一起建立了编辑责任制度、稿酬制度和管理发行制度,成为目前我市人大工作的重要阵地。三是从 2001 年开始,投资 30 多万元,建立了大同市人大常委会网站。利用现代传媒,全方位多角度地宣传报道我市人大制度建设和人大工作,扩大了我市人大新闻宣传的覆盖面。四是在原有阅览室的基础上,投资 20 多万元,购置电脑 30 多台,建立了电子阅览室,为机关人员查阅资料、搜索信息,创造了极为有利的条件。此外,我们在原来常委会《会刊》的基础上,创办了《大同市人大常委会公报》,刊登每次常委会会议的全部资料,还办了《人代会文件汇编》等。这些阵地建设,特别是"两刊一站"的创办与开通,开辟了人大新闻宣传的新领域,不但推动了我市人大工作的深入开展,而且提高了我市人大工作的知名度和影响力。

(二)“富矿”要靠新闻记者勤挖掘

搞好人大新闻宣传,专职新闻工作者是一股不可忽视的力量。多年来,我们在抓好自己队伍和阵地建设的同时,始终注意重视发挥专职新闻队伍的作用。在这方面,我们采取了一系列比较有力的措施:

首先是建立新闻协调会制度。一是在每年年初,将人大新闻宣传工作列入全年人大工作要点。根据要点的精神和安排,会同市委宣传部具体研究全市人大新闻宣传的指导意见的文件,要求各新闻单位将其摆在重要位置,加大宣传力度。全市各新闻单位和有关新闻记者,根据文件精神和要求,安排做好本单位的日常宣传报道工作。二是人大常委会在召开重要会议和开展重要活动,需要各新闻单位联合作战时,我们就会同市委宣传部,召开各新闻单位负责人、市人大各专委和常委会各工委负责人参加的新闻协调会,具体安排部署集中报道工作和协调配合工作。如每年的人代会会议报道,每次执法检查、评议活动和重大纪念活动的报道等,都收到良好的效果。

其次是新闻通气会制度。凡有重要会议和重大报道事项,都要召集各新闻单位负责人和有关的新闻记者,召开新闻报道的通气会,不但要让他们接受报道任务,而且要让他们知道怎样提高报道质量。最近开展的纪念人大制度建立五十周年的报道和每年三月份对市人大常委会各部门工作的专题系列报道等,在报道之前都要召开通气会,不但使各位新闻记者明白报道什么, 而且要进行有关法律知识的培训和人大业务知识的培训,使各位记者掌握报道的规律和技巧,提高人大新闻宣传工作的质量。

再次是新闻发布会制度。从 2000 年开始,我们每年在人代会召开前夕和每部地方性法规颁布实施前夕,都要会同市委宣传部、市新闻中心召集全市新闻界和有关人士,举行新闻发布会,通过他们向全社会公布人代会的筹备情况和主要议程以及所要解决的主要问题,通过他们向全社会公布人大及其常委会的立法情况。去年换届以来,我们先后颁布实施了《企务公开》、《村务公开》、《政务信息公开》三个条例,《行政执法责任制条例》和《促进个体私营经济发展条例》,等等,我们先后举行了三次规模较大的新闻发布会,不仅使广大市民群众知道市人大及其常委会立了些什么法,这些法规的内容是什么,而且使各新闻媒体围绕每部法规的意义和作用进行了深层次报道。如对《促进个体私营经济发展条例》的报道,不仅报道了对其颁布施行过程,而且报道了扩大市场准入,允许个体私营企业进入基础设施、公用事业领域,对审批难、融资贷款难、从业者办理户口难、子女入学入托难规定解决办法等六大亮点,维护了个体私营企业经营者的合法权益,也极大地调动了个体私营企业经营的积极性。

最后是新闻评奖激励制度。从2000年开始,我们连续五年开展了一年一度的人大好新闻评比活动,每次评比都要成立领导组、评委会和办公室,特邀新闻界知名人士担任评委,每次评出一、二、三等奖和优秀奖20多篇,五年共有90多篇作品获奖。在此期间,除了对每篇新闻稿件进行认真评审外,还召开座谈会、研讨会等交流人大新闻宣传的经验体会,研讨如何提高新闻宣传质量,这对推动我市人大新闻宣传工作发挥了重要作用。

三、人大是新闻宣传的“富矿”,“富矿”也要会挖掘

(一)人大新闻贵在“新”

“新”是新闻的一大特点。要挖掘出人大工作好的新闻,必须在“新”字上做文章,下功夫。几年来我们着重在以下几个方面进行了探索:一是从人大工作的理念创新方面进行报道。人大机关绝不是举拳头、吃馒头的“豆腐机关”和“表决机器”,也不是退居二线的赋闲之地。我们深深体会到,人大机关工作绝不轻松,要发挥应有的作用就必须解放思想,转变观念,牢固树立权为民授、权为民用,为人民掌权、靠人民掌权,对人民负责、受人民监督的全新理念。只要把人民赋予的权力用来为人民谋利益,就是最有价值的新闻资源。正是遵循着这样的思路,我们做新闻报道工作,才有力度,有深度,有分量。这几年以民为本、关注民生、维护民权成为常委会的工作主题,因而市民群众反映的热点难点问题也就成为新闻报道的焦点问题,人民群众的切身利益的维护和实现也就成为新闻报道的热点问题。二是从人大工作内容的创新方面进行报道。可以说,我们几年来在人大工作的方方面面都进行了探索和创新,多数成效明显。要采写出高质量的新闻报道,就必须把新闻焦点对准人大工作的探索和创新。如1999年在落实执法责任制方面,我们提出的“五制”结合,即执法责任制与执法情况报告制、执法检查制、执法评议制、错案责任追究制、执法过错追偿制的有机结合,形成独特的经验,《人民日报·民主和法制》周刊先后两次给予报道。关于代表工作我们创造的尊重代表、服务代表、组织代表的做法,《人民代表报》给予大篇幅报道。提高人大工作质量有奖征文活动,创新了人大理论研究工作,《人民代表报》开辟专版进行了系列报道。实践证明,人大工作内容的创新是高质量新闻的重要原材料。三是从人大工作方式的创新方面进行报道。监督方式的创新取得了较成功的经验。如上届四次大型评议活动,我们及时进行总结概括,以《注重探索创新,提高评议质量》为题,去年《中国人大》第8期予以报道。审议意见书和满意度表决是较成功的监督方式,《中国人大》今年第3期给予报道。人代会审议方式的创新,我们同样进行总结,《中国人大》

2002 年第 1 期给予报道等等。这些报道，在国内产生了广泛的影响，许多兄弟省市纷纷来电来函来人学习取经，收到良好效果。

（二）人大新闻贵在"实"

真实是任何新闻的生命力所在，离开了真实，绝没有新闻可言。人大工作性质地位决定了人大新闻在真实性方面具有更高的标准和要求。我们在以下三个方面进行了尝试和探索：一是在贴近实际方面，我们要求所有新闻工作人员和机关写作人员都要深入实际调查研究，力戒任何华而不实、空洞无味的报道。为此，我们每次组织组成人员和部分人大代表进行视察调查执法检查的时候，都要安排新闻记者和机关写作人员随行，深入基层，深入实际，感受改革和建设的新鲜事物，捕捉人民群众中的新闻信息和线索。比如《市人大代表深夜暗访市区网吧》的报道，就是根据《山西日报》刊发我市一些网吧公开接纳未成年人上网的消息，常委会立即派部分代表暗访，并安排写作人员随行，捕捉到的新闻线索，是一篇贴近实际的好报道，发挥了很好的导向作用和监督作用。二是在贴近代表方面，我们要求新闻记者和机关写作人员，都要按照业务对口的要求，联系市人大代表，并注意充分报道人大代表的履职情况和典型事迹。连续三届的市人大代表韩佃杰，担任万隆有限责任公司总经理，工作繁忙，但始终不忘自己是一名人大代表，依法履行职责，充分发挥作用，10 多年来，共提出议案及建议批评意见 60 多件。特别是 2001 年，在人代会上由他领衔 11 名代表联名提出 19 座围城煤台搬迁，从根本上治理市区大气污染的议案，受到高度重视，到今年年底基本办理完毕。抓住这个典型事迹，我们在全省代表工作座谈会上进行典型发言交流，还利用新闻媒体广泛宣传报道，产生了很好的社会效果。三是在贴近群众方面，我们要求新闻工作者和机关写作人员，要与组成人员和市人大代表一起密切联系群众，处处贴近群众，为人民群众鼓与呼。去年在人代会前夕，《大同日报》等市级新闻媒体开辟《向人民汇报》的专栏，连续报道市人大各部门的工作情况，既为开好人代会营造良好的舆论氛围，又大大拉近了常委会与人民群众的距离。低保和再就业问题，贫困地区农民群众的生活问题，特定主体权利的保障问题，始终是常委会关注的重点问题，我们多次听取审议政府专题报告，做出相关决议决定，深入进行视察调查和执法检查，特别是于前年冬天，冒着零下 30 多摄氏度的严寒，深入灾区视察，了解到灾区缺粮、缺煤、缺草、缺备耕资金等困难问题及时予以报道，提出相应的建议和意见，不仅使问题得到较快解决，也进一步密切了与人民群众的关系。

（三）人大新闻报道要合法

这是由人大工作的性质决定的，合法性原则不仅是做好人大工作的基本原则，也是做好人大新闻工作的基本原则。我们不但要求组成人员和人大代表，而且要求人大新闻队伍做到言之有理、言之有法、言之有据、行之有规。为此，我们一是充分利用新闻协调会、通气会等形式，进行有关法律知识的培训，而且利用机关每周半天的学习日进行反复学习和辅导。二是建立新闻稿件审批的把关制度，凡属一般性报道要由分管宣传的负责同志审批，凡属机关重要公告、文件等，要由秘书长审批，凡属重大事项和重要问题的宣传报道，由我审批把关，有力地保证了新闻稿件的质量，也保证了人大新闻宣传沿着法治的轨道健康发展。三是建立新闻单位负责人列席常委会会议的制度，这个制度的意义不仅在于使他们了解掌握常委会的工作动态，而且在于通过他们去按照合法性原则领导组织人大新闻的宣传报道活动。实践证明，这一制度是行之有效的。

（四）人大新闻报道要鼓劲

坚持正面宣传为主和坚持团结稳定鼓劲，是党的新闻宣传工作的基本方针，人大新闻宣传也是如此。江泽民同志深刻地指出："舆论导向正确，是党和人民之福；舆论导向错误，是党和人民之祸。"因此，我们在几年来的工作实践中，始终注意做到：一是坚持正确的舆论导向，始终把党的路线方针政策和宪法法律法规的宣传，把人民群众在改革开放和现代化建设中涌现出时代精神的宣传，作为时代的主旋律加以弘扬。二是要坚持把以民为本、关注民生、维护民权，作为人大新闻宣传工作的主题，全面贯彻"三个代表"重要思想的要求，把维护和实现人民群众的根本利益作为工作的出发点和归宿，把人民群众拥护不拥护，赞成不赞成，高兴不高兴，答应不答应，作为衡量人大新闻宣传工作的根本标准。三是把握时机，注重效果。有时需要及时报道的必须及时报道，如去年 4 月正是"非典"肆虐，人心浮动的关键时刻，常委会会议根据 12 名委员联名提议，临时增加一项听取和审议政府专题报告的建议，并提出 11 条审议意见，当天送达政府办理。据此采写的《人大急案急审急建议，政府急事急办急答复》的报道，《人民代表报》予以刊登，产生良好效果。而有些虽然具有新闻价值，但考虑到社会效果不急于报道的，我们就暂缓报道。如今年年初常委会会议听取审议关于食品卫生安全方面的专题报告，经满意度表决未获通过，我们并未急于报道，着重在促进政府整改，待整改报告通过后，再予报道，避免了可能造成的不利影响。四是要坚持正面宣传为主，大力宣传在人大工作实践中涌现出的典型人物和典型事迹，大力宣传人大代表在执行代表职务中涌现出的典型人物和典型事迹，大力宣传各级人大机关依法行使职权、依法履行职责、依法发挥作用的新鲜经验，靠正面宣传和典型引路的办法来推动人大工作的深入开展。五是帮忙不添乱，聚焦不散光。新闻报道工作是一项政策性、法律性很强的工作，尺度把握不好，可能出现问题，甚至会捅炉子。因此，要注意尽职不越位，帮忙不添乱，切实不表面。同时，要聚焦不要散光，抓住人民群众反映强烈的热点难点问题，抓住改革发展稳定中的突出问题，集中时间，集中力量，打好新闻宣传战役，力求取得丰硕成果，真正起到团结稳定鼓劲的作用。

上述几个方面就是我们6年来探索人大新闻宣传工作的几点体会，不一定成熟，恳切希望各位领导和同志们批评指正。在人大工作创新上，我们通过新闻媒体的报道，也学习借鉴了不少外地人大工作的创新性经验，在此也表示深深的谢意。

（2004年11月1日）

怎样做好地方人大常委会的工作

——在全省市、县(区)人大常委会主任培训班上的发言

各位领导、同志们:

非常高兴参加这次由省人大常委会组织的市、县(市、区)人大常委会主任培训班。我是1998年、2003年两次被选为大同市人大常委会主任的,到明年就满两届了。回顾我担任主任这9年,可以说所思不少、所感颇多。下面,结合自己的工作实践,我就如何做好地方人大常委会的工作,谈点个人粗浅的认识和体会,与大家共同交流探讨。

一、做好地方人大常委会的工作,必须要有尽职尽责的敬业精神

(一)人大常委会的地位和作用需要我们有尽职尽责的敬业精神

我国宪法和法律规定,县级以上地方各级人大常委会是本级人民代表大会的常设机关,是本级国家权力机关的组成部分。地方各级人大常委会对本级人民代表大会负责并报告工作,在本级人民代表大会闭会期间,行使宪法和法律赋予的国家权力。这表明,地方人大常委会在地方国家政权体系中居于重要地位,担负着重要职责,这是其他任何国家机关所不能替代的。可以说,地方人大常委会能否充分发挥职能作用,直接关系到人民当家做主权利的实现,关系到党的执政地位的巩固,关系到全面建设小康社会目标的实现。因此,作为地方国家权力机关的组成部分,地方人大常委会是真正的一线机关,绝不是赋闲之地和二线机关。我们肩上的责任是重大的,丢掉了责任,就辜负了人民的重托,就是把宪法和法律赋予我们的权力丢掉了,就是不作为,就是失职。由地方人大常委会的这种地位和作用可以看出,我们的工作必须要有尽职尽责的敬业精神。只有这样,才会改变工作中存在的没有压力、没有责任、不求绩效的状况,才会靠自身的作为树立起地方国家权力机关的良好形象。

（二）社会主义民主政治建设的不断发展需要我们有尽职尽责的敬业精神

发展社会主义民主政治是我们党始终不渝的奋斗目标，建设社会主义民主政治最重要的是坚持和完善人民代表大会制度。随着时代发展变化，我们党对社会主义民主政治建设提出了新的要求，这就是党的十六大报告中指出的："发展社会主义民主政治，最根本的是要把坚持党的领导、人民当家做主和依法治国有机统一起来。党的领导是人民当家做主和依法治国的根本保证，人民当家做主是社会主义民主政治的本质要求，依法治国是党领导人民治理国家的基本方略。"因此，我们必须从战略和全局的高度，进一步提高对坚持和完善人民代表大会制度重要意义的认识。

1.坚持和完善人民代表大会制度，是改进党的领导方式、提高党的执政能力的重要体现。我们党的执政主要通过支持国家机关依法履行职责来实现。人民代表大会在国家权力体系中处于核心位置，坚持和完善人民代表大会制度，有利于及时把党的主张通过法定程序变为国家意志，成为人民群众共同遵守的行为规范，从而更好地保证党的路线方针政策的贯彻实施，更好地实现党的领导。

2.坚持和完善人民代表大会制度，是建设社会主义政治文明、保证人民当家做主的必然要求。人民代表大会制度集中体现了我国社会主义民主政治的特点，是党在国家政权和社会生活中充分发扬民主的具体组织形式，是人民当家做主的重要途径和最高实现形式，是社会主义政治文明的重要载体。它从国家政治形态上确立了人民当家做主的地位，从组织上体现了人民是国家的主人，从制度上保证了人民行使管理国家的权力。

3.坚持和完善人民代表大会制度，是实施依法治国基本方略、建设社会主义法治国家的基本途径。人民代表大会制度涵盖立法、行政、司法等国家政治生活的各个方面，是实施依法治国的主要平台。人大及其常委会担负着按法定程序制定法律法规的重要职责，通过法律监督和工作监督，保证宪法、法律和法规的正确实施和人民民主权利的落实，促进"一府两院"依法行政、公正司法和文明执法，维护法制的统一和尊严，提高全社会的法律意识和法制观念，实现社会主义民主的制度化和法律化。

由此可以看出，作为人民代表大会制度的重要组成部分，地方人大常委会在我国民主政治建设中发挥着重要作用。我们只有依法履职，尽职尽责，才能坚持和完善好人民代表大会制度，才能适应我国民主政治建设的需要。

（三）落实科学发展观与构建社会主义和谐社会需要我们有尽职尽责的敬业精神

科学发展观是以人为本、全面协调可持续的发展观。坚持以科学发展观统领经济社会发展全局，切实抓好发展这个党执政兴国的第一要务，推进经济社会又好又快发展，是党的先进性在当代中国最重要最具体的体现。落实科学发展观，不仅要求经济社会全面协调可持续发展，而且要求民主更加健全，法治更加完备。因此，坚持和完善好人民代表大会制度，尽职尽责做好地方人大常委会工作，是落实科学发展观，全面建设小康社会的重要保障。

构建社会主义和谐社会，是我们党从全面建设小康社会的全局出发提出的一项重大任务。它的基本特征概括起来共六句话：民主法治，公平正义，诚信友爱，充满活力，安定有序，人与自然和谐相处。其中，民主法治是基础，这就特别需要人大及其常委会按照宪法和法律的要求，形成调整社会关系的法律体系，完善利益协调机制，在平衡、调整社会利益和构建社会主义和谐社会方面更好地发挥作用，促进社会和谐。所以，坚持和完善人民代表大会制度，尽职尽责做好地方人大常委会工作是构建社会主义和谐社会，实现国家长治久安的内在要求。

（四）地方人大常委会的工作特点需要我们有尽职尽责的敬业精神

人民代表大会制度是我国的根本政治制度，其性质、地位、内容、作用决定了地方人大常委会的工作特点是：政治性强，法律性强，程序性强，民主性强。

政治性强，就是我们在任何时候都要自觉接受党的领导，坚持正确的政治方向。具体讲，就是要主动把人大常委会的工作置于党委的领导下，紧紧围绕党委的意图和要求开展工作，使党的主张通过法定程序变为国家意志，使党组织推荐的人选经过法定程序成为国家机关工作人员。人大及其常委会的重大事项、重要工作开展以及工作中出现的新情况、新问题要及时向本级党委请示报告，自觉体现党委的意图和主张。

法律性强，就是要我们坚决维护宪法和法律的权威，保证宪法和法律在本行政区域内遵守和执行。同时，我们自身也要自觉在法治的轨道上行使职权，严格依法办事。

程序性强，就是要我们严格按照法律和人大内部的议事规则及相关制度规定的程序办事。

民主性强，就是要我们严格按照法律的规定，坚持民主集中制原则，坚持走群众路线，密切联系人民群众。

综上可以看出，地方人大常委会这四个工作特点，决定了我们在工作中必须树立核心意识、法律意识、群众意识和责任意识，要有尽职尽责的工作热情和敬业精神，要保持奋发进取的精神状态和扎实的工作作风，要有孜孜以求的工作激情。只有这样才能适应新时期地方人大常委会工作的需要。

二、做好地方人大常委会的工作，必须要有科学明晰的工作思路

大家知道，我们党和国家的指导思想是马克思列宁主义、毛泽东思想、邓小平理论、"三个代表"重要思想和科学发展观。要保证这一指导思想在地方人大常委会得到贯彻落实，我们就必须要有科学明晰的工作思路。科学明晰的工作思路是科学指导思想的具体体现，也是我们做好工作的前提条件。而科学明晰的工作思路来源于指导思想的指引，来源于思想的解放和观念的创新。实践证明，确立一个科学明晰的工作思路，有利于人大常委会工作的有的放矢，有利于常委会各项工作的顺利开展和高效运转。上一届人大常委会一产生，我们就遵照宪法和法律的基本精神，树立主权在民、对人民负责、受人民监督的思想观念，树立法律至上、依法治市、依法办事的思想观念。在总结多年经验的基础上，确立了全新的工作思路。这就是，高举一面旗帜（马克思列宁主义、毛泽东思想、邓小平理论和"三个代表"重要思想），树立三种意识（对人民负责、受人民监督、为人民服务），处理好三种关系（与市委、代表大会、"一府两院"的关系），开好四种会议（常委会、主任会议、人代会、专委会），履行好四项职权（立法权、监督权、重大事项决定权、人事任免权），完成好四大任务（建设民主政治、推进依法治市、落实决议决定、加强自身建设），做好十项工作（地方立法、审议专项报告、执法检查、审批决算、决定重大事项、人事任免、代表工作、机关建设、新闻宣传、信访接待）。为了保证常委会工作的顺利开展，我们按照总体工作思路，经过不断探索，又确立了各项具体工作思路。

如代表工作，我们的工作思路是，以邓小平理论和"三个代表"重要思想为指导，以提高代表素质（思想理论业务）为根本，以"两办法一决定"为规范（《大同市人大常委会关于加强与人大代表联系充分发挥代表作用的办法》《大同市人民代表大会关于市人大代表议案，质询案，建议、批评和意见的提出和办理办法》《大同市人民代表大会关于人大代表认真履行职责自觉接受监督的决定》），以发挥代表作用（四大作用）为核心，以加强两个联系（各级人大常委会与代表的联系、代表与人民群众的联系）为重点，以探索创新（工作思路创新、工作方式创新）为灵魂。具体到实践中就是高举一面旗帜（马克思列宁主义、毛泽东思想、邓小平理论和"三个代表"重要思想），树立三种意识（对人民负责、受人民监

督、为人民服务),落实好三项规范("两办法一决定"),发挥好代表的四大作用。

三、做好地方人大常委会的工作,必须要有合法实用的行为规范,建立制度体系

俗话说,"无规矩不成方圆"。人大常委会的工作也不例外。结合我市多年来人大常委会制度建设的探索实践,我们深深体会到,加强人大常委会的制度建设是坚持和完善人民代表大会制度的重要内容,也是地方人大常委会依法履行职责、依法行使职权、依法发挥作用的根本保证。邓小平同志有句名言:"制度建设更带有根本性、全局性、稳定性和长期性","制度好可以使坏人无法任意横行,制度不好可以使好人无法充分做好事"。中央9号文件也强调:"要把加强人大常委会制度建设作为坚持和完善人民代表大会制度的一项重要工作来抓。"如何加强人大常委会的制度建设?我们的体会是,要建立合法实用的行为规范,形成制度体系。具体包括以下几个方面:

(一)建立依法行使职权的制度

宪法和法律规定了地方人大常委会的职权,但要真正行使好,需要有与之相配套的具体制度。从上一届常委会开始,我们着手制定用来规范行使四大职权的地方性法规,先后出台了《地方立法条例》《监督工作条例》《讨论决定重大事项规定》《人事任免办法》,并制定了相应的具体工作制度。以讨论决定重大事项规定为例,该法规明确规定了应由常委会决定或批准的17个方面的重大事项,由常委会审议或备案的11个方面的重大事项,同时规定了决定重大事项的程序和方法,具有较强的民主性、科学性和可操作性,为行使好重大事项决定权提供了有力保障。

(二)建立会议制度

召开人大各种会议是人大及其常委会行使职权的主要形式,这就要求我们必须建立相应的会议制度做保障。近年来,我们高度重视会议的改革和创新,制定和出台了用来规范人民代表大会会议、常委会会议、主任会议、专委会会议一系列制度和流程,而且将有些比较成熟的制度及时上升为地方性法规。如用来规范常委会会议的议事规则,不仅详细规范了举行会议的具体程序,还将一些经过实践证明成熟的工作制度写进了法规,有表决制度、审议制度、列席制度、旁听制度、调研制度、公告制度等等,为提高常委会会议质量、审议决策质量和工作监督质量提供了制度保障。

（三）建立代表工作制度

代表工作是地方人大常委会的一项重要工作，建立代表工作制度，有利于充分发挥代表作用，提高地方人大常委会的工作质量。在这方面，我们制定出台了“两办法一决定”，即《联系代表发挥代表作用的办法》《代表议案建议提出和办理办法》《代表履职自觉接受监督的决定》，系统地规范了代表行为和代表工作。这一做法受到全国人大的充分肯定。为落实好“两办法一决定”，我们还建立健全了代表工作的具体制度，包括代表学习培训制度，代表列席常委会会议制度，代表接待日制度，组织代表视察、检查、调查、评议制度，代表议案、建议、批评和意见督办制度，代表小组和专业小组活动制度，为代表订阅报刊寄送资料制度等。这些制度为做好代表工作打下扎实基础。

（四）建立其他各项工作制度

人大常委会工作一个很大的特点是法律性强、程序性强，这就要求我们各项工作都要有法可依、有章可循。在这方面，我们概括的审议报告、地方立法、执法检查、人事任免等 10 项工作，项项都有制度、程序和流程图。如信访工作，我们建立了以申诉接访听证、重点信访案件调查、协助办理和督办为内容的信访工作制度和以重要信访案件上主任会议、疑难案件倾听各方意见、托办案件发监督意见书为内容的个案监督制度。再如新闻宣传方面，建立了市级新闻单位负责人列席常委会会议的制度，新闻发布会、协调会、通气会制度，人大好新闻评奖激励制度，等等。

经过这些年不断探索，到目前，我们共制定出地方性法规、具体工作制度、工作流程、议事程序和机关岗位责任制共 5 大类 142 项制度，基本形成与常委会工作相适应的制度体系。实践证明，制度体系的建立和完善，有力地保障和促进了全市人大工作的开展。

四、做好地方人大常委会的工作，必须要有不断探索的创新能力

我们知道，宪法和法律规定了人民代表大会制度，赋予了人民代表大会及其常委会至高的地位和权力。这些规定如何实现，如何从条文走向现实，人大制度如何坚持和完善，如何进一步加强人大及其常委会的组织制度和工作制度建设，促进人大及其常委会工作的制度化、法制化、规范化；国家行政机关、审判机关、检察机关如何对人大及其常委会负责并接受它的监督；人民代表大会及其常委会如何对人民负责，受人民监督；人民如何通过人大制度这个重要途径和最高实现形式实现当家做主的愿望。诸如此类的问题，都需要在实践中探索和创新。因此，可以说没有人大工作的探索和创新，就没有人大制度

的坚持和完善，就没有社会主义民主政治的发展和实现。探索和创新是做好人大常委会工作的灵魂和动力。如何探索和创新，我们的体会是：以马克思列宁主义、毛泽东思想、邓小平理论和“三个代表”重要思想为指导，以宪法和法律为准绳，以人民拥护不拥护、赞成不赞成、高兴不高兴、答应不答应为标准，从实际出发，不断完善地方人大常委会行使职权的具体组织形式和实现形式，更好地发挥国家权力机关的职能作用。具体体现在以下几个方面：

（一）在反映民意、集中民智上探索创新

1.积极开展专题调研。没有调查就没有发言权，没有调查就没有决策权。因此，地方人大常委会要始终把调查研究作为基础工程来抓，紧紧围绕每一个审议议题、立法专题和视察调查检查的内容进行专题调研，积极组织组成人员和机关干部深入基层，明察暗访，了解民情、反映民意、集中民智，使制定的地方性法规、做出的决议决定、提出的审议意见，更能反映人民群众的意志和利益，更符合人民群众的愿望和要求。从 1998 年 7 月市第十一届人大常委会产生开始，我们无论是行使议决权，还是行使监督权，都要深入基层、深入群众、深入实际，进行专题研究。坚持做到每审议一部地方性法规，就要写出相应的立法调研报告；每审议“一府两院”一项工作报告，就有相应的一份专题调研报告；每组织一次视察、检查、评议活动，就要有相应的视察、检查报告或评议调研报告。去年人代会召开前，我们围绕新农村建设、项目建设、环境保护、农村医疗体制、劳动和社会保障、特困救助、中心旅游城市建设等 8 个专题组成 8 个调研组，开展了为期 1 个多月的深入调研，写出 8 篇专题调研报告，为人代会专题审议好“十一五”规划纲要提供科学依据，受到人大代表和人民群众的拥护与赞成。

2.全面实行办事公开。地方人大及其常委会是地方国家权力机关，是人民的代议机关，代人民掌权，对人民负责，受人民监督，这种性质地位决定了人大及其常委会的工作必须向全社会公开。这些年来，我们在办事公开方面迈出了坚实的步伐。一是会议公开，包括人代会、常委会的各种会议；二是具体工作公开，包括工作计划、立法规划和计划、执法检查及视察调研评议方案和计划等；三是重大事项公开，包括会议议题、立法规划和计划草案、法规草案等；四是办事结果公开，包括地方性法规、决议决定、议案建议办理、审议意见办理等。全面实行办事公开，增强了人大常委会工作的透明度，使常委会工作完全置于人民群众的监督之下。

3.拓宽民情渠道。保障和实现人民当家做主是人大常委会工作的根本目标，尊重和保障人民群众在政治生活中的知情权、参与权和监督权，是人民当家做主的具体体现。因

此，地方人大常委会一定要畅通民情渠道，确保公民依法有序参与国家生活和社会生活。这些年来，大同市人大常委会采取了一些有效措施，保证了民情渠道的畅通。先后建立了历届人大常委会主任、上届人大常委会副主任、本届专委会委员列席常委会会议的制度，公民旁听常委会会议制度，通过新闻媒体公布重要工作的制度，新闻发布会制度，登报征求意见制度及信访工作制度等，拓宽了公民知政知情渠道。特别是改革了人大工作的新闻报道方式，实现了由程序性报道向实质性报道转变，拉近了人大常委会与人民群众的距离。此外，常委会还建立了人大网站，设立了法律和财经咨询委员会，使之成为联系常委会和人民群众的桥梁纽带。

4.重视信访工作。人大常委会的信访工作是联系常委会和人民群众的桥梁，也是构建和谐社会的一股重要力量。其特点是为人大及其常委会行使职权服务的，是社会矛盾的晴雨表、人大监督的风向标。因此，我们要高度重视，积极采取措施，做好人大信访工作，为社会稳定和社会和谐做出我们应有的贡献。大同市人大常委会高度重视信访工作，1999 年 6 月，常委会做出了《关于加强信访工作的决定》，形成了市人大常委会办公厅信访科统一接待信访，各专委、工委办理信访案件，主任会议研究重点信访案件，必要时常委会会议审议重点信访案件的大信访格局。此外，从 2000 年十一届三次人代会起，每次人代会都安装 3 部热线电话，常委会、政府、"两院"各自设立信访接待室，大张旗鼓地接待来信来访。同时市民还可通过因特网与常委会、"一府两院"进行对话。这些接访方式一直坚持至今，形成了群众来信来访的绿色通道。

（二）在依法履行职责中探索创新

1.改革会议形式，创新审议方式，提高审议和决策质量。近年来，为提高审议和决策质量，各地人大常委会对如何开好人代会、常委会会议进行了一些改革和创新。大同市人大常委会也进行了一些探索。以人代会为例，一是变会前视察为会前视察与专题调研相结合；二是变以抓会务工作为主为以抓为审议决策提供服务为主；三是变分组审议、全团审议为分组审议、全团审议与联团审议相结合；四是变全面审议为全面审议与专题审议、大会专题发言相结合；五是变单一信访接待为"一会一府两院"多机关、多方式接待；六是变例行式审议决策为多议题审议决策；七是变封闭式会议为开放式会议。7 个方面的探索，就是 7 条硬性措施，使近 4 年来的历次人代会别开生面，耳目一新。特别是近 3 年来，我们连续就"三农"问题、依法行政、新农村建设 3 个专题进行大会审议发言，提供发言材料 36 篇，提出审议意见 180 多条，受到《中国人大》杂志的特别关注，并进行专题报道和经验介绍。

2.加大监督力度，完善监督方式。监督方式的探索与创新是做好人大常委会工作的重要途径。这些年，我们对此进行了有益的尝试，取得了较好的效果。一是实行满意度表决。过去常委会对“一府两院”的报告只听取和审议，不进行满意度表决，久而久之，形成报告与不报告一个样、报告好与不好一个样，甚至应应付付、凑凑合合。这样的监督必然是苍白无力的。2002 年初，我们郑重做出实行满意度表决的决定，规定表决票设满意与不满意两项，一律采用无记名投票表决。对半数以上组成人员不满意的报告，要求半年内整改后重新报告，再进行满意度表决，仍未通过的将采取其他监督措施。以 2005 年为例，就有煤炭安全生产、地下水资源管理、城市垃圾处理、房地产经营与管理、社会治安、道路交通安全 6 项报告未获通过，常委会分别下达专题建议书，要求限期整改。实践证明，实行满意度表决，不仅促进了“一府两院”的工作，而且提高了常委会的监督质量。二是扩大了预算审查的范围。常委会根据有关法规的精神，要求市政府不断扩大预算审查的编制部门的范围，从 2004 年开始，使提交给人代会审查的预算部门涉及全市所有一级预算单位，实现了大同市预算史上的历史性跨越。同时，按照依法审查“管好人民的钱”，依法监督“用好人民的钱”的原则，重点加强了对事关人民群众根本利益和法律法规有明确规定的预算支出的监督，加强了对预算外资金使用情况的监督，让有限的财力起到应有的作用。三是审议意见书。过去在听取和审议工作报告后，以简报的形式发给组成人员，往往好话连篇，报喜不报忧，这样的监督容易流于形式。从 1998 年开始，我们出台了试行办法，后制定了监督条例和议事规则，以立法的形式确立了审议意见书应有的地位。四是开展特定问题调查。位于我市市区北部的山橡集团，其氯丁橡胶的生产，既潜伏易燃易爆安全隐患，又排放大量废气、废水、废渣，造成市区环境的严重污染，2004 年发生了一起爆炸事故。市人大代表多次提出议案和建议，常委会也多次进行视察检查，始终未得到彻底治理。根据 13 位代表联名提出的议案，常委会郑重做出特定问题调查的决定，成立了调查组，举行了听证会和论证会，经过历时半年多的调研提出报告，于去年 10 月召开的常委会会议上，依法做出《氯丁橡胶生产项目实施搬迁的决议》，要求政府抓紧研究搬迁计划。这是大同市人大历史上的第一次，体现了以人为本、监督为民、民主监督的执政理念，受到市民群众的一致拥护。

3.以提高立法质量为重点，改进立法工作。立法权在我省只有省人大及其常委会、太原和大同市人大及其常委会享有，这里我只作简要介绍。一是编制立法规划和立法计划；二是突出经济立法（如煤炭立法）；三是注重系列立法（如“三公开”条例）；四是重视创制立法（如古城保护条例、物业管理条例）；五是完善规划人大及其常委会自身行为的立法（行使“四权”等九部法规）。

4.积极行使重大事项决定权。重大事项决定权是地方人大常委会的重要职权,在没有立法权的市、县(市、区)人大常委会的职权中,显得尤为重要。从这个意义上讲,重大事项决定权行使得好坏,直接关系到地方人大常委会工作的好坏,直接关系到地方国家权力机关形象的好坏。大同市人大常委会高度重视这项职权的行使,1998 年以来先后做出《关于大同古城保护的决议》《关于保护市区地下水资源的决定》《关于加强对垂直管理单位执法工作监督的决定》《关于进一步加强劳动就业的决定》等 20 多个决议决定,平均每两月常委会会议做一个决定,有力地促进了全市的工作。

5.积极采取措施,推进部门执法责任制的落实。执法责任制是落实依法治国方略的具体体现,而地方人大常委会的根本任务之一就是保证依法治国方略的实施。在这方面,我们这些年来做了大量的工作。为了推进依法治市战略的实施,我们将执法责任制分解为执法情况报告制、执法检查制、执法评议制、考试考核制、错案责任追究制,形成落实执法责任制的总体效应,促进了依法行政和公正司法。为了确保执法责任制工作取得实效,我们每年要求全市 64 个执法部门以书面形式报告执法情况,并做出好中差的评价,在一年一度的依法治市工作会议上予以通报,同时提交常委会会议审议,必要时还要针对问题进行执法检查评议,因此取得明显成绩。

(三)在代表工作中探索创新

人大代表是人民代表大会的组成人员,代表工作是人大常委会工作的重要内容。可以说,代表工作做好了,代表作用发挥好了,人大常委会工作也就做好了。近年来,随着人民代表大会制度的不断完善,代表依法履职的意识不断增强,代表工作也需要进一步改进。因此,我们要尊重代表的法定地位,积极探索,采取多种形式,充分发挥代表的法定作用。

1.完善代表工作的具体制度。《代表法》颁布以来,各地人大常委会都建立了一些代表工作制度,但随着中央 9 号文件的下发,这些制度远远不能适应形势发展的需要,急须补充和完善。为此,我们在原有代表工作制度的基础上,又建立了常委会组成人员定期走访代表联系代表制度、代表履职登记和档案管理制度、代表到原选举单位述职并接受评议制度等。比如,定期走访代表制度的落实:我们从 1999 年开始,每年正月初八上班第一天,就召开主任会议,安排常委会组成人员分 5 个组,利用初九、初十两天时间分别走访慰问在各县区工作特别是家居农村的市人大代表,送去关心和问候,带回意见和建议,连续 9 年顶风雪、冒严寒,在所不辞。再如代表履职登记档案制度和述职评议制度的落实:我们将全市 346 名代表每年的履职情况,由各县(区)常委会登记,市人大常委会归档管理，并在适当时候通报情况。且每年要求三分之一的代表赴原选举单位述职，接受评议和监督。常委会组成人员带头述职，对充分发挥代表作用产生了良好的效果。

2.多形式多途径培训代表，提高代表素质。众所周知，人大代表作为人大及其常委会行使职权的主体，其素质的高低直接关系到人大及其常委会的工作质量。因此，加强代表培训，提高代表素质尤为重要。为搞好这项工作，大同市人大常委会从 1998 年以来共举办了大型培训讲座 50 多次。本届市人大代表一经选出就集中搞了一次培训，2004 年 9 月结合人大制度 50 周年纪念，分两期在市委党校又搞了人大代表和市、县(区)人大机关主要领导人员的培训，这是以往少有的。2001 年、2003 年、2004 年我们在全市市县乡三级人大代表中开展了“提高人大工作质量”“人大代表如何做‘三个代表’忠实实践者”“坚持和完善人民代表大会制度”三次有奖征文活动，有 2000 多人次撰写了征文，市及各县区都搞了评奖，还组织了人大知识电视大奖赛，这些都极大地调动了人大代表工作的积极性。

3.积极改进议案建议的办理工作。办理代表议案、建议是地方人大常委会在人代会闭会期间的一项重要任务。关于如何办理好人大代表的议案和建议，这些年来，我们也进行了一些探索创新。一是确立了以提高办理质量为重点，以代表满意为标准的议案办理工作思路。二是将重点建议与“一府两院”进行面对面交办。去年人代会期间，我们与“一府两院”及所属部门 200 多人就 125 件建议中的 23 件重点建议进行面对面交办，新闻媒体予以公示。三是印制了征求意见和反馈意见卡，组织代表到承办单位检查，对代表不满意的及时向承办单位反馈，责成其重新办理。四是与大同电视台共同开办了《议案建议特别追踪》专题节目，对部分重点议案办理情况进行公开报道。所有这些在社会上产生了强烈反响。

4.创新服务代表的新形式。服务代表是地方人大常委会代表工作的又一重要内容，在这方面，我们也有一些新的做法。即划分代表活动小组和专业活动小组，拓展了代表活动空间；组织代表进行专题检查调研，拓宽了代表了解民情和反映民意的渠道；提供专题报告，为代表知情知政、认真履职搭建平台；创新人代会专题审议方式，保证代表建言献策有的放矢；印制代表专用审议意见卡，以利于代表充分表达意愿；等等。以上做法，为做好新时期的代表工作，发挥了重要作用。

5.建立人大代表和市县两级常委会“三位一体”的代表工作体制和机制，上下联动，发挥各方面的作用。

(四)在机关建设中探索创新

地方人大常委会工作要与时俱进、不断创新，关键在班子，根本在人才。因此，加强常委会机关自身建设，不断提高组成人员和机关工作人员的整体素质至关重要，大同市人大常委会在这方面一直抓得很紧。1998年市第十一届人大常委会产生以后，我们就提出了“抓学习、抓调研、抓规范”的工作措施和要“言之有理、言之有法、言之有据、行之有规”的要求。2003年市第十二届人大常委会产生后继续狠抓干部队伍建设，把常委会组成人员、人大代表和机关干部三支队伍建设当作常委会工作的重中之重，坚持不懈地开展“五抓五建”活动，走出一条加强自身建设的新路子，有力地推动了市人大常委会工作迈上新的台阶。

1.抓学习，创建学习型机关。一是完善学习制度。建立健全了党组中心组学习制度、常委会会议学习制度、代表培训制度和机关日常学习制度。坚持做到每次党组中心组会议必学，每次常委会会议必学，每次视察、调查、检查和评议活动必学，每周四机关干部半日必学，从根本上保证了学习时间、学习人数和学习效果。二是突出学习重点。学习马克思列宁主义、毛泽东思想、邓小平理论、“三个代表”重要思想、科学发展观和党的路线方针政策，学习党的历次代表大会和中央全会的精神、法律和人大业务知识。三是改进学习方法。领导带头讲课、以会代学、以训帮学、以赛促学，创造了新的学习模式。如新的宪法修正案通过后，我们及时列出宪法与党的领导、宪法与人大工作、宪法与人权保障等10个专题，连续举办为期两个多月的系列讲座，由10名厅处两级干部分别授课，带动了各县（区）乡（镇）两级人大机关的学习，在全市产生了较大反响。四是采取走出去、请进来的办法进行不定期学习培训。先后举办《立法法》、《行政许可法》、《监督法》、人大理论和财经知识等专题讲座，邀请全国著名学者授课。此外，我们还十分注意改善机关学习条件。从2001年开始，在办好《大同人大工作》《大同人大信息》两个刊物的基础上，先后投入150多万元，建立了新闻网站和电子阅览室，去年为机关每个办公室配齐了电脑和其他办公设备，为实现机关的信息化、网络化创造了条件。

2.抓调研，创建民意型机关。调查研究是人大工作的必修课，长期以来，我们大兴调查研究之风，始终把调查研究贯穿立法、监督、决策的全过程。我们特别重视民情的了解、民意的反映和民智的集中。为此，我们积极改进调研方式，做到了明察与暗访相结合，计划检查和随机抽查相结合，打招呼和不打招呼相结合，掌握了大量第一手资料，写出了调研报告，提出了调研意见，保证了调研质量，增强了调研效果。9年间，常委会各工作机构共向常委会提交专题调研报告220多项；向各次人代会提交专题调研报告55项。专题调研报告已成为人民代表大会和常委会正确决策的重要依据。

3.抓规范，创建法治型机关。根据人大常委会工作特点，我们在制定机关各项具体工作制度的同时，为提高机关效能，又建立了以工作流程为主要内容的工作制度，如立法工作程序、议案建议办理工作程序、信访办理工作程序。特别是按照《监督法》要求，修订了《监督条例》，完善了执法检查、计划和预算审查、规范性文件备案审查等监督工作程序，为贯彻实施《监督法》做好前期过渡工作。同时，完善了以岗位职责为主要内容的考核制度，健全奖优罚劣的激励和约束机制，如年度目标管理责任制、年度述职制、年度考评制、重点工作督查督办制等，为提高机关工作效能做好了制度保障。

4.抓改革，创建创新型机关。这方面情况前面已重点进行了介绍。下面，再补充三点：一是去年我们在立法中首次实行社会化起草法规草案，弥补了法规草案起草主体单一的缺陷，更加体现了立法的民主性和科学性；二是在监督中首次通过媒体向社会公开常委会年度工作计划、执法检查计划等，使常委会工作完全置于人民群众的监督之下；三是首次邀请乡镇、街道人大负责人列席常委会会议，拓宽了与基层人大的联系渠道，增强了常委会工作的透明度。

5.抓作风，建设责任型机关。作为地方国家权力机关，头上顶着“人民”二字和庄严的国徽，首先应当是个对人民负责任的机关。如果不勤政为民，人民不会答应；如果不廉洁奉公，人民不会满意。我们深感责任重大。长期以来，我们始终把对人民负责作为做好工作的全新理念，把知民情、晓民意、急民难、帮民需、集民智、释民疑作为建设责任型机关的基本准则，不断强化责任意识、服务意识和廉政意识，进一步增强了机关干部的事业心和责任感，良好的精神状态和扎实的工作作风成为常委会机关的生动体现。正是凭着这种敬业奉献精神，才保证了大同市人大常委会的生机与活力，才在人民群众中树立起地方国家权力机关的形象和权威。继2000年之后，大同市人大常委会于去年再次被省委评为全省人大工作先进单位。

以上是我在工作中的几点体会，不妥之处，请指正。

（本文系2007年6月根据受省人大常委会办公厅之邀去培训班讲课的录音整理）

坚持“五抓五建”加强自身建设 不断提高权力机关的履职能力和工作绩效

——在省委人大工作会议上的交流材料

做好人大工作，要靠省、市委的坚强领导，要靠“一府两院”的积极配合，要靠社会各界的大力支持，更要靠人大常委会机关的自身建设。“工欲善其事，必先利其器。”2000年6月省委人大工作会议以来，我们大同市人大常委会以“三个代表”重要思想为指导，以科学发展观为统领，以构建小康大同、法治大同、和谐大同为目标，按照中央关于建设真正的国家权力机关、依法履职的工作机关和联系群众代表机关的要求，坚持不懈地开展“五抓五建”活动，不断提高整体素质和履职能力，走出一条加强自身建设的新路子，有力地推动了全市人大工作迈上新的台阶。

抓学习，创建学习型机关

加强学习是做好人大工作的基本功，是常委会机关依法履职的必修课，我们始终把它作为全部工作的基础工程，高度重视，常抓不懈，推进了学习型机关的建设。

首先是完善了学习制度。根据常委会组成人员和机关干部的实际状况，结合人大工作的特点和需要，建立健全了中心组学习制度、常委会会议学习制度、代表培训制度和机关日常学习制度，坚持做到每次党组中心组会议必学，每次常委会会议必学，每次视察、调查、检查和评议活动必学，每周四机关干部半日必学，从根本上保证了学习时间、学习人数和学习效果。

其次是突出了学习重点。作为地方国家权力机关，提高思想政治水平是增强整体素质和履职能力的本质体现和内在要求，只有保持理论上的自觉与清醒，才能实现政治上的成熟与坚定。因此，我们始终把各级领导干部的理论学习放在首位，把学习马克思列宁主义、毛泽东思想、邓小平理论、“三个代表”重要思想和党的路线方针政策，把学习党的历次代表大会和中央全会的精神作为重点内容。2006年党的十六届五中全会召开后，我们先后四次组织中心组学习,就全会公报和中央关于“十一五”规划的建议,列出10个专题进行深入学习,并就科学发展观、构建和谐社会等专题举行机关学习大会,由主要负责同志宣讲辅导。2006年在保先教育期间,联系实际,认真学习,对照检查,深入剖析,增强了政治意识、责任意识和大局意识,确立了正确的权力观、利益观、政绩观和群众观,提高了思想政治水平。与此同时,我们始终把宪法法律和人大业务知识的学习作为人大工作的基础课,特别是把《宪法》《地方组织法》《代表法》《选举法》的学习摆在重要议事日程认真抓好。新的宪法修正案通过后,我们及时列出宪法与党的领导、宪法与人大工作、宪法与人权保障等10个专题,连续举办为期两个多月的系列讲座,由10名厅处两级干部分别授课,带动了各县(区)乡(镇)两级人大机关的学习,在全市产生了较大反响。

再次是改进了学习方法。在落实学习制度的过程中,我们革除长期习惯于填鸭式、满堂灌的陈旧方法,十分注重学习方法的灵活运用。一是领导带头。换届三年来,针对新的组成人员和新的机关干部较多的实际,我们加大培训力度,先后举办了三次大规模的代表培训班,分专题由厅处两级干部带头辅导,且分赴各县区进行宣讲,收到良好效果。二是以会代学。无论是例行的常委会会议,还是视察、调查和检查的动员会,都要在会前或会后进行学习培训,最近在开展《预算法》的执法检查时,专门抽出一天时间进行动员培训,邀请省人大的专家专题讲授相关法律知识,为搞好检查做了充分准备。三是以训帮学。去年中央九号文件精神传达后,及时举办了代表培训班,市委和常委会领导带头,就党对人大工作的领导、制度建设和代表工作进行宣讲辅导,受到一致好评。四是以赛促学。为提高代表素质,近年来,我们就如何提高人大工作质量、人大代表如何忠实实践“三个代表”、坚持和完善人民代表大会制度,连续三次举办有奖征文活动,连续两年举办人大知识电视竞赛。《人民代表报》开辟专版刊登部分征文,并进行特别报道,在全国产生了较大影响。五是采取走出去、请进来的办法进行不定期学习培训,先后举办《立法法》、《行政许可法》、人大理论和财经知识等专题讲座,邀请全国著名学者授课,除厅处两级干部参加省市统一组织的培训外,多次派出机关干部参加上级人大和外地人大举办的培训班和研讨班。此外,我们十分注意改善学习条件,从2001年开始,在办好《大同人大工作》《大同人大信息》两个刊物的基础上,先后投入150多万元,建立了新闻网站和电子阅览室,去年为机关每个办公室配齐了电脑和其他办公设备,为实现机关的信息化、网络化创造了条件。

通过上述努力,收到明显成效,6年共举办中心组学习30多次,大型专题讲座20多次,代表培训8次,人大知识竞赛5次,有力地增强了组成人员和机关干部的思想政治素质、法律素质和人大业务素质,大大地促进了学习型机关的建设。

抓调研，创建民意型机关

胡锦涛总书记指出，调查研究是谋事之基，成事之道。没有调查就没有发言权，没有调查就没有决策权，对于常委会机关来说，搞好调查研究是科学决策的需要，是依法行使职权的需要，是密切联系人民群众的需要，也是加强自身建设的需要。6年来，我们把调查研究作为做好工作的又一基本功和必修课，作为搞好自身建设的又一基础工程，高度重视，认真抓好，扎实推进了民意型机关的建设。

一是把调查研究贯穿立法、监督、决策的全过程。从1998年7月市第十一届人大常委会产生开始，我们无论是行使议决权，还是行使监督权，都要深入基层、深入群众、深入实际，进行调查研究，坚持做到每审议一部地方性法规，就要写出相应的立法调研报告；每审议“一府两院”一项工作报告，就有一份相应的专题调研报告；每组织一次视察检查评议活动，就要有相应的视察检查报告或评议调研报告。6年共组织各类调研活动360多次，写出各类调研报告320多篇，调查研究在常委会机关蔚然成风。

二是把人民群众关注的热点、难点作为调查研究的重点。人大常委会是代表人民行使职权的，深入了解民情，充分反映民意，广泛集中民智，切实珍惜民力，不仅要成为做好工作的最高准则，也要成为搞好调查研究的出发点和归宿。我们抓住人民群众普遍关注的热点、难点问题，开展深入的调查研究，为立法监督和决策提供可靠依据。今年人代会召开前，我们围绕新农村建设、项目建设、环境保护、农村医疗体制、劳动和社会保障、特困救助、中心旅游城市建设等8个专题组成8个调研组，开展了为期1个多月的深入调研，写出8篇专题调研报告，为今年的人代会专题审议好“十一五”规划纲要提供科学依据，受到人大代表和人民群众的拥护与赞成。

三是把改进调研方式作为了解民情、反映民意、集中民智的有效手段。6年来，我们舍得花大力气、下大功夫，体察群众情绪，感受群众疾苦，倾听群众呼声，集中群众智慧。对于有些群众关注的深层次矛盾和问题，不能满足于听听汇报，查查资料，更不能走马观花，蜻蜓点水，浮光掠影，浅尝辄止，而必须把握调查研究的特点和规律，针对不同任务和对象采取不同的调研方式。如在历次评议调研中，我们做到明察与暗访相结合、问卷与查案相结合、自评与他评相结合，掌握了大量第一手资料，写出了评议调研报告，提出了评议意见，保证了评议工作质量，增强了监督效果。

抓规范，创建法治型机关

邓小平同志有句名言："制度好可以使坏人无法任意横行，制度不好可以使好人无法充分做好事"，"制度建设更带有根本性、全局性、稳定性和长期性"。有鉴于此，我们长期致力于常委会机关的制度建设，既有用来规范工作内容的实体性制度，又有用来规范工作程序的程序性制度，到目前制定出地方性法规、具体工作制度、工作流程、议事程序和机关岗位责任制共 5 个大类 142 项制度，基本形成独立完整配套的制度体系，为实现人大工作的规范化、制度化、法制化奠定了坚实的基础。

一是完善了依法行使职权的制度。从上一届常委会开始，我们着手制定用来规范行使四大职权的地方性法规，先后出台了地方立法条例、监督工作条例、讨论决定重大事项规定、人事任免办法，并制定了相应的具体工作制度。以讨论决定重大事项规定为例，该法规明确规定了应由常委会决定或批准的 17 个方面的重大事项，由常委会审议或备案的 11 个方面的重大事项，同时规定了决定重大事项的程序和方法，具有较强的民主性、科学性和可操作性，为行使好重大事项决定权提供了有力保障。

二是完善了会议制度。6 年来，我们高度重视会议的改革和创新，制定和出台了用来规范常委会会议、人代会会议、主任会议、专委会会议一系列制度和流程，而且将有些比较成熟的制度及时上升为地方性法规。如用来规范常委会会议的议事规则，不仅详细规范了举行会议的具体程序，还将一些经过实践证明成熟的工作制度写进了法规，有表决制度、审议制度、列席制度、旁听制度、调研制度、公告制度等，为提高常委会会议质量、审议决策质量和工作监督质量提供了制度保障。

三是完善了代表工作制度。我们制定出台了"两办法一决定"，即《联系代表发挥代表作用的办法》《代表议案建议提出和办理办法》《代表履职自觉接受监督的决定》，系统地规范了代表行为和代表工作，这一做法受到全国人大的充分肯定。为落实好"两办法一决定"，我们建立健全了代表工作的具体制度，包括代表学习培训制度，代表列席常委会会议制度，代表接待日制度，常委会组成人员定期走访代表联系代表制度，组织代表视察检查调查评议制度，代表议案、建议、批评和意见督办制度，代表履职登记和档案管理制度，代表小组和专业小组活动制度，为代表订阅报刊寄送资料制度，代表到原选举单位述职并接受评议制度等。这些制度为做好代表工作打下扎实基础，比如定期走访代表制度的落实，我们从 1999 年开始，每年正月初八上班第一天，就召开主任会议，安排组成人员分 5 个组，利用初九、初十两天时间分别走访慰问在各县(区)工作特别是家居农村的市人大代表，送去关心和问候，带回意见和建议，连续8年顶风雪、冒严寒，在所不辞。再如代表履职登记档案制度和述职评议制度的落实，我们将全市346名代表每年的履职情况，由各县(区)常委会登记，市人大常委会归档管理，并在适当时候通报情况，且每年要求三分之一的代表赴原选举单位述职，接受评议和监督，常委会组成人员带头述职，对充分发挥代表作用产生了良好的效果。

四是完善了其他各项工作制度。我们概括的审议报告、地方立法、执法检查、人事任免等10项工作，项项都有制度、程序和流程图。如信访工作，我们建立了以申诉接访听证、重点信访案件调查、协助办理和督办为内容的信访工作制度和以重要信访案件上主任会议、疑难案件倾听各方意见、托办案件发监督意见书为内容的个案监督制度。再如新闻宣传方面，建立了市级新闻单位负责人列席常委会会议的制度，新闻发布会、协调会、通气会制度，人大好新闻评奖激励制度，等等。这些制度的建立和完善，有力地保障和促进了全市人大工作的开展，为创建法治型机关奠定了坚实基础。

抓改革，创建创新型机关

创新是一个民族进步的灵魂，是一个国家兴旺发达的不竭动力，是各项事业成功的秘诀所在。人大工作也不例外。6年来，我们讲求工作质量，不断探索创新，为人大工作注入新的生机与活力。

如何开好常委会会议和人代会会议，对提高审议和决策质量至关重要。6年来，我们改革会议形式，创新审议方式，形成了较为完整的一套做法。以人代会会议为例，一是变会前视察为会前视察与专题调研相结合；二是变以抓会务工作为主为以抓为审议决策提供服务为主；三是变分组审议、全团审议为分组审议、全团审议与联团审议相结合；四是变全面审议为全面审议与专题审议、大会专题发言相结合；五是变单一信访接待为“一会一府两院”多部门、多方式接待；六是变例行式审议决策为多议题审议决策；七是变封闭式会议为开放式会议。7个方面的探索，就是7条硬性措施，使6年来的历次人代会别开生面，耳目一新。特别是近3年，我们连续就“三农”问题、依法行政、新农村建设3个专题进行大会审议发言，提供发言材料36篇，提出审议意见180多条，受到《中国人大》杂志的特别关注，并进行专题报道和经验介绍。

监督方式的探索与创新是做好人大工作的重要途径。6年来，我们不断加大监督力度，逐步完善监督方式。一是实行满意度表决。过去常委会对“一府两院”的报告只听取和审议，不进行满意度表决，久而久之，形成报告与不报告一个样，报告好与不好一个样，甚至应应付付、凑凑合合，这样的监督必然是苍白无力的。2002 年初，我们郑重做出实行满意度表决的决定，规定表决票设满意与不满意两项，一律采用无记名投票表决，对不满意的报告，要求半年内整改后重新报告，再进行满意度表决，仍未通过的将采取其他监督措施。仅去年一年就有煤炭安全生产、地下水资源管理、城市垃圾处理、房地产经营与管理、社会治安、道路交通安全 6 项报告未获通过，常委会分别下达专题建议书，要求限期整改，截至目前有两项报告已获通过，其余 4 项有待整改后重新报告。实践证明，实行满意度表决，不仅促进了“一府两院”的工作，而且提高了常委会的监督质量。二是特定问题调查。位于我市市区北部的山橡集团，其氯丁橡胶的生产，既潜伏易燃易爆安全隐患，又排放大量废气、废水、废渣，造成市区环境的严重污染，去年还发生了一起爆炸事故。市人大代表多次提出议案和建议，常委会也多次进行视察检查，始终未得到彻底治理。根据去年年初 13 位代表联名提出的议案，常委会郑重做出特定问题调查的决定，成立了调查组，举行了听证会和论证会，经过历时半年多的调研提出报告，于去年 10 月召开的常委会会议上，依法做出《氯丁橡胶生产项目实施搬迁的决议》，要求政府抓紧研究搬迁计划。这是我市人大历史上的第一次，体现了以人为本、监督为民、民主监督的执政理念，受到市民群众的一致拥护。三是审议意见书。过去在听取和审议工作报告后，以简报的形式发给组成人员，往往好话连篇，报喜不报忧，这样的监督容易流于形式。从1998 年开始，我们先后出台了试行办法，后制定了监督条例和议事规则，以立法的形式确立了审议意见书应有的地位。上届任期 5 年内，共召开常委会会议 39 次，听取“一府两院”工作报告 142 项，形成审议意见书 55 项，提出审议意见 455 条，办结率达 95%以上，有力地促进了全市的经济发展和社会的全面进步。四是在评议方式的探索创新方面迈出了坚实的步伐。6 年来，我们先后对经委主任、教委主任、国资局长，对公安、工商、地税三个部门，对 65 名法官和 79 名检察官，对一位副市长和市政公用局长进行了 4 次较大规模的评议活动，探索和积累了一些做法，主要有：民主确定评议对象；发布公告征求全社会的意见；改进法律考试办法；评议调查形式上的不拘一格、做法上的多样并用，产生了良好的效果。如对评议对象的法律考试，一改过去照抄、替考的不良现象，将试题一律输入题库，随时定人，随机抽题，当面回答，现场评分，既体现了公开、公平、公正的原则，又避免了流于形式的现象。

代表工作的探索与创新，既丰富了代表的活动内容，又为做好人大工作打下了基础。我们在完善尊重代表、组织代表、服务代表等项制度的同时，一是建立了人大代表和市县(区)两级常委会“三位一体”的代表工作体制和机制，上下联动，发挥各方面的作用。从 2004 年开始，按照人代会要求，常委会组织全体市人大代表分三批向原选举单位述职接受评议监督，收到良好效果。二是改进议案建议的办理工作，确立了以提高办理质量为重点，以代表满意为标准的议案办理工作思路，今年人代会期间，我们与“一府两院”及所属部门200多人就125件建议中的23件重点建议进行面对面交办，新闻媒体予以公示。我们还印制了征求意见和反馈意见卡，组织代表到承办单位检查，对代表不满意的及时向承办单位反馈，责成其重新办理，与大同电视台共同开办了《议案建议特别追踪》专题节目，对部分重点议案办理情况进行公开报道，所有这些在社会上产生了强烈反响。三是创造了服务代表的新形式，即划分代表活动小组和专业活动小组，拓展了代表活动空间；组织代表进行专题检查调研，拓宽了代表了解民情和反映民意的渠道；提供专题报告，为代表知情知政、认真履职搭建平台；创新人代会专题审议方式，保证代表建言献策有的放矢；印制代表专用审议意见卡，以利于代表充分表达意愿；等等。所有这些，为做好新时期的代表工作，为创建创新型机关发挥了重要作用。

抓作风，创建责任型机关

作为地方国家权力机关，头上顶着“人民”二字和庄严的国徽，地方人民代表大会及其常务委员会首先应当是个对人民负责任的机关。因此，我们始终把对人民负责作为做好工作的全新理念，把知民情、晓民意、急民难、帮民需、集民智、释民疑作为建设责任型机关的基本准则，不断加强作风建设，在人民群众中树立起良好形象。

重大事项决定权的行使事关人民群众根本利益的实现，必须本着对人民负责的态度认真行使好。6年来我们紧紧围绕改革发展稳定的工作大局和事关人民群众切身利益的重大问题，先后就信访、禁毒、古城保护、青少年健康成长、地下水资源保护、劳动就业、城乡特困群体救助等做出决议决定20多项，仅就依法治市做出的决定就有6项，即《关于推行部门执法责任制的决定》、《依法治市的决定》、《对执法人员监督的决定》、《改善经济发展法制环境的决定》、《对行政审判和行政复议工作的决定》和《对垂直管理单位监督的决定》。不但如此，而且采取四个步骤保证落实，即每项决定公布之后立即召开会议安排部署；深入下去强化督查；就落实情况进行成效反馈；对责任部门和单位进行检查评比，产生了很好的效果。2004年人代会上做出的《实施特困救助的决定》发表后，常委会领导亲自带队，深入11个县(区)和有关部门进行专项检查。春节期间利用走访慰问代表之机，顶风冒雪，登门走访，核对特困户名单，询问救助款是否兑现，优惠待遇是否得到落实。据此政府出台实施意见，分类施保，并下拨200万元救助资金，年底又追加100万元，全部落实到特困家庭中，困难群众无不拍手叫好。

预算的审查和监督也是事关人民群众根本利益的大事，我们按照依法审查、管好人民的钱，依法监督、用好人民的钱的原则，加大监督力度，特别是对一些重点部门的预算，采取全面审查、专项审查和重点审查相结合的办法，一方面集中财力给予重点倾斜，另一方面要求改变不合理的拨付方式。市交警支队的公用经费是通过罚没收入来支付的，其弊端很明显，经过调研提出由财政统一拨付，严格实行收支两条线，避免了乱收费、乱罚款现象，也从源头上遏制了腐败现象的滋生。

信访工作关系到信访群众的切身利益，也关系到权力机关的形象和权威，6 年来我们带着对人民群众的深厚感情尽全力做好信访工作，不仅做出了决定，健全了制度，培训了队伍，而且做到疏而不堵，揽而不推，办而不拖，不断开创新的局面。以去年为例，共受理来信 1400 多件，来访 1200 多人次，接待群体上访 20 批 700 余人次，做到事事有交代，件件有回音。对那些申诉、控告、检举的 235 件信访案件，不断加大个案监督力度，件件都有着落，其中重点监督的 28 件除 21 件办结外，其余 7 件也报回办理情况。

良好的精神状态和扎实的工作作风更是责任型机关的生动体现。现在无论是人大及其常委会的组成人员，还是机关工作人员，普遍感到人大机关根本不是赋闲之地，在人大工作绝不轻松。6 年中召开主任会议 170 多次，研究了 950 多个议题，召开常委会会议 41 次，听取和审议“一府两院”工作报告 132 项，提出审议意见 490 多条，做出决议决定 20 多项，写出视察、调查、检查、审查等各类报告 380 多篇。这样大的工作量，离开组成人员和机关工作人员良好的精神状态和扎实的工作作风是不可想象的。特别是常委会领导班子，生动活泼，没有顾忌，队伍整齐，责任心强，处处起表率作用，是个团结战斗的领导集体。我们的厅处两级干部每年的日程排得满满的，每年的工作节奏紧锣密鼓，有时节假日也不休息，无论炎炎烈日还是冰天雪地，视察调查执法检查。各专委、工委经常夜以继日地工作，不讲价钱，不计报酬，甘于清贫，自觉奉献。正是凭着这种敬业奉献精神，凭着做好工作的使命感和责任感，才改变了长期以来形成的工作无压力、无责任、无绩效的状况，才保证了人大工作的生机与活力，才在人民群众中树立起地方国家权力机关的形象和权威。

我市人大常委会坚持“五抓五建”，加强自身建设，虽然取得了一定成绩，但与兄弟城市相比，还存在许多差距和不足，恳请提出宝贵意见。我们将不断总结经验，以创新的精神，扎实的工作，高度的热情，履行好法律赋予的职责，为建设小康大同、法治大同、和谐大同做出新的贡献。

（2006 年 5 月 29 日）

《大同市第十一届人民代表大会志》序

翻阅着一页页书稿，查看着一篇篇资料，我仿佛回到了我担任大同市第十一届人大常委会主任的五年：

我看到了人大常委会加夜班的灯光，那不是法制委主任委员孙江正在为落实执法责任制起草方案吗？

我看到了人大常委会副主任靳胥和教科文卫工委主任任振功，正在召开专家、学者座谈会，听取他们对保护古城的意见，准备以主任会议的名义提出保护古城决议的议案。

我看到了人大常委会副主任王兴祥正在主持《大同古城保护条例（草案）》的立法听证会，陈述人正在踊跃发言，听证人正在认真倾听。这是全国地方人大最早召开立法听证会的两家（广东省人大与大同市人大）之一。

我看到了人大常委会兼职委员韩佃杰、高建新、侯建军、陈正元等夜间突击检查网吧、歌舞厅等娱乐场所，正在为作出《加强娱乐场所管理，保护未成年人健康成长的决议（草案）》而进行着专题调研。

我看到了“一府两院”办理人大常委会审议意见书的报告。从 1998 年 8 月开始，每次人大常委会的审议意见书，“一府两院”都必须认真办理并要报告。

我看到了主任会议成员与人大常委会委员一起正在对省垂直管理的行政执法机关税务局、工商局进行执法工作评议，为他们提出了一条条整改建议。

我看到了各专委、工委负责人都在办理群众来信来访案件。这是因为常委会制定了《加强信访工作的决定》，建立了全机关办信访、主任会议研究重点信访案件，形成绿色信访通道的制度。

我看到了……

第十一届人大及其常委会任期的五年，是全体代表、常委会组成人员、主任会议成员和常委会机关干部勤奋工作的五年，是在党的理论创新成果指导下，以宪法为根本依据，以民本为主导理念，以民主为价值取向，以民生为工作重点而不断探索的五年。

这五年，是大同人大立法步伐最快的五年，也是民主立法、科学立法，不断提高立法质量、立法效能的五年。

这五年，是大同人大大胆行使重大事项决定权的五年，不仅做出了法律规定的程序性决议、决定，还结合大同经济、政治、文化、社会发展情况作出了十多项实体性决议、决定。这些决议、决定，有不少在全省乃至全国都是第一次。

这五年，是大同人大不断加大监督力度，突出监督重点，提高监督效果的五年。人代会上改善了审议方式，实行了全面审议与专题审议相结合，分团分组审议与联团审议、大会专题审议相结合，形成审议意见书，会后让“一府两院”去办理。从2002年4月开始，每次常委会会议上都要对“一府两院”的专项工作报告进行满意度表决，凡无记名投票满意票未过半的为不通过，必须进行整改，半年后再重新报告。一个满意度表决，让“一府两院”对人民、对人大有了敬畏之心，对工作、对事业有了责任之心。

这五年，是大同市人大常委会以代表为主体，尊重代表法定地位，发挥代表法定作用，接受代表法定监督的五年。人大常委会主任会议成员和专委、工委负责人，每年春节期间都要到基层，登门为基层代表拜年，送去问候和温暖，带回意见和建议。在代表中建立代表专业小组，实行专业小组、专题调研、专题审议、专题建议相结合。市直单位的代表都要到选举单位述职，接受选举单位的评议。

这五年，是人大常委会加强机关队伍建设，提高工作人员素质的五年。机关实行“凡进必考”的制度，公开招考，择优选调了九名机关工作人员，输入了新鲜血液，改善了人员结构。

《大同市第十一届人民代表大会志》不可能也没有必要记录第十一届人大及其常委会的全部工作，但对工作的概貌、工作的重点、工作中的主要探索和创新实践，还是比较全面地做了记载的。这本志书，是我在连任大同市第十二届人大常委会主任期间就应该完成的。我因故没有完成，留下很大的遗憾。所幸的是以大同市第十三届人大常委会主任梁凤书为首的编委会和编辑部成员完成了编纂任务，弥补了我的缺憾，了却了我的心愿。洋洋百万言之巨，完全蕴含着他们的心血，记载着他们的辛劳。我万分地感谢！

是为序。

（2010年5月15日）

《大同市第十二届人民代表大会志》序

志书是对往事的文字记载。它收录的一篇篇文稿、一幅幅图片、一页页资料,记载的是人的足迹,是人走过的路。

我有幸担任了大同市第十一、第十二两届人民代表大会常务委员会主任。回顾这十年大同市人大走过的路,我最大的感悟有以下几个方面。

一、权为民所授,就必须以民为本,这是人大工作的主导理念

人大工作者要树立以民为本的理念,就是要有权为民授、代民行权的意识。《宪法》规定,“中华人民共和国的一切权力属于人民”“人民行使国家权力的机关是全国人民代表大会”。这就明确地告诉我们,我们的国家是人民当家作主的国家,国家的一切权力属于人民,人大及其常委会的权力是人民赋予的,人大及其常委会是代表人民行使权力的。作为人大工作者,不管是人大常委会组成人员、人大代表,还是人大常委会机关工作人员,都要懂得这样一个道理:人大及其常委会的权力是人民授予的,行使权力,履行职责,都要代表人民的意志,都要为人民谋利益;人大及其常委会行使法定职权,是人民行使权力的主要途径和实现形式,人大及其常委会不工作或干不好工作,就是让人民丧失宪法和法律规定的权力,就是让人民丧失当家作主的地位。

人大工作者要树立以民为本的理念,就是要有权为民用、为民尽责的意识。《宪法》明确指出:“全国人民代表大会和地方各级人民代表大会都由民主选举产生,对人民负责,受人民监督。”人大及其常委会的权力都是人民赋予的,人大及其常委会是代议机关,行使的是人民的权力,这就决定了权力机关的权力必须为民所用,为民尽责,要始终履行全心全意为人民服务的根本宗旨,要把“以民为本,关注民生,维护民利,保障人权”作为人大及其常委会工作的永恒主题。要充分发挥人大及其常委会的法定职能作用,把人民群

众最关心、最直接、最现实的利益维护好、实现好;把人民群众反映最强烈、舆论最关注、解决难度大的焦点、热点、难点问题督促好、处理好;把依法行政、公正司法重视好、保证好,使人民群众的合法权益得到有效保护,使人权得到尊重和保障。

人大工作者要树立以民为本的理念,就是要有权为民控、受民监督的意识。权力不受监督和制约,必然产生腐败;绝对的权力必然产生绝对的腐败。这是被实践证明了的一个颠扑不破的真理。作为权力机关的人大及其常委会的权力,也一样要受到人民群众的控制和监督。宪法和法律是人民意志的体现,是人民当家作主的根本保证。宪法和法律明确规定了人大及其常委会的职权,要做到权为民控,受民监督,一是要依法行使权力,依法发挥作用,既不可失职,也不可越权。作为权力机关组成人员的人大代表,要对人民负责,受人民监督;要端正思想,摆对位置,当好人民权力的受托者;要深入群众,调查研究,当好人民意志的表达者;要依法履职,尽职尽责,当好国家权力的行使者;要热爱人民,关心群众,当好人民权益的维护者。作为人民代表大会常设机关的人大常委会,既要对人民代表大会负责,受人民代表大会监督,又要对人民负责,受人民监督。要加强学习,建设学习型机关;要深入调研,建设民意型机关;要完善制度,建设法治型机关;要开拓进取,建设创新型机关;要注意修养,建设廉正型机关。二要让人大及其常委会的权力在阳光下运作,提高工作的透明度,扩大行使权力的公开性。首先,要尊重并保障人民群众的知情权。要运用报纸、电视、广播等传统媒体,运用互联网这个新兴电子媒体,公开人大及其常委会的决议、决定,公开人大及其常委会制定的地方性法规,公开人大及其常委会的选举、任免事项,公开人大及其常委会的监督内容、监督方式、监督结果。人大及其常委会的工作除涉及国家机密的事项和个人隐私外,所有的办事权限、办事依据、办事程序、办事时限、办事结果都应向全社会公开,向人民群众公开,以接受社会监督、上级人大及其常委会的监督和人民群众的监督。其次,要尊重并保证人民群众的参与权。要建立公民旁听人代会、人大常委会会议的制度并真正实施;要在履行法定职责的活动中召开各种类型的座谈会、论证会、听证会等,邀请公民代表参加。再次,要尊重并保障人民群众的表达权、话语权。要让人大常委会机关成为人民群众来信来访的绿色通道,形成全机关办理信访案件,主任会议、常委会会议研究重点信访案件的格局。尊重和保障人民群众的知情权、参与权、表达权,就是要尊重和保障人民群众的监督权。人大及其常委会要虚心听取人民群众的意见,认真接受人民群众的批评,自觉经受人民群众的检验,切实把"人民群众满意不满意,高兴不高兴,赞成不赞成"作为衡量工作的最高标准。

"理念"决定思路,左右行为,影响绩效。把"以民为本"作为人大工作的主导理念,就可以产生正确的人大整体工作思路和具体工作思路,就可以更好地发挥权力机关、代表机关、工作机关的法定作用,就可以提高人大及其常委会的履职能力和工作质量,加快社会主义民主政治建设的步伐。

二、情为民所系,就应该尊重民意、熟知民意、体现民意,让民意成为人大工作的基本依据,让民意左右人大的所作所为,让民意体现在人大的决策中、监督中

要尊重民意,就是要充分认识民意在人大工作中的地位和作用。民意是人大工作的基础,是人大工作的依据。人大的立法权、重大事项决定权、监督权、人事选举、任免权的行使,只有反映了民意、体现了民意,才能实现真正的人民当家作主,才能实现好、维护好人民群众的根本利益,才能让《宪法》中关于“一切权力属于人民”的规定变为现实。

要熟知民意,就是要紧密联系人民群众,把调查研究作为人大工作的基本功,让调查研究贯穿于人大履行法定职责的全过程。在深入实际、调查研究中经常问问老百姓在想什么、盼什么,经常看看老百姓在干什么、谋什么,经常听听老百姓在说什么、赞什么、骂什么,经常想想老百姓在急什么、愁什么。要把握人民群众的脉搏,要了解人民群众的诉求,要集中人民群众的智慧。要熟知民意,就要高度重视人民群众的来信来访处理工作。要建立主任、副主任亲自接访,各专委、工委参与信访调查,主任会议、常委会会议研究重点信访案件的信访工作管理体制和运行机制,真正把人大机关变为人民群众来信来访的绿色通道。要熟知民意,就要充分尊重人民群众的知情权、表达权、参与权。要建立多种平台,开通各种渠道,让人民群众有序地参与政治;要建立公民旁听人代会、常委会的制度;要召开各种类型的座谈会、论证会、听证会,让人民群众充分表达自己的利益诉求。

要体现民意,就是要把民意体现在人大履行职责的程序和结果中。行使重大事项决定权要体现民意,做出的决议、决定要体现民意。要开好人民代表大会会议,会前要组织代表开展视察,特别是开展专题调研活动,深入了解民情,充分反映民意,广泛集中民智;会中要搞全面审议、综合审议,更要搞好专题审议,充分发挥代表专业小组的作用,提高审议质量,使作出的决议决定更加符合民意、体现民意。要高度重视人大代表在深入调查研究基础上提出的议案和建议,把符合民意、集中民智的议案和重点建议办理好。要开好人大常委会会议,及早确定并向社会公布拟听取的“一府两院”的专题报告,会前由市人大常委会或委托专委、工委组织开展好专题调研活动,力争做到有一项专项报告,就有人大常委会的一项专题调研报告,使人大常委会组成人员的审议真正做到言之有理、言之有法、言之有据,使人大常委会的审议意见更加符合民意、体现民意。

行使立法权要体现民意。起草法规草案前,一审、二审甚至三审、四审前都要搞立法

调研,把立法调研贯穿于立法的全过程。凡与人民群众权益关系密切的法规,都应向社会公布草案,征集人民群众的意见和建议,凡争议较大的法规草案还要召开立法听证会、论证会和辩论会。制定法规要以人民的根本利益为价值取向,杜绝国家利益部门化、部门利益法制化,真正做到法为民立,法为民富,法为民和,法为民安。行使监督权要体现民意、符合民意。实施法律监督的执法检查,事前要向社会公告,公布执法检查的对象、重点,征求人民群众对执法、司法工作的意见,提出的法律监督意见要充分反映民意。行使选举权、人事任免权也要体现民意,把人民群众赞扬、拥护、满意的人选举为国家机关工作人员。

尊重民意、熟知民意、体现民意、代表民意与坚持党的领导、拥护党的主张、执行党的路线方针政策,是完全一致的,是可以紧密结合的。从第一代领导核心的"全心全意为人民服务",到第二代领导核心的"三个代表",再到第三代领导核心的"立党为公,执政为民""情为民所系,权为民所用,利为民所谋",都是一脉相承,把人民群众的根本利益放在第一位的。党的基本理论、基本路线、基本方针、基本政策,都是民意的反映,都是民智的结晶。作为人大工作者,我们要把二者有机地结合起来,高度地统一起来。共产党执政,就是领导和支持人民当家作主,最广泛地动员和组织人民群众依法管理国家和社会事务,管理经济和文化事业,维护和实现人民群众的根本利益。我们所说的民意,应该是广大人民群众对根本利益的诉求,对科学发展、社会和谐美好意愿的表达,而不是少数人非理性的情绪化的要求。

三、利为民所谋,就应该维护好、发展好、实现好人民群众的根本利益,关注民生、重视民生、护佑民生、改善民生。这是人大及其常委会工作的重中之重,也是实现人民当家做主的一项重要标准和根本要求

教育是民生之基。教育关系到人的知识的获取,关系到人的素质的提高,关系到人的全面发展,关系到人的价值的实现。人大及其常委会一定要重视《义务教育法》的实施,要利用审查批准财政预算的权力,加大对教育事业的投入,改善办学条件,提高适龄儿童的入学率,极力降低失学率、辍学率;一定要重视教育资源的合理配置,加大对农村教育、职业技术教育的投入;一定要重视教育的公平,让人人都享有受教育的权利;要重视青少年的健康成长,建立学校、家庭、社会三位一体的教育管理体制,预防和减少青少年犯罪。

就业是民生之本。就业是人的劳动权利的实现,也是人的生存生活条件的需求。人大

及其常委会一定要保证劳动就业法律法规在本行政区域内的遵守和执行。要高度重视、严格控制失业率,把它作为经济社会发展的第一个约束性指标;要重视大中专毕业生和新成长劳动力的就业,重视下岗工人再就业和城市零就业家庭、低收入家庭的就业问题;要加强职业技能教育和培训,促进农村劳动力转移,重视农民工就业;要重视劳动仲裁、司法诉讼工作,在当前劳动力过剩、劳动者处于弱势地位的情况下,要注重劳动者合法权益的保护。

社保是民生之依。社会保障是人类社会进步的体现,是特殊群体和困难群体的护身符,是为广大人民群众解困克难的防滑链。人大及其常委会要利用人民给予的权力,制定社会保障方面的法律法规,完善相关制度。要重视养老保险制度的落实,做到老有所养;要重视医疗保险制度的落实,做到病有所医;要重视失业保险制度的落实,做到困有所帮;要建设廉租住房,做到住有所居。要高度重视对特困群体的救助,使他们有饭吃、有衣穿,有一定的生活生存保障。

环保是民生之靠。环境保护关系到人民生存条件的改善,关系到人民生活质量的提高,也关系到可持续发展。人大及其常委会要重视大气环境的治理,让人民呼吸到清新的空气;要重视水污染的治理,特别要重视饮用水水源地的管理,让人民喝上洁净的水;要重视垃圾的无害化处理,重视生态、园林建设,不断为人民提供一个舒适优美、健康宜居的家园。

安全是民生之天。生命最宝贵,安全大如天;健康就是福,责任重于山。人大及其常委会要尽职尽责保证生产安全、医疗安全、交通安全、食品安全、药品安全、饮水安全等有关生命安全、身体健康法律法规的遵守和执行。要监督建立事故预防、灾害预防、抢险救灾制度并监督实施;要监督建立应急预案、追责处理制度,用好的体制、机制保障安全,保障人民的生命权。

发展是民生之源。发展为了人民,发展要依靠人民,发展的成果要由人民共享。人大及其常委会要以科学发展观为统领,把促进发展作为第一要务,支持和监督“一府两院”搞好经济、政治、文化、社会“四位一体”的建设;注重统筹协调,注重分配制度改革,缩小城乡、区域、个人贫富差距,逐步实现共同富裕。

民生连着民权、民利。重视民生,改善民生,护佑民生,保障民生,从根本上来说,就是要保障人民群众的生存权、发展权、平等权、财产权等。人大及其常委会要突出“以人为本,关注民生,维护民利,保障人权”的主题,以人民赋予的权力制约行政权力、司法权力,防止权力的滥用,防止公共权力伤害人民权利,促进依法行政、公正司法,促进社会公平正义,促进社会和谐。

四、权为民所用，就应该把民主作为人大工作的最高、最根本的追求，以实现人民当家做主为根本目标

党的十七大报告明确指出，“人民当家做主是社会主义民主政治的本质和核心”“人民民主是社会主义的生命。发展社会主义民主政治是我们党始终不渝的奋斗目标”。胡锦涛总书记在纪念人大制度建立50周年大会上的讲话中指出：“衡量一个政治制度是不是民主的，关键要看最广大人民的意愿是否得到了充分反映，最广大人民当家做主的权利是否得到了充分实现，最广大人民的合法权益是否得到了充分保障。”作为党领导下的人民代表大会制度的主要载体，作为处于国家机关核心地位的人民代表大会更应该把人民民主视为自己的生命，视为自己的根本，更应该把人民当家做主作为自身工作所追求的最高价值目标。这是人民代表大会的地位、性质和作用所决定的。

实现人民当家做主，首先，要把人民代表大会制度坚持好、完善好，要把各级人民代表大会真正建设成为国家权力机关。人民代表大会制度是人民当家做主的根本途径和最高实现形式，是人民当家做主的最好的组织形式和最有力的制度保证。通过民主选举产生的全国人民代表大会和地方各级人民代表大会是国家最高权力机关和地方各级国家权力机关，是人民行使国家权力的机关。各级人民代表大会都要对人民负责，受人民监督。国家行政机关、审判机关、检察机关都由人民代表大会产生，对它负责，受它监督。各级人民代表大会一定要保证宪法和法律在本行政区域内的遵守和执行，一定要把宪法和法律规定的各项权力行使到位，一定要把宪法和法律规定的责任恪尽到位。要真正认识到，人大及其常委会工作的优劣、功效的大小，关系到人民当家做主的实现，关系到人民群众政治需求的满足。人大及其常委会工作人员如果把自身视为“赋闲机关”“二线机关”“豆腐机关”，不依法行使权力，不依法履行职责，不依法发挥作用，那就会使宪法和法律的有关权力机关的规定，变为一纸空文，就会使人民丧失管理国家事务、管理经济和文化事业、管理社会事务的权力，就会影响人民当家做主的地位。我们的党历来以人民当家做主为己任，创立和发展了人民代表大会制度，提出了“立党为公、执政为民”的理念，把人民代表大会制度作为自己民主执政、依法执政、科学执政的重要平台，把人民代表大会及其常务委员会作为密切联系人民群众的重要渠道，把自己的主张通过法定程序变为全社会一体遵行的国家意志。如果人大及其常委会的作用发挥不好，那就会影响党的发展、社会主义民主政治目标的实现，影响党和人民群众的血肉联系，影响党的执政地位的巩固。作为人大工作者，一定要通过自己实实在在的行动，让宪法和法律的有关规定走向现实，让人大及其常委会真正做到位尊权重，真正成为权力机关，这是

党的要求,也是人民的期盼。

实现人民当家做主,第二,要建立深入了解民情,充分反映民意,广泛集中民智,切实珍惜民力的决策机制;要尊重和保障人民群众的知情权、表达权、参与权和监督权;要疏通民意表达渠道,搭建民意表达平台,编织民意表达纽带,真正把人大建设成紧密联系群众的代表机关。无论是人大常委会组成人员还是人大代表都要经常深入基层、调查研究、了解民情、熟知民意、汇聚民智,让民意左右自己的行为。人大常委会要改变机关化作风,让人大常委会机关成为群众来信来访的绿色通道;在决策和监督过程中,要经常召开座谈会、论证会、听证会、辩论会,听取群众和专家学者的意见;要充分发挥代表紧密联系人民群众的优势,让代表成为人民意愿的表达者、人民权力的受托者。

实现人民当家做主,第三,要把基层人大建设好。乡镇人大是我国的基层人大,是各级人大中唯一没有常设机关的一级人大,是各选举单位直接选举的代表直接行使法律规定的各项权力的一级人大。把乡镇人大的法定地位维护好、法定权力使用好、法定责任履行好、法定作用发挥好,最容易最便于让人民群众感受到人大制度的优越、人大制度的必要,同时也可以增强公民的民主意识,使他们得到更好的民主实践的锻炼。目前,基层人大工作虽然有了明显进步,但与县级以上各级人大相比,还是一个比较薄弱的环节。乡镇人大机关工作人员少、机构不健全,多数只有一个乡镇人大主席;工作经费少,难于开展代表活动;人代会会议不规范,内容不统一,时间安排短,有选举任务的正式会议也只安排一天,没有选举任务的正式会议只安排半天,多数代表连发言和提出议案、建议的时间都没有。代表在闭会期间的活动也很少。存在的这些问题,都严重影响了基层民主的发展,严重影响了农村公民民主能力的提高。针对这些问题,县级以上各级人大及其常委会一定要高度重视基层人大的组织建设和制度建设,健全乡镇人大组织,规范乡镇人大活动,发挥好乡镇人大作用。

实现人民当家做主,第四,要加强城市居民自治和农村村民自治。胡锦涛总书记在党的十七大报告中明确指出:“人民依法直接行使民主权利,管理基层公共事务和公益事业,实行自我管理、自我服务、自我教育、自我监督,对干部实行民主监督,是人民当家做主最有效、最广泛的途径,必须作为发展社会主义民主政治的基础性工程重点推进。”地方各级人大常委会要保证《村民委员会组织法》《居民委员会组织法》在本行政区域内的遵守和执行。省、市、自治区人大要按照《村民委员会组织法》和《居民委员会组织法》,分别制定村民和居民委员会选举条例、村民和居民讨论决定重大事项条例、村民和居民民主监督条例等实施性法规,保证人民直接行使民主权利,经受直接民主的锻炼,提高他们的民主意识、民主本领,提高他们有序政治参与的积极性和能力,为下一步更大范围的直接民主奠定基础。

人民民主是社会主义的生命，是党始终不渝的目标，是各级人大重要的根本的价值追求。人民民主是我国全面改革的重要组成部分，必须随着经济社会发展而不断深化，必须与人民政治参与积极性不断提高相适应。早在党的十六大报告中，江泽民同志就指出："发展社会主义民主政治，最根本的是要把坚持党的领导、人民当家做主和依法治国有机统一起来。党的领导是人民当家做主和依法治国的根本保证，人民当家做主是社会主义民主政治的本质要求，依法治国是党领导人民治理国家的基本方略。""共产党执政就是领导和支持人民当家做主，最广泛地动员和组织人民群众依法管理国家和社会事务，管理经济和文化事业，维护和实现人民群众的根本利益。"党领导人民建立了社会主义制度，创立了人民代表大会制度，经过改革开放 30 年艰苦卓绝的努力，进一步支持和完善了人民代表大会制度。各级人大一定要在党的领导下，把坚持党的领导、人民当家做主和依法治国有机结合，随我国经济社会的不断发展和人民政治参与积极性的不断提高，不断推进民主政治建设，实现有中国特色社会主义的更高层次的人民当家做主。

民本、民意、民生、民主，这是大同市第十一、第十二两届人大及其常委会十年工作中逐步形成的路径选择。无论是已经编辑出版的《大同市第十一届人民代表大会志》，还是即将编辑出版的《大同市第十二届人民代表大会志》，都如实记载了大同市人大工作的一个个脚印，展示了大同市人大所走过的路子。路径选择和实际路子的关系是设想和现实的关系。这两本志书所记载的路子是否与原路径选择完全吻合，还有待于世人的评价。

我对民主的几点认识

有人说，民主是个好东西，也是个坏东西。还有人以泰国和中国台湾为例说，民主可以乱性。也有人说，民主是个好东西，集中也是个好东西，民主集中制是个更好的东西。要我说，以上说法都对，但不全面。

民主的本意是人民当家做主，是一切权力属于人民。这是我国宪法的规定。这个含义的民主只能是个好东西，绝不可能是坏东西，绝不会乱性。这个民主是实体上的民主，是目的上的民主。它与独裁和专制是对应的。民主还有另一个含义，那就是按照多数人的意见去决策去办事。这就是人们常说的发扬民主的民主，民主集中制中的民主。这里的民主，是程序上手段上的民主。它与集中是对应的。

实体上目的上的民主与程序上手段上的民主是相辅相成的。前者是后者的目标追求，后者是前者的实现保证。实体上的民主决定了程序上必须民主，程序上民主才能保证实体上的民主。两者相统一相结合才能达到民主的理想境界。

胡锦涛同志在纪念人大制度50周年大会上的讲话中指出："衡量一个政治制度是不是民主的，关键要看最广大人民的意愿是否得到了充分反映，最广大人民当家做主的权利是否得到了充分实现，最广大人民的合法权益是否得到了充分保障。"这段话从三个方面揭示了人民民主的内涵与标准，要求执政者不论是执政党还是代议机关、行政机关、司法机关，一是要情为民所系、利为民所谋、权为民所用，所作所为都必须充分反映民意、体现民意、代表民意；二是要尊重广大人民群众的知情权、表达权、参与权、监督权，让广大人民群众的民主选举、民主决策、民主管理、民主监督权利得到充分体现；三是要以人为本、关注民生、维护民利、保障人权，让最广大人民的合法权益得到充分保障。这段话既提出了实体民主的要求，也指明了程序民主的方向。

民主要靠法律来规范、保证。实体上的民主，法律要规范保证。程序上的民主，法律更要规范保证。程序上的民主，如果没有法律规范，没有道德约束，就会变成无序的政治参与，就会影响经济发展和社会稳定，就会是坏东西。我国的宪法和法律既规定了公民的权利和义务，也规定了政党和国家机关的权力和责任。只要把法律条文变成现实，让民主与法制有机统一，才能做到实体上的民主和程序上的民主，公民的有序政治参与才能使程序上的民主不会变成“坏东西”。

民主是个发展的过程。它是随着经济社会的发展而发展的，是随着公民有序政治参与的积极性的提高而发展的。民主的扩大、深入，取决于经济社会的发展，取决于广大人民民主意识的增强、民主能力和有序政治参与积极性的提高，取决于执政党的民主执政、依法执政、科学执政能力的提高。党的十七大已经系统提出了扩大人民民主的指导思想、目标要求、实现路径。只要我们把党的领导、人民民主、依法治国紧密结合、有机统一，只要我们坚持和完善好人民代表大会制度、政治协商制度、民族区域自治制度、基层民主自治制度，新型的社会主义民主政治模式就一定会在世人面前发出灿烂的光芒！

对完善代表工作具体制度的思考

全国人大和地方各级人大代表分别是最高国家权力机关和地方国家权力机关的组成人员。代表工作是各级人大极其重要的基础性工作。代表素质的高低,决定着人大工作的质量好坏;代表工作的好坏,决定着人大工作的优劣。维护好代表法定地位,发挥好代表法定作用,选举单位监督好代表履职尽责,更好地做好代表工作,最根本的是落实好宪法和代表工作的相关法律、法规,不断完善代表工作具体制度。

以 1954 年全国人大一届一次会议的召开为标志的人民代表大会制度建立以来,特别是经过三十多年来的改革开放实践,我国的宪法及其相关法律、法规不断修订,代表制度也在不断改革中逐步完善。与代表工作相关的《选举法》《地方组织法》都是于 1979 年 7 月 1 日表决通过后实施的,《选举法》已修正了五次,《地方组织法》也修正了四次;与代表工作整体直接相关的《代表法》是 1992 年 4 月 3 日表决通过后实施的,之后进行了两次修正。这两次修正,特别是 2010 年 10 月 28 日的修正,是根据 2005 年 5 月中共中央转发《中共全国人大常委会党组关于进一步发挥全国人大代表作用, 加强全国人大常委会制度建设的若干意见》即中共中央 2005 年 9 号文件精神,以 1992 年的《代表法》为基础,结合《代表法》实施八年多的经验和遇到的问题,以进一步明确人大代表的权利和义务、进一步细化人大代表的履职规范、进一步加强对人大代表履职的保障、进一步强化对人大代表的监督为重点进行的。这次修正,使《代表法》的有关规定更加全面、更加系统、更加具体、更有利于操作。随着全国人大及其常委会对《选举法》和《地方组织法》的多次修正,我们山西省人大及其常委会也对实施《选举法》的办法即《山西省各级人民代表大会选举实施细则》在 1989 年 9 月颁布实施的基础上,分别于 1995 年 5 月和 2011 年 5 月进行了两次修正。此外还于 2004 年 2 月 19 日在山西省第十届人民代表大会上通过了《山西省人民代表大会议事规则》。这两部地方性法规,对代表的选举产生、代表在大会期间执行代表职务的活动等都进行了更具体的规范,对代表工作都起到了很好的作用。我们山西省人大常委会在《代表法》颁布实施不久的1993年5月12日便表决通过了实施《代表法》的办法,并在1995年5月18日做了一次修正,但在《代表法》2010年10月28日做了较大修正后却未随之修正,致使该办法在代表工作具体制度的健全上还存在不少差距。

在代表制度的改革与完善上,我们已经取得了重要进展,成绩应充分肯定,但我们也应该看到,代表工作的具体制度,如代表的产生制度、代表的管理制度、代表的优胜劣汰制度、为代表依法行使职权提供保障制度等还有待于进一步完善,《选举法》《代表法》《地方组织法》等相关法律的落实也有待于进一步加强。

在这里需要说明的是代表制度的完善是大体制不变的前提下的改革与完善。代表制度的改革是坚持和完善中国共产党领导下的人民代表大会制度的改革,是坚持根本政治制度下的依据《选举法》《代表法》《地方组织法》等进行的具体制度的改革,是维护代表法定地位、保障代表依法行使权利、充分发挥代表作用的改革,是代表接受法定监督、依法履行义务的改革,是加强代表工作、充分发挥人大及其常委会作用的改革。

不断完善代表制度应从以下具体制度上入手。

一、要不断完善代表产生制度,包括代表提名制度、代表选举制度

这是代表工作的根本制度。如果代表的产生没有好的机制,那么,代表的素质、代表的履职积极性、代表的履职效果就会大打折扣;如果代表候选人的提名不民主,只是少数人说了算,那就从根本上动摇了人民当家做主的原则,所产生的代表也不可能对人民负责;如果产生的代表结构(包括男女结构比例、中共党员与非中共党员结构比例、汉族与少数民族结构比例、基层代表与上层代表结构比例、监督部门与被监督部门结构比例)不合理,那代表的代表性、广泛性就难以体现,就会使一部分人的意愿和诉求得不到表达;如果不按公认的代表条件产生代表,那就会造成代表队伍素质不高甚至队伍不纯,不仅影响代表队伍的声誉,也影响人大及其常委会在人民心目中的形象。当前,我们的代表产生制度特别是代表提名制度还很不完善。各政党、各人民团体,可以联合或者单独推荐代表候选人,这在《选举法》中有规定,但被推荐人的条件和被推荐的程序却缺乏具体规定。一些地方代表候选人的提名推荐只是少数人说了算,少数部门说了算,不走民主程序;一些地方推荐的代表候选人结构极不合理,上层人士多,基层人员少;一些地方的代表中"一府两院"人员过多,形成了监督者与被监督者集于一身。一些地方在差额选举中对十人以上联名提出的候选人千方百计"统一口径",差额选下,否则便是"选举不正常,出了问题"。针对此类问题,我们首先要规范提名程序,建立具体制度。要规范提名主体的提名

原则和程序，要明确而具体地规定，各政党、各人民团体联合或单独推荐代表候选人的前提也是民主推荐，不能由少数人决定；要严格执行《选举法》，制定具体的选举办法，依法进行差额选举，选民和代表十人联名提出的代表候选人与组织提名的候选人地位相同、法律效力一样。不允许统一口径专门让选民和代表十人联名提出的代表候选人落选。

二、要不断完善代表权利行使制度和义务履行制度，包括代表执行职务保障制度、代表议案及建议意见办理制度和代表学习培训制度等

《代表法》第三条和第四条明确规定了代表享有的权利和代表应当履行的义务，第五条界定了什么是执行代表职务，提出了"国家和社会为代表执行代表职务提供保障"。代表执行代表职务的保障，有知情知政保障、经费物质保障、活动环境保障、人身安全保障、司法保障等，我们要不断完善具体制度，细化这些保障。比如知情知政保障，除代表要多了解下情外，也要让代表多了解上情，这就需要政务公开、司法事务公开，建立给代表的具体通报的制度；再比如司法保障制度，限制代表人身自由的许可制度，无论是许可的条件、许可的程序都不完备，这也需要用具体制度去规范。代表议案和建议的办理制度的完善，近年来已取得明显进展，特别是重点建议交办制度、主要负责人领办制度。代表议案和建议意见的提出和办理已经走上了法治化轨道，但仍须通过总结实践经验在具体细节上进行完善。代表的学习培训对提高代表素质和履职水平、对提高人大工作质量和效能、对人大树立权力机关的形象都十分重要。学习培训内容要系统化也要突出重点，要编写教科书，编制教学计划。要重点学习宪法，学习各届党代会、各次中央全会的精神，学习财政预决算知识及国民经济和社会发展计划知识。对学习的内容、方法、步骤都要用具体制度来规范。

三、要不断完善地方各级人大常委会联系代表制度，包括走访基层代表制度、组织代表活动小组和代表专业活动小组制度、代表列席常委会和专委会制度等

尊重代表的主体地位，加强与本级人大代表的联系，密切与本级人大代表的关系，对于发挥好代表作用，加强与人民群众的联系，提高人大及其常委会的工作效能，都有着十分重要的意义。县级及以上各级人大常委会要把加强与本级人大代表的联系作为自身的一项重要的基础性工作任务，要建立联系代表的具体工作制度。要按照《代表法》及实施

性地方法规,由本级人大常委会或者委托下一级人大常委会,按照代表居住状况、工作单位、生产单位、所在行业或者选举单位,组成代表小组,并建立人大常委会组成人员分工联系代表小组制度。人大常委会组成人员要定期走访基层的本级人大代表,定期召开基层人大代表座谈会。每年春节期间都要登门入户走访代表,送去关心与问候,带回意见和建议。要探索建立代表专业小组和组织代表专业小组活动的具体制度,可依据人大及其常委会的工作重点,建立法治、财经、文化、教育、环保、社保等专业小组,开展专题调研活动,参加人代会和人大常委会会议上的专题审议活动,从而提高审议质量和监督质量。要建立代表列席常委会和专委会会议的具体制度,让代表既能了解常设机关的工作状况又能参与审议发言,发挥自己的作用。常委会和专委会召开会议,要邀请代表专业小组的代表参加并发表意见,为常委会决策或监督服务。

四、要不断完善代表接受监督制度,包括代表履职考核评比制度、代表向选民或选举单位述职并接受评议制度等

2010 年 10 月 28 日第二次修正的《代表法》第四十五条明确规定:“代表应当采取多种方式经常听取人民群众对代表履职的意见,回答原选区选民或者原选举单位对代表工作和代表活动的询问,接受监督。由选民直接选举的代表应当以多种方式向原选区选民报告履职情况。”这是依据地方各级人大及其常委会多年来代表工作的实践经验所做的一次较大修正,也是对代表工作具体制度的一次完善。自人民代表大会制度正式建立以来,特别是 1992 年 4 月 3 日《代表法》颁布实施以来,各级人大常委会在代表工作中都有不少探索和创新。代表是人民当家做主的受托者,是人民意志的表达者,是人民利益的维护者,也是国家权力的行使者,接受人民的监督是题中应有之义,为人民履职尽责是自己的神圣使命。地方各级人大常委会在代表接受监督方面,进行了记录代表活动、执行职务情况,建立代表履职档案,对代表进行考核评比,让代表述职接受评议等探索性活动。这些探索有许多方面都是成功的,已经成为创新成果。我们要适时地把这些创新成果作为具体制度确定下来,让其走上法治化的道路。人大常委会是本级人大代表选举产生的,要接受本级人大代表的监督,对本级人大代表没有监督的权力,只有组织活动、提供服务的责任;但可以记录本级代表的履职尽责情况,建立代表活动档案,及时向选举单位或者选民通报情况,以便于选举单位和选民对自己选出的代表进行监督。市级和县级、省级和市级、国家级和省级人大常委会在代表工作中要加强联络和配合,在这方面也要建立具体制度。我们要大胆探索代表的优胜劣汰机制,建立罢免、劝退、诫勉等具体制度,这是使人

大产生活力的重大举措，也是高度对人民负责的表现。

完善代表工作具体制度，可以通过制定、修正法律和制定、修正地方法规的形式来体现，也可以通过制定试行的具体制度形式来实现。有地方性法规立法权的地方人大及其常委会可以在制定、修正地方性法规中完善代表工作的具体制度；没有立法权的地方人大及其常委会也可以依据法律、法规制定代表工作的具体制度。代表工作的主体有三个：一是代表自身，既是狭义的代表工作的主体，也是广义的代表工作的主体之一；二是县级以上各级人大常委会；三是各级代表的选举单位。在代表工作中，代表自身的职责是行使好法定权利，履行好法定义务，依法执行好代表职务，自觉接受好选民或选举单位的监督。县级以上各级人大常委会的职责是要联系好本级人大代表，服务好本级人大代表，组织好本级人大代表执行代表职务的活动，培训好本级人大代表。作为选举单位的常设机关的省、市、县三级人大常委会，还要监督好、组织好、服务好本级选举出的上一级人大代表，做好他们在选举单位的述职评议工作、优胜劣汰工作。代表工作的三个主体都要根据法律的规定、自身的权限，尽职尽责、勇于探索、不断创新地做好代表工作。代表工作具体制度越来越完善之日，代表工作越来越进步之日，必然是人民代表大会制度越来越完善、我国的社会主义民主政治的优势彰显于世人面前之时。

刚柔并济“三部曲”

——大同市人大常委会对监督方式的探索

1979年7月1日，全国五届人大第二次会议通过相关法律和决议，决定县级以上地方人大设立常委会。今年是35周年。地方人大常委会的设立，是党的十一届三中全会加强我国民主政治建设的重大标志，是加强地方人大建设的重要组织措施，是我国根本政治制度的坚持和完善。它是我国进入改革开放新时期的产物，也是随着经济体制改革的不断深入而与时俱进的结果。正是在改革大潮的推动下，大同市人大常委会对地方人大制度的完善和民主政治建设的发展进行了一系列的探索。对听取和审议专项报告的监督方式的探索是其重要的组成部分，奏出了刚柔并济的“三部曲”。

审议意见书——让监督重点更突出

大同市人大常委会是1981年3月31日在第七届人民代表大会上设立的。从设立之初到1998年7月6日产生第十一届人大常委会之前，在审议“一府两院”专项工作报告时，都是采取“组成人员发言、工作人员记录、会后进行整理、主任会议研究，然后由办公厅送达‘一府两院’办理”的方式。应该说，设立常委会之初的第七至第十届，大同市人大常委会组成人员的审议也是很认真的，审议意见也是切中问题要害、具有很强针对性的。但由于缺乏制度规范、没有硬性要求，所以，往往是有的按时回复，有的半年才回复，甚至有的全年只综合回复或报告一次。

为了解决这一问题，1998年7月下旬，新产生的大同市第十一届人大常委会召开第二次主任会议专题进行了研究，提出了以下解决办法：一是在每次常委会会议一个月之前，确定听取“一府两院”专项报告的内容，让“一府两院”精心准备；与此同时，常委会组成人员要开展专题调研，深入了解民情，充分收集民意，广泛集中民智，做到有一项专题报告，就要有一项专题调研报告。二是常委会组成人员在会议期间的发言要精心准备，做到言之有理、言之有法、言之有据，工作人员要认真记录。三是会后办公厅要把多数成员认同的、内容比较具体的、问题有条件解决的建议、批评和意见整理成审议意见书，经主任扩大会议审查同意再书面送达“一府两院”办理。四是“一府两院”收到审议意见书后，要认真研究、扎实办理，凡有条件解决的问题都要尽快解决，并把办理情况在三个月内逐条书面答复人大常委会。五是人大常委会全体组成人员收到复函后，多数人不满意的要重新办理或依法采取其他监督方式。

2000 年 10 月第十六次常委会会议通过并经山西省人大常委会批准的《大同市人大监督工作条例》第十五条规定：“市人民代表大会常务委员会组成人员在会议期间提出的建议、批评和意见，会后 10 日内，由常委会办事机构整理汇总，由主任会议审定形成审议意见书，专函送达有关机关研究处理。需要做出答复的，有关机关必须在三个月内书面报告办理结果，由主任会议决定印发常委会会议。”2001 年 3 月第十八次常委会会议通过并经省人大常委会批准的《大同市人大常委会议事规则》第十四条规定：“常委会组成人员在会议期间提出的建议、批评和意见，会后 10 日内，由常委会办事机构整理，经主任会议研究形成审议意见书，专函送达有关机关办理。办理情况报告印发常委会组成人员。”这些用来规范自身行为的地方性法规，不仅明确使用了“审议意见书”的提法，而且以立法的形式进一步确立了审议意见书应有的地位和作用，还规定了办理时限和要求，确定了督办主体和方式。这些都是我们在规范议事程序、提高议事效率、强化监督实效方面积极探索的成果。

《中国人大》2004 年第 3 期介绍了大同市人大常委会的这一做法。全国不少地方人大常委会闻讯后纷纷到大同学习了大同市人大常委会的经验，也采取了这一做法。2006 年 8 月颁布的全国人大制定的《中华人民共和国各级人民代表大会常务委员会监督法》第二章第十四条、第三章第二十条、第四章第二十七条，也用法律形式肯定了地方人大的这一做法。

满意度表决——让监督“柔中见刚”

不少地方人大常委会的议事规则或监督条例都规定：常务委员会组成人员对审议的工作报告不满意意见较多时，主任会议可以决定有关机关在本次或者以后的常务委员会会议上补充或者重新报告。但对通过何种程序、何种表决方式才能得知不满意意见的人数较多却没有具体规定。

大同市第十一届人大常委会在成立不久便遇到了一个问题：1998 年 10 月中旬，人大常委会对大同市房改工作和安居工程实施情况进行了专题调研，发现了不少问题，撰写了专题调研报告。其中成绩只写了一页多，问题却写了六页，建议写了五页。但在10月下旬召开的第二次会议上，大同市人民政府所做的《关于房改工作和安居工程实施情况的报告》却主要讲了成绩，只抽象地讲了几个问题。组成人员对此很有意见并提出了很多问题。主要有：房改工作进展缓慢，房管体制不顺，住房公积金使用不当，特困户底数不清，部分经济适用住房面积过大且卖给了高收入家庭，中低收入家庭的住房困难并未真正解决。有的组成人员对这个报告不满意，要求对报告进行一次表决。有的组成人员则不同意，认为没法律依据。主任会议也不好决定。这一次实践后，大同市第十一届人大常委会又经过了三年摸索，在2002年2月下旬召开的第十一届人大常委会第二十六次会议上通过了《关于对"一府两院"专题报告进行满意度表决的决定》。条文如下：

一、市人民政府、市中级人民法院、市人民检察院向市人民代表大会常务委员会会议做专题报告，常务委员会组成人员审议后，全体会议应对专题报告进行满意度表决。

二、满意度表决采用无记名投票的方式进行。表决票设满意和不满意两项。

三、经表决，满意票未超过常务委员会组成人员半数的，报告机关应重新报告。

四、市人民政府、市人民法院、市人民检察院在重新报告后，经市人民代表大会常务委员会全体会议再进行满意度表决。满意票仍未超过半数的，常务委员会应依法采取其他监督措施。

2004年1月，正值春节前夕，市人大常委会机关接连收到群众来信，反映食品安全问题。主任会议成员高度重视，召开紧急会议专题研究了对《食品卫生法》《产品质量法》《消费者权益保障法》等相关法律、法规实施情况进行执法检查，并决定在2月下旬召开的常委会会议上听取市人民政府关于食品安全工作情况的专项报告。在执法检查的专题调研中，常委会组成人员了解到，群众反映的猪肉注水、牛羊肉不检疫、小麦面粉中有吊白块、用福尔马林水发干海产品、蔬菜中农药残留严重等问题确实普遍存在。在调查中还发现，卫生、工商、质检、畜牧等部门检验设备严重短缺，国家要求检验的500多个项目本市只能检验45项，执法体制不顺，执法不严、有法不依甚至以权谋私也时有发生。

由于存在问题较多，所以在2004年2月召开的人大常委会会议上市人民政府《关于食品安全工作情况的报告》未获通过，市人大常委会以专题审议意见书的形式给市政府提出了整改意见。

大同市第十一届人大常委会2002年2月下旬在第二十六次会议上做出对"一府两院"报告进行满意度表决决定之后，一直到目前的第十四届人大常委会，始终采用了这一"柔中见刚"的监督方式。在2013年12月下旬召开的市第十四届人大常委会第十二次会议上对市政府《关于大同市2012年市本级预算执行和其他财政收支审计查出问题的整改工作情况的报告》进行满意度表决，报告未获通过。

大同市第十一届人大常委会对专项报告进行满意度表决，时间较早，还不够完善。可喜的是自《监督法》出台以来，安徽、山西、河北、宁夏、四川等省、自治区人大常委会和广州、深圳、大连、宁波、呼和浩特、石家庄、福州等市人大常委会都运用地方性法规肯定了满意度表决方式。安徽省人大常委会还专门制定了《听取和审议专项工作报告及满意度测评办法》。

报告未获通过就整改再报告——让监督确有实效

大同市第十一届人大常委会5年召开会议39次，共听取和审议市人民政府、中级人民法院、人民检察院专题工作报告和法律法规落实情况报告142项。大同市第十二届人大常委会5年召开会议40次，共听取和审议了“一府两院”专题工作报告和法律法规落实情况报告127项。为了审议好专项报告，提高审议质量，常委会坚持搞好会前的视察、检查和专题调研；坚持每审议“一府两院”一个专项报告，就有人大常委会一个专题调研报告；坚持每组织一次法律法规的执法检查，就有人大常委会一个检查报告和“一府两院”的一个专项报告；坚持每会必学，学习相关的法律、法规，学习相关的业务知识，提高组成人员专题审议的法律和业务知识素质；坚持审议意见在媒体上公开，以便于审议后的督促和办理，把审议意见落到实处。凡是满意度表决通过的报告，要送达审议意见书，未通过的报告则送达专题建议书，并根据整改难易程度给出整改时间，要求“一府两院”最短3个月、最长12个月再作整改报告。如满意度表决仍未通过，人大常委会将采用质询、特定问题调查等刚性监督方式。

大同市第十一届、第十二届人大常委会10年间，未获通过报告共13个 。其中有市政府《关于房改工作和安居工程实施情况的报告》《关于〈食品卫生法〉以及相关法律贯彻实施情况的报告》《关于住房公积金管理情况的报告》《关于〈山西省水资源管理条例〉和〈大同市水资源管理办法〉贯彻实施情况的报告》《关于煤炭安全生产情况的报告》《关于垃圾处理情况的报告》《关于房地产业发展情况的报告》《关于全市社会治安情况的专题报告》《关于全市道路交通安全工作情况的专题报告》《关于项目建设情况的报告》《关于装备制造业发展情况的报告》《关于建设全省中心旅游城市情况的报告》《关于〈劳动法〉及相关法律法规贯彻实施情况的报告》等。上述未通过的报告，几乎都属于发展问题和民生问题。

市政府对市人大常委会的审议意见书特别是未通过的报告的专题整改建议书高度重视，都要召开市长办公会或召开常务会议专题研究整改问题。以 2004 年 2 月市人大常委会关于食品安全工作的专题建议书为例，市政府主要负责人收悉后，立即召开了市长常务会议，成立了以副市长为组长、相关部门负责人参加的领导组。时任副市长解廷香、李武章立即组织有关人员对全市食品卫生安全状况分别从生产环节、市场销售环节、食品检验环节和市场监管执法环节进行了现场专题调研。2004 年 4 月 8 日，副市长解廷香、李武章又专门召集质监、工商、药监、卫生、农业、商贸等有关部门的负责同志，专门听取了各单位贯彻《食品卫生法》及相关法律法规情况的汇报，并对今后的工作和整改措施做了安排。会议特邀了市人大常委会领导参加。会议制定了全面的整改措施，做出了整治规划，提出了整改目标要求，部署了分阶段战役重点，明确了执法主体责任。在市人大常委会的关注支持下，市政府在当年的财政预算编制中便列入了 300 多万元的专项资金，用于购置食品检验设备。当年人代会也予以批准。食品检验设备投入使用后，检验项目由 40 多项增加到 300 多项，促进了食品检验，加大了打击假冒伪劣产品的力度，改善了食品安全工作。对市政府的专项整改工作，市人大常委会实施了分阶段检查和专题调研，分别于 2004 年 8 月和 2004 年 12 月在第九、第十二次会议上两次听取了市政府的整改报告。经过近一年努力，在给人大常委会重新报告时，报告高票获得通过。

像对食品安全工作的整改一样，凡是人大常委会未通过的并送达专题审议建议书或专题整改建议书的，市人民政府都进行了为期 3 个月至 1 年的认真整改。在此过程中，人大常委会组成人员也进行明察暗访，深入了解整改情况，认真听取群众反映，及时实施意见反馈，帮助市政府整改。国家机关的同心协力，让整改工作都取得了比较好的效果，也得到了人民群众的好评。因此对补充报告或重新报告进行的满意度表决都能得以通过。

（刊载于《人民代表报》，在纪念全国人民代表大会成立 60 周年暨地方人大设立常委会 35周年征文活动中获优秀奖）

附一

我省评出"影响山西民主法制建设十项业绩"暨"感动山西的人大代表"

本报讯(记者尚慧辉) 2009年12月25日,我省举办颁奖晚会,为刚刚评选出的"影响山西民主法制建设十项业绩"暨"感动山西的人大代表"颁奖,纪念地方人大常委会设立30周年。

当选"影响山西民主法制建设十项业绩"的是:省人大常委会依法选举产生,第一次会议明确职权;创制性立法彰显地方特色,解决山西发展突出问题;颁布第一部水资源法规,保障水资源可持续利用;开展"三晋环保行"综合监督改善环境;适时作出依法治省决议,加快推进依法治省进程;加强环保执法力度,推进山西环境改善;制定街道人大工作条例,加强基层民主政治建设;着眼社会突出问题,启动特定问题调查;打造品牌栏目,宣传代表工作;监督解决"老大难",人民群众得实惠。另有十项业绩获提名奖。

王铁锁、刘来宽、安大钧、闫桂琴、张春生、张家胜、张素珍、李双良、苏红平、远勤山、邱德福、邵喜、欧学联、殷美忠、袁玉珠、郭凤莲、郭双威、郭新志、高步文、韩长安20位人大代表荣获"感动山西的人大代表"殊荣。

全国唯一第一届至第十一届全国人大代表申纪兰荣获"感动山西的人大代表"特别奖。

省领导胡苏平、杨安和、靳善忠、王雅安、张平、周然,省高级人民法院院长左世忠,省人民检察院代检察长王建明及原省级领导卢功勋等出席晚会,为获奖代表颁奖。

(2009年12月26日)

附二

最美读书代表安大钧:读书一辈子 一为修身 二为工作

郭 净 袁恒瑾

2015年8月23日下午,《人民代表报》的《寻找最美读书代表山西行》栏目记者走进古都大同,采访安大钧代表。

代表介绍:

安大钧,男,73岁,中共党员。山西省第九至十一届人大代表、大同市第十至十四届人大代表。曾先后担任大同市宣传部部长、大同市委副书记和大同市人大常委会主任等职务,退休后任大同古城保护与修复研究会会长、大同市人大理论研究会会长、中国古都学会副会长、山西省城镇建设学会副会长。在国家级、省级刊物上发表论文50余篇,主编出版丛书"古都大同六书"、《陈桥驿与古都大同》等书籍。

记者手记:

安大钧代表是我们寻找的最美读书代表中年龄最长的。他很忙,退休7年,退而不休,每天伏案工作8个小时以上。7年间,他关注古都文化,重视人大理论的研究;他行走于文物保护的路上,沉醉于中国民主政治理论的探索,出专著6本。他忙且快乐着,累却安详着,对我们周日午间造访非但没有一丝介意,还给予了无比的耐心与热情。

8月23日,我们如约走进大同古城保护与修复研究会办公室,已等候多时的安老,微笑地迎接我们。走入房间,两排高及屋顶的书柜、宽大的书桌、长长的沙发、方形的茶几、各处的椅子,其上摆满图书,一排排、一摞摞、一堆堆。

安老亲自为我们沏了好茶。坐毕,随手从椅子上递过几本书,多是关于梁思成和他的入室弟子罗哲文的传记及其建筑理论书籍。他说,他坚持主张按照梁罗理论,从中国古建筑自身特点出发对文物进行保护、修复和重建。而2000年10月通过的《中国文物古迹保护准则》中规定所有措施都必须遵守"不改变文物原状的原则"。我们的采访就从"大同古都文化的保护"这一话题开始。

安老与古城保护有着不解之缘。1998 年,安老上任大同市人大常委会主任后,常委会做出的第一个决议是《关于保护大同古城的决议》;10 年后的 2008 年,卸任大同市人大常委会主任前,常委会做出的最后一个决定是《关于大同古城保护和修复的决定》。此项决议和决定在全国古都保护方面均开了先河,为我国古城的保护和修复作了法律依据上的铺垫。

修复和保护大同古城可谓一波三折。安老说,这既与思想认识上的不统一、未形成共识和未形成正确的保护理念有关,也与我国的有关法律法规不完善、不具体有关。为了给大同的文物修复与重建找到更多的法律依据,安老尽心竭力,广泛阅读国际文化遗产保护方面的法律条文、有关国际文件和我国有关法律法规,研究探索以梁思成、罗哲文为代表的专家学者创建的中国古城古建理论。他奔走各方,结识了佛教高僧、建筑大师、专家学者,并请他们指导修复古都工作。他说,与专家学者接触胜读十年书。

在安老的案头放着一本蓝色的册子《大同对古城古建保护和修复的探索》。这本册子共收录 4 篇文献,一篇是时任大同市市长、现任太原市市长耿彦波所写,题为《从旧城改造到古城保护》,另三篇是安老关于古城保护、修复、历史价值的思考。安老认为,保护古城和古建的根本目标是保护其历史文化价值,即保护其真实性价值和完整性价值,这就是古城保护正确的理念,维护、修缮、复建、重建等既要注意"形似",又要注意"神似",不让其文化之魂丧失,真正做到形神兼备、延年益寿、永续利用、造福子孙。

从 2008 年起,大同市保护和修复古城古建苦干实干了 7 年,其间,有肯定也有质疑,甚至是否定。比如,规定古城墙两侧 12 米以内不能搞建筑时,有人反对;在修复大同城墙时,有人竟说,那么破的土墙,修好了有什么用!安老坚信,若干年后,大同的城墙就会像平遥、西安的古城墙一样成为著名的文化景点,创造出巨大的经济和文化价值。不仅是古城的修复,在作为佛教文明融入中华文明典型象征的云冈石窟、华严寺辽代佛像等的修复与保护中,安老可谓呕心沥血。古都大同有今天的重建之辉煌,应该说安老是推动建设的理论奠基人。

安老说:"读书是一种习惯,活到老就要学到老。书海无涯,我不能说自己博览群书,但一辈子读书为修身所用,为工作所用;我不敢说我善思,但我习惯于多思,把学到的东西变成自己的智慧。"

安老一辈子读书、思考、研究、写作,眼却不花。他读书的方式非常前卫,不仅读纸质书,还读电子书,并勤于笔记。他运用一种美国软件《印象笔记》做的"新观点择录"已达 6963 个条目,其分类清晰,找寻方便。

目前，安老的记录自己人生片段的《探索与感悟》一书正在完成之中。该书分担任报社主编8年、人大工作10年、退而未休7年三个部分，对他一生进行了梳理。

聆听安老对人生的解读、对历史文化的阐述、对人大理论的真知灼见，亲炙那份穿越岁月沧桑而俯视世间的智慧与平和，我们如沐春风。

安老说，他退休后在做两件重要的事，一是古都的保护，一是继续对中国民主政治理论进行研究与探索。目前他期待的是让未合围的270米古城墙尽快合龙。他最大的心愿是让古都大同的历史资源活起来，让大同活起来。

（2015年08月31日）

退而未休十年间的探索与感悟

在大同古城保护和修复研究会成立大会上的讲话摘要

今天是大同古城保护和修复研究会正式成立的日子，作为本会的筹备组负责人，我代表本会筹备组对市委、市人大、市政府给予的大力支持表示衷心的感谢，对各位专家学者的积极参与、建言献策表示衷心的感谢，对各位与会同志表示热烈的欢迎。借此机会，我把大同古城保护与修复研究会筹备情况向大家做下汇报。

一、成立的动因

大同古城保护和修复研究会的成立，可以说是应运而生，因需而生。1998年市人大常委会曾做过一个《保护大同古城的决定》，之后又制定了《大同古城保护条例》。按照这个决定和条例，市政府做了大量工作，使古城得到了一定的保护。今年市委、市政府主要领导调整后，对古城保护更加重视。按照最近出台的《历史文化名城、名镇、名村保护条例》，在听取专家学者意见的基础上，市委在十三届三次全会上提出了对古城"整体保护，重点修复，科学规划，分步实施"的要求。随后，按照市委建议，大同市第十二届人大第四十次常委会会议做出了《关于大同古城保护与修复的决定》，第一次以法律的形式对大同古城保护和修复予以强有力的保证和支持。刚刚闭幕的我市第十三届人大第一次会议讨论并通过的政府工作报告，又全面部署了古城保护和修复工作。当然这些文件中，也渗透了今天与会的各位专家学者的智慧和心血。所以概括来说，大同古城保护和修复研究会的成立，其动因就是三句话：耿市长建议，丰书记支持，专家学者积极参与。这三方面的因素缺一不可。为此我们要再次感谢市委、市政府、市人大和各位专家学者对我会工作的关心和支持。

二、筹备过程

大同古城保护和修复研究会的筹备过程，可以说是边筹备、边工作的过程。2008 年 5 月 3 日，我们在市人大常委会会议室召开了第一次筹备会议。会议主要是讨论研究会成立的必要性、紧迫性及其工作任务、组织机构、申办手续等，同时还征求了专家学者对古城保护和修复的意见、建议。耿彦波代市长在会上做了重要讲话，我主持了会议，并讲了一些意见。之后，按照有关法律法规要求，筹备组的同志们办理了相关手续，市民政局给予了大力支持。7 月 9 日，我们召开了第二次筹备工作会议，议定了《大同古城保护和修复研究会章程(草案)》，议定了研究会会长、副会长及理事拟任人员名单，议定了研究会成立大会召开的日期及有关议程、参会人员等。在这短短两个多月的时间里，大家是边筹备、边工作，付出了很多劳动。如果没有筹备组同志上下一心、努力奋斗、不计报酬、无私奉献的精神，就不会有我们大同古城保护和修复研究会筹备工作的顺利进展，也不会有我们今天成立大会的如期召开。

三、主要任务

我们的名称是大同古城保护和修复研究会，顾名思义，那就是要为大同的古城保护和修复出谋划策，出研究成果，出研究人才。主要是做好“五个服务”。一是为市委、市政府民主决策、科学决策、依法决策服务；二是为繁荣大同文化事业、发展大同文化产业、增强大同软实力服务；三是为开发旅游资源，发展旅游产业，实现大同转型发展、绿色崛起服务；四是为建设宜居、魅力，具有自身特色的区域性中心城市服务；五是为大同的科学发展、社会和谐、市强民富服务。具体来说就要抓好“九大工程”的调查研究。这九大工程是：古建筑修复整合工程、历史文化保护挖掘工程、文化人才培养工程、文化底蕴展示工程、文物考古发掘工程、文化产业促进工程、文化遗产抢救工程、旅游景区建设工程、旅游产品开发工程。搞好这九大工程的调研工作，提出意见、建议。

四、工作原则及方式

大同古城保护和修复研究会是一个联合性、非营利性、专业性、全市性的社会组织。它的性质和功能既不同于行政机关，也不同于企事业单位。我想，我们工作的基本原则就是多调研、多建议、多服务、不干预。

我们的工作方式是“三个结合”，即宏观与微观结合，综合与专题结合，务虚与务实结合。具体工作中，就是要以服务为宗旨，以活动为载体，以调研为基础，以建议为途径。

五、组织机构

我们古城保护和修复研究会的权力机关是会员大会，会员大会选举产生会长、副会长、秘书长和理事。会员大会设理事会，理事会是会员大会的执行机构，在闭会期间，领导本会开展日常工作，对会员大会负责。理事会下设办公室。

（来源：大同古城保护和修复研究会网站　根据录音整理）

我心目中的耿彦波

文采飞扬的“老先生”

2010 年 10 月,我陪《凤凰卫视》中文台台长王纪言考察云冈石窟时,问他何时与耿彦波相识。他给我讲了这个故事。

1993 年,山西灵石资寿寺十八罗汉头全部被非法分子盗取。1994 年,案件被公安部门破获,李全才等 4 名犯罪分子交代,18 尊罗汉头像以 15000 元被广州文物犯罪分子走私海外。1996 年年底,中国台湾震旦集团董事长陈永泰先生先后在日本、中国台湾、中国香港等地以重金将十八罗汉头像如数购得并查清其来源。陈永泰致函台湾海基会,希望“惠予赐助,依循适当之途径,将此佛头送返原建塑地——山西省资寿寺”。他写了《捐献意愿书》:“作为炎黄子孙,看到中华文化之宝贵文物被如此破坏并流落海外,实备感痛心。”为使宝贵文物完璧归赵,《凤凰卫视》负责人担当了海峡两岸的联系人。时任灵石县县长的耿彦波精心选择北京荣宝斋的信封信笺,用毛笔工工整整给陈永泰先生写了感谢信,托《凤凰卫视》负责人转交。当时,《凤凰卫视》工作人员还不认识县长耿彦波,看到文绉绉的文言文感谢信,都猜想县长是个老先生。

虽然我和耿彦波早在 1995 年就相识,但对他的国学水平和文言文写作能力却是在 2008 年 2 月至 2013 年 2 月才了解到的。他的大作我看得不多,但仅从“一赋(《大同赋》)一文(《人生的四种选择》)”中就可看到他的功底和水平。《大同赋》初稿曾让殷宪、张濝和我修改,但可以说我们基本没有动笔。“大同者,尧舜之治政,天地之化育,人世之理想,大道之直行也。”一开头便点明了“大同”二字的本源和本质。接着,又用“许家窑遗址”“胡服骑射”“白登风云”“魏都平城”“辽金陪都”“明清重镇”“中华煤都”等赞颂了大同的辉煌历史。之后，又用"文化名城，古韵新章。一轴双城，无限风光""传统与现代齐飞，人文共生态一体""政通人和，百业俱兴"等陈述了让"大同大不同"的宏伟理想。最后，以"大同之道也，天下为公。选贤与能，讲信修睦。乐业安居，和谐包容。各美其美，美人之美，美美与共，天下大同"，揭示了大同的城市精神。《人生的四种选择》从读什么书、走什么路、做什么人和做什么事四方面，陈述了他的人生选择和人生哲学。文章最后以北宋大儒、哲学家、理学创始人之一的张载(1020—1077)的名言"为天地立心，为生民立命，为往圣继绝学，为万世开太平"结尾，既给别人以启发，展示他的理想抱负，也反映了他的人生价值。在此文中，他挥洒自如：名人志士跃然纸上，警句恒言信手拈来。再次展现了他厚实的国学涵养和高超的文言写作能力。他是令我钦佩的文采飞扬的"老先生"！

城市建设的创新者

有一次在云冈建国宾馆大同厅研究大同的城市建设，耿彦波抱着一大摞相册放到桌子上，我看到有些照片似曾相识，忽然想起一段往事：那是1995年，中组部和山西省委决定，组织20多名地市级和10多名县委书记、县长到德国学习社会市场经济，由时任太原市委副书记金银焕任团长，大同市委副书记的我和山西省委组织部部务委员郑富鹏任副团长。这个代表团中就有担任灵石县县长不久的耿彦波。代表团在德国柏林上课听讲20多天，然后赴德国汉堡，法国巴黎，荷兰阿姆斯特丹，比利时布鲁塞尔，德国法兰克福、海德堡、慕尼黑考察。所到之地，多数人都拍照留念，新闻记者出身的我主要拍城市景观和生态景观，耿彦波比我兴趣更广泛，还要拍城市的候车亭、路灯、下水道、停车场等城市设施。当时，我对此不理解但也不好意思问，因他那时极少与人说话交流。处处留心皆学问。这次耿彦波抱着一大摞相册研究大同的城市建设，我才深刻认识到，他是城市建设的有心人。

2011年9月29日，大同召开"雕塑之都"论坛，20多位全国著名专家、学者莅会，中国民间文艺家协会和建设部雕塑艺术指导委员会授予大同"雕塑之都"称号。在"雕塑之都"论坛上，耿彦波谈了他对大同城市建设的看法。他说："一个好的城市有三个标准：一是宜居城市，也就是非常适合生活的城市。二是利居城市，也就是适合创业、方便人生创造的城市。三是乐居城市，是快乐居住的城市，它是在宜居城市和利居城市基础上的再创造。乐居城市有两个指标，一是历史文化名城，如巴黎、威尼斯等历史文化名城都保留了古老的文化；二是山水园林城市。达到以上两个标准的城市，才叫乐居城市。大同市政建设就是按照乐居城市的最高标准进行谋篇布局的。"他还说:"大同如何来打造乐居城市、特色城市呢?我们是这样来构想的:我们在城市的大容器里面装入两个景观,以御河为中线,一边是历史文化名城,一边是生态园林城市。一个传统,一个现代;一个文化,一个生态,这就形成了强烈的对比,这种对比就会形成一种张力,进而形成一种魅力,最终形成深刻的大同印象。历史文化让人迷醉,自然山水城市让人留恋。"他还介绍说:"去年以来,我们进行了大量的复原工程。今年开工了十大工程,包括东城墙,今年力争把东城墙恢复起来。明年北城墙、南城墙,后年西城墙。城市里的主要景观,如文庙、关帝庙、华严寺、善化寺、清真寺、重阳宫等都要修复,下一步我们还要恢复总政署、府衙、代王府等。过去我们的传统文化城市是个水平城市,就是连续的、连片的四合院,现在我们要形成一个流动的、富有乐感的城市。建筑不是被称为立体的雕塑、凝固的音乐吗?我们就是要打造这样一个历史的、文化的景观。""在御河新区我们要打造一个最现代化的城市,也就是一个完全现代化的作品,当然我们这是有传承的、有文脉的、有继续性的、有特色的。在新区我们有文瀛湖,其面积相当于西湖,有10公里长、1公里宽的御河,这是我们的主要景观、生态廊道。我们在新区提了一个口号:'生态城市,我们的家园'。"

皇天不负有心人。经过近四年的努力、奋斗,耿彦波把自己的理想和"一轴双城"的蓝图刻印在了大同大地上。2011年6月15日,耿彦波荣获第四届"薪火相传——中国文化遗产保护年度杰出人物"荣誉称号。国家文物局局长单霁翔表示,官员很少被评为中国文化遗产保护杰出人物,耿彦波对大同市的保护令其佩服。评委会授予耿彦波的颁奖词为"为官一任,造福一方;保护文物,再现历史。这是他对历史的忠诚展现。他走出了一条文物保护、名城复兴与经济转型协调发展的新路子。他的方法和模式被专家和学者们誉为'大同模式'"。2011年12月14日晚,由中华文化促进会、凤凰卫视主办,中共深圳市委宣传部、深圳华侨城集团公司协办,深圳东部华侨城有限公司承办的"2011中华文化人物"颁授典礼在深圳华侨城举行。耿彦波又荣获"2011中华文化人物"荣誉称号。中华文化促进会主席团给他的评语是:"鉴于耿彦波同志任职大同市市长以来,以令人感佩的远见卓识,大规模实施文化遗址连片保护,大力度发展文化事业和文化旅游产业,创造了文化保护大同城市建设协调发展的大同模式,被誉为有识之官,深受市民爱戴,经中华文化促进会第三届理事会主席团会议评议通过授予'2011中华文化人物'荣誉称号。"

云冈石窟周边环境治理的总策划师

云冈石窟,1961年3月4日国务院公布的第一批全国重点文物保护单位,在总排名

180处文保单位中排第34名。在分类名单第二项的共14处的石窟寺中,排名第一。

1982年2月,大同成为中国首批二十四座历史文化名城之一。

2001年12月14日,在芬兰首都赫尔辛基举行的联合国教科文组织世界遗产委员会第25届会议上,云冈石窟被列入《世界遗产名录》,成为我国第28处世界遗产地。

对云冈石窟的保护,自1976年周总理陪同蓬皮杜视察时做出指示后,市委、市政府还是比较重视的,但规模、动作最大的当数2008年至2010年。

为了提高云冈石窟周边环境的质量,大同市人民政府于1982年6月批准将原农牧局的云冈林业管理站站址改建为云冈公园。1983年3月,云冈林业管理站归属大同市园林处,正式成立了大同云冈公园。1984年新建二层重檐亭子一个。新建琉璃瓦围墙877.3米。1985年完成古典大门一座,装配大型石狮子一对。1986年为把家属院与办公区隔开,建围墙60米,盖井房一间。

由于云冈石窟位于大同煤田之中,粉尘和废气的污染十分严重。1998年国家拨2.6亿元巨款,用于在距离石窟1500米以外,建设了一条全长约30公里的运煤新线,同时将原有公路开辟为旅游专线。

2008年初开始改造大同城区至云冈石窟的旅游线路,沿途道路两侧的违章建筑拆除,涉及5690户,旋即把道路两侧全部绿化。

2009年全面启动云冈石窟周边环境治理工程,首先把窟前道路再次改线到山后,新建了6.8公里道路,让云冈石窟景区全面封闭。接着选址开建云佛新村,拆迁云冈镇、云冈村、张寺窑、竹林寺、校尉屯、麻村、工人村等,涉迁居民5170户。在云冈公园基础上新建游客服务中心、昙曜广场、礼佛大道、灵岩寺、云冈陈列馆、演艺中心、食货街、云冈石窟研究院等17处建筑,总面积5万平方米。同时完成了景区道路、绿化、停车场、河坝加固、湖景扩建、山后围墙,以及旅游专线路面重铺等工程。2009年全面启动的云冈石窟周边环境治理工程实质上是扩大了它的保护范围,而不是像某些人和某些报刊所说的"破坏了云冈石窟的建设控制地带"。

梁罗古建理论指导了云冈石窟大景区建设,耿彦波则是总策划师。昙曜广场的昙曜雕像既是对云冈石窟开建人的纪念,也是在讲述《马识善人》的故事;礼佛大道的32根立柱和礼佛图既是表现礼佛的庄严,也是展示云冈精神,即开放包容、美美与共;水面上的灵岩寺既是北魏寺院的重建,也是郦道元《水经注·漯水》中"山堂水殿,烟寺相望,林渊锦镜"景色的再现。大景区中的森林不仅改善了生态环境,也是人文与生态的完美结合。下沉式的陈列馆既展示窟前的出土文物,也完成了"在现场看不到的东西在这里能看到、在现场看不清的在这里能看清、在现场看不懂的在这里能看懂"的使命。云冈石窟大景区的建设增加了17处景点，延长了游客观赏的时间，达到了科学合理利用的目标。应该说，这是全世界历史文化遗产周边环境治理的典范！

对云冈石窟大景区的建设，2012年09月30日，三晋电光微博的博主是这样评价的：从大同市区到云冈石窟，旅游专线上满眼都是青松翠绿，对干旱多风沙的大同而言，从绿化变成绿色，付出的代价是巨大的，据说每栽一棵松树的造价要1万元，整个云冈石窟主景区的绿化面积达到40多万平方米。参天的油松国槐、飘香的山杏榆叶梅、碧绿的草坪，到处散发着清新甜润的气息。导游介绍，石窟景区周边环境综合整治中的绿化，重点突出了生态环保功能的打造。占地67万平方米的主景区，绿化面积就达到42万平方米。除了建筑物和广场园路，基本上全部被花草树木覆盖。从2008年8月起开始的云冈石窟景区大环境整治工程，到2010年9月全部完工后，景区面积大扩容，核心景区的面积是原来的8倍多。经过治理，云冈石窟景区不仅在规模上突出了皇家园林和佛教圣地的恢宏气势，规划布局也有了全面的改进。如今，北魏时期开凿云冈石窟的高僧昙曜雕像矗立在昙曜广场，而气势恢宏的"骑象四棱神柱"把佛光大道装饰得美轮美奂，新建的灵岩寺古色古香、气势恢宏，矗立在湖心的"山堂水殿"建筑群被碧绿的湖水围绕，碧波荡漾。灵岩寺、北魏文化陈列馆和演艺中心、仿古商业街等丰富的内容，弥补了过去游客来云冈只能下车看佛的缺憾。著名地理学家郦道元在《水经注》中描写云冈石窟"山堂水殿、烟寺相望"的美景在耿市长手上再现。漫步在佛光与雕像之间，闻听抑扬顿挫的佛教乐礼声声吟唱，体会着优美的环境和佛教文化气息。

忘我工作的实干家

2009年5月的一天，耿彦波的夫人突然给我打来电话，约我去饭店吃午饭并请我劝说耿彦波晚上延长睡眠时间。我本来知道自己无能为力，但她一再说"在大同他最听你的"，只好应约前往。我到饭店时，一张桌子上只有耿彦波夫人、耿彦波大学同班同学李尔山。三人一边商量一边等，一直等到下午1时他才从工地回来。我们从他因劳累患病、抵抗力越来越差说起，劝他每晚一定要保持6个小时以上睡眠。当时他满口答应，但过了10多天他的睡眠时间又缩减到四五个小时。他夫人又同我商量，我知道了他在家最怕儿子，说那就让他儿子"教训"他。他儿子每天下午5时从北京开车回大同监督他晚上11时必须睡，早晨5时一起起床。儿子赶回北京上班。这样没过几天，他心疼儿子，才保障了每天6小时睡眠。但习惯成自然，没过多久，他又回到了过去。

《瞭望东方周刊》记者舒泰峰是这样描述耿彦波的工作的："这个市长，每天早上五六点，天刚亮，就从家里出门了，不带随从，一个人步行来到工地，检查工程质量。马路上的清洁工和路边的小摊主，经常是一天中最早见到市长的人。

他的早餐时常是路边摊买的一个烧饼，边吃边走。深夜一点，还有人看到他在工地上，煮方便面充饥。

无休止地检查工地，让他穿的那双皮鞋总是蒙着厚厚的尘土，一些市民说，'他那双鞋可比我的脏多了'。

工作没有完成，即使发高烧了他也不休息，用凉水洗把脸继续检查工地，开会。

双休日对他来说形同虚设。周末他经常骑着自行车独自私访，有时远至离市区10多公里的云冈石窟，那里正在打造云冈大景区。

他很少在办公室里安坐，他的办公地点通常在工地或者街道上，随时开现场会，发现问题当场解决。市长带着各部门几十号人马走在街头，已成了大同一景。大同人说，'如今见市长比见局长容易'。"

他这样"白加黑""五加二"地工作，创造了"大同速度"，但还经常说"太慢、太慢"。我问他："为什么总是这样急？"他说："我在与时间赛跑。五十知天命，我今年51岁，有限的工作时间就是八九年。"他还说："我感觉，我一生的价值在于事功，来到大同既是大同的机会，也是我个人的机会，我觉得人生有幸，所以我着急。当然，我不能把自己消灭，只要我身体行，只要身体的底线允许，我就向极限冲刺，挑战极限。"2011年大同市第十三届人民代表大会第四次会议上，耿彦波做了政府工作报告。在报告中，他重申了"十二五"规划纲要中再造一个新大同的承诺。这个新大同将包括："一座饱经千年沧桑的完整古城，拥有典雅、崇高的美学价值，延续着曾经的辉煌，传递着历史的回响；一座充满创造活力的现代新区，拥有新潮、大美的时代品格，熔铸着当代的精神，塑造着城市的形象。"也是在这份政府工作报告中，耿彦波号召所有干部："必须以忍辱负重的博大胸怀，精卫填海的牺牲精神，毁誉由人的达观态度，壮士断腕的坚强决心，不计个人得失进退，义无反顾，勇往直前。"他曾给《中华儿女》记者说："君子的力量是实践的力量，而非说教的力量。自己做不到，怎么能去要求别人。干部干部，就是要先干一步。受不得苦累，受不得委屈，怎么能做成事？"这就是他的人生抱负、价值追求！

梁罗古建保护理论在大同的实践

梁罗古建理论为我们大同保护古城指明了方向，提供了修复古建古城的基本原则、历史信息、方式方法和衡量标准，也保护我们渡过了惊涛骇浪。实践中我们深深感受到：

有无历史文化价值要靠梁罗理论分析，历史文化信息主要在梁罗理论中搜寻，恢复性修建要按照梁罗理论实施，科学合理利用要按梁罗理论衡量。

应该说，大同保护古城经历了两个阶段，一是立法保护阶段，二是恢复性修建阶段。自 1998 年 8 月大同市人大常委会制定《大同古城保护决议》起，到 2008 年 1 月止，是大同市立法保护古城古建的十年；自 2008 年 2 月起至今，是大同市保护和修复古城古建大干到停滞再到大干的十年。立法保护阶段，一是制定《大同古城保护决议》，让破坏性建设活动一律停止，二是制定《大同古城保护条例》，三是制定《大同古城保护规划》；恢复性修建阶段，一是做出《修复大同古城的决定》，二是恢复性修建了关帝庙、华严寺、文庙、纯阳宫、帝君庙、法华寺、清真大寺、善化寺、鼓楼东西街、明城墙、四牌楼、魁星楼、钟楼、太平楼和云冈石窟周边等。

从 2008 年开始到 2013 年 2 月耿彦波调离，我们建立了古城保护和修复的决策机制；方案设计前必须由古城保护和修复研究会提供依据；方案设计前方案设计人员必须到参照地现场考察；初步设计方案由古城保护和修复研究会提出意见；施工方案由古城保护和修复研究会、方案设计人员和施工负责人共同研究；耿彦波市长全过程主持和指导。明城墙修复前，古城保护和修复研究会除提供依据和历史文化信息外还研究了关城过大如何处理、包砖后如何展示四个历史时期珍贵的夯土层等棘手问题。

在古城古建保护性修建中，按照梁罗古建理论，我们制定和坚持了古城保护和修复的“四原则”：有历史文化价值的可以恢复性修建；有历史文化信息的才能恢复性修建；恢复性修建必须坚持罗老的原形制、原规格、原工艺、原材料；恢复性修建的目标是科学合理利用。

大同是北魏首都、辽金西京、明代王城、清代商埠、军事要塞，保存有丰富的历史文化遗存和遗址。早在 19 世纪末 20 世纪初，日本的伊东忠太、法国的沙畹就对大同的云冈石窟进行了实地考察、现场测绘、摄影记录，并进行了初步研究。1918 年著名学者陈垣是“云冈学”先驱者之一；1933 年著名学者、中国营造学社专家梁思成、林徽因、刘敦桢等中国营造学社同人考察、测绘、拍摄、研究了大同古城及其古建筑；1934 年郑振铎、冰心等学者作家考察了大同的文物古迹，撰写了文采飞扬的纪行散文；1936 年著名历史学家周一良考察并撰写了《云冈石佛小记》，全面剖析了云冈石窑的历史价值和艺术价值。中华人民共和国成立初期的 1951 年，中国文物事业局局长郑振铎组织了全国第一个文物勘察团对大同及其周边地区的文物古迹进行全面考察，撰写了中华人民共和国成立后全国第一部文物考察报告，郑振铎局长亲自作序。考察团组成人员中有裴文中、刘致平、陈梦家、闫文儒、宿白、王逊、莫宗江等全国著名专家（其中，刘致平、莫宗江两人曾是中国营造学社的成员)。作为梁思成、林徽因嫡传弟子的罗哲文先生曾多次考察过大同,主持修复过大同善化寺普贤阁。大同首批全国重点文物保护单位的评定、首批历史文化名城的获得都是他经手。

大同古建保护性修建具有丰富的历史文化信息和可靠参照。恢复性修建后,都能真正做到"五体现",即体现朝代特色、体现地方风格、体现礼义规制、体现形神兼备、体现文化价值。以修复规模较大的华严寺为例,其复建的殿堂、彩绘泥塑、壁画和油饰彩绘,都依据寺内金碑记载、高僧大德指点、佛教规制和辽金建筑特色、当地风格、文化内涵,做到了"五体现"。再以云冈灵岩寺、法华寺为例,其建筑、雕塑、壁画和油饰彩画则分别体现了北魏时期和元明清时期的特色和当地风格。

尽管大同在古城古建保护性修建中,按照梁罗古建理论,制定和坚持了古城保护和修复的"四原则",做到了"五体现",但由于社会上对国际文件前期规定的理解偏差、对东亚砖木结构建筑的认识不清、对梁罗古建理论缺乏了解,所以对大同古城古建保护性修建提出了种种责难,甚至掀起了惊涛骇浪。我们古城保护和修复研究会都以法理和梁罗理论进行了回复,得到了合理解决。

第一次是强令停工事件。2009 年 9 月,云冈石窟周边环境治理和华严寺修复被强令停工,市长耿彦波被约谈。本次可以说事出有因,因为程序上违法。第二次和第三次是国务院有关部门函询,起因是中央主要新闻单位的内参。我们古城保护和修复研究会都以国际文件有关东亚古建筑保护规定和梁罗古建理论通过市政府及其部门回复了上级有关部门。

研究会的使命与担当

难忘啊,难忘 2008 年! 2008 年 2 月 4 日是立春,耿彦波身负省委书记张宝顺的建设区域性中心城市的使命来大同报到,5 日是农历丁亥年的腊月二十八,大同市第十二届人大常委会任命耿彦波为大同市副市长,决定他为代理市长,时任主任的我给他颁发了任命书。他做了精彩的供职发言,获得全票通过。2 月 9 日,是正月初三,耿彦波和我商量召开了大同市专家学者座谈会。参加会议的大都是制定《大同古城保护决议》和《大同古城保护条例》的顾问。从难忘的 2008 年 2 月 5 日开始到 2013 年 2 月 6 日耿彦波被调离,是大同发生天翻地覆的五年,是耿彦波把蓝图刻印在大地上的五年!

2008 年 4 月,时任市委书记在市政协关于保护历史文化名城的专题建议上批示,希望大同市人大常委会在 1998 年做出《大同古城保护决议》的基础上再做一个《保护和修复古城的决定》。即将离任的我,立即组织市人大常委会组成人员和有关专家学者再次开展了深入细致的调查研究,并到晋中市参观了平遥古城、榆次老城、常家庄园、渠家大院,学习了他们的经验。接着便开始了《保护和修复古城决定》的起草工作。2008 年 6 月 17 日,大同市第十二届人大常委会召开第四十次会议,听取了时任代市长耿彦波作的关于保护历史文化名城的专题报告和市人大常委会调研组的调研报告,表决通过了《大同市人大常委会关于保护和修复大同古城的决定》。这个决定反映了全市广大人民群众的意愿,也反映了市委、市人大、市政府和市政协"四大班子"的意志。

在我退休前,耿彦波市长曾建议我退休后担任修复古城的总指挥,我不同意,但参照杭州市的做法,同意成立大同古城保护和修复研究会。2008 年 7 月,在该会成立大会上耿彦波说:"因为我们的名城保护需要科学的支持,需要历史的依据,需要群众的智慧,需要社会的力量。古城保护和修复研究会可为我们的名城保护,提供历史的依据,提供图典、老照片、修复的依据,提供当代名城保护的新信息、新技术、新案例。……刚才安主任讲得很好,他提到多调研、多建议、多服务、不干预的基本原则,以服务为宗旨、以活动为载体、以调研为基础、以建议为途径的工作方法,讲得非常谦虚。他说古城保护和修复研究会,只给名城保护工作提供服务,把调子放在最低处。这个基调的把握体现了我们的安主任是以很高的政治智慧,来支撑我们文化古城的修复工作。"耿彦波市长还说:"我希望我们大同的老一代学者,通过自己严谨的作风、深厚的学养、大家的风范,来对年轻一代进行传帮带,使大同文化振兴有智力的支撑、人才的支撑、科学的依据。"

研究会从成立后到耿彦波被调离前,做了大量工作:2008 年八九月间,先后深入到市区、云冈石窟、新荣区、左云县、浑源县进行了专题调研。对建设古城大景区、云冈大景区、方山永固陵大景区、得胜堡大景区、左云古城古堡大景区、北岳恒山大景区的必要性和可行性进行了分析和论证。为文庙、明城墙、善化寺、法华寺、华严寺、云冈灵岩寺、纯阳宫、关帝庙、帝君庙、代王府、明堂等古建筑的保护和修复提供了充分的历史依据,参与了规划研究和建筑方案的评定。参与了盘清我市文化家底的工作,为古建筑、古雕塑、古壁画、古油饰彩画建立了完整的电子资料库,并为《中国大同雕塑全集》六卷本的编辑出版提供了全方位服务。创办了网站,宣传了大同历史文化和名城复兴工作。研究、策划、组织、指导、监管了寺院、道观、文庙、武庙的雕塑制作、壁画绘制、建筑油饰彩画绘制。邀请冯骥才、金维诺、吴为山、陈云岗、隋建国、吕品昌、曾成钢等大家参观考察我市雕塑,指导新云冈计划的实施,其中吴为山创作了昙曜,陈云岗创作了北魏道武帝、太武帝、孝文帝、冯太后、崔浩、郦道元等城市雕塑。2010 年 9 月,成功组织举办了"中国古都学会大同古都文化保护与发展暨 2010 年年会"。会上通过《中国古都学会关于大同古都文化保护与发展的宣言》,大同跻身大古都之列,并编纂出版了《古都大同》一书。2011 年 9 月,与大同佛教协会共同组织举办"两岸四地佛教文化"论坛。与会专家学者、高僧大德充分肯定了大同佛教在中国佛教发展史上的特殊重要的地位。2012 年 5 月 20 日至 23 日,组织国内知名专家就"魏都平城的规划与建设及其对东亚都城建设的影响"进行了实地考察和专题研讨。2012 年 9 月 13 日,邀请国内专家,就"大同——中华民族融合之都"课题研究成果进行评审。在此期间,大同荣获了中国雕塑之都、大古都、佛都的称号。

耿彦波被调离后,尽管经历了三年的古城修复缓慢期,但研究会的工作一直到现在都没有停顿。2014 年 8 月 11 日,召集我市专家学者,与我市文物、规划相关部门领导一道,在充分认识古都大同历史文化价值所在的基础上,对如何做好我市历史文化名城保护规划这一议题展开了深入细致的研讨。出台了《大同历史文化名城保护和发展的研究报告》,为我市历史文化名城保护规划的编制奠定了思想和理论基础。2014 年 11 月 7 日,邀请国内专家学者,就"丝绸之路平城(大同)起点"课题研究成果进行评审。同时,就大同融入国家"一带一路"建设、参与丝绸之路经济带建设进行研讨。梳理"二十四史"中有关古都大同的文史资料,完成《大同历史大事编年》《北魏平城分类纪事》的编撰出版。编写出版了《大同文化名片》,对大同历史文化资源作横向和纵向的阐述和展示。编写出版了《郦学泰斗陈桥驿与古都大同》,进一步夯实了大同的大古都地位。

2015 年 8 月市委、市政府主要负责人调整后,研究会又编写了《大同历史文化辞典》,为研究大同历史文化提供基础性工具,该辞书即将出版。正在从长城的建筑文化、军事文化、贸易文化和长城文化元素的规划及利用四个方面编写《大同镇长城》一书。研究会的专家学者还多次参加市委、市政府主要领导主持的"让大同古城活起来、火起来"和"如何加快大同旅游文化产业的发展"的座谈会。为了促进大同古城、得胜堡、助马堡、新平堡、李二口、天镇便行桥、南郊怀德桥、聚乐堡、左云镇鲁堡捆绑式申请世界历史文化遗产,研究会专家学者撰写了八篇论文,召开了研讨会,并编写了申遗文本。研究会多年研究梁思成罗哲文古建保护理论和世界遗产的国际文件,为大同历史文化遗产的恢复性修建寻找了法理依据。

现在完全可以说,研究会完成了自己的使命与担当,为大同做出了应有的贡献。

研究大同历史文化名城保护和发展的苦与乐

是雁同大地成就了我：右玉八年，让我进入了大熔炉，遇到了身边楷模杨爱云，受到了“全心全意为人民服务，迎难而上、艰苦奋斗，久久为功、利在长远”的右玉精神的熏陶，养成了“6+1”“白+黑”的工作习惯；1977年被调到雁北日报社工作，又遇到了身边楷模贾春太，受到了他“淡泊名利、一心为公，平等待人、忘我工作，主持正义、坚持原则”的精神的教育，养成了“勤学、多思、敢探索”和“以忙为乐”的工作习惯。

1998年8月，我担任大同市第十一届人大常委会主任的第一次会议作出了《大同古城保护决议》，2001年制定了《大同古城保护条例》，接着又批准了《大同古城保护规划》。2008年2月，耿彦波开始修复古城；7月，我即将离任大同市第十二届人大常委会主任的最后一次会议上又做出了有关保护和修复大同古城的决定。之后，市委、市政府建议成立了大同古城保护和修复研究会，我担任了会长，至今已近十年。前五年，我忙且快乐着；接着两年半，我忙且苦恼着；之后的两年半，我忙且激动着。2016年11月18日上午11时许，随着3块铜质纪念砖在西城墙砌筑到位，最后一罐混凝土浇筑完成，省委常委、市委书记张吉福响亮宣布：大同古城墙全面合龙，护城河全线贯通。顷刻间，锣鼓喧天，鞭炮齐鸣，工地周围红旗招展，城墙上下一片欢腾。此时城墙合龙处的我喜极而泣，书记、市长和我紧紧拥在一起，我连说三个谢谢：一谢大同老百姓的支持与付出，没有他们的牺牲与奉献，没有老百姓的文化自觉，古城墙合龙是绝对做不到的；二要感谢耿彦波，没有他的慧眼识珠，没有他的胆量、魄力和实干，也是万万不可能的；三要感谢市委、市政府现任领导，没有他们纳民意，理旧账，一张蓝图绘到底，也是不可能的。

回顾我的工作历程，在右玉的八年忙，在报社的十三年忙，在地市委的八年忙，在人大的十年也忙，没想到退休后的十年还忙。忙可以忘忧，忙可以增乐，但在短时期内也会产生苦恼。在我退而未休的十年间，出现过古城修复停顿、古城大片土地出卖后开发商要盖一排排三层楼、四合院内四周都是二层或三层楼等问题。这些问题我想解决，但头上有

"老人不得干政"的"金箍咒",还有大同古城保护和修复研究会的"多调研、多建议,多服务、不干预"的工作原则。我只好采取"迂回战术"去劝阻,有的有效,纠正了偏差;有的无效,造成了不好的后果,也给我带来了苦恼,引起了我的自责。

对大同古都名城保护的探索与体会

大同是北魏96年的都城，辽、金累计197年的“五京”之一，且历史文化遗存众多，因此与北京、西安、南京、洛阳、开封、杭州、成都等大古都一起成为中国首批24座历史文化名城。古都名城如何保护？大同自20世纪末的1998年开始，首先进行了立法保护，2008年又开始了恢复性修建。作为参与全过程的一个实际工作者，我想谈谈对大同古都名城保护的探索与体会。

一、对古都名城保护最为重要的是要秉持正确的古城保护理念，即切实保护好其历史文化价值

对每一座历史文化名城，都要通过对其历史沿革的研究，对其历史文化遗存的考古、勘察、测绘、摄影、摄像、诠释，对其历史文化特征的分析、归类、概括，明确其历史文化价值所在。

国际古迹理事会澳大利亚国家委员会《巴拉宪章》明确指出：“保护的目标是保护该场所的文化重要性。”“修复和重建应当揭示遗产地的文化重要性的各方面。”[①]

《会安草案——亚洲最佳保护范例》中说：“与会专家进一步指出，在执行1972年《世界遗产公约》时，提名、评估及周期性汇报流程均要求对被提名列入名录的遗产项目的真实性价值的保护是否成功加以评估。鉴于上述因素，与会专家总结说，真实性保护是遗产保护工作的首要目标和必备条件，在亚洲各地所出台的保护规范专业准则中，都应当明确地就遗产地真实性的确认、记录、保护及保存等事务做出规定。然而，与会专家也认识

①国际古迹理事会澳大利亚国家委员会：《巴拉宪章》(1999)，《国际文化遗产保护文件选编》，文物出版社，2007，第161、167页。

到，在亚洲，遗产地保护应当并将一直是一种调和不同利益相关者不同价值的协商解决方案。与会专家还强调指出，这种‘协商状态’是亚洲文化进程与生俱来的一种价值。”①

东亚地区文物建筑保护理念与实践国际研讨会《北京文件》中说：“《实施世界遗产公约操作指南》指出，完整性可定义为‘衡量自然和/或文化遗产及其特征的整体性和无缺憾性’。它应考虑到体现遗产重要性和价值所需的一切因素。对一座文物建筑，它的完整性应定义为与其结构、油饰彩画、屋顶、地面等内在要素的关系。为了保持遗产地的历史完整性，有必要使体现其全部价值所需因素中的相当一部分得到良好的保存，包括建筑物的重要历史积淀层。”②

上述文件使我们认识到了保护古城和古建的根本目标是保护其历史文化价值，即保护其真实性价值和完整性价值，这就是古城保护正确的理念。

二、对古都名城保护的前提是充分掌握其历史文化信息

充分掌握古迹遗产的历史文化信息，把保护遗产的历史文化价值放在保护和修复的首位。大同是幸运的、值得骄傲的：在全中国诸多历史文化遗产城市中，它不仅是历史文化资源极为丰厚的城市之一，也是国际国内著名专家较早关注、较早研究并获得比较丰富的研究成果的城市之一。早在公元19世纪末20世纪初，日本的伊东忠太、法国的沙畹就对大同的云冈石窟进行了实地考察、现场测绘、摄影记录并进行了初步研究。1918年，著名学者陈垣是“云冈学”先驱者之一；1933年，著名学者、中国营造学社专家梁思成、林徽因、刘敦桢等中国营造学社同人考察、测绘、拍摄、研究了大同古城及其古建筑；1934年，郑振铎、冰心等学者作家考察了大同的文物古迹，撰写了文采飞扬的纪行散文；1936年，著名历史学家周一良考察并撰写了《云冈石佛小记》，全面剖析了云冈石窟的历史价值和艺术价值。中华人民共和国成立初期的1951年，中国文物事业局局长郑振铎组织了全国第一个文物勘察团对大同及其周边地区的文物古迹进行全面考察，撰写了中华人民共和国成立后全国第一部文物考察报告，郑振铎局长亲自作序。考察团组成人员有裴文中、刘致平、陈梦家、闫文儒、宿白、王逊、莫宗江等全国著名专家（其中，刘致平、莫宗江两

---

①联合国教科文组织：《会安草案——亚洲最佳保护范例》（2005），《国际文化遗产保护文件选编》，文物出版社，2007，第314—342页。

②东亚地区文物建筑保护理念与实践国际研讨会：《北京文件》（2007），《国际文化遗产保护文件选编》，文物出版社，2007，第383—384页。

人曾是中国营造学社的成员）。对大同城市文化的研究也得益于当地一些谙熟自己所在城市的历史，又怀有拂之不去的古都情结，还有较高研究能力的专家、学者。他们对大同名城文化的研究大致经历了两大阶段：第一阶段从 20 世纪 80 年代初到 90 年代末；第二阶段从 20 世纪初到如今。第一阶段的研究促成了古城保护的法制化；第二阶段的研究促成了城市规划的科学化，促成了《2006—2020 年大同城市总体规划》（其中含《大同历史文化名城保护规划》）的制定，促成了“以古城为一体、以御东区和口泉区为两翼”，建设一个新城，保护一个古城的历史文化名城保护模式。从 2008 年开始，大同实质上进入了实践“一轴双城、新旧两利”，创造历史文化名城保护和发展的“大同模式”的新时代。与此相适应，也进入了城市文化研究的黄金时期。在市委、市政府的共同提议下，成立了大同古城保护和修复研究会。这个研究会表面上是个群众团体，实质上是市委、市政府的参谋服务机构，是综合协调全市有关学术团体研究名城文化的机构，也是盘点名城文化家底，建立名城文化资料库，为所有研究大同城市文化的专家学者服务的机构，还是研究宣传大同名城文化，提炼打造大同文化名片的机构。截至 2014 年 2 月底，研究会已从中国二十四史和其他史籍中把有关大同的资料摘抄完毕，并利用史料编辑撰写了《大同历史大事编年》《北魏平城分类纪事》《佛都大同》《融合之都大同》《丝路起点大同》，并已编写《大同历史文化辞典》《大同镇长城》等书稿。

从大同历史文化和大同历史文化遗存的研究成果中，我们不仅对大同的古都文化、佛都文化、艺都文化和融合之都文化以及王城（明代藩王城）文化、府城文化、军镇文化、龙壁之城文化和民俗文化有了更全面、更科学、更深刻的认识，也掌握了较为充分的古城古建的历史文化信息，为古城古建的保护和修复提供了良好的信息条件。

三、大同对古都名城保护的基本原则与具体做法

罗哲文先生从长期的实践中产生的古城古建保护思想，笔者认为是符合中国古建筑实际的，是完全正确的。如古建筑不存在了就什么价值都没有了的观点，只要按照原形制、原结构、原材料、原工艺修复的古建筑就不是赝品、不是假文物的观点，衰败破旧不是原状、现状不等于原状的观点，修复古城要把改善老百姓的居住条件放在第一位、可以新建内环城路扩大步行区的观点，等等。（均引自中国建筑工业出版社出版发行的《罗哲文历史文化名城与古建筑保护文集》和 2002 年罗哲文先生接受搜狐网记者的专访报道）他利用自己在国际上的声望，或到国际论坛上演讲，或到国际专家学者中游说，宣传中国古建筑文化，宣传中国保护古建筑的历史传统和经验，促成了东亚地区文物建筑保护理念

与实践国际研讨会2007年5月28日在北京故宫的召开，改变了国际上部分专家学者的看法，肯定了北京故宫、天坛、颐和园的修复工作，产生了比较符合中国实际的《北京文件》。

采取对古都名城保护的正确做法，努力达到“四保护”要求和“五体现”目标。一是在对古城整体修复的总体目标上，要达到“四保护”，即保护传统格局、保护历史风貌、保护空间尺度、保护依存环境。二是在对古建筑群整体修复的总体要求上，凡主体建筑或标志性建筑仍然存在的，有历史文字记载或有图片资料，也有相同历史时期样板可作参照的，就可以请特别有经验的古建筑设计专家进行规划和设计，再经专家委员会论证，进而正式开展修复工作。在修复完成后，真正做到“五体现”，即体现朝代特色、体现地方风格、体现礼义规制、体现形神兼备、体现文化价值。以修复规模较大的华严寺为例，其复建的殿堂、彩绘泥塑、壁画和油饰彩绘，都依据寺内金碑记载、高僧大德指点、佛教规制、辽金建筑特色、当地风格，做到了“五体现”。再以云冈灵岩寺、法华寺为例，其建筑、雕塑、壁画和油饰彩画则分别体现了北魏时期和元明清时期的特色和当地风格。三是对古建筑的修复在具体做法上要做到“五原”，即原形制、原结构、原材料、原工艺、原环境。古城内修复的寺观建筑，都是按照宗教规制、庭院布局、古建风格、砖木材料、传统工艺，修旧如故，让古建筑“延年益寿”的。传统民居四合院也采取“五原”修复。四是对整个古城和古建筑群的修复要实事求是地处理好保护、修复、利用、发展之间的关系。要保护，就必须修复；修复，就是为了保护和利用；不利用，就难以保护，也不必修复；要利用，就必须与时俱进，按照当代要求和功能所需有一定的发展。大同古城内规划了地下停车场、内环路，主要是为了功能所需，服务方便群众；寺观外围修建了一些园林，主要是为了绿化美化古城，也更好地保护了古建筑群；古城门瓮城、月城、耳城和关城原有夯土不复存在，修复时没有再用夯土增筑，而是用了钢骨水泥框架，外面筑墙包砖，目的是利用其中空间作为艺术馆舍或管护机构的办公场所。对使用钢骨水泥框架，有人拍了照片把它当作文物造假的证据，其实除此外，其他古建筑群的修复，包括所有文物建筑修复工程、四大城楼、24个望楼、4个角楼都用的是实木砖瓦，毫无例外。五是对整个古城和古建筑群的修复要做到传承古代文化、传承古代艺术，在修复活动中培养非物质文化遗产的传承人。历史文化名城的历史街区和古建筑群，之所以有历史价值、艺术价值和科学价值，能成为公认的历史文物，就是因为它内含着丰富的传统文化，承载着独特的传统艺术，延续着一个民族的古风古韵。有的地方在修复古建筑时，用材是钢筋水泥，设计、形制和工艺是现代风格，外表虽有古代风貌，但骨子里已无传统文化内涵，已丢失民族之魂。大同修复古城和古建，坚持“五原”，做到“四保护”“五体现”，就是不让古城和古建失去传统艺术之美、传统文化之魂，就是让它们仍具有历史价值、艺术价值和科学价值,同时也培养出一批中国非物质文化遗产的传承人。参与修复大同寺观壁画的中央美院和中国美院壁画系的200多名师生在这一问题上体会较深。他们在墙体上制作地仗,用的是经过化验的泥土,稻草泥、麻泥和棉花泥层层叠加;绘制壁画用的是矿物颜料,沥粉贴金从材料到工艺也与古代无异。经过3年多的艰苦努力,他们为大同保护和修复古城作出了巨大贡献,也为国家培养了一批修复传统寺观壁画的传承人。

(一)坚持全面保护、考古为先、重点修复标志性建筑的原则

已由各级政府及其部门公布的文物建筑、历史建筑,必须严格保护;未列入的、具有历史文化价值的四合院等传统建筑也必须保护;要绝对防止大拆大建,能修缮的就不要落架大修,能落架大修的就不要重建。

从城墙夯土考古成果看,大同古城是多个朝代叠压之城。因此,凡拆迁搞新建都要考古先行,但不必像一般考古程序那样先钻探,而应该全面积发掘,哪怕是一段土路、一处踩踏面、一截沟渠,都要细查多看,以发现古遗址、古遗物。

体现古城历史文化价值的且拥有比较充分历史文化信息的标志性建筑一般都要修复。如平城中轴线、四大街、代王府、府衙、总兵署、府城隍庙、书院、丰馆(即驿馆)等。

(二)坚持“五原”修复的原则

大同历史文化名城的保护、修复和利用,凡是文物建筑和历史建筑中的古建筑修复,必须认真学习和落实具有中国特色的古城古建保护和修复的理论,特别是“梁(思成)罗(哲文)理论”。在具体做法上要做到“五原”,即原形制、原结构、原材料、原工艺、原环境。

原形制即保存原来的建筑形制。古建筑的形制包括建筑原来的平面布局、造型、艺术风格等等。我们知道,每一个朝代的建筑布局与造型都有它的特点,不仅反映了建筑功能、建筑的制度,也反映了社会的情况、民族文化的风格。

原结构即保存原来的建筑结构。古建筑的结构主要是反映科学技术的发展,随着社会的发展,对各种建筑物的要求在不断提高,各种时期的建筑物的结构方式因此产生了差异。它们是建筑科学价值进程的标志。建筑结构也是决定建筑类型的内在因素,如同人的骨骼,什么样的骨骼就会出现什么样的体型。如果在修缮过程中改变了原来的结构,建筑的科学价值就会降低,也会影响它的形式。

原材料即保存原来的建筑材料。古建筑中建筑材料的种类很多,有木材、竹子、砖、石、泥土、琉璃、金、银、铜、铁等。根据不同建筑结构的需要而选择使用不同的材料,什么

样的建筑物用什么样的材料，什么样的材料产生什么样的结构与艺术形式。随着建筑的发展，建筑材料也不断产生、更替、组合。它反映了建筑工程技术、建筑艺术发展的进程，反映了各种建筑形式的特点。如果我们随便用现代化的材料来代替古建筑原来的材料，那么将会使古建筑的价值蒙受巨大的损失。

原工艺即保存原来的工艺技术。要真正达到保存古建筑的原状，除了保存其形制、结构材料之外，还需要保存原来的传统工艺技术。对古建筑维修的工艺技术，应该提出“继承传统的工艺技术”的口号，而不是要改革和创新。

原环境即修复古建要在其原所处环境进行。原则上一般不得迁建，一般不得改变原有的地址和周边环境。

（三）维持古城历史街巷格局不变的原则

大同古城的街巷格局是中轴对称的棋盘式格局，俗称“四大街、八大巷、七十二条绵绵巷”。这一街巷格局历经历史风雨，虽有一些破坏，如西南角的教场街和西北角的大十字街，但整体格局未变，城市中轴线自赵武灵王建城起2300多年基本未变。这在中国九大古都中独树一帜。

在修复大同古城古建中，无论是政府部门的基础设施建设，还是国企、私企的修复建设活动，可以在地下通电、通水、通气、通暖、通光缆、通消防，建地下停车场等，但不得破坏地上的街巷格局，已经破坏了的街巷，在古城古建修复活动中也要逐步恢复。

（四）保持和体现古城传统风貌的原则

大同古城内3.28平方公里的范围，虽然在2008年修复时有198栋楼房，但仍然有120多处文物建筑，1500多处传统民居、排子平房等，古城的整体传统风貌基本未变，空中视廊开阔，这在全国同类型城市中十分罕见，这也是我们“整体保护，重点修复”的事实依据。

在古城保护、修复中，我们一定要保持和体现古城的传统风貌。地上新的建筑、构筑物必须控制在已获批的各层次保护规划的高度内，整体要做到高低上错落有致，间隔上疏密有别。现有的高层建筑，凡处在各级重点文物保护单位建设控制地带的违法建筑要一律拆除，凡20世纪五六十年代的砖混、预制板楼房有安全隐患的要一律拆除，凡影响已修复古建筑周边传统风貌的要逐步拆除。拆除后要恢复传统风貌。

四、科学合理利用古城的原则

要树立保护修复是为了利用，不利用就难以保护、就不必修复的理念，要坚持合理利用和科学利用原则。保护修复的目的是科学合理地利用，要按照规划的要求，保留适当数量的原住民，保持合理的人口密度。与此同时，要按照把大同古城打造成为旅游文化名城、收藏文化名城、避暑休闲度假名城、养生养老美食名城、文化创意产业名城、多元宗教体验活动名城和影视拍摄基地的目标，完善科学合理利用原则。

五、政府投入和市场运作相结合的原则

古城保护和修复要坚持政府投入和市场运作相结合的原则。凡是能吸引社会投资的建设项目都要大力招商引资，凡是怀有古都古城情结、热爱宗教文化的社会团体和个人乐于只讲奉献、不求回报，都要热情欢迎、鼎力支持、多方优惠。凡是不能进行市场运作的项目，市、区两级政府要保证投资到位。

六、古城内土地的利用要区别对待的原则

凡公用设施用地、公益慈善事业用地、非营利性文化场所用地一律无偿划拨；凡商业、服务业等营利性企业用地，一律实行招、拍、挂，进入土地市场。要尽量增加古城内的土地收益，但要防止单靠土地经营收入修复古城的倾向发生。要鼓励大企业、大集团投资古城保护和修复。

党的十八大以来，随着习近平新时代中国特色社会主义思想的确立和传播，习近平历史文化遗产保护思想也深入人心，如“我们保护和修复文物，既是对祖先负责，也是对后人负责”的思想，“历史文化是城市的灵魂，要像爱惜自己的生命一样保护好城市历史文化遗产”的思想，“秉持正确的古城保护理念，即切实保护好其历史文化价值”的思想，“让收藏在博物馆里的文物、陈列在广阔大地上的遗产、书写在古籍里的文字都活起来”的思想，等等。这些思想都指导和规范了我们大同保护和修复古城古建的实际行动。中共中央、国务院2017年9月13日在批复《北京城市总体规划（2016—2035年）》中指出：“通过腾退、恢复性修建，做到应保尽保。”这体现了习近平历史文化遗产保护思想，明确肯定了“修复”和“重建”，使我们进一步坚定了信心、明确了方向。

像挖煤一样挖文化

在大同的城市名片上,有两顶令大同人颇为自豪与荣光的桂冠:一顶是中国煤都,一顶是中国历史文化名城。这两顶桂冠对大同来说都是名副其实的:作为煤都,是因为已探明的煤炭储藏量特别大,达到400多亿吨,而且产量也特别大,对国家的贡献也特别多。改革开放30年,产了约23亿吨煤,外销约19亿吨。一个城市产这么多煤,无论是在全国还是在全世界都是数一数二的,这能不叫煤都吗?作为历史文化名城,这是早在26年前国务院就首批批准的。北魏京师,辽金陪都,明清重镇,这是写在历史上的。1500多年前的世界历史文化遗产云冈石窟、900年前的辽金艺术博物馆华严寺和善化寺仍在供世人朝拜。全国仅存的有里坊格局的北魏、唐、明、清四朝未易地、所共用的古城仍屹立在塞北大地。像大同这样文物古迹及旅游景点的历史那么悠久、集群度那么高、文化艺术价值那么高的城市在全国也是不多的。这还不是历史文化名城吗?

两顶桂冠源于两大资源。一个是煤炭资源,一个历史文化资源。对前者,我们挖得好、利用得好,收益不少,贡献也大。对后者,我们则挖得不怎么好,利用得不怎么好。

没有像挖煤一样挖文化,原因是多方面的。一是对历史文化资源的丰富性缺乏了解。我市有过辉煌的历史,北魏、辽金、明清都留下了厚重的文化积淀。我市古建筑诸如寺院、道观、长城、关口、烽燧、古堡等几乎遍布所有县区,这些都是历史文化的载体。我市地理位置特殊,历史上多民族共居融合,无论是民俗文化还是边塞文化,都有自己的个性。在儒、释、道三教熔于一炉而形成的中华传统文化里,大同有其历史贡献。二是对历史文化资源的受益性缺乏了解。挖煤比挖文化见效快、获利多,这一点不假;但挖煤比挖文化带来的问题却多得多:地面塌陷、生态破坏、水源枯竭、空气污染、矿工伤亡、难以为继……给科学发展提出了道道难题。而挖文化既不会带来上述问题,也不会难以为继,它更符合转型发展、安全发展、和谐发展的要求,因为它是取之不尽用之不竭的资源。挖文化见效慢、收益少,但获利的时间长、提供的就业岗位多。三是对挖文化的重大意义缺乏了解。挖文化有利于精神文明建设,可以总结出大同精神、城市灵魂,可以寻找出大同文化的精髓,可以统一人们的思想、激励人们的斗志、增加人们的智慧、焕发人们的青春,为大同的科学发展提供精神动力、智力支持、思想保证,增强大同的软实力。挖文化有利于旅游产业的发展,可以更好地保护历史文化遗产,更好地开发旅游资源,更好地挖掘文物古迹的文化内涵,吸引更多的国内外游客。挖文化有利于文化产业的发展,可以建设文化产业园区,更好地开发美术工艺品、旅游纪念品,可以繁荣文艺创作、发展新闻出版广播影视事业。挖文化有利于保护和修复大同古城,有利于提高大同的知名度、美誉度,可以寻找出大同文化元素,提炼出城市符号,印制出更好的城市名片。挖文化好处多多、利益多多,有百利而无一害,我们何乐而不为?

像挖煤一样挖文化,首先要找出文化资源。文化资源在哪里?文化资源在寺院、道观、庙宇中,在城堡、关口、边墙中,在文字、绘画、雕塑中,在人的头脑、工作、生活、作品、产品、创造中……一句话,文化无处不在,无处没有,到处可以挖,人人可以挖。挖文化要从蕴藏量大的地方挖,挖优质资源,挖特色资源。比如世界历史文化遗产云冈石窟,它有石头上的王朝、石头上的佛教、石头上的音乐、石头上的舞蹈、石头上的内政、石头上的外交、石头上的耻辱、石头上的荣耀。我们可以从中挖出佛教文化的中国化、政治化、世俗化,可以挖出北魏文化中的改革精神、开放精神、包容精神。我们可以从中看到多民族的融合、多文化的汇聚。再比如大同古城,它不仅有作为辽金艺术博物馆的华严寺、善化寺,还有全国仅存的里坊式巷道格局;不仅有清真寺、朝阳观、关帝庙、文庙、帝君庙等集群度极高的文物古迹,还有颇具民族特色、塞北风格的传统民居四合院。这些建筑作为载体,都有着厚重的文化内涵。挖文化要有广度,也要有深度。要挖北魏文化、辽金文化、元明清文化,要挖边塞文化包括军旅文化、边贸文化,要挖煤都文化,要挖民俗文化包括婚丧嫁娶、建房乔迁、生辰寿诞、迎宾宴客等礼俗礼仪文化和节日文化,要挖机关文化、企业文化、学校文化、农耕文化,等等。要往深处挖,挖出文化精髓,挖出个性特色,挖出传统道德,挖出核心价值。挖文化要注重加工提炼。文化资源像煤炭资源一样,有优质的也有劣质的,有精华也有糟粕,我们要去伪存真、去粗取精,要精心提炼,升华为大同精神、大同符号、大同性格。作为丝绸之路的起点之一,作为1600多年前的都城,作为少数民族建立的王朝的首都、陪都,一位在世界各地传讲说法的高僧给大同古城保护和修复研究会建议,要建立大同学,以此概括对大同文化的研究。笔者认为,这个建议不无道理,但仍需得到多数人的认同。

挖文化是一个复杂的系统工程,需要全社会的参与,要形成领导推动、学者带动、群众齐动的良好局面。目前,我市正在开展学习实践科学发展观活动,市委提出的“转型发展、绿色崛起”正在落实，空前规模的古城保护和修复工程正在实施，由此带来的文化意识正在人们的头脑中滋长，由文化觉醒到文化自觉再到文化辉煌，我市正在加快这个进程，我相信，大同城市名片上的头衔会越来越多、越来越灿烂！

（刊载于2009年3月18日《大同日报》）

皇城气象今犹在

我市今年的政府工作报告提出了要“打造皇城气象”。何为“皇城气象”？查阅《现代汉语词典》，“气象”一词的词意是“1.大气的状态和现象；2.情景、情况；3.气派、气势”。从这个词意上看，可理解为气势、气派和景象。“皇城气象”的字面意思就是都城的气势、气派和景象。如果从字面意思拓展、延伸开来，其内涵就要丰富得多。笔者以为，可以从物质的、有形的和精神的、无形的两个方面来阐释。从物质的、有形的方面讲，它包含都城的城池、宫殿、寺院、道观、苑囿、陵寝、祭坛等标志性建筑和建筑内的设施、设备、造像、壁画等；从精神的、无形的方面讲，它包含身居都城的皇族、官吏和平民在工作、生产、生活中所形成、养成的思想、性格、精神、气质、礼制、习惯、风俗等非物质形态的文化。

从物质的、有形的角度看，大同的“皇城气象”还存在着不少，中国绝大多数古都包括部分大古都在内都是无法相比的。北魏的皇家工程云冈石窟、方山永固陵、里坊格局、明堂遗址、皇宫遗址、苑囿遗址、城池遗址等仍在今人的眼中。辽金西京的华严寺、善化寺、观音堂的古建筑、古雕像，明朝代王府的九龙壁等仍在供游人观赏。从非物质的、无形的角度看，北魏、辽、金的民族融合及农牧融合文化，寺院、道观文化，北魏的改革、开放文化，仍蕴藏在大同人的血液里、头脑中，仍影响着大同人的思维方式、生产方式和生活方式。大同男人的魁梧、雄壮，大同女人的漂亮、自立、自强，谁能说不是民族融合的结果？大同人的大度大气、宽容和合、开拓进取、乐于奉献，谁能说没受古都的影响？大同能成为国务院首批批准的历史文化名城和较大城市，谁能说没沾古都的光？

“皇城气象”今犹在，这是事实，但也湮灭、衰落了不少。都城的一些标志性建筑或被战火摧毁或被人为拆除，有的只留下遗址，有的至今连遗址也未找到，更可怕的是大古都的气派、气势和景象，古都人的精神、性格和气质也已衰退了不少。这正是市委、市政府提出要“打造皇城气象”的初衷。

“打造皇城气象”，其内涵是厚重而丰富的。笔者认为主要包括以下几点：一是要保护和修复好北魏、辽、金、明的皇家工程的遗存和个别都城标志性建筑的遗址；二是要制定、实施新云冈计划；三是要深挖都城文化，深入研究民族融合文化、宗教文化、北魏改革文化、长城文化、民俗文化等，并从中提炼大同精神、大同性格、大同名片、大同品牌；四是建设一个呈现古都元素、有自身个性的景象独特、人类乐居的古今文明交汇融合的都市；五是以此促进我市旅游文化产业的大发展，重现皇城繁荣昌盛的气派、气势和景象。

大古都西安在打造“盛唐气象”方面，已经先行了一步，取得了令全国震惊、令世界瞩目的成就。去年以来，我们大同市也在以大气魄、大手笔、大动作打造着“皇城气象”。笔者深信，市委、市政府预定的目标经过全市人民的努力，一定会也一定能实现。

（刊载于 2009 年 6 月 5 日《大同日报》）

大文化造就大古都

2010年10月7日上午，余秋雨先生应邀在大同做了一场以《大文化　大古都》为题的引人入胜的报告。他在大同之外讲大同，在大同之内讲大文化，深入浅出地讲了文化的定义，旁征博引地讲了古巴比伦、古埃及、中国和古印度四大文明古国的文化，讲了一个军事上的战胜者的惊人的选择：拓跋鲜卑北战南征、东冲西突，开疆拓土，统一北方，征服了一个个对手，但却向汉文化举手投降。正是一个实行部落制的少数民族为盛极而衰的封建文化注入了游牧民族的旷野之气、豪放之风，引进了中亚、西亚和欧洲文明，在关键之时挽救了汉文化，使其逃脱了衰亡的厄运。他在报告中说："在《从何处走向大唐》这篇文章里，我说出了大同是中国的一个重要穴位，是中国文化的一个穴位。其实，我把范围放得更大一点，也是亚洲文化和世界文化的一个穴位。""我一点不夸张地说，大同在中国和世界文化上的地位是很高的，尽管现在还没有被认识。我们要的是在现在许许多多竞争过程中，增加对她的整理、打造，增加她过去的光辉和现在的光辉，让人们认识她的重要性。认识她的重要性不是为了大同，是为了中国文化，也为了人类文明。"

余秋雨先生用大量的历史事实说明了北魏平城是游牧文化与农耕文化的汇聚之地，是少数民族文化与汉文化的汇聚之地，是儒、释、道三教的汇聚之地，也是中西文化的汇聚之地。是北魏平城这个大熔炉铸造了大文化，是大文化造就了大同这个大古都。那么，北魏平城的大文化是怎样形成的呢？我以为：

一、北魏统治者崇尚先进、改革创新的精神和实践是大文化形成的决定性因素

《魏书·帝纪第一》记载：鲜卑原先"统幽都之北，广漠之野，畜牧迁徙，射猎为业，淳朴为俗，简易为化，不为文字，刻木纪契而已，世事远近，人相传授，如史官之记录焉。"就是这样一个游牧为生、文化落后的少数民族入主平城之初，便学习曹魏邺城、西汉长安、东

汉洛阳的经验规划，建设宫城、中城和郭城，并把游牧文化注入都城建设，修建了近郊的北苑、东苑、西苑和众多的离宫别院。与此同时，他们学习前朝经验，按照封建礼制，“诏有司正封畿，制郊甸，端径术，标道里，平五权，较五量，定五度；诏尚书吏部郎中邓渊典官制，立爵品，定律吕，协音乐；仪曹郎中董谧撰郊庙、社稷、朝觐、飨宴之仪；三公郎中王德定律令，申科禁；太史令晁崇造浑仪，考天象；吏部尚书崔玄伯总而裁之”。从奴隶制大步跨越到了封建制，全面接受了先进的汉文化。道武帝拓跋珪之后的明元帝拓跋嗣、太武帝拓跋焘、文成帝拓跋浚、献文帝拓跋弘和孝文帝拓跋宏承袭了道武帝的治国方略，不断改进和完善了封建制度，特别是孝文帝在冯太后的具体指导下进行了一系列的封建制改革，实行了班禄制、三长制、均田制、新租调制，兴利除弊，革旧布新，使衰落的封建文化又焕发了勃勃生机。

二、北魏平城时代多民族人口的大迁徙和各地各方面人才的大集聚是大文化形成的基础性条件

人是文化的创造者，也是文化的承载者、传播者。北魏正式建都平城之后的万人以上的人口大迁徙有八次之多，主要有：天兴元年（398 年），徙山东六州民吏及徒何、高丽等 36 万，百工伎巧 10 万余口于京师平城。天兴二年（399 年），帝大破高车，获 7 万余口至平城。泰常三年（418 年）五月，长孙道孙、延普等攻北燕至龙城，徙其民 1 万余家而还京师。始光三年（426 年）十一月，袭据于统万城的赫连昌，至其城下，徙 1 万余家而还京师。神䴥四年（431 年）二月，陷滑台，虏 1 万余人送平城；三月，冠军将军安颉等献宋俘 1 万余人、甲兵 3 万人于平城。太延五年（439 年）十二月，北魏军东归，徙沮渠牧犍宗族及吏民 3 万户于平城。太平真君七年（446 年），徙长安工巧 3000 家于平城。太平真君八年（447 年），徙定州丁零 3000 家于平城。太平真君九年（448 年），徙西河离石之民 5000 余家于平城。正平元年（451 年），北魏军还自南伐，分置降民 5 万余家于近畿。经过这些大迁徙，平城的居民结构发生了巨大的变化，人口数量急剧膨胀，人员素质也大幅度提高。建国之初，开国皇帝拓跋珪便从俘虏中、移民中大胆启用汉族中的文人学士和前朝中的达官贵人，诸如崔宏、崔浩父子和邓渊、晁崇、董谧等。武功卓著、统一北方的太武帝拓跋焘下诏令招才纳士，一次就征招到卢玄、崔绰、邢颖、高允、游雅、张伟等数百人，其中不少人都成为国家栋梁、理政英才。此外，还从长安、洛阳、山东、西域迁移来大量的能工巧匠。

三、丝绸之路的打通，与西域各国的贡市往来及佛教的兴盛是大文化形成的关键性原因

太平真君年间(440 年至 451 年)，北魏结束了五胡十六国的混战局面，统一了北方，打通了西域。太武帝听取大臣们的意见，先派王恩生、许纲出使西域。王恩生和许纲被蠕蠕国抓住，最终没有到达。接着又派遣董琬和高明出使。这二人不负圣命，带着大量锦帛，不仅安抚了鄯善、乌孙、龟兹、疏勒、悦般、车师、焉耆、粟特等九国，而且到达了破洛那国和者舌国，宣读了诏书，慰劳和赏赐了他们。董琬、高明东还时，乌孙、破洛那、粟特、悉万斤等十六国都派使节来北魏平城向皇帝朝拜和进贡。“自后相继而来，不间于岁，国使亦数十辈矣。”据《魏书》和《北史》记载，与北魏平城贡市往来的西域国家多达 50 余个，其中距离代京(即平城)最远的有波斯(今伊朗)、南天竺(今印度)、条支(今土耳其)、粟特(今乌兹别克斯坦)等。从太延元年(435 年)至太和十八年(494 年)的 50 多年间，北魏平城与西域的联系达到了空前的盛况。《魏书》记载：“蕃贡继路，商贾交入，诸所献贸，倍多于常。”来自西域的奇珍异宝和各种商品源源不断地涌入平城，北魏的丝绸、瓷器也流入西域。随着人员的交往、货物的交易，东西文化也大量交流。西方的佛教文化、贸易文化、雕刻文化、音乐舞蹈文化极大地丰富了平城文化。云冈石窟的雕刻艺术、我市博物馆的北魏时期的波斯银币、金银和玻璃器皿、承载着西域文化的雕刻等都是无可辩驳的物证。

四、北魏平城时代的“包容和合”理念是平城大文化形成的精神动力和精神保证

无论是民族的融合还是不同文化的融合都需要包容之心、海涵之量，都需要民族共同体的认知力和文化认同力。正是北魏平城的统治者和广大民众把自己视为黄帝的子孙，崇尚周礼，大胆改革，虚心学习，才以汉文化为主体，吸收了各少数民族的文化和印度文化、罗马文化、波斯文化、中亚文化等，促进了中华民族的形成和发展，促进了以儒、释、道三教为支柱的中华大文化的形成和发展。

(刊载于 2011 年 3 月 3 日《大同日报》)

大古都担负大责任

在2010年9月“两节”期间,我市相继获得“中国雕塑之都”和“中国大古都”两顶桂冠。一些有识之士提出,这既是荣誉,也是责任。我完全同意这种说法。

荣誉与责任历来是紧密相连的。责任尽到了而且尽得好,得到了奖赏,才有了荣誉。不尽责任,岂有荣誉?获得了荣誉也还要尽责任,不尽责任,那荣誉只意味着过去,而不意味着未来。

“中国雕塑之都”是老祖宗的杰作给我们换来的。看一看骇人心目的云冈石窟,看一看华严寺和善化寺的精美绝伦的彩绘泥塑，这些雕塑不是完全可以同西洋雕塑媲美吗?雕塑之都是名副其实、实至名归的。

“中国大古都”也是老祖宗的杰作给我们换来的。看一看北魏平城在中华民族形成和发展中的贡献,看一看拓跋鲜卑在中华大文化形成和发展中的贡献,哪一项不是彪炳史册的?大中华、大古都承载着大文化,大文化造就了大中华、大古都。中国大古都也是名副其实、实至名归的。

“两顶桂冠”给了我们荣誉,更给了我们责任。

责任之一是珍惜和保护。北魏京华、辽金陪都给我们留下了众多的遗产:有体现佛教政治化、本土化,体现中外文化、汉夷文化相融合,体现北魏前中期政治、经济、文化生活的云冈石窟;有体现北魏皇帝皇后陵寝文化的北魏金陵、方山文明太后陵;有体现北魏礼制文化的明堂遗址;有体现北魏宫城文化的平城一、二、三号遗址和灵泉宫、灵泉池遗址;有承载着儒、释、道三教合一的北魏遗存北岳恒山悬空寺;有汉、北魏、辽金、明清多个历史文化层叠加的古城墙;有梁思成先生考证、测绘并高度评价的辽金西京的古建筑善化寺大雄宝殿、天王殿、普贤阁和华严寺薄伽教藏殿、大雄宝殿;有明朝代王府九龙壁、广智门和宫殿遗址,还有从众多北魏、辽金墓葬中出土的国家一级文物。这些物质文化遗产承载着厚重的中华文明,体现着皇城气象。这是大同之宝、中国之宝,也是世界之宝、全人类之宝。我们一定要珍惜它,把它保护好,要依法保护,科学保护,全面保护,整体保护,领导要带头保护,全社会要人人参与保护,要做护宝人,不做败家子。

责任之二是修复和利用。我国的历史文化遗产特别是古建筑有其特殊性,砖木结构决定了它是有寿命的。历朝历代一次次地修缮、一篇篇重修碑记,就是最有力的证明。只要是传统设计、传统形制、传统结构、传统工艺、传统材料,只要有历史依据,体现了历史规制、时代特征和地域特色,就是科学的修复和重建,就不是文物造假。几十年、上百年、上千年后,遗留给我们子孙后代的仍然是承载着中华文化的珍贵遗产。不修缮、不重建,我们的子孙后代不仅看不到中国的传统建筑,也看不到其承载的传统的中华文化。历史文化遗产要保护也要利用,保护了才能利用,利用了才能更好地保护。我们应该有这样的理念。有用的才有生命力,有作为的才有地位,无用的东西人们肯定要抛弃之,有用的东西人们肯定要保留它,这是常理。当前,云冈石窟周边环境的治理已经竣工,善化寺、华严寺、关帝庙、文庙等也展现了往日的容颜,众多文物古迹的修复,使它得到了更充分的利用,同时也使它得到了更全面的保护。

责任之三是研究、传承和发展。应该说,大同这个大古都承载着大文化,但我们对这个大文化研究得还很不深入。大古都是文化的荟萃之地、文明的首善之区,我们要下大功夫研究北魏平城文化,这是研究的重中之重。打开《魏书》或《北史》,北魏平城的规划建设文化、改革文化、吏治文化、民本文化、法律文化、宗教文化、丝绸之路文化,无不放出灿烂的光芒!它不仅为盛唐奠了基,也为其他各朝各代提供了可贵的经验,不仅影响了中国,也影响了朝鲜和日本。我们要从北魏平城文化中,提炼出“包容和合,崇尚先进,开拓进取,改革创新”的大同性格、大同精神并以此激励今人和后人。

优秀的物质文化遗产和非物质文化遗产都是需要传承和发展的，不仅要让当代人享用,也要让子孙后代享用。作为承载着大文化的大古都要有历史的辉煌,也要有今天的辉煌。这就要保护,更要发展。保护与发展要有先进的理念、科学的路径选择、具体的运作方法。

2008年初,我市提出“一轴双城,分开发展;古今兼顾,新旧两利;传承文脉,创造特色;不求最大,但求最佳”的名城保护基本思路,正是梁思成先生那永远闪烁着时代光辉的城市规划思想的具体实践。2010年9月22日,中国古都学会在《大同古都文化保护与发展的宣言》中说:“大同的城市建设新理念、新模式——有与会学者称之为城市建设‘大同模式’,若能予以科学的总结与推广,使大同正在探索着这条整体保护的新路,成为城市建设新的模式和范本,这必将给全国各古都城市和历史文化名城以深刻启示并极大地推动我国城市化进程中的文化遗产保护和发展工作,使城市更具个性、更有特色、更富魅力、更宜居住，让人民的生活更美好！”这是对我市的肯定，也是对我市的希望；是给我们的荣誉，也是给大古都的大责任。

（刊载于2011年3月8日《大同日报》）

像建设工业园区一样建设旅游大景区

近年来,我市认真实施“工业强市”战略,先后建立了南郊塔山、阳高龙泉、浑源石材等工业园区。这种提高工业企业集群度、发展循环经济、加强集中管理、促进环境保护、提高经营效益的做法,加快了我市工业化的步伐。笔者认为,像建设工业园区一样建设旅游大景区,我市大有条件、大有必要,也将会大有效益。

像建设工业园区一样建设旅游大景区,我市具有得天独厚的条件。文物古迹众多,旅游景点知名度、美誉度高而且集群度高。比如大同古城,其内就有华严寺、善化寺、清真寺、朝阳观、关帝庙、文庙、圆通寺、云林禅寺、九龙壁、鼓楼等现存古建筑。如果再加上正在修复和计划修复的古城墙、古城门、古街道、古民居、代王府、法华寺、总兵署、府衙、钟楼、乾楼、太平楼、魁星楼、朱衣阁、四牌楼等古建筑,在一个不到3.3平方公里的古城内,集中着这么多景点,这是任何一个城市包括世界历史文化遗产平遥古城、丽江古城等都不可比的。比如云冈大景区,不仅有世界历史文化遗产云冈石窟,而且有老爷庙石窟、吴官屯石窟、鲁班窑石窟、焦山石窟,还有佛字湾、观音堂等,加上新建的云冈博物馆、云冈文化广场等,在一个不长的云冈沟里,集中这么多景点,这恐怕也是不多见的。再比如方山永固陵大景区,不仅有一个十分罕见的陵寺合一的核心景点,还有思远佛寺遗址、慧泉寺、古长城、镇川堡。如果再修复灵泉宫、灵泉池,新建一个冯太后展览馆、北魏改革文化园、花木兰园、万泉河生态园,那么这个景区将成为我市人文景观和自然景观相结合的供游客旅游、供市民周末休闲的最佳场所。除古城、云冈、永固陵三大景区外,建设恒山大景区、左云古城大景区、天镇边塞文化佛教文化大景区也具有十分有利的条件。

像建设工业园区一样建设旅游大景区,大有必要,大有前途。这是转型发展、绿色崛起的战略要求,也是充分利用优质历史文化资源的发展要求。过分重视煤炭资源开发利用而忽视历史文化资源开发利用的倾向必须扭转,只重视个别知名景点而忽视多数景点包括一部分知名景点的倾向必须扭转,只重视现有核心景点的利用而忽视其周边景点开发利用的倾向必须扭转，只重视门票收入而忽视吃住行游购娱综合性收入的倾向必须扭转。要以知名核心景点带动周边景点，形成以优质景点吸引游客、以大景区留住游客的大旅游格局。要让游客多看一点、多住几天、多买一些、多乐几天，这就是成效，这就是金钱。当前，浑源县正在精心打造北岳恒山大景区。这里人文景观和自然景观两大资源都十分丰富。除北岳庙群和悬空寺核心景点外，还有永安寺、圆觉寺、栗家坟等景点。历史上的浑源古城是六边龟形城、蛇弯曲形街道，颇具特色。随着道教文化、佛教文化、古城文化、民俗文化的不断挖掘与利用，随着旅游基础设施的不断加强和完善，浑源必将成为我市的旅游大县、强县。

像建设工业园区一样建设旅游大景区，一定要高标准规划，高水平设计。要处理好核心景点与周边景点的关系，做到以主带副，相辅相成；要处理好景点与基础设施的关系，做到服务周到，方便游客；要处理好古建筑保护与修复性建筑的关系，做到相互协调，风格统一；要处理好人文景观与自然景观的关系，做到环境优美，赏心悦目。要请高手规划设计，请专家反复论证，请群众多提建议，做到多留遗产，少留遗憾。

像建设工业园区一样建设旅游大景区，一定要选择有较高知名度、有较强竞争力、有辐射带动力的核心景点，配之以有个性、有特色，能延伸展示核心景点文化内涵的具有群体性、集群性的景点，形成优质大景区。要懂得这样一个道理：没有个性就没有游客，没有特色就没有市场，有了规模就有了效益，有了好名声就有了竞争力。

像建设工业园区一样建设旅游大景区，一定要调动各方参与的积极性。市、县、乡三级要一齐动，加大政府对旅游大景区建设的投入，搞好大景区内的基础设施建设和公益性设施建设；要选择大景区内的一些重点建设项目，按市场经济运作，组建多元化投资的股份制企业，做到谁投资谁受益、多投资多受益。一定要及早培养旅游从业人员，提供人才支撑、人力支撑，提供更多的就业岗位。

（刊载于2009年3月25日《大同日报》）

谈谈古都大同在古都史上的重要地位和特殊价值

首先声明,我这篇拙作不是一篇论文。一是因为文章中的诸多观点都是全国一些著名专家、学者的研究成果;二是因为我没有写这方面论文的能力,在古都学方面我还是个外行,这篇拙作只是资料的堆积。如果说在这篇文章中有我的作用,顶多只是做了些整理、综合与概括的工作。

中国古都学会为大古都制定了这样一个学术标准:1.它应是中国历史上主流(或主体、主干)王朝或政权的都城;2.它有着较长的作为都城的时间,一般而言应在200年以上;3.它有着相当大的城址规模;4.在它的遗址上或近旁存在后续城市,且应是国家级或较高级别规格的区域性的政治、经济、文化中心。

按照这个标准衡量古都大同:1.大同是第一个由少数民族入主中原建立的主流(或主体、主干)王朝的都城(北魏平城),这在《魏书》和《北史》中均有专门记载,在二十四史的其他几本书中亦有记载。大同是辽和金的西京,这在二十四史中的辽史和金史里也有专门记载。2.大同有着较长的都城的时间,北魏在此建都96年,之前作为大代(313至376年)之南都63年,作为北魏初之南都(386至398年)12年,作为迁都洛阳后的"北京"49年;作为辽和金之西京190年。共410年。3.它有着相当大的城址规模,史书记载和考古发掘证明,它的宫城周回20里,中城周回20里,郭城周回32里(注:这里均为当时尺度)。辽金西京周回均为20里。北魏平城如加上周边的东、西、南、北四苑,那就比现在的大同还要大许多。4.在它的遗址上或近旁存在大的后续城市。大同作为城市自赵武灵王建城以来,至汉平城、北魏平城,至辽金西京、明清大同镇,至今,其城址从未发生过位移,城市的南北中轴线始终未变。这在我国众多古都中是少见的。当今的大同是国务院首批批准的全国十三个较大城市之一,是山西省的第二大城市,如按人口计算则是特大城市。这四个方面说明,大同作为大古都是符合中国古都学会制定的学术标准的。

此外,作为国务院首批批准的24座历史文化名城之一的古都大同,自北魏建都平城至今已逾1600多年,但仍保存着丰厚的古都历史文化遗存,体现着皇城气象。它有体现佛教政治化、本土化,体现中外文化、汉夷文化相融合,体现北魏前中期政治、经济、文化生活的云冈石窟;有体现北魏皇帝皇后陵寝文化的北魏金陵、方山文明太后陵;有体现北魏礼制文化的明堂遗址;有体现北魏宫城文化的平城一、二、三号遗址和灵泉宫、灵泉池遗址;有承载着儒、释、道三教合一的北魏遗存北岳恒山悬空寺;有汉、北魏、隋唐、辽金、明清多个历史文化层叠加的古城墙;有梁思成先生考证、测绘并高度评价的辽金西京的古建筑善化寺大雄宝殿、天王殿、普贤阁和华严寺薄伽教藏殿、大雄宝殿;有明朝代王府九龙壁、广智门和宫殿遗址,还有从众多北魏、辽金墓葬中出土的国家一级文物。市区、市郊就有国家重点文物保护单位七处。作为北魏京华、辽金陪都和明代亲王主政的重镇的大同,有着这么多的古都文化遗存,这在我国古都包括现有八大古都中都是少见的。

再从古都大同的品格及贡献上看:

大同的品格就是煤炭的品格:牺牲自我,奉献光热。

大同文化的精髓就是:自强不息,改革创新,厚德载物,包容和合。

大同的历史性贡献就是:促进了多元一体的中华民族的形成与发展;促进了多源汇流、博大精深的中华文化的形成与发展。

具体地说,作为北魏京华、辽金陪都、明清重镇的古都大同,为人类、为世界作出了以下巨大的历史性贡献。

一、民族融合的大平台。在中华民族的形成、发展、壮大中,贡献卓著

大同地处塞上,历史上是少数民族和汉族杂居之地,是游牧文明与农耕文明交汇融合之处。研究中国民族融合史的专家、学者普遍认为,历史上的民族大融合共有四次,分别发生在春秋战国、魏晋南北朝、辽金、明清。前三次大同都是大平台,后一次也与大同有关。两院院士、全国著名城市规划建设专家周干峙指出:“在中国历史上,大同为抗击外来侵略,促进民族大融合,促成汉民族最初形成中华民族这个大家庭,作出过重大贡献。”刘庆柱先生在大同考察时也说,在中华民族的形成历史上,大同是重要的节点。

据《魏书》记载,拓跋鲜卑建立大代和北魏政权前后在桑干河上游地区,1万人以上的人口迁徙就有以下11次:

穆帝三年(晋永嘉四年,310年),拓跋部南徙桑干河上游,居于东接代郡,西至西河之间,约有10万家40万至50万人。

天兴元年(398年),徙山东六州民吏及徒何、高丽等36万,百工伎巧10万余口于京

师平城。

天兴二年(399年),帝大破高车。获7万余口至平城。

泰常三年(418年)五月,长孙道孙、延普等攻北燕至龙城,徙其民1万余家而还京师。

始光三年(426年)十一月,袭据于统万城的赫连昌,至其城下,徙1万余家而还京师。

神麢四年(431年)二月,陷滑台,虏1万余人送平城;三月,冠军将军安颉等献宋俘1万余人、甲兵3万人于平城。

太延五年(439年)十二月,北魏军东归,徙沮渠牧犍宗族及吏民3万户于平城。

太平真君七年(446年),徙长安工巧3000家于平城。

太平真君八年(447年),徙定州丁零3000家于平城。

太平真君九年(448年),徙西河离石之民5000余家于平城。

正平元年(451年),北魏军还自南伐,分置降民5万余家于近畿。

北魏平城时期,是汉人与北方匈奴、东胡、西胡快速融合的时期,也是中华民族共同体最初形成的时期。作为辽和金的陪都,大同在中华民族的发展壮大上再次起到了大熔炉的作用。

二、都城建设的里程碑。在都城发展史上,规划科学,文化交融,师法自然,天人合一,宫城坐北面南,中轴对称,首开规范的里坊制、三城制,路网棋盘交错,九衢通达,独具特色,影响深远

早在1600多年前,郦道元就在《水经注·漯水》中生动地描绘过平城的自然景观和人文景观。

唐代张嵩和吕令问在《云中古城赋》中是这样描述平城的:张嵩曰:"灵台山立,壁水池圆;双阙万仞,九衢四达;羽旄林森,堂殿胶葛。"吕令问曰:"百堵齐矗,九衢相望;歌台舞榭,月殿云堂。"

两院院士、全国著名城市规划建设专家周干峙在评价北魏平城时指出:"公元5世纪初,北魏平城的规划建设也曾在世界上独领风骚。平城时代积累的比较完备的规划理念及方法,对于我国后来规划建设的北魏洛阳、隋唐长安、元大都和明清北京城,都产生过深远的影响。成为中国城市发展史上一座重要的里程碑。"

定都平城之初,开国皇帝拓跋珪一改"居无定所"的习惯,高度重视都城的规划与建设。不仅亲自到邺城考察,"巡登台榭,遍览宫城,将有定都之意,乃置行台"(《魏书·莫含传·附孙莫题传》)。还派能工巧匠到邺城学习,"太祖欲广宫室,规度平城四方数十里,将

模邺、洛、长安之制”(《魏书·莫含传》)。“天兴元年(398 年),始营宫室、建宗庙、立社稷。”

天兴元年(398 年)七月,起天文殿。从天兴二年(399 年)至天赐四年(407 年),起鹿苑(南据台阴,北倚长城,东包白登山,西连西山,方圆数十里)、天华殿、西武库、太庙、中天殿、云母堂、金华室、紫极殿、西昭阳殿,建成西宫,凿渠引武周川水入鸿雁池、东西鱼池,筑玄武楼、凉风观、鹿苑台、北宫苑等。

永兴四年(412 年)至泰常八年(423 年),建篷台、白台于北苑、西苑,在鹿苑的基础上,建北苑、西苑、东苑,东包白登、西及西山,周回三十余里。广西宫,起外垣墙,周回二十里,筑平城外廓,周回三十二里。在北苑南侧建起虎圈。在白登山西北建起太庙、宫殿。在西苑建宫殿。

世祖太武帝始光二年(425 年)至显祖献文帝皇兴五年(471 年),筑永安殿、安乐殿、太华殿、寿安宫、崇光宫等。营建永安、安乐二殿和临望观、九华堂,在如浑水东侧建造了大道坛庙。在城东建太学,祀孔子,配祀颜回。建永宁寺、九级浮屠。建琉璃行殿。

承明元年(476 年)至太和十七年(493 年):起七宝永安行殿、太和殿、安昌殿、坤德六合殿、乾象六合殿、思义殿、经武殿、皇信堂、宣文堂等,建朱明门、思贤门、东明观等,坏太华、安昌二殿建太极殿、东堂、西堂、朝堂等,还建起了明堂、圆丘等。其规模之大、数量之多、布局之道严、规划之完整、气势之宏伟、内涵之丰富都是空前的。

平城在规划理念上,崇尚先进,文化融合;空间布局上,宫城居北,中轴对称;路网架构上,棋盘交错,经纬分明;建设用地上,功能清晰,结构严谨;生态环境上,师法自然,天人合一;城市建筑上,殿堂宫阙,楼阁观亭,苑囿台榭,各具特色,结构奇巧,造型多样。

平城首开皇城、中城、郭城三城制。首开规范的里坊制,“其郭城绕宫城南,悉筑为坊,坊开巷。坊大者容四五百家,小者六七十家。每南(闭)坊搜检,以备奸巧。”(《南齐书·魏虏传》)首开农耕、游牧两种文化结合的苑囿制。首开京城建孔子庙的祭孔制。

北魏作为第一个由少数民族入主中原而建立的王朝,在都城建设上既崇尚先进,效法先进,学习曹魏邺城和汉长安、洛阳的经验,又将本民族的文化理念融入都城建设,有所创新,有所发展,为迁都后洛阳的都城建设提供了范本。正如周干峙所讲,是都城建设史上的一个里程碑。

三、改革创新的大舞台。在北魏平城演绎了一场班禄制、三长制、均田制、租调制的波澜壮阔的活剧,影响深远,荫及盛唐

国学大师陈寅恪指出:“隋唐之制度虽极广博纷复,然究析其因素,不出三源:一曰(北)魏、(北)齐,二曰梁、陈,三曰(西)魏、周。”余秋雨先生说,“大唐从北魏走来”。

魏晋南北朝史学会副会长、山西大学历史文化学院院长、博士生导师李书吉在评价北魏太和改制时指出:“这是一次社会性的改革。就是说这次改革不是局部的、零散的,而是一次社会性的系统工程。它涉及政治、军事、经济、礼制、法律、宗教、文化、习俗等社会制度、社会生活的各个方面和诸多层次。换句话说,它是中世纪对中国封建社会制度进行的一次综合性的变革。笔者同时认为,中国封建社会的改革意义重大的有三次。第一次是春秋战国时的变法;第二次就是北魏孝文帝改革;第三次是明代张居正的改革。前一次是由奴隶社会到封建社会的变革,后一次促进了资本主义在中国的萌芽,而中间这次改革是由中国的民族问题引起的。这三次改革都极具典型性,它是由中国社会发展的自身过渡和多民族融合的客观条件造成的。”它“不是简单的汉化。具体地说,它既不是汉代制度化,也不是魏晋制度化,更非南朝化。虽然这次改革是伴随拓跋族及其他北来的少数民族完成由游牧经济到农耕经济,由部落联盟或酋邦组织到皇权政治,由草原文化到华夏文明的过渡而展开的,但同时在此三个过渡中也实际上触及自秦以来汉族封建社会发展过程中所呈现出来的社会性弊端和顽症。而其改革的结果是在以拓跋族为代表的少数民族在完成自身社会阶段的过渡、跨越的基础上,也使汉族的正在走向成熟的封建制度得以相当程度上的完善。所以,孝文帝改革之所以是成功的,是因为这次改革是对汉民族固有的制度和少数民族固有传统两方面的改造。这次改革是双向的,不是单向的,不是单纯地向汉族学习,单纯的汉化,实际的情况是,比较落后的游牧民族在加入先进制度行列的同时,也为汉民族输送了新的血液”。它“ 所奠定的北朝社会制度是从汉到唐两个封建社会高峰之间的一个主脉。从制度上说孝文帝改革所奠定的北魏乃至北朝是一个板块。这个制度板块基本上为隋唐所因袭”。

四、儒、释、道三教合一的大熔炉。在中华文明的升华中,在中华文化三大支柱的形成中固础奠基、功不可没

魏晋南北朝史学会会长、华南师大历史文化学院博士生导师李凭在提供给本次会议的论文中写道:

“在魏晋南北朝时期,汉族的外迁与草原民族的内徙,引起了汹涌蓬勃的民族融合和文化交流运动,这不仅大大丰富了中华民族的物质生活与精神生活,而且使古老的传统文明具有了强劲的新鲜活力。处在秦汉和隋唐两大统一帝国之间的魏晋南北朝,是中国历史中承上启下的时代,它与大一统的时代同样辉煌、伟大。处在魏晋南北朝时期的转折节点者,则是北魏平城时代。

在北魏平城时代,无论中原还是周边的文明均齐聚京师,传统的农耕文明在平城渗

透入强劲的游牧文明之新鲜活力，随着安定统一局面的逐步形成而得到整体升华，成为代表全体民族的中华文明。

处于平城时代中心的平城，从介于农耕区与草原区的兵家必争之地，一跃而占据京师地位；经过将近一个世纪的融汇和提升，从此跻身于中华历史长河中的九大古都，乃是中华文明发展的必然。

平城因历史的契机确立了崇高的文明古都地位，又因多姿的历史文化影响至今，还因绚丽的石窟文物与艺术而辉映未来。”

北魏平城时代，不仅促进了农耕文明与游牧文明的融合，而且随着佛教的兴盛和佛教政治化，也促进了儒、释、道三教的激烈碰撞和快速融合。

国学大师汤用彤在《魏晋南北朝佛教史·佛教之北统》一章中描述了平城佛教之盛况，指出了平城佛教之特点，分析了儒、释、道三教之关系。

《魏书·释老志》记载，太祖道武帝拓跋珪“平中山，经略燕赵，所迳郡国佛寺，见诸沙门、道士，皆致精敬，禁军旅无有所犯”。“天兴元年（398年）……始作五级佛图、耆阇崛山及须弥山殿，加以缋饰。皇始（396至398年）中，赵郡有沙门法果，诫行精至，开演法籍。太祖闻其名，诏以礼征赴京师。后以为道人统，绾摄僧徒。”

“太宗（明元帝拓跋嗣）践位，遵太祖之业，亦好黄老，又崇佛法，京邑四方，建立图像，仍令沙门敷导民俗。太宗（对法果）弥加崇敬，永兴（409至413年）中，前后授以辅国、宜城子、忠信侯、安成公之号，皆固辞。帝常亲幸其居，以门小狭，不容舆辇，更广大之。年八十余，泰常（416至423年）中卒。未殡，帝三临其丧，追赠老寿将军、越胡灵公。”

“高宗（文成帝拓跋浚）践极，师贤仍为道人统。是年，诏有司为石像，令如帝身。既成，颜上足下，各有黑石，冥同帝体上下黑子。论者以为纯诚所感。兴光元年（454年）秋，敕有司于五级大寺内，为太祖以下五帝，铸释迦立像五，各长一丈六尺，都用赤金二万五千斤。和平初，师贤卒。昙曜代之，更名沙门统。帝后以师礼。昙曜白帝，于京城西武州塞，凿山石壁，开窟五所，镌建佛像各一。高者七十尺，次六十尺，雕饰奇伟，冠于一世。”

“显祖（献文帝拓跋弘）即位，敦信尤深，览诸经论，好老庄。（天安二年）起永宁寺，构七级佛图，高三百余尺，基架博敞，为天下第一。又于天宫寺，造释迦立像。高四十三尺，用赤金十万斤，黄金六百斤。皇兴（467至471年）中，又构三级石佛图。榱栋楣楹，上下重结，大小皆石，高十丈。镇固巧密，为京华壮观。”

“高祖（孝文帝拓跋宏）践位（471年），承明元年（476年）八月，于永宁寺设太法供，度良家男女僧尼者百有余人，帝为剃发，施以僧服，令有修道戒，资福于显祖。是月，又诏起建明寺。又于方山太祖营垒之处，建思远寺。自正光至此，京城内寺新旧且百所，僧尼二千余人，四方诸寺六千四百七十八，僧尼七万七千二百五十八人。 僧显为方山思远寺主，孝文以之为沙门统，继昙曜之后。僧义为平城皇舅寺主，孝文敕为都维那。”

皇帝崇佛，士大夫更甚。冯熙自出家财在诸州建佛图精舍七十二处，写一十六部一切经；高允十余岁入沙门，后还俗，志学经史，通天文术数，宣扬佛教助王政之禁律，益仁智之善性。雅信佛道，影响文成帝，兴立郡学，惟新文教。刁雍笃信佛教，著教诫二十余篇，出谋划策，影响献文。源贺采佛经幽旨，作《祇洹精舍图偈》六卷，对高宗影响很深。

北魏建国家大寺四十七座，王公贵族寺八百三十九座，百姓建寺三万余座，总度僧尼二百万人。是南朝的数倍至二十多倍。

北魏平城时代还兴盛了五台山和嵩山的佛教，对这两个佛教中心的形成起到了奠基的作用。

北魏平城佛教开创了“佛即帝、帝即佛”的新局面，首次建立了僧官制度、寺院经济制度和僧尼外围的邑社组织。

五、古代艺术的新模式。无论是北魏云冈石窟的五万多尊石雕，还是辽金华严寺、善化寺的彩绘泥塑，都是旷世精品，创造了“云冈模式、大同模式”

梁思成、林徽因、刘敦桢、郑振铎、冰心等大师分别在20世纪三四十年代对大同进行了认真细致的考察，对大同的建筑艺术、雕塑艺术、壁画艺术和油饰彩绘艺术都作出了极高评价。金维诺、宿白、罗哲文、丁明夷、冯骥才等当代著名文化学者、美术史论家、考古学家也给予了同样的赞誉。

他们是这样评价的：

郑振铎于1934年7月和冰心夫妇及顾颉刚、许地山等作家一行，从北平到包头旅游时，在大同逗留了六天，先后游览了上下华严寺、九龙壁、善化寺、云冈石窟等地，沿途写了《西行书简》一书。他写道：“过大同的人，没有一个不熟于云冈石窟之名。这是北魏时代的一个伟大的艺术宝窟。我憧憬于兹者已有好多年，到大同的目的，大半在游云冈。但并不是说，城内便没有可逛的地方。大同城内也到处都是古迹，都有伟大的建筑物和艺术品。在大同，便够你逛个十天八天，逛个心满意足，还使你流连徘徊，不忍即返……

“走过一条街便是下华严寺。一走进寺门，觉得气魄没有上寺大，眼界没有上寺敞。但当小和尚们（这里还有几个和尚及沙弥，庙宇保存得还好）把大殿的门打开了时，我们的眼光突然为之一亮，立刻喊出了诧异的赞叹之声。啊！这里是一个宝藏，一个最伟大的塑像的宝藏！从不曾见过那么多、那么美丽的塑像拥挤在一起的。这里的佛像确有过于拥挤之感，也许是从别的地方搬运了些过去的吧。简直像个博物馆。上寺给我们的是衰败没落的感觉，到这下寺却使我们感到走进一个保存古物的金库里去。上寺的佛像是庄严的，但这里的佛像，特别倚立着的几尊菩萨像，却是那样得美丽。那脸部，那眼睛，那耳朵，那双唇，那手指，那赤裸的双足，那婀娜的细腰，几乎无一处不是最美丽的艺术品，最漂亮的范型。那倚立着的姿态，娇媚无比啊，不是和洛夫博物馆的米洛斯的维纳斯有些相同么？那衣服的褶痕、线条，哪一处不是柔和着最柔软的丝布的，不像是泥塑的，是翩翩欲活的美人。

“（善化寺）大殿上，正座有佛像五尊，作风和上华严寺的略同，像后的火焰也极细致，殿的东西，各有十二立像，除四大金刚外，有菩萨像，有女像。菩萨像，有怒目的，有慈祥的，有欣喜的；女像则大都端庄美好，其中有鬼子母像，也并无凶狠之态。这二十四尊像是无价之宝物。宋金时代的文臣武将，命妇闺秀的衣冠装束，几皆保存在这里。那服饰，和唐代的不同，和元以后的也不同。特别是，妇人们的穿戴，从头上直到脚下，无一不是考古者重要的资料。这些像，虽及有下华严寺的生动可爱，在古物学上的价值，仅倒过之。当然未必件件衣物都和宋金时代的实物绝对无殊，却不会像今日戏装似的不古不今。”

冰心在《大同日记》中写道：“由大佛像处再向西行，尚经十余窟，或封或启，佛像大小及坐立、扶倚姿势及窟顶花纹鸟兽等，式样各不相同，亦有未完工者。总计全山石壁东西数里，凡大小九十五窟。佛像高者七十余尺，次亦五六十尺，小则有盈寸者。各石窟高者二百余尺，广者可容三千余人。万亿化身，罗刻满山，鬼斧神工，骇人心目。一如来，一世界，一翼、一蹄、一花、一叶，各具精严，写不胜写，画不胜画。后顾方作无限之留恋，前瞻又引起无量之企求，目不能注，足不能停，如偷儿骤入宝库，神魂丧失，莫知所携，事后追忆亦如梦入天宫，醒后心自知而口不能道，此时方知文字之无用了！”

冯骥才在《大同雕塑全集·总序》写道：“世界上有许多雕塑之都。比如罗马、佛罗伦萨、雅典、开罗等等。它们都拥有浩如烟海的雕塑之作和举世闻名的雕塑经典。然而凡是在上述名城感受过‘叹为观止’的人，来到了大同，面对着绵延三十里的世界文化遗产云冈石窟，或是走进华严、善化、云林等诸寺，瞻望昙曜五窟的巨佛，金塑二十四诸天和薄伽教藏殿的菩萨们，一样会受到那种鬼斧神工造就的人间至美的震撼。大同雕塑是一种艺术的极致，因被认定国家乃至人类的文化遗产。

“大同历史上地处中原与北方少数民族交流的门户和兵家必争之地，它先后成为北魏、辽和金的首城或陪都。于是，鲜卑、契丹和女真这些终年驰骋在草原上的民族，都把他们的精神与气质注入到各自的雕塑中去。比方鲜卑的沉雄大气和契丹的刚劲清健，这就给大同的雕塑史带来风格迥异的时代性的嬗变。由于这里的北魏石窟的开凿与辽金寺观的建造大都是国家行为，其雕塑便具有示范性；同时山西古来又是中原雕塑的中心，大同的雕塑自然影响到全国。

“自北魏至清代长达一千多年的岁月里，大同雕塑是一册厚重的艺术史，代无空缺。这种大同人司空见惯的艺术，渐渐潜入他们的血液，化为这个城市人人熟习的精神和审美语言，弥漫在人们的生活中；从建筑、家具、工艺装饰到日常身边各样的器物上，雕工刻艺随处可见。为此，我们不仅把雕塑看做这座城市的历史财富，更视为它的文化基因。一方面把它当作这块土地应当继承的传统，一方面将其认定为城市发展的文化原点和起点。”

丁明夷在《大同雕塑的国家性格和民族性格》中写道：“大同是国都、佛都和雕塑之都（艺都）三位一体之所在。国都之佛教及其造像，影响遍及全国。佛教中心同是造像中心。一千多年来大同积聚了浓厚的造像传统和人才的储备，其造像形式及风格，历来是引领时尚，标榜创新的典型和模式……至于辽、金时期大同佛寺的彩塑作品，以其别开生面的造型和风格称誉全国，契丹和女真族的造像艺术家，以其独特的视角和体验，创造出新的作品。擅于雕造御容和大量影堂的他们，作品清新朴实，具有浓郁的写真作风。在这里，减弱的是超凡入圣的佛堂氛围，强化的是贴近生活的人间生气。这是民族雕塑大师在继承先贤之上的潜心运作。”

六、军事防御的大前沿，在都城建设上，首开宫城、中城、郭城“三城制”，在都城外围上首开城墙、塞围、长城“三线制”

大同位于山西省北部，居晋、冀、蒙三省（区）交界之地，介于内外长城之间。历史上，发生在这里的大小战役战斗达 1000 次以上，著名的战役如白登之战、参合陂之战等有八次之多，震惊中外的平型关大捷也发生在这里。

战国时赵武灵王在此建城，胡服骑射，北破林胡。赵之名将李牧“常居云中、雁门，备匈奴”，统帅十万人的军队。秦大将蒙恬“筑城武周塞内，以备胡”。

北魏平城规划有京畿和郊甸。京畿地区为：东至代郡（河北蔚县暖泉镇西），西及善无（右玉南古城村），南及阴馆（朔县东南夏官村），北尽参合（阳高县东北）。郊甸范围为：东至上谷军都关（北京昌平北），西至黄河，南至中山隘门塞（灵丘县东南），北至五原（包头市西）。北魏平城的京城设有宫、外、郭三道城墙，京畿设塞围，郊甸筑一千四百多里长城。

大同“山环采凉，水抱桑干，长城界其北，雁塞峙其南，西眺朔漠，东瞻白登，屏全晋而拱神京，巍然重镇”。“东连上谷，南达并恒，西界黄河，北控沙漠，居边隅之要害，为京师之藩屏，自昔用武之地也。”“大同于京师，尤为建瓴之势，朝发白登，暮叩紫荆，则国门以外，皆战场也。”明代作为九边重镇之首更筑起了高十四米的砖包城墙。大同作为边防重心，兵力达到全国总兵力的十二分之一。读史方舆纪要分析说，土木之变时，外敌虽然逼近北京近郊，但由于“大同犄其后”进行牵制，才使京城未陷。从此，“关门告惊，未尝不以大同为锁钥之寄”。纵观大同全境，“山川险固，关隘深严，控燕晋之要冲，为边陲之屏蔽。”“屹为要区。”

一个人、一群体，一朝代、一城市，其历史地位取决于它的作为、它的成就、它的影响，取决于它对人类、对世界的贡献。作为古都、佛都、艺都、军都、融合之都、改革之都的大同，特殊的地理位置、特殊的人类族群、特殊的历史成就和贡献，决定了他的历史地位和特殊价值。大同是个大古都，这是对它巨大贡献的回报，是对它应有的名分的承认，也是对最伟大、最具有牺牲奉献精神的拓跋鲜卑的奖赏！大同是大古都，而且是特殊的、具有重要意义的大古都，是名实相符、实至名归的大古都！

我们应该站在中华民族的立场上，站在中华文化的立场上，看待拓跋鲜卑主政中原的北魏，看待契丹、女真主政中原的辽、金，放弃重汉轻夷、重中轻边的观念，放弃封建正统思想。无论是科学的基因分析，还是全面的肤纹考察，纯种的汉族已不复存在，你中有我，我中有你，这是历史演进的必然！尧与舜、华与夏、汉与夷的融合，农耕文化与游牧文化的融合，儒、释、道三教的融合，才造就了五千年不朽的中华文化。这就是中华文明与古印度、古埃及、古巴比伦文明的根本差异！全面、客观、科学、准确地看待历史，才能得出令人信服的结论！

（在 2010 年 10 月中国古都学会大同年会上的发言）

在《中国大同雕塑全集》首发式上的讲话

（2012年1月9日　北京人民大会堂）

尊敬的各位领导、各位专家学者、新闻界的各位朋友们、同志们：

受《中国大同雕塑全集》工作委员会和编辑委员会的委托，我介绍一下《中国大同雕塑全集》的内容梗概和编辑出版过程。

《中国大同雕塑全集》（以下简称《全集》）为大同市人民政府"新云冈计划"系列文化项目之一，并为天津市冯骥才民间文化基金会协助项目，是打造"雕塑之都"大战略中的重要组成部分。大同市人民政府耿彦波市长任工作委员会主任，中国文联副主席、国务院参事冯骥才先生任总主编，并撰写了总序。全集凡四卷六集，分别为《云冈石窟雕刻卷》（上、下集）、《寺观壁画卷》（上、下集）、《建筑雕刻卷》及《馆藏雕塑卷》。

《中国大同雕塑全集》的编辑出版肇始于2008年7月15日，当时中国文联副主席、国务院非物质文化遗产保护领导组副组长暨专家委员会主任、中国民间文艺家协会主席冯骥才在大同考察指导古城保护与民间文化遗产保护工作。他说，这是第二次来大同，每次都是"朝圣之旅"，"是艺术的朝圣、文化的朝圣，因为大同是古代雕塑的博物馆，是中国雕塑之都"。

2009年4月5日下午至4月6日，中国文联副主席、中国民间文艺家协会主席、国务院参事冯骥才再次莅临大同并召集中国雕塑学会会长、中国美术家协会副主席、清华大学雕塑系主任曾成钢，中国雕塑学会副会长、深圳雕塑院院长、中央美术学院博士生导师孙振华，国家雕塑院专家委员会委员、天津美术学院雕塑系主任景育民等专家共同考察了大同历史文化资源，他和专家一起提出了打造"雕塑之都"的实质性指导意见。

2009年5月4日上午，大同市委副书记、市长耿彦波率领大同古城保护和修复研究会的专家一行，在天津大学冯骥才文学艺术研究院，与冯骥才先生就编辑出版《中国古代雕塑艺术之都——大同》画册的有关事宜进行了座谈。座谈中，耿彦波热诚邀请冯骥才出任画册编委会主任和主编，冯骥才先生欣然接受了邀请。他还就画册编辑体量、体例以及一些具体技术细节，发表了很好的建议和意见。6月22日上午，担任主编的冯骥才先生在大同亲自主持召开《中国大同雕塑全集》编委会第一次全体会议。顾问韩美林、金维诺，副主编曾成钢、安大钧，编委丁明夷、王晓岩、孙振华、李尔山、吴健、张焯、殷宪、隋建国出席会议，讨论通过了《中国大同雕塑全集》编辑方案，确定编辑出版四卷六集，并作了具体分工。

2009年8月，开始了为期3个月的拍摄大同雕刻、盘点大同文化家底的活动，足迹遍布大同市3区（城区、南郊区、新荣区）6县（大同县、浑源县、灵丘县、广灵县、阳高县、天镇县）。

2010年3月17日，在天津大学冯骥才文学艺术研究院，冯骥才先生亲自召集并主持召开了各卷主编、摄影师和装帧设计、编排出版等有关人员会议。副主编安大钧，分卷主编丁明夷、陈云岗、殷宪，摄影师吴键、王晓岩等出席了会议。具体研究了各卷前言、图片选择及其说明等事宜。

经过两年多的盘点、摄影、选片、撰写、编辑、印刷，2010年9月出版了《云冈石窟雕刻卷》（上、下集）和《寺观雕塑卷》（上、下集）；2011年10月，出版了《馆藏雕塑卷》和《建筑雕刻》卷。

出书的过程是盘点大同文化家底、建立历史文化资料库的过程。对文化家底的盘点是立体式的、全方位的，不仅有雕刻在山体上的、垒在屋脊上的，也有摆在台基上的，还有从地下出土的；不仅有皇家工程里的，也有民间建筑内的；不仅建立了雕塑资料库，还建立了建筑艺术资料库、壁画艺术资料库、油饰彩画资料库。

出书的过程是集聚全国文化艺术类人才、发挥专家学者聪明才智的过程。冯骥才先生在两年多的时间里，不辞辛劳，五次光临大同，亲力亲为，为资料库的建立和《全集》的编辑出版倾注了大量心血。韩美林、曹春生、吴为山、陈云岗、隋建国、吕品昌等著名雕塑家，金维诺、罗世平等美术史论家，余秋雨、丁明夷、赖永海等著名学者，王仲杰、蒋广全等彩画专家，星云大师、梦参长老、根通、学诚、妙江、如瑞、怡学、海云继梦等大和尚和任法融道长等，纷至沓来，为大同新云冈计划的实施献智出力。

出书的背后是名城的复兴、古都的新生。文化家底的盘点、古代艺术资料库的建立、《全集》的编辑出版仅是软件建设的一个方面，更大的是特色城市的硬件建设。一座“一轴双城，分开发展；古今兼顾，新旧两利”的新大同初步展现在了世人面前；“一体两翼”（大同古城为一体，云冈石窟和北岳恒山为两翼）的大景区的修复和建设，不仅使名城得到复兴，也为文化旅游产业的发展奠定了雄厚的基础。

出书的过程显示了大同城市文化建设的过程。物化的文化工程可视可见，可圈可点，非物化的文化工程硕果累累:大同人的文化觉醒、文化自觉、文化自信、文化自豪随之产生、随之增强;继承优秀传统文化,创造现代先进文化,借着党的十七届六中全会的东风,正在大同生根发芽;包容、和合、进取、奉献的大同精神正在深入人心,这才是最宝贵的。

是出了一套好书,但不仅仅是出了一套好书。这就是我最想告诉大家的。

谢谢!

《大同宣言》发布的前前后后

2010 年 9 月 22 日下午 4 时，中国古都学会第六届理事会在 2010 年年会上通过了《中国古都学会关于大同古都文化保护与发展的宣言》(简称《大同宣言》)。当晚,人民网、新华网、中国新闻网等主流媒体都以"大同跻身大古都之列"为题全文发表了这个宣言。

《大同宣言》仅有 2200 字,但其中反映的对古都大同的评价却倾注了众多著名专家学者的心血,是他们几十年潜心研究的成果。国学大师陈寅恪曾经指出:"隋唐之制度虽极广博纷复,然究析其因素,不出三源:一曰(北)魏、(北)齐,二曰梁、陈,三曰(西)魏、周。"佛学大师汤用彤在《汉魏两晋南北朝佛教史》一书中高度评价了北魏诸帝对中国佛教的贡献。国学大师任继愈先生在《中国佛教史》中也对大同在北魏平城时代、辽金两朝对佛教文化的重大贡献予以充分肯定。著名建筑学家、文物保护专家梁思成、林徽因在 20 世纪 30 年代就对大同北魏和辽金时期的历史文化遗存进行了全面而深入的调查，高度评价了大同在古代历史上的艺术成就。中华人民共和国成立初期,著名考古学家宿白、罗哲文、裴文中等都对大同所在的雁北地区的文物进行过全面考察,充分肯定了大同历史文化遗存的价值。2004 年,在国家历史文化名城专家委员会主任、两院院士周干峙的关注下,由建设部历史文化名城专家委员会委员王景慧指导,由国家历史文化名城委员会副主任委员曹昌智主持,有诸多专家应邀参与的"大同历史文化名城保护与发展战略规划研究"课题正式启动,经过两年多的实地考察和多次的研讨论证,终于成书出版。周干峙先生为此书撰写了序言。他在序言中说:"大同是座边塞古城，不仅有 2300 多年悠久历史,而且做过北魏都城、隋唐军城和辽金西京,直到明清时期,还是长城一线九边重镇之首。在中国历史上,大同为抗击外来侵略,促进民族大融合,促成汉民族最初形成中华民族这个大家庭,作出过重大贡献。5 世纪初,北魏平城的规划建设也曾在世界上独领风骚。平城时代积累的比较完备的规划理念及方法,对于我国后来规划建设的北魏洛阳、隋唐长安、元大都和明清北京城,都产生过深远的影响。成为中国城市发展史上一座重要的里程碑。大同历史文化底蕴极为丰厚,它所造就的勇于献身、艰苦奋斗的爱国主义精神和兼收并蓄、海纳百川的开放胸怀,乃至在佛教东渐中体现的创新意识与和谐共生的理念,至今依然闪耀着光华,促进着社会的进步和发展。”

《大同宣言》的通过是中国古都学会三任会长史念海、朱士光、萧正洪先生和名誉会长张文斌、刘庆柱及第五、第六两届副会长尹钧科、王尚义、许成、叶万松、韩品峥、陈文道、王岗、杨新华等关心支持的结果。史念海先生曾在大同组织了学会的 1992 年年会,极大地促进了对古都大同的研究;朱士光先生多次到大同考察,提出了许多真知灼见;萧正洪先生亲自对《大同宣言》进行修改;张文斌、刘庆柱先生多次到大同考察,提出了大同对中华民族、中华文化形成和发展的突出贡献;尹钧科、王尚义、许成、叶万松、韩品峥、陈文道、王岗、杨新华、李令福、叶晓军、李德方等副会长、秘书长、常务理事,在 2010 年大同年会之前都曾应邀分批到大同考察并参加大同古都文化研讨会,提出了自己的独到见解。

《大同宣言》的通过是中国魏晋南北朝史学会的长期深入研究和鼎力支持的结果。其会长李凭先生,副会长李书吉、张庆捷先生等,都是对北魏平城时代颇有研究、著作颇丰的资深学者。他们对古都大同在历史上的重要地位和卓越贡献给了极高的评价。李凭先生在其著作中说:“北魏以平城为中心的一个世纪,是大同历史上最辉煌的阶段,我们把它称为北魏平城时代。在北魏平城时代,无论中原还是周边的文明均齐聚于大同盆地,传统的农耕文明渗透入强劲的游牧文明之新鲜活力,引起了汹涌蓬勃的民族融合文化交流运动,大大丰富了中华民族的物质生活与精神生活,随着安定统一局面的逐步形成而得到整体升华,成为代表全体民族的中华文明……平城因历史的契机确立了崇高的文明大古都地位,又因多姿的历史文化而影响至今,还因绚丽的云冈文物与艺术而辉映未来。”李书吉先生对北魏平城时代的系列性综合改革评价很高,认为是中国历史上三次最成功的改革之一。张庆捷先生是考古专家,对北魏平城的考古贡献突出。他对北魏平城丝绸之路颇有研究,揭示了中外文化在北魏平城的融合。

《大同宣言》的通过是众多的全国著名文化学者、美术史论家、雕塑家关心、指导的结果。“家有梧桐树,引得凤凰来。”出于对大同丰富的历史文化遗存的倾慕和对大同历史文化名城复兴的关注,从 2008 年 2 月到 2010 年 8 月,著名作家、画家、“文化守望者”冯骥才先生五赴大同,亲自提出并指导大同盘清文化家底,实施“新云冈计划”;余秋雨三赴大同,讲述北魏平城文化,宣讲“大唐从北魏走来”;著名美术史论家金维诺先生,著名美术家韩美林先生,著名雕塑家曾成钢、吴为山、陈云岗等,也多次赴大同研究雕塑之都的丰厚资源,参与实施“新云冈计划”。

《大同宣言》的起草和修改过程也是本地研究人员不断研讨并邀请全国著名专家学

者考察指导的过程。2009年7月下旬,市委书记丰立祥收到了古都学会副会长王尚义的来信,希望能在大同再召开一次年会,专题研讨古都大同文化的保护和发展。丰立祥书记把信批转给了大同古城保护和修复研究会会长安大钧。安大钧组织研究会的副会长、常务理事先后三次进行了专题研究,分析了中国古都学会1992年大同年会以来国内外专家对古都大同的新的研究成果,查阅了北魏明堂遗址,北魏平城一、二、三号遗址的考古报告,结合2008年初开始的历史文化名城的保护和修复活动,认为中国古都学会再在古都大同召开一次年会是完全必要的,也是中国古都学会对大同的大力支持。市委、市政府同意了研究会的意见,耿彦波市长表示会议由市人民政府具体承办。为了借会议的东风再次推进对大同古都文化的研究,紧锣密鼓地做好会议的准备工作,大同古城保护和修复研究会周密部署,先后开展了五次研讨活动:1.2010年1月11日,举办了大同古都文化论坛,收到论文35篇,特邀中国古都学会会长朱士光、副会长王尚义、秘书长李令福提前到大同考察并与会给予指导;2.2010年4月,特邀中国古都学会名誉会长、中国社科院学部委员刘庆柱先生和李毓芳研究员到大同考察并出席大同民族融合之都研讨会;3.2010年5月,特邀考古学家、佛学专家丁明夷和赖永海到大同考察并参加佛都大同研讨会;4.2010年7月,特邀中国古都学会名誉会长、国家文物局局长张文彬,魏晋南北朝史学会会长李凭,副会长李书吉、张庆捷到大同考察并出席改革之都北魏平城文化研讨会;5.2010年8月4日至7日,特邀中国古都学会第五届理事会副会长尹钧科、许成、叶万松、韩品峥、陈文道,常务理事、副秘书长王岗、杨新华、李德方、叶晓军等到大同考察并参加大同古都文化研讨会。通过这一系列的考察、研讨活动,大同古城保护和修复研究会(大同古都学会),进一步认识到古都大同在中国古都史上的地位,着手起草《大同宣言》。2010年8月21日,安大钧应邀列席了在郑州举行的中国古都学会会长会议。会前,安大钧分别到郑州嵩山饭店3303房间和3305房间拜会了朱士光会长和李令福秘书长,汇报了大同年会的筹备情况和《大同宣言》起草修改情况及主要内容。在21日下午的会议上,按会议的最后一项议程,安大钧进行了汇报,但因时间紧迫没有让其汇报《大同宣言》的具体内容。2010年9月11日,安大钧对《大同宣言》进一步修改后(第六稿)用电子邮件发给了李令福秘书长。9月15日,李令福秘书长将《大同宣言》连同与会人员名单用电子邮件发给了安大钧。2010年10月19日到22日,“古都大同城市文化建设学术研讨会暨中国古都学会2010年年会”在大同召开,共收到学术论文108篇,“这是学会历次会议上交流论文最多的一次”。108篇论文中,研究古都大同的论文有80多篇。会议期间,尹钧科、叶万松、王岗等先生都对《大同宣言》做了修改,最后由萧正洪会长亲自修改审定。通过《大同宣言》时,朱士光老会长宣读并得到理事们热烈鼓掌表示赞同的正是萧会长定的稿。

中国古都学会通过的《中国古都学会关于大同古都文化保护与发展的宣言》中说：

“古都大同是1982年国务院批准的第一批24座历史文化名城之一，有着数百年的建都史，在中国古都发展进程中占有重要的地位。

古都大同是北方少数民族入主中原建立之北魏王朝的首都，此后的辽、金时期又成为重要的陪都。其中北魏在此建都九十六年，之前作为大代之南都六十三年，作为都盛乐时的北魏南都十二年，作为迁都洛阳后之‘北京’四十九年，作为辽、金西京一百九十年，共四百一十年。

古都大同在中华民族和中华文化的形成与发展中有着重要的贡献，它是民族融合的大平台。在北魏时期，大同作为首都，成为以鲜卑族为主体的北方各少数民族与广大汉族民众相互融合的中心。在此后的辽金时期，陪都西京大同，又成为广大汉族民众与契丹、女真等少数民族相互融合的重要场所，从而在中华民族多元一体的历史发展进程中占有突出的地位。

古都大同又是中国都城建设的重要里程碑之一，北魏平城建设中许多重要规制和设计理念，影响到北魏洛阳、隋唐长安的都城建设，甚至波及域外的日本、新罗。目前，大同的城市框架基本保留了古都的概貌，为中国学术界对古都研究提供了珍贵的样本。

古都大同又为我们留下了丰富的历史文化遗存，如北魏云冈石窟，北魏平城遗址，北魏金陵、方山文明太后陵遗址，灵泉宫、灵泉池，北岳恒山悬空寺，辽金古建筑善化寺大雄宝殿、天王殿、普贤阁和华严寺薄伽教藏殿、大雄宝殿，辽金明清彩塑、壁画，明清大同府城城垣、里坊以及代王府九龙壁、广智门和宫殿遗址等，它们或为世界文化遗产，或为国家、省级重点文物保护单位。其内涵之丰富，形式之多样，工艺之雅致，在众多的中国古都中是不多见的。

古都大同还是中国文化发展的一个重要环节。在中国传统文化发展进程中，儒、释、道三教的相互融合占有突出的位置。以北魏平城为中心的佛教发展，促进了儒、释、道三教的激烈碰撞和融合，为中华文化的多元化发展起到了承前启后的重要作用。特别是它遗留下来的古代佛教艺术珍品，无论是北魏云冈石窟的五万多尊石雕，还是辽金华严寺、善化寺的彩绘泥塑，都是大同古都文化的重要组成部分，是中华民族文化独特的结晶。

有鉴于此，与会专家普遍认为，基于中华民族形成与发展多元一体的基本认识，中国古都学研究理应更加重视包括鲜卑、契丹、党项、女真等在内的各个民族的历史与文化，重视各民族政权都城独特的历史地位。其中大同作为国务院批准的第一批历史文化名城，我国历史上主流王朝北魏的国都、辽金的陪都，拥有丰富的都城文化内涵，在中国古代历史上占有特别重要的地位。常务理事会讨论中提出，古都大同以其在中国历史发展中的重要地位，堪跻中国大古都之列。这一观点获得了与会学者的热烈响应。

……

与会专家、学者认为，我国城市化正处于加速发展时期，文化遗产保护处于严重困难时期，目前许多历史文化名城、古都城市建设，依然采用'旧城改造'，即'拆除旧城区改建为现代化新城区'的建设模式，不可避免地对文化遗产造成严重损毁。这几年来以大同市为代表的一些古都城市，摒弃'旧城改造'建设模式，采用避开旧城、异地建设新城区的做法，为我国文化遗产的保护提供了新思路和新途径。与会专家、学者对大同市的工作与努力表示赞赏，并认为，大同城市建设的新理念、新模式——部分与会者称之为城市建设的'大同模式'，若能加以科学总结，并不断加以完善，必定能给全国各古都城市和历史文化名城的保护和建设工作以深刻启示，甚至为全世界文化的多样化发展提供弥足珍贵的参照，并极大地推动我国城市化进程中文化遗产的科学保护和合理利用，使城市更具个性、更有特色、更富魅力、更宜居住，让人民的生活更美好！”

中国古都学会的《大同宣言》不仅高度评价了古都大同在中国古都史上的重要的特殊的地位，而且提出了在古都学研究中应坚持的立场、观点和方法。这就是要站在多元一体的中华民族的立场上，站在多元汇流的中华文化立场上，平等对待中华 56 个民族在中国建立的政权及其都城，要克服重汉轻夷、重中轻边的错误思想，更加重视各少数民族在中国历史上作出的卓越贡献。不仅充分肯定了大同在中国古都史上的重要地位，也高度评价了近年来大同开展的古都城市建设和历史文化名城的保护、修复工作。这是对大同的巨大支持。

《大同宣言》通过新闻媒体发布后，大同古城保护和修复研究会的专家学者并未觉得万事大吉。他们深知，大古都名片的获得并不像获得中国历史文化名城和中国较大城市桂冠一样，那是经过国家行政机关审批的、国务院行文批准命名的，大古都只是学术界的一种承认，而要得到更多专家学者的承认、得到全社会的承认还要进行更多更深入的研究，还要经过更多更广泛的宣传。2011 年 8 月 30 日，大同古城保护和修复研究会与大同佛教协会共同举办了两岸四地佛教文化论坛，来自内地、台湾、香港、澳门的专家学者、高僧大德对大同佛教文化进行了深入研讨，充分肯定了大同佛教在中国佛教史上的特殊重要的地位。2012 年 5 月 20 日至 23 日，他们又邀请刘庆柱先生、李毓芳先生和王维坤先生到大同考察，专题研究了“北魏平城的规划与建设及其在东亚的影响”；今年他们还计划邀请全国著名专家学者进一步专题研究大同是中国佛都、民族融合之都、文化融合之都、中国古代改革开放之都等专题。两年来，大同古城保护和修复研究会建立大同历史文化资料库的工作也取得了重要进展，为研究工作奠定了良好的基础。

《大同宣言》发布后，社会舆论对大同跻身大古都之列还是比较认同的，从百度搜索上，从诸多网站上即可得到证实。但也有一些不同意见，这完全是正常的、可以理解的。当年的杭州、安阳、郑州跻身大古都时，不是也有一些反对意见吗？至于有极个别人说什么《大同宣言》是仓促上阵的，是逼人就范的，有“绑架”之嫌，这完全是罔顾事实的瞎说或是不了解具体过程而产生的误解。本文交代了《大同宣言》发布的前前后后，其用意就是释疑解惑，澄清是非，以正视听。

（2012 年，北京人民大会堂；载于 2014 年 7 月 29 日文化中国网）

大同古都文化中的大同精神

大同古都文化中的大同精神，就是“大道之行，天下为公”的精神，就是“开拓进取，改革创新”的精神，就是“开放包容，美美与共”的精神。简要概括大同精神，可这样表述：“大度大气，大美大同。”

大同古都文化指的是大同市在北魏平城时期和辽金西京时期作为中国古都的文化。

大同精神指的是“四大文化形态”即物质文化、制度文化、行为文化和精神文化之中的精神文化。它是意识形态方面的文化，是伦理道德方面的文化。

一

提到“大同”这个词，凡是读过《礼记》的人都会想到孔子的一段精辟的论述：

“大道之行也，天下为公。选贤与能，讲信修睦，故人不独亲其亲，不独子其子，使老有所终，壮有所用，幼有所长，鳏寡孤独废疾者，皆有所养。男有分，女有归。货恶其弃于地也，不必藏于己；力恶其不出于身也，不必为己。是故谋闭而不兴，盗窃乱贼而不作，故外户而不闭，是谓大同。”（大意是：当大道得以施行的时候，天下是人所共有的。社会上选拔贤能做事，讲求信义，教人团结和睦。所以每个人不仅孝敬自己的父母，不单爱护自己的子女，还使社会上的老年人得以安享天年；壮年人能发挥所长，贡献社会；幼年人能好好地成长起来。使鳏夫、寡妇、孤儿、没有子女的老人家，以及残疾患病的人，都能得到照顾。使得男子都有本身适当的工作，女子都有归宿的家庭。人们不让财货资源白白浪费于地上，于是努力开发，然而不必据为己有；人人唯恐自己不出力工作，但并不是为自己个人的利益。这样的话，社会上就再不会有人使用阴谋诡计，也不会有抢劫、偷窃和作乱的事发生了。因此，人们也不用关上门来防范。这就叫作“大同世界”。）

由孔子所云还可以想到康有为、孙中山所说的“大同”。

康有为写道:“大同之道,至平也,至公也,至仁也,治之至也,虽有善道,无以加此矣。”(摘自《大同书》)这是一个人人独立、自由平等的世界。这样的世界,“去众苦,至极乐”,生在这个世界中的人,“浩然自在,悠然至乐,太平大同,长生永觉”(同上)。

孙中山将大同理解为国家范围内的一种理想的社会制度,建立高度和谐的社会,并最大限度地为人民提供福祉。他认为,“天下为公”是大同世界的核心内容。

不论是孔子论述的“大同理想”,康有为空想的“大同社会”,还是孙中山设想的“天下为公”的大同世界,其主要方面是从社会学的角度对“大同”的解读。另一方面也从文化学角度对“大同精神”进行了解读。本文所提的“大同精神”,是从文化学的角度,从意识形态角度,从伦理学的角度的解读。

提到“大同”这个词,我们也会想到当代社会学家、人类学家、民族学家、文化大家费孝通先生在《论文化自觉》的著作中所说的“各美其美,美人之美,美美与共,世界大同”。对这四句话,费先生是这样解释的:在世界上生活的各个群体,在认为自己的传统价值标准是“美”的之外,各群体之间还应当求同存异,相互理解,承认别人的传统价值标准也是“美”的,做到“美人之美”。在这个基础上,全人类建立起一套大家愿意共同实行的价值标准,达到全人类和平共处、“美美与共”的境界,实现“世界大同”。由此可以看出,费老是从文化学的角度,从意识形态的角度,对“大同”一词作了诠释。

以上述珍贵资料为依据,从精神文化的角度,可以对“大同精神”作如下表述:

“大同精神”就是“大道之行,天下为公”的精神,“选贤与能,讲信修睦”的精神,“老吾老以及人之老,幼吾幼以及人之幼”的精神,“各得其所、各尽其能”的精神,“扬善抑恶、崇仁尚义”的精神,“各美其美、美人之美、美美与共”的精神。

二

大同这座城市,从战国时期赵武灵王建城起到魏晋南北朝一直叫平城,隋、唐两朝称恒安、云中、云州,从辽代重熙十三年(1044 年)辽兴宗升云州为西京开始改称大同,至今达 969 年。大同如何得名?为何称为“大同”?从清代起就有人考证,至今仍争论不休、莫衷一是。但大体可分为两派:一为《礼记·礼运》大同说;一为以军名(隋唐大同军)为地名说。前者考据欠缺,后者也难找到云州驻军为何叫大同军的历史依据。大同如何得名,恐怕真难以回答。但大同作为大古都,其文化中体现的大同精神却是实实在在、有据可查的。“名谓大同,实也无愧”这个论断应该是完全符合实际的。

大同作为北魏首都将近一个世纪,作为辽金西京达 190 多年。都城历来是“首善之地”。大同也与全国其他大古都一样在中国历史上创造了丰富多彩、灿烂辉煌的古都文化。而与其他大古都略有不同的是，大同古都文化创造者都是少数民族统治者：北魏平城文化是拓跋鲜卑统治者创造的，辽代西京文化是契丹族统治者创造的，金代西京文化则是女真族统治者创造的。与其他大古都相比，大同古都文化又有其特殊性。下面以大同历史上最辉煌的北魏平城为例，谈谈大同古都文化中的大同精神。

（一）拓跋鲜卑统治者的大度大气、崇尚先进的精神。主要表现在他们对国族的认同和对儒文化的认同

他们认为自己也是炎黄子孙，是黄帝第二十五子昌意的后代。在平城时代的北魏六位皇帝中除第五任皇帝拓跋弘以外其他五位皇帝都亲自或派使者祭拜黄帝、炎帝和尧、舜、禹，《魏书·帝纪》和《魏书·礼志》中均有记载。具体情况如下：

天兴三年（400 年）五月己巳，太祖道武帝拓跋珪车驾东巡，遂幸涿鹿，遣使者以太牢祠帝尧、帝舜庙。

神瑞二年（415 年）六月壬申，太宗明元皇帝拓跋嗣幸涿鹿，登桥山，观温泉，使使者以太牢祠黄帝庙。至广宁，登历山，祭舜庙。

泰常七年（422 年）九月辛酉，太宗明元皇帝拓跋嗣幸桥山，遣使者祠黄帝、唐尧庙。

神鹿元年（428 年）八月，世祖太武皇帝拓跋焘东幸广宁，临观温泉。以太牢祭黄帝、尧、舜庙。

和平元年（460 年）正月，高宗文成皇帝拓跋濬东巡。历桥山，祀黄帝。

延兴元年（471 年）十二月壬辰，高祖“诏访舜后，获东莱郡民妫苟之，复其家毕世，以彰盛德之不朽”。（高祖孝文皇帝拓跋宏下诏访求舜的后裔，找到了东莱百姓妫苟子，免除他家毕生的租税，以彰明盛德的永不磨灭。）

太和十六年（492 年）二月丁酉，高祖“诏祀唐尧于平阳，虞舜于广宁，夏禹于安邑，周文于洛阳”。（下诏在平阳祭祀唐尧，在广宁祭祀虞舜，在安邑祭祀夏禹，在洛阳祭祀周文王。）

在对国族认同的同时，北魏平城诸帝还对汉文化表示了强烈的认同。“独尊儒术”的两汉的汉人统治者没有在自己的都城建立孔庙，而身为少数民族的拓跋鲜卑族统治者却在北魏平城建立了中国历史上第一个由皇家祭祀的孔庙，特别是高祖孝文皇帝还改孔子“宣尼”以“文圣尼父”的谥号。他们尊孔重教的情况，《魏书·帝纪》中也有记载。摘要如下：

太祖道武皇帝拓跋珪天兴元年（398 年）三月甲子，初令“五经”群书各置博士，增国子太学生员三千人。

泰常年间(416—423年),太宗明元皇帝拓跋嗣“祀孔子于国学,以颜渊配”。

《帝纪》中史官评价太宗明元皇帝拓跋嗣“礼爱儒生,好览史传。以刘向所撰《新序》《说苑》于经典正义多有所阙,乃撰《新集》三十篇,采诸经史,该洽古义,兼资文武焉”。

始光三年(426年)二月,世祖太武皇帝拓跋焘,起太学于城东,祀孔子,以颜渊配。

皇兴二年(468年),显祖献文皇帝拓跋弘,以青徐既平,遣中书令兼太常高允奉玉币祀于东岳,以太牢祀孔子。

天安元年(466年)九月己酉,初立乡学,郡置博士二人、助教二人、学生六十人。

延兴三年(473年)四月壬子,高祖孝文皇帝拓跋宏,诏以孔子二十八世孙鲁郡孔乘为崇圣大夫,给十户以供洒扫。

太和十三年(489年)七月甲辰,高祖孝文皇帝拓跋宏立孔子庙于京师。这是中国历史上第一次在都城建立孔庙。

太和十六年(492年)二月丁未,高祖孝文皇帝拓跋宏“改谥宣尼曰文圣尼父,告谥孔庙”。(改宣尼的谥号为文圣尼父,在孔庙宣告谥号。)

(二)拓跋鲜卑统治者的开拓进取、改革创新的精神

多年来,历史学家一直把北魏冯太后和孝文帝的太和改制,作为中国历史上意义重大、最成功的三次改革之一(另两次一个是春秋战国时期的商鞅变法,一个是明代张居正的改革)来看待。这个评价应该说是正确的。但严格地讲,北魏平城时代的改革是贯穿始终的,既有政治、经济体制的改革,也有社会管理体制的改革,是系统的、全方位的改革。

早在北魏正式建国之前,登上代王位的拓跋珪就进行了“离散诸部,分土定居,计口授田,息众课农”的改革,从奴隶制社会大步跨进封建社会;从游牧经济大步转入农耕经济。天兴元年(398年)七月,太祖道武皇帝拓跋珪迁都平城,“始营宫室,建宗庙,立社稷”。“八月,诏有司正封畿,制郊甸,端径术,标道里,平五权,较五量,定五度。”“十有一月辛亥,诏尚书吏部郎中邓渊典官制,立爵品,定律吕,协音乐;仪曹郎中董谧撰郊庙、社稷、朝觐、飨宴之仪;三公郎中王德定律令,申科禁;太史令晁崇造浑仪,考天象;吏部尚书崔玄伯总而裁之。”正式建立了北魏初期的封建体制。

从北魏太和八年(484年)开始到太和十年(486年),文明太后冯氏和孝文帝拓跋宏又在北魏平城演绎了一场班禄制、三长制、均田制、租调制的波澜壮阔的改革活剧。这场政治、经济和社会管理体制的改革,在中国历史上影响巨大、意义深远,为其后的隋唐创造了宝贵经验,提供了参照的样板。因此,在史学界和文化界有“隋唐盛世从北魏走来”的评价。

(三)拓跋鲜卑统治者的民为邦本、重民亲民的精神

拓跋鲜卑统治者建立北魏王朝初期,已全面系统地接受了汉文化,接受了中国封建社会的治国理政思想,启用了大批儒学文人。从国名的确定、都城的建设、诏令的颁布、礼法的修订、体制的规范到诸帝的所思所想、所作所为,无不体现两汉魏晋之风。

北魏的开国皇帝太祖道武帝拓跋珪是个南征北战、开疆拓土的皇帝。他深谙汉人“民为邦本、本固邦宁”的治国之道,从建国之初就关注民间疾苦。天兴元年(398 年)正月庚子,太祖道武帝拓跋珪“幸于邺。民有老不能自存者,诏郡县赈恤之。驾自邺还中山,所过存问百姓。诏大军所经州郡,复赀租一年,除山东民租赋之半。二月,车驾自中山幸繁宫,更选屯卫。诏给内徙新民耕牛,计口受田”。(太祖道武帝拓跋珪到邺城巡视,民众中有年老不能自养的,下诏令郡县赈济抚恤他们。皇帝从邺城回到中山,所过之处都慰问百姓。诏令大军所经过的州郡,免除一年的资租,免除太行山以东民众一半的租赋。二月,皇帝从中山前往繁畤宫,另外选择守卫。诏令供给内迁的新民以耕牛,按人口授受田地。)

北魏平城第二任皇帝太宗明元皇帝拓跋嗣,永兴三年(411 年)春“己亥,诏北新侯安同等持节循行并、定二州及诸山居杂胡、丁零,问其疾苦,察举守宰不法;其冤穷失职、强弱相陵、孤寒不能自存者,各以事闻。昌黎、辽东民二千余家内属”。(己亥,诏令北新侯安同等人持节巡视并、定二州以及各山所居杂胡、丁零,询问他们的疾苦,纠察毕奏不守法的郡守县令;凡冤枉穷困而失去职业、强弱相欺凌、孤独贫寒不能自己养活的,各以事实上奏。昌黎、辽东民众二千多家归附。)

神瑞二年(415 年),太宗明元帝拓跋嗣“六月丁卯,幸赤城,亲见长老,问民疾苦,复租一年”。(前往赤城,亲自会见年长的人,询问民众疾苦,免除一年田租。)十月丙寅,又诏曰:“古人有言,百姓足则君有余,未有民富而国贫者也。顷者以来,频遇霜旱,年谷不登,百姓饥寒不能自存者甚众,其出布帛仓谷以赈贫穷。”(皇上又下诏说:“古说百姓富有,那么君主就会有余,没有民众富裕而国家贫穷的。近年以来,频繁遇到大霜旱灾,庄稼不丰收。百姓饥寒不能养活自己的很多。现支出布帛和库藏谷粟来赈济贫苦穷困的人。”)

像前两任一样,后任的太武帝、文成帝、献文帝也重民亲民,到各地巡视都要问民疾苦、抚恤贫乏、存恤孤寡、亲见高年、赐帛赠衣,一遇灾年,便减赋免租,开仓赈济。到平城第六任皇帝孝文帝拓跋宏,在亲民爱民、崇老敬老上更在古代封建社会达到了极致。太和元年(477 年),他在太华殿亲自接见京城七十岁以上老人,设宴招待他们并赠送衣物。太和四年(480 年)七月,他“诏会京师耆老,赐锦彩、衣服、几杖、稻米、蜜、面,复家人不徭役”。(诏令召集京城老人,赐予锦缎、衣服、几杖、稻米、蜂蜜、面粉,免除家人服徭役。)

太和十七年(493年)八月壬寅,"车驾至肆州,民年七十已上,赐爵一级。路见眇跛者,停驾亲问,赐衣食终身"。(孝文皇帝到达肆州,民众年纪七十以上的,赐予爵位一级。路上见到瞎眼跛腿者,停下车辆亲自慰问,赐予一生的衣食。)

太和十七年(493年)八月戊申,"幸并州。亲见高年,问所疾苦"。(前往并州。亲自接见老年人,询问他们的疾苦。)九月戊辰,"诏洛、怀、并、肆所过四州之民:百年以上假县令,九十以上赐爵三级,八十以上赐爵二级,七十以上赐爵一级;鳏寡孤独不能自存者,粟人五斛,帛二匹;孝悌廉义、文武应求者,皆以名闻。"(诏令洛、怀、并、肆所经过四州的民众:一百岁以上的赐给县令名号,九十岁以上的赐爵位三级,八十岁以上的赐爵位二级,七十岁以上的赐爵位一级;鳏寡孤独不能自己养活的,每人赐粟五斛,帛二匹;以孝顺恺悌廉洁仁义、文武才能响应征召的,都将姓名上报。)

(四)拓跋鲜卑统治者选贤与能、广纳人才的精神

综观历史,凡能得天下、创盛世者,都会选贤与能,广纳人才,严肃吏治,用优汰劣。北魏平城六帝也深谙此理,行此道。对此,《魏书》中多有记载。

(1)拓跋珪求贤若渴,不拘一格用人才。他能够从降者中,从俘虏中选拔人才,随即依才任用

登国十年(395年)十月,"于俘虏之中擢其才识者贾彝、贾闺、晁崇等与参谋议,宪章故实。"(在俘虏中提升有才学见识的贾彝、贾闺、晁崇等人,参与谋划商议典章制度和旧日条例。)

皇始元年(396年)九月戊午,"初建台省,置百官,封拜公侯、将军、刺史、太守,尚书郎已下悉用文人。帝初拓中原,留心慰纳。诸士大夫诣军门者,无少长,皆引入赐见。存问周悉,人得自尽。苟有微能,咸蒙叙用"。(初建台省,设置百官,分封任命公侯、将军、刺史、太守,尚书郎以下全用文人。道武帝刚开始开拓中原,留意安抚接纳。所有前往军门的士大夫,不论老少,都引入见面,慰问十分周到仔细,士人得以发挥自己的才能,即使有微薄的能力,也能得到任用。)

皇始二年(397年)二月己巳,"宝尚书闵亮、秘书监崔逞、太常孙沂、殿中侍御史孟辅等并降。降者相属,赐拜职爵各有差"。(慕容宝的尚书闵亮、秘书监崔逞、太常孙沂、殿中侍御史孟辅一起投降。投降者接连不断,赐授职务爵位各有等级。)

皇始二年(397年),"太祖征慕容宝,次于常山。玄伯弃郡,东走海滨。太祖素闻其名,遣骑追求。执送于军门,引见与语,悦之。以为黄门侍郎,与张衮对总机要,草创制度"。(太祖征讨慕容宝,停在常山,玄伯放弃郡城,向东逃到海边。太祖一向听说他的名声,派

遣骑兵追赶寻求。追到后送到军营门前，太祖召见和他谈话，很高兴，任命他为黄门侍郎，让他和张衮总管机要事务，起草创立制度。）

（2）拓跋嗣、拓跋焘“巡求俊逸”，招才纳士

永兴五年（413 年），正月庚午，太宗明元帝拓跋嗣“诏分遣使者巡求俊逸，其豪门强族为州闾所推者，及有文武才干、临疑能决，或有先贤世胄、德行清美、学优义博、可为人师者，各令诣京师，当随才叙用，以赞庶政。”（下诏书派使者巡视访求俊秀出众的人，为州郡推举的豪门大族，以及有文武才干、遇到疑难能决断的人，或者有先贤世家、德行清尚美好、学问优秀义理渊博、可以做人老师的，令各自前往京城，将依据才能任用，以辅佐政事。）

神䴥元年（428 年）春正月，太武帝拓跋焘“以天下守令多行非法，精选忠良悉代之”。（因天下郡守县令多做不合法度的事，精心挑选忠诚优秀的人全部取代他们。）

从神䴥四年（431 年）九月到延和元年（432 年）十二月，世祖太武帝拓跋焘两次下诏让各州举贤荐才。

神䴥四年（431 年）九月壬申，太武帝诏曰：“顷逆命纵逸，方夏未宁，戎车屡驾，不遑休息。今二寇摧殄，士马无为，方将偃武修文，遵太平之化，理废职，举逸民，拔起幽穷，延登俊乂。昧旦思求，想遇师辅，虽殷宗之梦板筑，罔以加也。访诸有司，咸称范阳卢玄、博陵崔绰、赵郡李灵、河间邢颖、勃海高允、广平游雅、太原张伟等，皆贤俊之胄，冠冕州邦，有羽仪之用。《诗》不云乎：‘鹤鸣九皋，声闻于天。’庶得其人，任之政事，共臻邕熙之美。《易》曰：‘我有好爵，吾与尔縻之。’如玄之比，隐迹衡门、不耀名誉者，尽敕州郡以礼发遣。”遂征玄等及州郡所遣，至者数百人，皆差次叙用。（九月壬申，太武帝下诏说：“近来叛逆放纵，境内不安宁，战车屡次出动，没有空暇休息。现在两个贼寇已被消灭，人马无事。将要停止武备，提倡文教，遵循太平的教化，辨别被废职责的人，推举避世隐居的人，擢用深邃困穷的人，延聘英才。早晚思慕求取，希望遇到师长，即使是殷宗梦见板筑，也无以复加。访问有关官员，都称范阳人卢玄、博陵人崔绰、赵郡人李灵、河间人邢颖、勃海人高允、广平人游雅、太原人张伟等，都是贤才中的佼佼者，为一州一方之首，有辅佐的作用。《诗经》说，‘湖泽深处白鹤叫，鸣声嘹亮传九霄’，希望得到合适的人，委任政事，共同达到美好的太平盛世。《周易》说：‘我有甜美的酒浆，愿与你共饮同乐。’像卢玄这样隐居简陋的房屋，不炫耀名誉的人，命州郡以礼节送到京城。”于是征召卢玄等人以及州郡所送的，到来的有数百人，都得到依才选拔按等次任用。）

延和元年（432 年）十有二月己丑，先是，辟召贤良，而州郡多逼遣之。又下诏曰：“朕除伪平暴，征讨累年，思得英贤，缉熙治道，故诏州郡搜扬隐逸，进举贤俊。古之君子，养志衡门,德成业就,才为世使。或雍容雅步,三命而后至;或栖栖惶惶,负鼎而自达。虽徇尚不同,济时一也。诸召人皆当以礼申谕,任其进退,何逼遣之有也!此刺史、守宰宣扬失旨,岂复光益,乃所以彰朕不德。自今以后,各令乡闾推举,守宰但宣朕虚心求贤之意。既至,当时以不次之举,随才文武,任之政事。其明宣敕,咸使闻知。”(在这之前,征召有德行的人,而州郡多逼迫遣送。下诏说:“我铲除僭伪平定暴虐,连年征讨,想要得到英才贤人,逐渐至于治理,所以诏令州郡搜寻隐居的人才,推荐贤明英俊之人。古代的君子,在简陋的房屋培养志向,德业成就之后,能为社会所用。有的仪容温文娴雅,再三发令而后到来;有的奔走忙碌,背鼎器而自求进用。虽然好尚不同,救济时政则是一样的。各地召集人才都应以礼仪申明意图,听凭他们进退,何至于逼迫遣送呢?这是刺史、郡守县令宣传旨意失当,岂会有益政事,这是用此显示我的不仁德。从今以后,各令乡闾推举,郡守县令只能宣示我虚心求取贤人的心意。到了京城,应当不依寻常的次序对待,而依其文武才能,委任政事。可明确宣示诏令,让大家都知道。”)

太武帝两次下诏令招贤纳士,据高允所作《征士颂》所言,征招的数百人中有郑玄等三十五人在京城得到重用,高允也是其中之一。他历经太武、文成、献文、孝文四帝,屡被重用,功勋卓著,史官对其廉洁奉公、勇于担责、任劳任怨、仁义待人大加赞颂。

(3)拓跋濬、拓跋弘、拓跋宏建章立制,从严治吏,奖优罚劣

太安元年(455年)癸酉,文成帝拓跋濬诏曰:“夫为治者,因宜以设官,举贤以任职,故上下和平,民无怨谤。若官非其人,奸邪在位,则政教陵迟,至于凋薄。思明黜陟,以隆治道。今遣尚书穆伏真等三十人,巡行州郡,观察风俗。入其境,农不垦殖,田亩多荒,则徭役不时,废于力也;耆老饭蔬食,少壮无衣褐,则聚敛烦数,匮于财也;闾里空虚,民多流散,则绥导无方,疏于恩也;盗贼公行,劫夺不息,则威禁不设,失于刑也;众谤并兴,大小嗟怨,善人隐伏,佞邪当途,则为法混淆,昏于政也。诸如此比,黜而戮之。善于政者,褒而赏之。其有阿枉不能自申,听诣使告状,使者检治。若信清能,众所称美,诬告以求直,反其罪。使者受财,断察不平,听诣公车上诉。其不孝父母,不顺尊长,为吏奸暴,及为盗贼,各具以名上。其容隐者,以所匿之罪罪之。”(治理天下的人,依据事宜而设立官职,推举贤人而委任职位,所以上下和睦,民众没有怨愤诽谤。如果官吏授任不合适的人,奸邪之徒在位,就会政教衰微,直到凋败。思虑明确地予以升降,以兴盛治道。现在派遣尚书穆伏真等三十人,巡视州郡,考察民情。进入境内,农民不垦田,土地多荒芜,定是徭役不合时节,耗费了劳力;老年人吃粗食,青壮年没有粗布衣,定是征收频繁,刮光了财产;乡里空荡荡的,民众大多逃散,定是安抚引导无方,恩情淡薄;盗贼猖獗,抢劫不止息,定是禁令不立,在刑罚上有亏缺;各种诽谤一起出现,上下慨叹怨恨,好人隐藏,奸佞当道,定是执法混乱，政治昏暗。诸如此类，废黜而杀了他们。善于施政的人，褒奖赏赐他们。有冤屈不能申理，准许前往使者那里告状，使者检验处治。如果果真清廉能干，众人所赞美，有人诬告以求申理，对诬告者以相应罪处治。使者接受财物，裁断不公平，准许前往官府上诉。不孝敬父母，不顺从尊长，为官奸诈残暴，以及做盗贼的，各列举而呈上来。有隐瞒的，以所隐瞒的罪过治他的罪。）

和平六年（465年）丙午，献文帝诏曰："先朝以州牧亲民，宜置良佐，故敕有司，班九条之制，使前政选吏，以待俊乂，必谓铨衡允衷，朝纲应叙。然牧司宽惰，不祗宪旨，举非其人，愆于典度。今制：刺史守宰到官之日，仰自举民望忠信，以为选官，不听前政共相干冒。若简任失所，以罔上论。"（先朝因州牧治理民众，应设置良好的辅佐，所以敕令有关官员，颁布九条制度，使前任选拔官吏，留待贤德之人，必定使铨选官员适中，朝廷的法度纪律得以整肃。然而治民的官员松缓懈怠，不遵循朝廷旨意，选拔人才不得宜，违背典章制度。现在规定：刺史郡守县令到任的时候，望自己推举在民众中有声望而忠实诚信的人，作为选拔的官员，不准许前任相干涉。如果选任失当，以欺罔君主定罪。）

天安元年（466年）七月辛亥，献文帝"诏诸有诈取爵位，罪特原之，削其爵职。其有祖、父假爵号货赇以正名者，不听继袭。诸非劳进超迁者，亦各还初。不以实闻者，以大不敬论。"（诏令所有诈称功劳获取爵位的人，特例宽恕他们的罪过，削夺他们的爵位职务。有祖父、父亲凭借爵位贿赂人以辨正名分的人，不准许继承爵位。所有不凭功劳升迁爵位的，也各恢复到当初的爵位。不以事实上报的，以大不敬定罪。）

延兴二年（472年）十有二月庚戌，孝文帝诏曰："《书》云：'三载一考，三考黜陟幽明。'顷者已来，官以劳升，未久而代。牧守无恤民之心，竞为聚敛，送故迎新，相属于路，非所以固民志，隆治道也。自今牧守温仁清俭、克己奉公者，可久于其任。岁积有成，迁位一级。其有贪残非道、侵削黎庶者，虽在官甫尔，必加黜罚。著之于令，永为彝准。"（《尚书》说：'三年考察一次政绩，三次考察后罢免昏庸官员，擢升贤明官员。'近年以来，官员因劳绩擢升，没过多久而迁代，州牧郡守没有体恤民众的心意，竞相进行聚敛，送旧任迎新官，道路上相连结，不是稳定民心，增强治道的做法。从现在起温顺仁爱清廉节俭、克己奉公的州牧郡守，可长久在其职位上。岁月长久有成绩的。升位一级。如有贪婪残忍不讲道义、侵渔剥夺百姓的人，即使在位极短，一定加以罢免处罚。编著在律令中，永远作为准则。）

延兴三年（473年）二月甲戌，孝文帝诏，"县令能静一县劫盗者，兼治二县，即食其禄；能静二县者，兼治三县，三年迁为郡守。二千石能静二郡，上至三郡，亦如之，三年迁为刺史"。（诏令县令能肃清一县劫掠盗贼的，兼治两个县，并食其俸禄；能肃清两个县的，兼治三个县，三年后升为郡守。郡守能肃清两个郡，上到三个郡，也如上例，三年后升为刺史。）

太和八年(484 年)六月丁卯,诏曰:“置官班禄,行之尚矣。《周礼》有食禄之典,二汉著受俸之秩。逮于魏晋,莫不聿稽往宪,以经纶治道。自中原丧乱,兹制中绝,先朝因循,未遑厘改。朕永鉴四方,求民之瘼,夙兴昧旦,至于忧勤。故宪章旧典,始班俸禄。罢诸商人,以简民事。户增调三匹、谷二斛九斗,以为官司之禄。均预调为二匹之赋,即兼商用。虽有一时之烦,终克永逸之益。禄行之后,赃满一匹者死。变法改度,宜为更始,其大赦天下,与之惟新。”(太和八年六月丁卯,下诏说:“设置官员分发俸禄,实行得很早。《周礼》有廪食俸禄的法典,两汉制定接受俸禄的品级。直到魏晋,无不考证以往典章,来处理政事。自从中原死丧祸乱,这一制度中断,先朝因循,没有来得及改变。朕长久考察各地,寻找民众的疾苦,天刚亮就起来,至于忧虑勤恳。所以遵循旧典章,开始颁发俸禄。罢除商人,以减省民众事务。每户增绸三匹绢、二斛九斗谷,作为官府的俸禄。都预先征调二匹的赋税,即作商业用途。 虽然有一时的麻烦,终究有长久安逸的益处。俸禄实行之后,赃物满一匹的处死。变法改制,应该重新开始,现大赦天下,与百姓一道除旧布新。”)

拓跋濬、拓跋弘、拓跋宏三帝建章立制,从严治吏,奖优罚劣,特别是孝文帝改班赐制为俸禄制,使吏治走上了制度化之路,真正形成了优胜劣汰的机制。

(五)拓跋鲜卑统治者的开放包容、美美与共,促进多元文化融合的精神

北魏平城时代是儒道文化与佛教文化剧烈碰撞的时期,也是儒道文化与佛教文化不断融合的时期,既有道武帝、明元帝对佛教的崇尚,也有太武帝先是崇尚后又封杀的举动,还有文成帝、恭宗帝、献文帝和孝文帝对佛教发展的大力推动与规范。这是中国历史上佛教发展的第一个高潮时期,也是中华文化“三大支柱”正式形成的时期。

(1)太祖道武帝、太宗明元帝开创北魏平城佛教,首建僧官制度,促进了佛教与皇权的结合

早在北魏建国之初,太祖道武皇帝拓跋珪“平中山,经略燕赵,所迳郡国佛寺,见诸沙门、道士,皆致精敬,禁军旅无有所犯。帝好黄老,颇览佛经。但天下初定,戎车屡动,庶事草创,未建图宇,招延僧众也。然时时旁求。先是,有沙门僧朗,与其徒隐于泰山之琨谷。帝遣使致书,以缯、素、旃罽、银钵为礼。今犹号曰朗公谷焉。天兴元年(398 年),下诏曰:‘夫佛法之兴,其来远矣。济益之功,冥及存没,神踪遗轨,信可依凭。其敕有司,于京城建饰容范,修整宫舍,令信向之徒,有所居止。’是岁,始作五级佛图、耆阇崛山及须弥山殿,加以缋饰。别构讲堂、禅堂及沙门座,莫不严具焉”。(平定中山,统治燕赵,所经过的郡国佛寺,凡是见到和尚、道士,都要致以敬意,禁止兵将侵犯与干扰。太祖喜好黄老之学,因而也阅览了一些佛经。只是由于国家初步建立,战争不断,诸事草创,还来不及建筑佛寺,招揽僧

尼。但还是时时留意访求有关高僧。原先有个沙门名叫僧朗，与其弟子隐居在泰山的琨谷。皇帝派遣使节致书问好，并赠送缯、素、旃罽、银钵等礼品。至今那地方还叫作朗公谷。天兴元年，下诏说："佛教的兴起由来已久。救济扶助的功效，深入到人的生死存亡，其教义、信条与活动轨迹，相信是可以依赖凭借的。特敕令有关部门在京城装饰佛像，建筑寺庙，以便让那些信佛的教徒，有居住停歇的地方。"这一年，开始修建五层佛塔、耆阇崛山及须弥山殿，加以装饰。另外，建造讲堂、禅堂及沙门座位等，无不齐备。）

"初，法果每言，太祖明睿好道，即是当今如来，沙门宜应尽礼，遂常致拜。谓人曰：'能鸿道者人主也，我非拜天子，乃是礼佛耳。'"（当初，法果常常说太祖聪明敏锐，喜好佛道，即是当今如来佛，作为僧徒应当对其尽到揖拜之礼，便常常对太祖礼拜。对人说："能够弘扬佛道的人就是人民的君主，我不是崇拜皇帝，而是礼拜佛祖。"）

太宗明元皇帝拓跋嗣即位后，"遵太祖之业，亦好黄老，又崇佛法，京邑四方，建立图像，仍令沙门敷导民俗"。（遵循太祖的事业，也喜好黄老，崇尚佛法，在京城周边到处建立佛寺佛像，并让僧人帮助引导民俗。）

（2）世祖太武帝拓跋焘先崇佛，后受蛊惑灭佛，临终又悔之，成为中国"三武一宗"灭佛之首

太武帝拓跋焘"太延中，凉州平，徙其国人于京邑，沙门佛事皆俱东，象教弥增矣"。（太延年间，平定凉州，将那里的民众迁到京城，连同僧人佛寺都迁到京内，于是，京城的佛教便更加兴盛了。）

佛教的兴盛，特别是佛教与皇权的结合，引起了儒道文化代表人物崔浩的强烈反对。他利用太武帝对他的信任，对佛教"数加非毁，常谓虚诞，为世费害"。（多次对佛教加以诋毁，常常说佛教是虚无荒诞的，是社会上耗费资财的祸害。）太平真君五年（444 年）正月，当太武帝讨伐盖吴，发现长安僧人非法活动，异常气愤之时，随行在侧的崔浩便"因进其说"（趁机提出禁毁佛教的建议），于是太武帝下诏灭佛。这是中国历史上的第一次灭佛，其实质是儒、道、释三教文化激烈碰撞的最高表现形式。太武帝灭佛八年间，太子拓跋晃监国。他对灭佛百般劝阻，虽未被采纳，但却延缓了诏令的发布，京城的僧人得以保全，外地的僧人大多也事先逃匿，保住了性命。太平真君十年（449 年）崔浩被诛杀后，太武帝对毁佛之事颇为后悔，但又感到禁令早已施行，已毁寺庙和佛像等很难得以修复。在这种情况下，禁令逐渐宽松，坚定信佛的人也能奉事佛法。

（3）高宗文成帝拓跋濬适时复法，创立寺院经济制度，形成中国历史上第一个佛教发展高潮

正平二年（452 年），高宗文成帝拓跋濬即位后，下诏令复法。"释迦如来功济大千，惠流尘境，等生死者叹其达观，览文义者贵其妙明，助王政之禁律，益仁智之善性，排斥群邪，开演正觉。故前代已来，莫不崇尚，亦我国家常所尊事也……朕承洪绪，君临万邦，思述先志，以隆斯道……天下承风，朝不及夕，往时所毁图寺，仍还修矣。佛像经论，皆复得显。"（诏令中说："释迦如来功德普济于大千世界，恩惠流布于人间，同等看待生死的人赞叹他达观开通，学习文理道义的人崇拜他精妙明辨，有助于国家的法治，有益于提高人们的仁善素质，排斥各种邪恶，开坛讲演体悟成佛的正道。所以，前代以来，无不崇尚佛教，这也是我国平常百姓家所喜好信奉的事……朕继承皇业，统御天下，考虑申述先皇帝的遗志，重新复兴佛教事业……全国各地都遵照圣旨，在很短时间内，以往所毁佛寺就都修复了。佛像经论等，都很快复出、重见天日。"）

兴光元年（454 年）秋，"敕有司于五缎大寺内，为太祖已下五帝，铸释迦立像五，各长一丈六尺，都用赤金二万五千斤"。（高宗文成帝命令有关部门在五级大寺内为太祖以下五个皇帝，铸造释迦立像五个，各长一丈六尺，都用赤金二万五千斤铸成。）

和平元年（460 年），"师贤卒。昙曜代之，更名沙门统……帝后奉以师礼。昙曜白帝，于京城西武州塞，凿山石壁，开窟五所，镌建佛像各一。高者七十尺，次六十尺，雕饰奇伟，冠于一世。"（师贤去世。昙曜取代了他的地位，改名为沙门统……皇帝后来把昙曜奉为师傅。昙曜告诉皇帝，派人在京城西面武州塞，开凿山崖石壁，凿出五个洞窟，各镌刻一个佛像。最高的有七十尺，次一等的有六十尺，雕饰奇特而雄伟，为一代之冠。）

至今仍留存于世的云冈石窟，特别是昙曜建造的五个窟（被后世专家称为"昙曜五窟"），无论是开窟形制、题材选择、佛像雕刻，还是人物形象、衣饰模样、修饰纹样，无不体现犍陀罗艺术、印度中部艺术和西欧中亚艺术与中国艺术的完美结合，佛教文化与本土的政治文化、儒道文化的完美结合。完全可以说，云冈石窟就是文化融合的产物，就是包容和合、美美与共、天下大同的实证。

和平元年（460 年），"昙曜奏：平齐户及诸民，有能岁输谷六十斛入僧曹者，即为'僧祇户'，粟为'僧祇粟'，至于俭岁，赈给饥民。又请民犯重罪及官奴以为'佛图户'，以供诸寺扫洒，岁兼营田输粟。高宗并许之。于是僧祇户、粟及寺户，遍于州镇矣"。（昙曜上书：建议让平齐户及其他民众，如有能够每年输谷六十斛到佛寺的，即为"僧祇户"，粟为"僧祇粟"，这些粮食到了歉收年岁，便用来赈济百姓。又请求让民众中犯有重罪及官奴等作为"佛图户"，以便作为各寺庙的洒扫人员，并兼耕种土地、交纳米粟。高宗都同意了。于是，僧祇户、粟及寺户等，遍于全国各地。）

天安元年（466 年），"显祖即位，敦信尤深，览诸经论，好老庄。每引诸沙门及能谈玄之士，与论理要"。（显祖即位后，更加信奉佛教，阅读各种经论，也喜好老庄之道。常常召集沙门以及能够谈论玄学的人士在一起，相互讨论佛教教理和玄理。）

天安二年（467 年），显祖献文帝“起永宁寺，构七级佛图，高三百余尺，基架博敞，为天下第一。又于天宫寺，造释迦立像。高四十三尺，用赤金十万斤，黄金六百斤。皇兴中，又构三级石佛图”。（建造永宁寺，建构七级佛塔，高三百余尺，基础框架宽广开阔，为天下第一。又在天宫寺内建造释迦的立像。高四十三尺，用了赤金十万斤，黄金六百斤。皇兴年间，又建造了三级石佛塔。）

（4）高祖孝文皇帝拓跋宏定规立制，规范佛教健康发展

延兴元年（471 年），高祖孝文皇帝拓跋宏即位。

延兴二年（472 年）夏四月，孝文帝下诏曰：“比丘不在寺舍，游涉村落，交通奸猾，经历年岁。令民间五五相保，不得容止。无籍之僧，精加隐括，有者送付州镇，其在畿郡，送付本曹。若为三宝巡民教化者，在外赍州镇维那文移，在台者赍都维那等印牒，然后听行。违者加罪。”（僧人不住在寺舍，在村落间游荡，与奸猾之徒交结，这种状况已经存在很久了。命令民间乡村相互保证监督，不准许僧人留居，对没有僧籍的僧人，要严加检查，一经查出，要送付州镇，京城附近的要送交所属部门。如果是佛教佛、法、僧专门负责从事巡行教化的僧人，在外面各州要带有州镇寺庙管理僧众的僧官的文书，在京城要有京城寺庙管理僧众的僧官的印牒，然后才能允许其自由走动。连犯诏令者要追究罪责。）

承明元年（476 年）八月，“高祖于永宁寺，设太法供，度良家男女为僧尼者百有余人，帝为剃发，施以僧服，令修道戒，资福于显祖。是月，又诏起建明寺。太和元年（477 年）二月，幸永宁寺设斋，赦死罪囚。三月，又幸永宁寺设会，行道听讲，命中、秘二省与僧徒讨论佛义，施僧衣服、宝器有差。”（高祖在永宁寺，设太法供，剃度良家男女一百多人为僧尼，皇帝亲自为之剃发，亲手发给僧服，让他们修炼道戒，为显祖乞求福祉。当月，又下诏建造建明寺。太和元年（477 年）二月，到永宁寺设斋，下令赦免死罪囚犯。三月，又到永宁寺设会，举行讲道大会听讲佛经，命令中书省和秘书省官员与僧徒一道讨论佛教教义，施予僧服、宝器等各有不同。）

从兴光元年（454 年）到太和元年（477 年）三十三年间，北魏平城内新旧寺庙已将近百所，僧尼达 2000 余人，各地有寺庙 6478 所，僧尼 77258 人。

太和十六年（492 年），孝文帝“诏曰，‘四月八日、七月十五日，听大州度一百人为僧尼，中州五十人，下州二十人，以为常准，著于令。’十七年，诏立《僧制》四十七条。”（下诏说：“四月八日、七月十五日，允许大州剃度一百人为僧尼，中州五十人，下州二十人，以后每年如此，作为制度记录下来。”太和十七年（493 年），下诏创立《僧制》四十七条。）

（5）北魏平城时期，不但是佛教在中国快速发展的第一个高潮时期，也是中国道教以

宗教身份正式形成的时期

道教的渊源,可以追溯到中国古人渴求长生不死的心理和行为中。战国时期,人们多相信东海中有蓬莱、方丈、瀛洲等神山,“诸仙人及不死之药皆在焉”,并由此出现了许多以追求不死成仙为务的方士,被称为方仙道。方仙道在秦汉时期曾活跃一时。

方仙道的活动,多属于具体的实践行为,而较少有理论的成分。后世道教的思想理论,主要来自先秦以老子为代表的道家哲学。战国时期,又有不少人依托黄帝、老子之名来阐发养生、治国理论,被称作“黄老道”。“黄老道”的学说,不限于老子道家,而是“采儒墨之善,撮名法之要”,吸收了儒、墨、名、法诸家之长。

东汉末年,张道陵在西南蜀中称得太上老君(老子)“授以三天正法,命为天师”,并造作道书二十五篇,从而创立了“天师道”(俗称五斗米道)。在中原地区,张角也创立了“太平道”,宣称“苍天已死,黄天当立”,组织民众举行反抗东汉王朝的起义。天师道和太平道的出现,令道教开始成为教团,但一直处于分散状态,没有被官方承认。

北魏寇谦之修道嵩山三十年,为适应历史潮流,对天师道进行了较为彻底的改革,使道教摆脱了原始宗教的粗陋浅薄的风貌,从而得到北魏朝廷的承认,从民间进入了殿堂。

《释老志》记载:“太祖好老子之言,诵咏不倦。天兴(398—403年)中,仪曹郎董谧因献服食仙经数十篇。于是置仙人博士,立仙坊,煮炼百药,封西山以供其薪蒸。”(太祖喜好老子之言,诵读起来不知疲倦。天兴年间,仪曹郎董谧便投太祖所好献上服食仙经数十篇。于是,设置仙人博士,设立仙坊,煮炼百种草药,封禁西山以便为其炼丹提供所需的柴薪。)

太延六年(440年),太武帝根据寇谦之的建议,改年号为“太平真君”。

太平真君三年(442年)春正月甲申,谦之奏曰:“今陛下以真君御世,建静轮天宫之法,开古以来,未之有也。应登受符书,以彰圣德。”世祖从之。于是太武帝至道坛,亲受符箓,备法驾,旗帜尽青。以从道家之色也。自后诸帝,每即位皆如之。(太平真君三年,正月甲申,太武皇帝到道坛,亲自接受符箓,车辆齐备,旗帜全为青色。这是为了服从道教所崇尚的颜色。自此以后的各位帝王,每当即位,都如此接受符箓。)

兴光元年(454年)二月甲午,文成帝至道坛,登受图箓。(文成帝到道坛,登坛接受图箓。)

天安元年(466年)三月辛亥,献文帝幸道坛,亲受符箓。(献文帝前往道坛,亲自接受符箓。)

太和十五年(491年)八月戊戌,移道坛于桑乾之阴,改曰崇虚寺。(迁移道坛到桑干河的南面,改名为崇虚寺。)

太和十五年(491年)秋,孝文帝诏曰:“夫至道无形,虚寂为主。自有汉以后,置立坛祠,先朝以其至顺可归,用立寺宇。昔京城之内,居舍尚希。今者里宅栉比,人神猥凑,非所以祇崇至法,清敬神道。可移于都南桑乾之阴,岳山之阳,永置其所。给户五十,以供斋祀之用,仍名为崇虚寺。可召诸州隐士,员满九十人。"(孝文帝下诏说:"大凡极高的道法是没有形状的,只以空虚寂静为主。自从汉代以后,便设立坛祠,先朝考虑到道教的教义顺理成章可以皈依,便允许建造寺宇。过去京城之内,房屋建筑还比较稀少。如今,房屋密集,俗人与神灵混杂在一起,不是崇敬道法、清敬神灵的好现象。可以将有关道观移到都城南郊桑干河的南岸,岳山的南麓,建筑永久性的寺观。给予民户五十家,以便为之提供斋祀的费用,仍然取名为崇虚寺。可以召集各州的隐士到那里,员满九十人为止。")

迁洛移邺,踵如故事。其道坛在南郊,方二步,以正月七日、七月七日、十月十五日,坛主、道士、高人一百六人,以行拜祠之礼。(到后来迁都到洛阳和移都邺城等,对道教的政策没有变化。道坛设在都城南郊,方圆二百步,选择正月七日、七月七日、十月十五日,由坛主、道士、高人一百零六人参加,举行礼拜祭祀的仪式。)

北魏平城时代,是拓跋鲜卑统治者以开放包容、美美与共的心态,对儒、释、道并崇并重,促使三者相互吸纳融合的时代,是中华文化"三大支柱"形成的时代。

开放包容、美美与共的文化最博大;开拓进取、改革创新的文化最久长。中国历史上第一个统一北方、入主中原、建立南北朝对峙的大政权的拓跋鲜卑统治者不仅没有灭绝汉文化,而且改变了两汉"独尊儒术"的局面,让汉文化进一步发展壮大,形成了博大精深、源远流长的中华文化。

三

综合大同"古都文化"中的大同精神,就是"大道之行,天下为公"的精神,就是"开拓进取,改革创新"的精神,就是"开放包容,美美与共"的精神。如果以广告语的形式进行简要概括,是否可以把大同精神做这样的表述:

"大度大气,大美大同。"

"大度"的内涵是"包容和合、崇尚先进",具有海纳百川、美美与共的气度;

"大气"的内涵是"开拓进取、改革创新",具有行大道、求大公、利众生的品格;

"大美"的内涵是美美与共之美、大度大气之美、品质品格之美、天人合一之美。

"大度、大气、大美",是大同在中国古都史上形成的特殊个性,也是繁衍生息在这块土地上的各族人民锤炼锻造的大同精神!

(刊载于 2013 年 3 月 11 日《大同日报》;2013 年 5 月 11 日被收入《大同历史文化论文集》)

大同对古城古建保护和修复的探索

自 1998 年 8 月大同市人大常委会制定《大同古城保护决议》起，到 2008 年 1 月止，是大同市立法保护古城古建的十年；自 2008 年 2 月起至今，是大同市保护和修复古城古建苦干实干的六年。这六年是大同历史上变化最大也是广大人民群众高度认可的六年，同时也是在新闻媒体上有肯定、有否定，争议不断的六年。为了明是非、正视听，作为一个知情者，也算一个参与者，笔者愿意将实际情况回顾概括如下。

一、大同保护和修复古城古建的时代背景

科学发展观的提出为大同发展指明了发展方向。2003 年 7 月 28 日，时任中共中央总书记的胡锦涛同志提出了以人为本，全面、协调、可持续的发展观。2007 年 10 月 15 日至 21 日召开的党的十七大上，胡锦涛同志又在大会报告中具体系统地阐释了科学发展观的丰富内涵。大会还正式将其写入党章。科学发展观的提出和落实，引起了全国的巨大反响，更引起了产业结构极不合理、发展方式极端落后的大同市广大干部群众的强烈共鸣。在广泛了解民意、集中民智的基础上，大同市委、市政府制定了资源型城市经济转型的具体措施。2008 年初，市委常委扩大会议做出了整体保护、重点修复古城的决定。2008 年 4 月，时任市委书记在市政协关于保护历史文化名城的专题建议上批示，希望大同市人大常委会在 1998 年做出《大同古城保护决议》的基础上再做一个保护和修复古城的决定。时任大同市第十二届人大常委会主任的笔者，立即组织市人大常委会组成人员和有关专家学者再次开展了深入细致的调查研究，并到晋中市参观了平遥古城、榆次老城、常家庄园、渠家大院，学习了他们的经验。接着便开始了保护和修复古城决定的起草工作。2008 年 6 月 17 日，市第十二届人大常委会召开第四十次会议，听取了时任代市长耿彦波作的关于保护历史文化名城的专题报告和市人大常委会调研组的调研报告，表决通过了《保

护和修复古城的决定》。《决定》反映了全市广大人民群众的意愿,也反映了市委、市人大、市政府和市政协"四大班子"的意志。《决定》中说:"大同市是国务院首批公布的24座历史文化名城之一。大同古城作为两汉要塞、北魏京华、辽金陪都、明清重镇,是大同历史文化的重要载体,是弥足珍贵的历史文化遗产和不可再生、不可替代、不可估量的稀缺资源。特别是大同古城的唯一性、独特性和相对完整性,与全国其他历史文化名城相比独树一帜。这笔历史文化遗产既是昨天的辉煌,也是今天的财富,更是明天的希望。大同古城的保护和修复,既是贯彻落实国务院《历史文化名城名镇名村保护条例》、传承历史文化、提高大同知名度、开发利用旅游资源的需要,也是产业结构调整、资源型城市转型、发展方式转变、科学发展的需要,更是着眼于城市长远发展,提升大同文化软实力和城市竞争力,打造世界文化遗产旅游城市和历史文化名城品牌的需要。此举必将对大同经济社会发展产生极大的推动作用和深远的影响。"《决定》的这段话,可以说是市"四大班子"和全市广大人民群众在当时形成的共识,也是大同保护和修复古城的思想基础。

2006年10月12日,国务院批准的大同市城市总体规划,为大同保护、修复和发展历史文化名城提供了法律保障和基本蓝图。

中华人民共和国成立以来,大同市1955年制定了中华人民共和国成立后第一个版本的总体规划,实施期间曾有一个修改版本,当时由市人民政府批准即可;1985年制定了第三个版本的总体规划,1990年7月由山西省人民政府批准;进入21世纪后,开始编制新一轮总体规划,这就是2006年10月12日国务院批准的大同市城市总体规划。1998年8月25日至28日大同市第十一届人大常委会第一次会议做出了《大同古城保护的决议》。《决议》中明确要求,在古城保护规划未出台前,"对古城内目前尚未批准实施的拆迁改造计划停止执行"。这个总体规划应该是大同市人大常委会1998年做出《大同古城保护的决议》和2000年3月制定出《大同古城保护条例》之后制定的总体规划。这个总体规划还包括《大同历史文化名城专项保护规划》(这个保护规划确定了四个重点保护区,但还不是整体保护、重点修复,因这一版总体规划已不能适应近几年大同社会经济发展,所以在2009年市政府开始着手修改,并得到国家住建部同意修改的回复。但因故直到2012年底也未完成,现在正由中规院编制2013—2030年新的总体规划)。2006—2020年总体规划及其包括的各个专项规划是市人民政府广泛征求市民意见,认真邀请全国著名专家论证,经过反复修改而制定的,也是由市人大常委会历经三次会议审查修改,再审查再修改,然后第三次审查同意的。这个总体规划提出了"一主两副"即以大同古城为主体,以口泉和御东新区为两副的扇形组团的规划结构(2008年改为"一轴双城")。建设御东新区(原称河东区),是2001年2月27日至3月2日召开的市第十一届人大第十八次会议上在审议市2001年计划报告时,给市政府提出的审议意见:"河东区建设尽快列入议事日程,搞好规划,尽快实施,这既是城市发展的需要,又是缓解目前市区压力,保护历史文化名城的需要。"国务院办公厅在批复大同市城市总体规划的通知中明确提出:"切实加强世界文化遗产和历史文化名城保护。要进一步做好云冈石窟保护区范围内的治理整顿工作。保护区范围内的建设活动必须符合世界文化遗产保护的要求。要重视大同古城整体格局和风貌特色的保护,重点做好以鼓楼东西街为轴线的历史文化街区和古城内东西南北四条大街传统功能和风貌的保护。要采取划定保护范围、制订专门保护办法等有效措施,加强对平城遗址保护区和市域内各级文物保护单位的保护。"这是2008年才大规模正式开始的保护修复古城、建设御东新城和云冈石窟周边环境治理的法律依据和基本蓝图。

二、大同保护和修复古城的基础条件

自2008年大同保护和修复古城以来,传统媒体和新兴媒体出于对大同的关心,无数次地对大同此项大规模活动进行了报道。一些有不同看法和意见的记者,包括一些肯定和支持大同此项活动的人都用"造城"来概括。应该说,这一概括是不正确的。大同城池由来已久,根本不用"造";古城历史久远,更不用"造"。笔者认为,准确的说法应该是"大同新造了一个御东新区,保护和修复了一个古城,逐步更新了约90平方公里的大同建成区。总体上正在复兴和发展历史文化名城"。之所以这样说,是因为古城不是"新造的",也不是"再造的",它有修复的基础条件,也有修复的现实可能。

应该讲,大同的历史文化资源在20世纪五六十年代甚至在八九十年代都遭到了严重破坏。通过向一些本地的专家、学者了解得知,大同古城的破坏,最为严重的有两个时期:一是拆毁性破坏时期。20世纪50年代,先后拆毁了华严寺海会殿,仅留下了地基,拆除了大西街钟楼,时任市长为此还向上级做了检查;拆毁了太宁观、县楼、县文庙、四牌楼、九仙庙、东城门楼、北城门楼、西城门楼、朱衣阁等;1958年拆毁了四周城墙的砖体,用作部队装甲兵学院围墙和公安局办公楼墙体。20世纪六七十年代又拆毁了鼓楼东街关帝庙戏台、马王庙、极乐寺牌楼、云路街牌楼、南城门楼、府衙、御河东曹夫楼的玄都观等。1970年建大同展览馆和1974年建邮电大楼,拆除了西城墙中段200多米的夯土。二是街道改造、建设性破坏时期,主要在20世纪八九十年代,从1986年南街改造开始至1997年完成大东街、大北街改造,拆毁了四大街两侧的原有建筑,建起了三至五层的商业服务场所。1997年还开始改造教场城街和大十字街,两旁建起了六层楼民居群和商业服务设施，使部分古城风貌遭到破坏。

这些破坏，让当地的专家学者和有识之士痛心疾首、撕肝裂肺。1998年7月下旬，时任人大常委会副主任的靳胥同志和老干部、原云中大学党委书记王中一同志向市人大常委会反映，要求市人大常委会制止此类破坏古城的建设性破坏活动。经过深入调研和殷宪、古鸿飞、高平、赵一德、力高才、姚斌、张滃、张呈富、葛世民、辛长青、张焯等三十多位专家的多次论证，市十一届人大常委会第一次会议作出了《大同古城保护决议》。按照此决议，在市人大常委会王兴祥副主任具体指导下，经过一年多的立法调研、专家论证和立法听证，2000年3月市人大常委会制定了《大同古城保护条例》。此条例通过的当月，省人大常委会便批准实施。之后又在市人大常委会的严格监督下，制止了古城内“两纵两横”街道拓宽改造和鼓楼东西街“棚户区”平房改建楼房。

正是古城保护从1998年起走上法制化之路和市人大的有力监督，才使大同古城有了修复的基础条件和修复的可能。2008年修复大同古城之前，大同古城的城墙夯土还保留着6000多米，占到城墙总长度7240米的70%以上；历史街区的格局仍然存在，古街古巷还有180多条；传统四合院还有1500多座；古城内还有全国和省、市级重点文物保护单位29处；大同古城的传统风貌没有大的改变。这在全国同类型、同规模城市中极为罕见，正是“整体保护、重点修复、科学规划、分步实施”的基础条件。

三、大同修复古城的基本原则与具体做法

树立正确的古城古建保护理念，把学习、研究贯穿于保护和修复的始终。历史文化名城的保护与发展，是我国城市建设中需要研究的一个重大课题，也是我国经济、社会、文化建设中需要研究的一个重大课题；既是对一座城市历史文化保护与传承的重大问题，也是对一座城市一脉相承的文化利用与发展的重大问题。历史文化名城的保护与发展，需要对这个城市的历史文化有深入的了解与研究，需要依据这个城市的历史遗产和文化价值做出整体保护、重点修复、合理利用、科学发展的规划，也需要采用国际国内形成的文件规范，从自身的文化背景、个性特征、实际情况出发，采用科学的方法进行保护和修复。这是一个复杂艰难、需要不断探索的过程，是一个系统工程。在这个过程中，最为重要的是要“秉持正确的古城保护理念，即切实保护好其历史文化价值”。正确的古城保护理念从何而来？2008年，是大同古城从重点保护走向整体保护的转折之年，是重点修复古城古建、实现名城复兴的开局之年。从行动之初，在保护和修复古城的整个过程中我们就认真学习了我国有关的法律法规，学习和研究了历史遗产保护的国际文件，学习和研究了

以梁思成和罗哲文为代表的中国古城和古建保护理论,学习和研究了20世纪30年代以来专家学者对大同文化研究的成果,并从以上四个方面获取了正确的保护理念。这些保护理念,我们归纳为:

——“对不可移动文物进行修缮、保养、迁移,必须遵守不改变文物原状的原则。”(摘自《中国文物保护法》)“所有国家都要通过国家立法来解决历史古迹的保存问题”“应注意对历史古迹周边地区的保护”“保护与修复古迹旨在把它们既作为历史见证,又作为艺术品予以保护”“古迹的保护至关重要的一点在于日常的维护”的理念。(注:依据有关古迹保护的国际文件摘要归纳概括)

——有历史文化价值的古迹要保护,也要利用的理念;保护有历史文化价值的古迹,要尊重文化多样性和遗产多样性,要在相关文化背景下对遗产项目加以考虑和评判的理念。(依据有关古迹保护的国际文件摘要归纳概括)

——文物建筑的价值在于它的文化重要性,在于它的真实性价值和完整性价值的理念。(依据有关古迹保护的国际文件摘要归纳概括)

——中国古建筑具有独特的个性,多为庭院式的群体性建筑,它们体现着传统建筑礼制,体现着传统建筑艺术,体现着中华传统文化,必须注重其单体的完整性和群体的完整性的理念;木构架的中国古建筑有其优点也有其缺点,不维修、不复建、不重建,就不可能传承千秋万代,就不可能让子孙后代享受它的物质文明成果和非物质文明成果。中国古建筑的价值就在于它的存在,不存在了,其历史价值、艺术价值和科学价值也就不存在了的理念。(依据梁思成、罗哲文古城古建保护理论摘要归纳概括)

——保护中国的古建筑,必须加强对中国现存古建筑的勘察、测绘、摄影和考古研究的理念。(依据梁思成、罗哲文古城古建保护理论摘要归纳概括)

——中国古建筑有其共同特征,但不同历史时期、不同地域、不同族群的古建筑又各有其特色,要在保护修复过程中注重其时代性、地域性和民族性的理念。(依据梁思成、罗哲文古城古建保护理论摘要归纳概括)

——中国古建筑的价值在于历史的原貌,保护和修复古建筑主要是不改变原状,原状应是文物建筑健康的状况,而不是被破坏、被歪曲和破旧衰败的状况的理念 。(注:依据梁思成、罗哲文古城古建保护理论摘要归纳概括)

充分掌握古迹遗产的历史文化信息,把保护遗产的历史文化价值放在保护和修复的首位。大同是幸运的、值得骄傲的:在全中国诸多历史文化遗产城市中,它不仅是历史文化资源极为丰厚的城市之一,也是国际国内著名专家较早关注、较早研究并获得比较丰富的研究成果的城市之一。早在公元19世纪末20世纪初,日本的伊东忠太、法国的沙畹就对大同的云冈石窟进行了实地考察、现场测绘、摄影记录并进行了初步研究。1918年，著名学者陈垣是“云冈学”先驱者之一；1933年，著名学者、中国营造学社专家梁思成、林徽因、刘敦桢等中国营造学社同人考察、测绘、拍摄、研究了大同古城及其古建筑；1934年，郑振铎、冰心等学者作家考察了大同的文物古迹，撰写了文采飞扬的纪行散文；1936年，著名历史学家周一良考察并撰写了《云冈石佛小记》，全面剖析了云冈石窑的历史价值和艺术价值。中华人民共和国成立初期的1951年，中国文物事业局局长郑振铎组织了全国第一个文物勘察团对大同及其周边地区的文物古迹进行全面考察，撰写了中华人民共和国成立后全国第一部文物考察报告，郑振铎局长亲自作序。考察团组成人员中有裴文中、刘致平、陈梦家、闫文儒、宿白、王逊、莫宗江等全国著名专家（其中，刘致平、莫宗江两人曾是中国营造学社的成员）。大同对城市文化的研究也得益于当地一些谙熟自己所在城市的历史，又怀有拂之不去的古都情结，还有较高研究能力的专家、学者。他们对大同名城文化的研究大致经历了两大阶段：第一阶段从20世纪80年代初到90年代末；第二阶段从21世纪初到如今。第一阶段的研究促成了古城保护的法制化；第二阶段的研究促成了城市规划的科学化，促成了《2006—2020年大同城市总体规划》（其中含《大同历史文化名城保护规划》）的制定，促成了“以古城为一体、以御东区和口泉区为两翼”，建设一个新城、保护一个古城的历史文化名城保护模式。从2008年开始，大同实质上进入了实践“一轴双城、新旧两利”，创造历史文化名城保护和发展的“大同模式”的新时代。与此相适应，也进入了城市文化研究的黄金时期。在市委书记丰立祥和时任市长耿彦波的共同提议下，成立了大同古城保护和修复研究会。这个研究会表面上是个群众团体，实质上是市委、市政府的参谋服务机构，是综合协调全市有关学术团体研究名城文化的机构，也是盘点名城文化家底，建立名城文化资料库，为所有研究大同城市文化的专家学者服务的机构，还是研究宣传大同名城文化，提炼打造大同文化名片的机构。截至2014年2月底，研究会已从中国二十四史和其他史籍中把有关大同的资料摘抄完毕，并利用史料编辑撰写了《大同历史大事编年》《北魏平城分类纪事》《佛都大同》《融合之都大同》《丝路起点大同》，还正在编写《大同历史故事》《大同历史文化辞典》《长城之乡大同》等书稿。

从对大同历史文化和大同历史文化遗存的研究成果中，我们不仅对大同的古都文化、佛都文化、艺都文化和融合之都文化以及王城（明代藩王城）文化、府城文化、军镇文化、龙壁之城文化和民俗文化有了更全面、更科学、更深刻的认识，也掌握了较为充分的古城古建的历史文化信息，为古城古建的保护和修复提供了良好的信息条件。

采取古城古建保护和修复的正确做法，努力达到“四保护”要求和“五体现”目标。一是在对古城整体修复的总体目标上，要达到“四保护”，即保护传统格局、保护历史风貌、保护空间尺度、保护依存环境。二是在对古建筑群整体修复的总体要求上，凡主体建筑或标志性建筑仍然存在的，有历史文字记载或有图片资料，也有相同历史时期样板可作参照的，就可以请特别有经验的古建筑设计专家进行规划和设计，再经专家委员会论证，就可以正式开展修复工作。在修复完成后，真正做到“五体现”，即体现朝代特色、体现地方风格、体现礼义规制、体现形神兼备、体现文化价值。以修复规模较大的华严寺为例，其复建的殿堂、彩绘泥塑、壁画和油饰彩绘，都依据寺内金碑记载、高僧大德指点、佛教规制和辽金建筑特色、当地风格、文化内涵，做到了“五体现”。再以云冈灵岩寺、法华寺为例，其建筑、雕塑、壁画和油饰彩画则分别体现了北魏时期和元明清时期的特色和当地风格。三是对古建筑的修复在具体做法上要做到“五原”，即原形制、原结构、原材料、原工艺、原环境。古城内修复的寺观建筑，都是按照宗教规制、庭院布局、古建风格、砖木材料、传统工艺，修旧如故，让古建筑“延年益寿”的；传统民居四合院也采取“五原”修复。四是对整个古城和古建筑群的修复也要实事求是地处理好保护、修复、利用、发展之间的关系。要保护，就必须修复；修复，就是为了保护和利用；不利用，就难以保护，也不必修复；要利用，就必须与时俱进，按照当代要求和功能所需有一定的发展。大同古城内规划了地下停车场、内环路，主要是为了功能所需，服务方便群众；寺观外围修建了一些园林，主要是为了绿化美化古城，也更好地保护了古建筑群；古城门瓮城、月城、耳城和关城原有夯土不复存在，修复时没有再用夯土增筑，而是用了钢骨水泥框架，外面筑墙包砖，目的是利用其中空间作为艺术馆舍或管护机构的办公场所。对使用钢骨水泥框架，有人拍了照片把它当作文物造假的证据。其实除此外，其他古建筑群的修复，包括所有文物建筑修复工程、四大城楼、二十四个望楼、四个角楼都用的是实木砖瓦，毫无例外。五是对整个古城和古建筑群的修复一定要做到传承古代文化、传承古代艺术，在修复活动中培养非物质文化遗产的传承人。历史文化名城的历史街区和古建筑群，之所以有历史价值、艺术价值和科学价值，能成为公认的历史文物，就是因为它内含着丰富的传统文化，承载着独特的传统艺术，延续着一个民族的古风古韵。有的地方在修复古建筑时，用材是钢筋水泥，设计、形制和工艺是现代风格，外表虽有古代风貌，但骨子里已无传统文化内涵，已丢失民族之魂。大同修复古城和古建，坚持“五原”，做到“四保护”“五体现”，就是不让古城和古建失去传统艺术之美、传统文化之魂，就是让它们仍具有历史价值、艺术价值和科学价值，同时也培养出一批中国非物质文化遗产的传承人。参与修复大同寺观壁画的中央美院和中国美院壁画系的200多名师生在这一问题上体会较深。他们在墙体上制作地仗，用的是经过化验的泥土，稻草泥、麻泥和棉花泥层层叠加；绘制壁画用的是矿物颜料，沥粉贴金从材料到工艺也与古代无异。经过三年多的艰苦努力，他们为大同保护和修复古城做出了巨大贡献，也为国家培养了一批修复传统寺观壁画的传承人。

大同对历史文化名城保护和发展的探索，虽然工程浩瀚宏大，任务繁重艰巨，争议此起彼伏，是非任人评说，但却得到了酷爱大同历史文化遗产且满怀热情的大同人民的热烈拥护和倾力支持，从而使市委、市政府向全市人民承诺的“一年一变样，三年大变样，五年变新样”的宏伟蓝图如期实现，重铸了大同历史上的又一次辉煌。当然，在肯定成绩的同时，也不可否认存在这样或那样的问题。例如全国重点文物保护单位的修复在程序上不合法，未批先修；三环路以西以南新建面积过大，影响御东区发展；古城修复重点还不够突出，历史街巷和传统民居修复进度较慢，以及资金投入渠道单一、投入古城的民间资本太少等问题。

因为整体保护和重点修复一个古城毕竟是一次前无古人的探索，存在因时间紧迫而考虑不周，因新城建设规模过大而负债较多，因修复古城古建的施工力量不足而影响进度等问题也是很难避免的。

（刊载于 2014 年 9 月 9 日《凤凰卫视·凤凰城市》）

充分认识大同古城的历史文化价值

大同人爱吃馅饼,也爱说“天上掉下个馅饼”。1982 年 2 月的一天,大同人突然从“天上”得到了一个“馅饼”——自己没有申报,也没有经历层层审批,便获得了国务院批准的全国第一批历史文化名城的桂冠。据参与起草全国第一批历史文化名城文件的罗哲文先生介绍,大同之所以入选是因为做过“南北对峙时期王朝的帝都”,“这些帝都的特点同样也是规模宏大,保存的古建筑和文物史迹、历史文化传统非常丰富”。参与确定全国第一批历史文化名城的专家学者,几乎都在 20 世纪 30 至 50 年代到大同勘察、测绘、研究过大同的文物古迹。如罗哲文先生是梁思成、林徽因夫妇的嫡传弟子,多次到大同考察、指导文物保护和修复工作。正是这批全国著名专家学者的精心操作,大同才“从天上掉下个馅饼”。

获得了名城的桂冠,更要知道其主要历史文化价值所在。只有知道了其主要价值所在,才能产生正确的保护理念,才能制定出有关保护的好的决议、决定和法规,才能做出好的保护规划,才能产生保护和修复古城的强大动力,并取得优异成果。

历史文化名城大同的最大价值在于:

大同是中国大古都之一,有着四百多年的建都史;

大同是民族融合之都,见证了中华民族的正式形成;

大同是文化融合之都,见证了中华文化儒、释、道三大支柱的形成;

大同是中国佛都,北魏王朝在此创立了一系列的有关佛教的国家制度,包括僧官制度、寺院经济制度、寺院和僧尼管理制度,出现了中国最早的佛教社会团体——邑社组织;

大同是中国艺都,保留着中国古代北魏、辽金、元明清的原汁原味的建筑、雕塑、壁画、油饰彩画、北魏碑刻书法等艺术精品;

大同是丝路起点,见证着中西文化的交汇融合;

大同是汇大古都、佛都、艺都、融合之都于一身,集王城、军城、府城、龙壁之城为一体的中国首批历史文化名城,它是公元4至5世纪屹立在世界东方的中国大古都城市,丝绸之路的东方起点!

大同具有灿烂的历史,它以秦汉名邑、北魏首都、辽金西京、明代王城、历代军镇在中华民族历史上留下了辉煌的篇章。其丰厚的历史文化底蕴是国内同规模、同类型城市中所罕见的。

大同的历史文化遗存特别丰富,古城内的历史街道格局基本完整,尚有传统街巷180条(段),文物建筑和历史建筑集中成片,尚有各级重点文物保护单位29处,历史建筑7处,传统民居四合院1529处,传统风貌和历史上延续的空中视廊基本保留;它具有特殊的地理位置,居住着特殊的人类族群,有着特殊的历史,创造了有地域特征、有民族特色、有时代特点的特殊文化。

两千多年未变的城市中轴线、北小城的北魏平城宫殿和粮仓遗址、古城东南角的里坊格局、明堂辟雍灵台"三合一"的北魏明堂、方山永固陵、土城墙中的北魏夯土层都是北魏平城城市规划、封建礼制、社会治理、皇家陵寝、都城防御等珍贵的文物遗存。两院院士、全国著名城市规划建设专家周干峙在评价北魏平城时指出:"公元5世纪初,北魏平城的规划建设也曾在世界上独领风骚。平城时代积累的比较完备的规划理念及方法,对于我国后来规划建设的北魏洛阳、隋唐长安、元大都和明清北京城,都产生过深远的影响。成为中国城市发展史上一座重要的里程碑。"这是大同历史上最辉煌时期的文化遗存,也是保护大同古城历史文化价值的重中之重!

以世界文化遗产北魏云冈石窟为代表的佛教遗址,其中包括北魏鹿野苑石窟,还有北魏北岳恒山悬空寺,辽金皇家寺院华严寺,辽金寺院善化寺,元明清佛教寺院法华寺的白塔和佛殿遗址,等等,都是大同佛教文化的载体。可以这样说,大同佛教文化遗存就是一部活着的中国佛教史。

大同的古代绘画雕塑荟萃,既有众多的不可移动的雕塑精品,还有可移动的出土的雕塑精品;既有精美的寺观壁画,也有精美的北魏、辽金墓葬壁画;既有被梁思成称为"海内孤品"的辽代的木作"天宫楼阁"藏经柜,也有明清时期的精美的民居门窗木刻;既有辽金时期的油饰彩画,也有元明清时期的油饰彩画;既有北魏的碑刻(魏碑体书法的起源),也有金、元、明、清碑刻;既有晋剧、雁剧,还有罗罗腔、耍孩儿、二人台等地方小剧种。这些文化艺术遗存,既是当地的物质文化,也是当地的非物质文化,都是这个艺都的丰富的文化内涵。

你要了解大同"开放包容、美美与共"的大度大气的精神吗?云冈石窟、华严寺是明显的见证！古城内儒、释、道和伊斯兰教、天主教、基督教多教建筑并存，也是最好的说明！它是名不虚传的民族融合之都、文化融合之都。

北魏平城时期，大同通过丝绸之路引进了彩色琉璃烧制技术，中国有了最早的琉璃建筑构件。千年之后又成为中国最著名的龙壁之城。据历史学家和当地地方志专家姚斌先生考察统计，大同龙壁直到中华人民共和国成立初，尚有大型龙壁16座之多。其中，一龙壁10座：兴国寺门前双八字团龙壁4座，南北各2座，建于明代；县文庙门前双八字团龙壁4座，东西各2座，为清代建；东岳庙前八字团龙壁2座，为清代构建。三龙壁1座：观音堂门前有双面五彩三龙琉璃龙壁一座，为明代修观音堂时增筑。五龙壁3座：兴国寺五彩琉璃五龙壁，现移至善化寺门前，为明代遗构；天尊庙（道庙）五彩琉璃五龙壁，其址在新营街口，为明代遗物，中华人民共和国成立后于20世纪70年代部分倒塌，整体拆后，原件保存在市古建所；县文庙砖雕五团龙壁1座，位于原第一人民医院对面，为清雍正二年（1724年）知县佟时华修文庙时增建。五彩琉璃九龙壁1座：原建于代王府端礼门前，为王府照壁，建于明洪武二十五年（1392年），二十九年（1396年）落成。是我国现存三座九龙壁中，年代最早、最高、最大、最巍峨壮观的一座。另外还有原关帝庙对面建的元代戏台一座，该戏台在明隆庆年间代王出资维修时，于戏台后墙增筑“龙鳞照壁”一座，镶嵌在戏台后墙上。此戏台于1959年无端被拆毁，大同唯一的一座元代戏台与这座龙鳞照壁同归于尽。

大同是明初朱元璋时期，全国二十五个藩王城之一。据姚斌先生考证，从朱元璋十三子朱桂于洪武二十四年（1391年）四月十三日被改封代王、洪武二十五年（1392年）十月二十五日就藩大同起，到明末崇祯十七年（1644年）李自成进大同，杀第六代代王朱传㸄全家止，大同作为王城从1392年至1644年达252年之久。2010年代王府修复前，仍遗留有门前照壁彩色琉璃九龙壁一座、后宫门广智门一座和部分宫殿基址。王府是王城的标志性建筑，修复代王府就是体现王城文化的真实性和完整性价值。

大同除作为都城400多年，作为县邑（平城县）600多年外，作为府城（包括道、路、州）长达1300多年，具有丰富的府城文化底蕴。明清时期的大同府，有其标志性建筑府城墙、府衙、府文庙、云中书院、府城隍庙、关帝庙、鼓楼、钟楼、魁星楼、太平楼、四牌楼、乾楼等，一直到获得“中国第一批历史文化名城”桂冠的1982年，这些建筑的遗存仍或多或少地存在。这些遗存的修复也要体现府城文化的真实性和完整性价值。

大同历朝历代都是军镇，这是由其特殊的地理位置、环境、地形、地势等决定的。“山环采凉，水抱桑干，为京师之藩屏，自昔用武之地也。”“长城界其北，雁塞峙其南，西眺朔漠，东瞻白登，屏全晋而拱神京，巍然重镇。”（以上引自清道光《大同县志·序》）“东连上谷,南达并恒,西界黄河,北控沙漠,居边隅之要害,为京师之藩屏。”“大同于京师,尤为建瓴之势,朝发白登,暮叩紫荆,则国门以外,皆战场也。”(以上分别引自顾祖禹《读史方舆纪要·卷四十四·山西六》和《读史方舆纪要·卷三十九·山西一》)明代作为九边重镇之首更筑起了高十四米的砖包城墙。大同作为边防重心,兵力达到全国总兵力的十二分之一。内外长城环抱,堡屯烽燧遍布,其遗存到处可见,这是其军镇文化价值之所在。

总之,大同古城的历史文化价值是极高的,而且其民族性、时代性、地方性是显而易见的,其特殊性、稀缺性更是突出的。它是中国的宝贵财富,也是全世界的宝贵财富。煤炭资源是可利用的财富,但它不是取之不竭、用之不尽、有利生态环境、有利绿色发展的资源;历史文化资源,只要保护修复得好,则是可持续利用的财富。只要对其科学合理地利用,则是大同转型发展的特别重要的路径之一。

(刊载于 2014 年 9 月 4 日《凤凰卫视·凤凰城市》)

试论中国历史文化名城的保护和修复

——一个实际工作者的学习、思考和探索

中国各级重点文物保护单位机制是 1961 年 3 月 4 日国务院正式批准建立的；中国历史文化名城保护机制是 1982 年 2 月 8 日国务院正式批准建立的。1982 年 11 月 19 日，全国人大常委会第 25 次会议通过了《中华人民共和国文物保护法》,之后又分别于 1991 年 6 月 29 日和 2002 年 10 月 28 日进行了修正和修订;2007 年 12 月 29 日，又进行了第二次修正。2008 年 4 月 2 日,国务院第 3 次常务会议通过了《历史文化名城名镇名村保护条例》。保护机制的建立和保护法律、法规的制定实施,对重点文物保护单位和历史文化名城的保护起到了极其重要的作用。

改革开放以来,特别是旅游文化产业快速发展以来,广大干部与群众对重点文物保护单位和历史文化名城名镇名村越来越重视，充分认识到了它的重要地位和宝贵价值，进而对其进行了保护、开发和利用。但在此过程中却产生了不小不少不断的争议,一些新闻媒体也为此推波助澜。

重点文物保护单位和历史文化名城名镇名村到底如何保护和利用？文化旅游资源如何开发？保护的内涵是什么？保护的正确理念是什么？我国有关法律法规如何进一步修正、修订和完善？作为一个身处历史文化名城三十多年,又在此地担任领导职务十五年并参与过历史文化名城保护和修复的笔者,曾不止一次地学习过我国有关法律法规、有关国际文件和以梁思成、罗哲文为代表的专家学者创建的中国古城古建理论,也进行过无数次的思考和一些探索。笔者认为,要回答以上问题必须要弄懂保护的内涵,树立起正确的保护理念,并进一步从我国的实际出发完善有关法律法规。

要全面理解保护的科学内涵。长期以来,不少人只把保护的内涵限定在“看护、维护”上,其实在有关国际文件中并不是这样认为的。例如：

联合国教科文组织《内罗毕建议》指出:“‘保护’系指对历史或传统地区及其环境的

鉴定、保护、修复、修缮、维修和复原。”①

联合国教科文组织《会安草案——亚洲最佳保护范例》指出：“‘保护’是指‘保护某一场所以保存其文化重要性的一切过程’。(《巴拉宪章》第1.4条)保护包括旨在维护一项文化资源，以保持其历史价值并延长其自然寿命的措施。遗产保护包括多个学科，以针对不同类型的文化资源。保护的概念范围很广，包括可以从最小到最大限度(也就是从维护到改造)对文化资源进行连续介入的一个或多个战略。(加拿大联邦公园部)保护是指所有旨在了解一项遗产，掌握其历史和意义，确保其自然形态，并在必要时进行修复和增强的行为(《奈良真实性文件》)。”②

以上国际文件中有关定义说明，保护是包括修复、修缮、维修和复建、重建在内的一系列活动，是在必要时进行修复的行为，是保存某一遗产文化重要性的一切过程，而不是消极的、被动的、静观其衰亡的过程；也不仅仅是看护、维护的过程。

要认真研究和充分认识历史文化名城和古建筑的历史文化价值。对每一座历史文化名城，都要通过对其历史沿革的研究，对其历史文化遗存的勘察、测绘、摄影、摄像、诠释，对其历史文化特征的分析、归类、概括，明确其历史文化价值所在。国际古迹理事会澳大利亚国家委员会《巴拉宪章》明确指出：“保护的目标是保护该场所的文化重要性。”“修复和重建应当揭示遗产地的文化重要性的各方面。”③

《会安草案——亚洲最佳保护范例》中说：“与会专家进一步指出，在执行1972年《世界遗产公约》时，提名、评估及周期性汇报流程均要求对被提名和列入名录的遗产项目的真实性价值的保护是否成功加以评估。鉴于上述因素，与会专家总结说，真实性保护是遗产保护工作的首要目标和必备条件，在亚洲各地所出台的保护规范专业准则中，都应当明确地就遗产地真实性的确认、记录、保护及保存等事务作出规定。然而，与会专家也认识到，在亚洲，遗产地保护应当并将一直是一种调和不同利益相关者不同价值的协商解决方案。与会专家还强调指出，这种‘协商状态’是亚洲文化进程与生俱

①联合国教科文组织：《关于历史地区的保护及其当代作用的建议(内罗毕建议)》(1976)，《国际文化遗产保护文件选编》，文物出版社，2007，第93页。

②联合国教科文组织：《会安草案——亚洲最佳保护范例》(2005)，《国际文化遗产保护文件选编》，文物出版社，2007，第344页。

③国际古迹理事会澳大利亚国家委员会：《巴拉宪章》(1999)，《国际文化遗产保护文件选编》，文物出版社，2007，第161、167页。

来的一种价值。”①

东亚地区文物建筑保护理念与实践国际研讨会《北京文件》中说:“《实施世界遗产公约操作指南》指出,完整性可定义为‘衡量自然和/或文化遗产及其特征的整体性和无缺憾性’。它应考虑到体现遗产重要性和价值所需的一切因素。对一座文物建筑,它的完整性应定义为与其结构、油饰彩画、屋顶、地面等内在要素的关系。为了保持遗产地的历史完整性,有必要使体现其全部价值所需因素中的相当一部分得到良好的保存,包括建筑物的重要历史积淀层。”②

上述文件使我们认识到了保护古城和古建的根本目标是保护其历史文化价值,即保护其真实性价值和完整性价值,这就是古城保护正确的理念。在保护和修复的过程中,要体现其文化多样性和遗产多样性价值,即时代性、民族性、地方性价值。无论采取何种方式、何种方法,包括维护、修缮、复建、重建等,都要尽可能多地掌握其历史文化信息,按照其重要历史文化价值所在,采用原形制、原结构、原材料、原工艺、原环境进行保护和修复,既要注意形似,又要注意神似,不让其文化之魂丧失,真正做到形神兼备、延年益寿、永续利用、造福子孙。

在保护和修复的过程中要坚持以人为本、关注民生、维护民利,把改善古城内居民的生活条件和环境放在第一位。古城保护与修复,不是原封不动,不是因循守旧,不是不顾民生,而是要在保护、修复古城文物建筑、街巷格局、历史片区、传统风貌、文化价值的同时,突出抓好居民生活条件和居住环境的改善。要赋予古城以现代城市的服务功能,如在不破坏古城整体布局的大前提下,考虑建设内环路以利交通,建地下停车场以适应汽车停放;建少量小广场以方便人们活动;植树绿化以净化空气、改善生态环境;建地下管网,完善通水、通气、通暖、通光缆,以适应现代发展;适度保留中小学校,以适应学生就近入学;建立相应的社区医院,以方便居民就医;建造消防设施、开辟必需的消防通道,以防止木架构建筑失火造成生命和财产的损伤。要将古城修复成吃、住、行、游、购、娱功能齐全的旅游文化名城,修复成收藏文化名城、影视外景拍摄名城、休闲养生度假名城等。

在保护和修复的过程中要坚持实事求是,一切从实际出发的思想,从理论与实际结合的高度不断完善我国的有关法律、法规和规章。笔者十分佩服梁思成、刘敦祯、林徽因

①联合国教科文组织:《会安草案——亚洲最佳保护范例》(2005),《国际文化遗产保护文件选编》,文物出版社,2007,第314—342页。

②东亚地区文物建筑保护理念与实践国际研讨会:《北京文件》(2007),《国际文化遗产保护文件选编》,文物出版社,2007,第383—384页。

及其弟子郑孝燮、罗哲文等一批老一辈专家学者实事求是、一切从实际出发的精神。以梁思成先生为代表的中国营造学社的研究人员，用十多年的时间，跋山涉水、风餐露宿、不辞劳苦、历尽风险，先后实地勘察了我国二十多个省市的两千多处文物古迹，并采取现场测量、绘图、摄影和查阅史书、地方志、有关碑刻的方法进行综合性的分析研究，弄懂弄通了我国古城古建的基本特征和历史沿革以及各地古建筑的民族性、地方性和时代性，为后人留下了保护和修复古城古建的十分丰富、准确的历史文化信息，从实践中创立了我国古城古建保护理论。梁思成、林徽因夫妇的弟子罗哲文从考入中国营造学社起，不仅参与了古城古建的现场勘察、测绘，还担任了我国首任文物局局长郑振铎的业务秘书，参与了八达岭长城、运城芮城永乐宫、大同善化寺、朔州崇福寺等众多文物古迹的保护、修复、迁建工作，参与了首批全国重点文物保护单位文件和首批全国历史文化名城文件起草工作，与侯仁之、单士元、郑孝燮一起倡导了我国建立世界历史文化遗产机制。他从事古城古建保护研究和实践七十多年，继承和发展了梁思成的古城古建理论，形成了具有中国特色的古城古建保护和修复的梁罗理论。

笔者也十分佩服联合国教科文组织、国际遗址理事会等国际组织实事求是，一切从实际出发的精神。我从学习有关国际文件中发现：国际文化遗产保护的文件自 1931 年的《关于历史性纪念物修复的雅典宪章》开始发布至今，数量众多，门类齐全，内容庞杂，立论依据有别，针对目标不同，认识不断发展，规定逐步具体。以对东亚砖木结构古建筑的认识与要求为例，就经历了一个思想认识不断深化，规定要求逐渐具体的过程。笔者认为，从 1931 年的《雅典宪章》，到 1964 年的《威尼斯宪章》，其“所有国家都要通过国家立法来解决历史古迹的保存问题”、“应注意对历史古迹周边地区的保护”①、“保护与修复古迹旨在把它们既作为历史见证，又作为艺术品予以保护”、“古迹的保护至关重要的一点在于日常的维护”②等基本原则都是正确的，都是全世界应该一体遵从的。但这些文件中的一些具体做法、一些具体条款是从西方古建筑的实际出发而规定的，对东亚砖木结构的古建筑则是不适用的。但到 1994 年 11 月 1 日产生的《奈良真实性文件》和 2001 年在巴黎产生的《世界文化多样性宣言》，则特别重视了世界文化的多样性和世界遗产的多样性。之后，又于 2005 年出台了《会安草案——亚洲最佳保护范例》《西安宣言》，特别是

①第一届历史纪念物建筑师及技师国际会议：《关于历史性纪念物修复的雅典宪章》(1931)，《国际文化遗产保护文件选编》，文物出版社，2007，第 1 页。

②第二届历史纪念物建筑师及技师国际会议：《关于古遗址保护与修复的国际宪章》(威尼斯宪章)(1964)，《国际文化遗产保护文件选编》，文物出版社，2007，第 53 页。

2007 年 5 月 28 日又出台了《北京文件》。这些结合东亚砖木结构古建筑实际而出台的国际文件，才有了正确的、更为全面的保护理念、评判标准和保护、修复及重建的一些比较正确的具体做法。

为什么在修复古城古建中总是争议不断？为什么对复建、重建古建筑总是屡禁难止？笔者认为，这既与思想认识上的不统一（包括一些专家学者）、未形成共识和未形成正确的保护理念有关，也与我国的有关法律法规不完善、不具体有关。

《中华人民共和国文物保护法》颁布实施后，国际古迹遗址理事会中国国家委员会于 2000 年 10 月在承德通过了《中国文物古迹保护准则》（以下简称《准则》）。《准则》在其序言部分指出："中国近代的文物保护观念和方法开始于 20 世纪 30 年代。中华人民共和国成立以后，在有效保护了一大批濒于毁坏的古迹的同时，形成了符合中国国情的保护理论和指导原则，并由国家颁布了《中华人民共和国文物保护法》和相关的法规。在此基础上，参照以 1964 年《国际古迹保护与修复宪章》（《威尼斯宪章》）为代表的国际原则，特制定《准则》。它是在中国文物保护法规体系的框架下，对文物古迹保护工作进行指导的行业规则和评价工作成果的主要标准，也是对保护法规相关条款的专业性阐释，同时可以作为处理有关文物古迹事务时的专业依据。"并在其附则中说明："《准则》由国际古迹遗址理事会中国委员会制订、通过，中国国家文物局批准向社会公布。"应该说经国家文物局批准后向社会公布施行的《准则》，对《中华人民共和国文物保护法》和相关的法规的阐释，比如对"文物古迹"、"保护"及其"目的"、"保护程序"、"保护原则"等概念的阐释都比法律法规的规定更加具体、更加明确；为法律法规的实施起到了良好的作用。但是，《中国文物古迹保护准则》中规定的所有保护措施都必须遵守"不改变文物原状的原则"仅仅是照抄了文物法律法规的原文。这个"文物原状"，是其产生时的原状，还是修复前的原状？《准则》中并未阐释说明。《准则》还规定，"尽可能减少干预""采用的保护措施，应以延续现状，缓解现状为主要目标""已不存在的建筑不应重建""重建的建筑应有醒目的标志说明""重点修复是保护工程中对原物干预最多的重大工程措施""原址重建是保护工程中极特殊的个别措施"等。《准则》还在序言中开宗明义地说明，参照了以 1964 年《国际古迹保护与修复宪章》（《威尼斯宪章》）为代表的国际原则，却没有参照 1994 年的《奈良真实性文件》。《准则》从制定通过至今已有十三年之久，在这段时间里，国际文件又增添了 2005 年的《会安草案》和《西安宣言》以及 2007 年的《北京文件》，而且在北京故宫会议上还"回顾了有关保护理念与原则，包括 2000 年经中国国家文物局批准，中国古迹遗址保护协会颁布的《中国文物古迹保护准则》"。笔者不知道会议上是如何评价《准则》的，但从该文件字面上看却将《准则》的"已不存在的建筑不应重建"改成了"不复存在的建筑一般不应重建”；而且对油饰彩画的肯定，恐怕也与《准则》有不一致的地方。1964年《国际古迹保护与修复宪章》(《威尼斯宪章》)，其基本原则、基本观点都是正确的，但其一些具体做法却是针对西方古建筑实际的。笔者认为，《中国文物古迹保护准则》照抄照搬该宪章的这些条文，则是不符合中国实际的。

为什么我国至今已无唐代之前的木构架建筑？如果历朝历代不复建、不重建，我国现在还能有唐宋、辽金的古建筑吗？我国列入全国重点文物保护单位的木构架建筑又有哪一个没有落架大修(解体复建或重建)过？笔者从内心充分肯定《准则》制定的必要性，也充分肯定制定者的良好动机及制定以来所产生的较好的规范效果，但也希望通过修改完善使其与时俱进，更加符合中国古城古建保护的实际，更加符合中国古城古建保护理论。

罗哲文先生从长期的实践中产生的古城古建保护思想，笔者认为是符合中国古建筑实际的，是完全正确的。如：古建筑不存在了就什么价值都没有了的观点，只要按照原形制、原结构、原材料、原工艺修复的古建筑就不是赝品、不是假文物的观点，衰败破旧不是原状、现状不等于原状的观点，修复古城要把改善老百姓的居住条件放在第一位、可以新建内环城路扩大步行区的观点，等等。(均引自2002年中国建筑工业出版社出版的《罗哲文历史文化名城与古建筑保护文集》和罗哲文先生接受搜狐网记者专访报道)他利用自己在国际上的声望，或到国际论坛上演讲，或到国际专家学者中游说，宣传中国古建筑文化，宣传中国保护古建筑的历史传统和经验，促成了东亚地区文物建筑保护理念与实践国际研讨会2007年5月28日在北京故宫的召开，改变了国际上部分专家学者的看法，肯定了北京故宫、天坛、颐和园的修复工作，产生了比较符合中国实际的《北京文件》。

修订完善我国有关古城古建保护的法律法规和规章，既要有硬性的原则性规定，也要有软性的符合文化多样性和遗产多样性要求的特殊性规定。一方水土养一方人，一方人创造一方文化，不同时代的人创造不同的文化。我国地大物博，历史悠久、人口众多，文化、遗产具有多样性，即民族性、地方性、时代性。这些特殊性、差异性，都应体现在法律、法规和规章上。

笔者是一个长期从事党务和人大工作的实际工作者，并非古城古建保护和修复的内行，更不是这方面的专家学者。虽然十五年前曾参与过人大常委会《古城保护决议》和《古城保护条例》的制定，退休以来的六年有幸参与了大同古城保护和修复的全过程，并注意到了对古城保护和修复理论的研究，但在这方面毕竟还是个外行。人常说“艺高人胆大”，但我却觉得，有时“外行更胆大”。因此，我就斗胆发表了这些议论。不过我已在此文副标题中说明了这是“一个实际工作者的学习、思考和探索”，观点正确与否，期请方家指正。

(刊载于2014年9月4日《凤凰卫视·凤凰城市》)

殷殷古都情　耿耿事业心

——记古都学研究元老陈桥驿先生二三事

虽然久闻大名，但至今仍未曾晤面；虽然过去没有过交往，但从今年才经历的几件事上看到了陈桥驿老先生的师德、人品和学识，看到了大师的风范。

《古都大同》责任编辑给了我一个惊喜

2010年10月，在中国古都学会大同年会之后，我们大同古城保护和修复研究会成立了由本会部分专家学者组成的《古都大同》编撰委员会，由笔者任主编、力高才任副主编。经过半年多的努力，终于完稿。中国古都学会副会长、杭州出版社社长徐海荣先生对此书稿非常重视，专门让该社优秀编辑、陈桥驿先生的硕士研究生孟桂芳同志担任责任编辑。2011年7月，编辑工作完成后，应徐海荣先生之邀，笔者去杭州出版社共同定稿，初次认识了责任编辑孟桂芳同志(至今也只会过一次面)。《古都大同》一书在中国古都学会副会长叶万松、徐海荣两位先生的鼎力支持下，于2011年8月正式出版发行。

今年春节期间，我突然收到了久未联系过的孟桂芳同志的手机短信，给我全家贺年。我给她回了贺年短信，得知她去了美国进修，所以很长一段时间内就没有联系过。今年元宵佳节的前一天(2月13日)，我收到了她的第一封电子邮件。她在邮件中告诉我："春节之前，我去看望了陈桥驿先生，并把《古都大同》带了过去，对先生说：'这是我编的一本有关历史地理的古都系列书《古都大同》，我觉得这本书写得不错，送给您看看，给几句评论。我想给这本书写个书评，不过对古都大同知之甚少。请您帮我拓展拓展思路。'春节寒假过完，初八(2月7日)我们一家给陈先生拜年。他说他通览此书，并对《古都大同》评论了几句话，我在稿中注出。"她随信发过来一篇书评稿，想让笔者修改。这篇书评稿的题目是《读览〈古都大同〉回望古都研究》。当我打开附件时，一下子惊呆了！第一自然段如下："《古都大同》是一部历史城市地理的著作，也是一篇这个领域的杰作。中国古代也有此类著作，如《东京梦华录》《都城纪胜》之类，虽然都有价值，但都是旧时代的著作，不具现代城市地理学的内涵，而《古都大同》是历史城市地理学却也使用了现代城市地理学的原理，是一部历史城市地理的现代科学杰作(陈桥驿语)。”一位历史地理学大师这样评价素不相识的后辈的著作，真让我大有受宠若惊、诚惶诚恐、愧不敢当之感！说实话，我当时还有点不相信，所以很快便发短信给孟桂芳同志，让她把陈老先生手稿的影印件，给我从邮箱发过来。2 月 19 日，我收到了影印件，从邮件中又得知，陈先生利用春节整个假期通读了《古都大同》，并亲笔为其弟子孟桂芳撰写了书评的基本观点和写作提纲。提纲长达两千余字。

陈老先生不吝赐教又满足了我一个要求

2 月 19 日，收到陈老书评提纲手稿影印件后，感动之余，我又想到，在 2013 年 9 月中旬中国古都学会开封会议上，副会长叶万松先生宣读了他执笔撰写的论文《试论中国大古都的构成要件与生成环境》，这篇论文可不可以请陈桥驿先生审阅提出修改意见？如果这篇论文能请他审阅提出意见，不仅可以进一步修改好这篇论文，还可以进一步统一中国古都学会同人的认识，形成评判中国大古都的学术标准。这绝对是一件好事，何乐而不为？因为不相识，我只得先听听孟桂芳同志的意见，看她愿意不愿意接受所托。孟桂芳热情好客、乐于助人，立即答应了我的请求。我又很快与叶万松先生联系，经他同意后，2 月 24 日我把论文发给了孟桂芳同志。她收到论文邮件后，因得知陈先生身体稍有不适，直到 3 月 11 日才将论文送交给陈先生。经通读审阅后，陈先生在论文尾页上写出了如下批语：“三位作者所写的这篇关于古都大同，把古都大同作为中国大古都(报道者注：文中论述了北京、西安、洛阳、南京、开封、安阳、杭州、郑州和大同成为中国大古都的构成要件与生成环境)，立论扎实，说理明确，是一篇关于古都研究中别开生面的杰作，我很赞赏此文。认为这是我国古都研究中一个别出心裁而成就非凡的研究方向。希望几位作者再接再厉，在这个方向上继续从事深实，也希望在我国的古都研究中得到响应和推广。 陈桥驿 2014 年 3 月 20 日。”3 月 25 日，我收到了孟桂芳用特快专递给我寄过来的批语手稿。批语让我再一次惊喜，但内心却有些不满足。因为我 4 月 3 日发给孟桂芳的电子邮件中是这样说的：“前些日子我曾将中国古都学会副会长叶万松和我及学会常务理事韦娜撰写的一篇论文通过你转请陈老先生审阅。陈老对论文作出了超乎我们预料之外的高度评价，我们深知这是陈老先生对我们的鼓励和鞭策，我们万分感谢！中国古都学会从 20 世纪 80 年代成立至今已逾三十年，取得了非凡的成就，但也存在一些问题。例如关于‘中国大古都'的评判标准，虽然有专家提出了一些观点，但尚未形成共识。这个问题我曾在会议上呼吁过，也和尹钧科、韩品峥、叶万松、许成、王尚义、王岗、杨新华等副会长交换过意见。去年，我提供部分资料由叶万松先生执笔牵头为2013年中国古都学会开封年会撰写了一篇论文，即前不久寄去的论文。看到陈老先生的批示后，叶万松先生和我又进行了一些修改，在此之前我已通过大同古城保护和修复研究会邮箱把修改稿给你发去，请你转陈老先生在方便时再予审阅，并就大古都的评判标准提出指导性意见，这对古都学的研究将起到统一思想、形成共识的引领作用，其意义不可估量。切切此盼。"4月4日，孟桂芳给我复函说："我马上把文章和您给我这个邮件打印出来，尽快转交陈先生。"4月6日，陈先生看到我发过去的论文修改稿，答应写一些意见。4月11日，陈先生打电话叫孟桂芳去他家。12日，孟桂芳取回。4月16日，笔者收到陈先生手稿原件。4月19日，笔者将手稿转印刷体电子版给孟桂芳发去请其核对，她仅改了两个字便予回复。这就是事情的完整过程。

我所感受到的老一辈的大师风范

陈先生在第一次为论文写过批语之后，这次又专门写了《一点感想与建议》。他用浙江大学信笺密密麻麻写了九页半，长达六千多字。陈先生对古都学研究的关切、对晚辈后学的关爱、对历史地理学研究事业的忠心都让我肃然起敬。正如我在4月3日发给孟桂芳的电子邮件的前两个自然段中所写的："从他两次的批语（指陈先生对《古都大同》一书的批语和对叶先生执笔撰写的论文的第一次批语）中，我看到了陈老先生对晚辈的关心、厚爱与提携；看到了陈老先生思想的敏锐、学识的渊博、观点的独到、胸怀的广阔、待人的诚恳；看到了古都学开创人之一的陈老先生的大师风范！他是你的恩师，也是我的恩师，我衷心祝愿老先生健康长寿、阖家幸福！"

中国古都学研究开创人谭其骧、史念海、侯仁之三位大师已先后作古，唯有陈桥驿大师健在，这是中国古都学会之大幸！尹钧科、韩品峥、叶万松、许成和我等一些古都学会原任和现任副会长既衷心祝福陈老先生健康长寿，也热切期盼陈老先生在保重贵体的前提下继续对中国古都学会学人予以教诲指导。

在用快递给我寄手稿的同时，陈老先生还让孟桂芳给我寄过来两个附件：一个是前不久才出版的《中国历史地理论丛》首篇发表的陈先生的怀念文章《永记导师侯仁之先生的教导》的复印件；一个是中华书局2011年出版的《陈桥驿方志论文续集》扉页中介绍陈先生学术成就的文字复印件。

在怀念侯仁之先生的文章中，陈桥驿先生在第一和第二自然段中写道："我所敬爱的侯仁之先生与世长辞了。他是一直器重我的历史地理学前辈，所以我对他的悼念倍感深切。我国历史地理学界的元老是顾颉刚先生。他的三位高足，谭其骧先生、侯仁之先生、史念海先生，都是我经常受教的前辈，所以在这篇悼念侯先生的文章中，我想先写一段赘言。

谭、侯二先生都长我十二岁，史先生长我十一岁，都是在这门学科中悉心教导我的前辈，也是我为人为学的榜样，所以我想先记叙一点有关这方面的掌故。谭、侯二位都出身燕京大学，但南方人读书早。所以谭先生班级高，顾先生在工作忙碌时，曾因对谭先生的赏识，请他代过'中国沿革地理'的执教。当时史先生就读于辅仁大学。此校也是顾先生执教的。所以史先生也听过谭先生的课程。虽然都属于代课性质，为时不长。但以后直到这三位老迈，侯与史对谭的称呼，在任何场合，都称'谭先生'。而谭称侯为'仁之'，称史为'筱苏'(史先生号)。这样的称呼，从来是一丝不苟的。我也是在稍后获知了其间缘由，这就是老一辈学者处世为人的准则，虽然都是年齿相仿的学者，但在彼此的称呼上，却从来是在任何场合中执着不变的。这种在称呼上的态度，其实也就是当时他们为学，亦即做学问的态度。与当今的情况已经颇有差距。所以我旧事重提，或许值得我们当代学人反省和学习。

现在言归正传，说说我对侯先生的悼念。我于1950年稍后就执教于杭州的浙江师范学院地理系。对历史地理学颇感兴趣。虽然对当时学校图书馆所藏的《禹贡》半月刊常去阅读，但对这门学问的系统脉络却并无头绪。直到1962年读到了侯先生的《历史地理学刍议》论文以后，才对这门学问有了比较全面的理解。而尤为难得的是，次年(1963年)就与这位前辈见了面。"

接着陈桥驿先生回忆了与侯仁之先生1963年秋在科学院副院长、地理学界前辈竺可桢先生主持召开的杭州学术讨论会上相识相谈的过程，回顾了在学术上交往的过程，还回顾了侯先生邀请他出任《中国六大古都》主编的过程。在这篇怀念侯先生的文章中，陈桥驿先生还回忆了古都研究和史念海先生创立中国古都学会的历程。他在文中写道："史先生对中国古都研究当然厥功甚伟，但是从全局来说，侯仁之先生应该是我国古都研究的开创人。"笔者认为，这个观点无疑是正确的，但如果把时间拉长，应该说除侯仁之、史念海之外，还有谭其骧、陈桥驿，他们四位先生都应该是当代中国古都研究的元老，都是开创人。

陈先生还在怀念侯仁之先生的文章中写道："我与侯仁之先生交往频繁，整个过程，都是他对我的作育栽培。从形式上说，只有一次是他开口要求我的。"

他继续写道："……每次去京，都不忘拜访侯先生，并且常在事前向他报告我去京的日子。当时他指导的,以后都成就卓著的三位研究生是于希贤、唐晓峰、尹钧科三君。他事前告诉我,到京后要为他的这三位研究生讲一次课。我当然必须遵命。那天晚上在一个较大房间中为三位做了一次'中国历史地理'的漫谈。讲课结束以后,侯先生又与我谈了颇久。他谦虚地说此课对他也很有启发,特别是赞赏我的知识面宽广,在讲课中引及了许多门学科,这实在是中国历史地理学发展的重要方向。这个晚上我就反复思考,这次为他的研究生讲课是他事前要求我的,而课后又赞赏我,特别是我在讲课中涉及了多门其他学科。他的话当然不假,但其间除了首肯我讲课的内容外,同时也是对我的一种指导,要我今后在中国历史地理的研究中重视与其他学科的结合。"

陈桥驿先生让孟桂芳给笔者寄来的另一个附件是中华书局 2011 年出版的《陈桥驿方志论文续集》扉页中介绍陈先生学术成就的文字复印件。中华书局是这样介绍陈先生的:"陈桥驿,原名陈庆均,1923 年出生于浙江绍兴,我国著名郦学家。连续三届出任中国地理学会历史地理专业委员会主任,国际地理学会历史地理专业委员会咨询委员,浙江省地理学会理事长,中国徐霞客研究会顾问,英国剑桥国际人物传记中心荣誉委员等多种学术职务。1993 年被国务院授予'为发展我国高等教育事业做出突出贡献的学者'称号。1999 年被人事部授予'终身教授'荣誉。他在历史地理学、郦学、历史地图学、地方志和地名学研究等方面造诣精深,成就卓著,先后出版了《水经注研究》一、二、三、四集,《郦道元评传》,《水经注校释》等学术专著近 30 种,被公认为我国当今的郦学泰斗。曾赴日本、美国、加拿大、巴西等国多所大学访问讲学,并被聘为日本关西大学、日本国立大阪大学、日本国立广岛大学等多所大学客座教授。"

从以上文字中,我们不难看出陈桥驿先生对侯仁之、史念海、谭其骧三位先生的无限崇敬之情,也不难看出同为历史地理学大家的陈桥驿先生谦虚好学的精神。按常理说,年龄相差十一 二岁,也应是同辈之人,而且这四位均是学术成就非凡、学术专著等身的大家。他们彼此相尊、成就相崇、相互学习、谦虚谨慎的精神,难道不值得我们这些后学后辈们学习、继承、发扬吗?结合目前存在的一些社会现象,我们难道不应该深思、反省吗?

(载于 2014 年 7 月 29 日文化中国网)

“三书”人生　“三立”垂世

——沉痛悼念“郦学泰斗”陈桥驿先生

公元2015年2月11日11时55分，《古都大同》一书的责任编辑、陈桥驿先生的硕士研究生孟桂芳同志给我发过来一条“陈桥驿先生2015年2月11日11时16分逝世”的信息，我愣愣地看着，眼睛越来越模糊，继而一幅情景浮现在我的脑海：那是2014年11月4日上午，我到杭州浙江大学西溪宿舍区第一次（没想到这也是最后一次）拜访陈老先生的情景。他让我和小孟坐在了他所坐的、周围几乎全被书包围了的三人沙发上，他看着我们大同古城保护和修复研究会主编的《郦学泰斗陈桥驿与大古都大同》一书（在我拜访他的一个月前曾寄给他十本，拜访时，他又主动提出再给寄二十本，可见他对这本书的喜爱和肯定）。他精神矍铄、谈兴甚浓、口若悬河、侃侃而谈——谈到了他与三晋文化和大同古都文化的结缘，五次到山西的经历；谈到了他对历史地理学、方志学、地名学、古都学的研究。他兴致勃勃地自豪地跟我说：他的一生是“三书”人生，即读书、教书、写书的人生。

头脑中映现着至今不到一百天前的情景，他的音容犹在、浩气仍存，我怎么能相信他逝世的信息呢？

他没有离我们而去——他“读书、教书、写书”和“立德、立功、立言”的人生永远刻印在了了解他、热爱他、敬仰他的人们的脑海里，留在了凤凰卫视2014年12月27日向国内外播放的纪录片《我的中国心——半在清溪半在山·陈桥驿》之中，留在了他国内外数量众多的学生弟子的传颂中。

他的一生是“读书”的一生。五岁便开始在祖父陈质夫这位清末举人教育和指导下读书并背书。他曾在自传《八十逆旅》一书的前言中写道：“祖父对我，除了读书之事由他独揽以外，其他方面是十分宽容和疼爱的。对于家庭成员包括家里雇佣的仆人（绍兴人叫嬷嬷），也是礼仪周到的。但从小要我把他教的背熟，这是他的不可改变的教学方法。而且明知我对内容并不懂得，他总是说：读熟了必有用。”在祖父严苛要求下，幼年便读、背“四书五经”、唐诗宋词、汉语字典词典、汉英大辞典等。他从小就读、背北魏时期郦道元所著《水经注》,从此确定了他研究历史地理学的志向。他有超常记忆力,年过九秩,仍能成段成段地用汉语或英语背诵中外名著片段。

他的一生是“教书”的一生。1942 年 5 月,不到 23 岁的他便受聘到绍兴柯桥阮社小学任校长。1946 年,受聘于嘉兴青年职业学校任英语教师。1948 年,应聘担任新昌县立中学教务主任。1954 年,受聘于浙江师范学院(1958 年后定名为杭州大学,1998 年后并入浙江大学)地理系,任讲师,后兼经济地理教研室主任。1966 至 1969 年,虽身处“文化大革命”逆境,仍孜孜不倦地研究《水经注》。1973 年起,受命参加国务院组织翻译外国地理著作任务,负责浙江省翻译工作。1978 年,任杭州大学副教授,1983 年,晋升教授。1998 年 9 月起为浙江大学地球科学系教授。自 1980 年起,开始培养历史地理专业的硕士研究生。1984 年组建杭州大学历史地理研究室(中心),任主任。每年还受聘参与全国各地历史地理专业的博士论文的审阅及答辩工作。此外,还有数位国内外学者在他的指导下完成了学术研究任务。他是改革开放后较早参与国际学术交流的学者。曾作为中国地理学会代表团成员出席 1982 年在巴西里约热内卢召开的国际地理联合会(IGU)的学术讨论会,参加 1983 年于日本京都举行的国际第 31 届人文科学学术讨论会。1983 年、1985 年和 1989 年分别应邀赴日本关西大学研究生院、日本国立大阪大学历史系、日本广岛大学地理系讲学,并应聘为三校的客座教授和客座研究员。1995 年,赴美国、加拿大多所院校讲学。1999 年,应邀赴香港、台湾访问、讲学。2002 年底,出席在日本京都召开的“国际东亚都市形态与文明史学术研讨会”。他 1985 年至 1996 年连续三届出任中国地理学会历史地理专业委员会主任,曾任国际地理联合会(IGU)历史地理专业委员会咨询委员,英国剑桥国际传记中心荣誉委员,中国古都学会副会长,中国地名研究会学术顾问。

他的一生是“写书”的一生,是著书立说的一生。他在历史地理学、郦学、历史地图学、地方志和地名学研究、城市研究、古都研究以及翻译等方面造诣精深,成就非凡,著作等身,出版著作 70 本,共 2000 万字。有《淮河流域》、《祖国的河流》、《水经注研究》(一集、二集、三集、四集)、《郦道元评传》、《水经注校释》、《水经注校证》、《郦学札记》、《绍兴地方文献考录》、《吴越文化论丛》等学术专著近 30 种;主编《中国自然地理·历史自然地理》《中国七大古都》《中国历史名城》《中国都城辞典》《浙江古今地名词典》等书籍 10 余种;另有点校古籍及外文翻译作品 10 余种,并在《中国社会科学》《地理学报》《历史研究》《中国历史地理论丛》《文史》《中华文史论丛》《光明日报》等报刊上发表各类论文 200 余篇。

他的一生是传奇的一生。五岁开始博览群书,十岁开始读郦道元所著《水经注》;他自学成才,只上过四个月大学,却是中国国务院人事部授予的“终身教授”;他记忆力超常,九十二岁仍能背诵幼年时背过的书；他没正规学过英语，却能在青年远征军当英语翻译，能到国外用英语讲学；他教书繁忙，却能著作等身。他身上的此类奇事不胜枚举。

他的一生是“立德、立功、立言”的一生。从我拜会他的亲身感受中，自认为他是一个回首往事无悔无憾、自信自尊自豪之人。但我却记得他在自传《八十逆旅》中说过：“（祖父）平时还常常教育我：立德、立功、立言。惭愧的是，他要我读熟的，现在虽已近九，我基本上还能‘背’得出来，但立德、立功、立言之训却没有做到，只好请他在泉下谅解了。”（引自陈桥驿著《八十逆旅·前言》）这一表述完全是他的谦虚谨慎之词语。据他一生的所作所为、所教所育、所著所述，据我所熟识的他的弟子范今朝、孟桂芳等和中国古都学会同人尹钧科、王尚义、李广洁等的介绍，我深切地感受到、认识到，他对同为历史地理学家的谭其骧、侯仁之、史念海等钦佩不已、推崇备至、尊敬有加；他对学生循循善诱、诲人不倦、关心备至；他对家人无限关怀、悉心培养、期望成才，儿子孙子也不负期望、成就非凡。他桃李遍天下、著述传世界、一心爱祖国，用实际行动诠释了“立德、立功、立言”！我对陈老先生的深入了解不到一年时间，肯定挂一漏万，但陈老先生对山西的关爱、对大同大古都地位的充分肯定、对后学后辈的鼓励及其表现出的高风亮节、大师风范，还是记述在了《郦学泰斗陈桥驿与大古都大同》一书中。令我欣慰的是，我还亲自向香港卫视中文台王纪言台长推荐，王台长鼎力支持、该台北京中心精心拍摄、香港总部及时编播，让陈老先生的光辉事迹、高大形象在其离世之前得以传播，留在了不少受众的心中。

陈桥驿先生“立德、立功、立言”，永垂不朽！

（载于《山水契阔》下册）

大同与万里茶道

通览大同的古代史,就不难发现这是一部中华民族的融合史、形成史,也是一部中华文化的融合史、发展史。究其原因,这是由它的特殊的地理位置决定的。它地处北纬40度线、400毫米降水线 ,是农耕业与游牧业分界线。这一特殊的地理位置决定了它特殊的多民族共居的民族结构,也决定了它农耕文化与游牧文化相交相融、汉文化与少数民族文化共生共存的特殊的文化环境,因而产生了胡服骑射、白登和亲、北魏改制、隆庆和议等特殊的历史事件。这些历史事件缓和了民族矛盾,密切了民族间的经济联系,促进了多民族融合,为统一的多民族国家的形成做出了突出的贡献。

明代大同的历史,虽没有北魏首都、辽金西京时的辉煌,但也是藩王之城、九边重镇之首。明王朝在这里置卫屯田、纳粮开中,特别是隆庆和议,结束了明蒙间的战乱局面,促进了山西商帮的兴起和发展,形成了“繁华富庶,不下江南”的良好局面。随着清明两朝的更替,大同由边境变腹地、由军镇变府县,民族间的商贸活动益加频繁、更趋兴旺,进而成为民族贸易与国际贸易紧密结合的北方商埠、万里茶道的重要节点。

万里茶道不可能绕过大同,申遗也不应该少了大同。在这里最早实行了开中制,实现了隆庆和议,荫及了明末清初二百年。从这个意义上可以说,没有大同就没有晋商的兴起和发展;没有明代茶马互市的民族贸易,也就没有晋商的万里茶道。

一、大同军事消费区的形成与晋商的兴起

卫所制、屯田制和开中制的推行及边防工程的建设使大同不仅成为九边重镇之首,也成为人口大量增长、市场需求急剧膨胀的北方最大的军事消费区,为商贸业的发展制造了“肥田沃土”,促进了山西盐商、粮商、棉商、茶商的兴起和发展。

卫所制是明朝的一种军制,由朱元璋在称帝前创建。洪武年间,自京师达于郡县,皆

设立卫所,外统于都司,内统于五军都督府。明实录有载:"洪武四年正月二十三日(1371年2月8日),置大同卫都指挥使司,以耿忠为都指挥使。""洪武二十五年八月十八日(1392年9月5日)上以山西大同等处宜立军卫屯田守御,乃谕宋国公冯胜、颍国公傅友德等曰:'屯田守边,今之良法,而寓兵于农,亦古之令制。与其养兵以困民,曷若使民力耕而自卫。尔等宜往山西布政司,集有司、耆老谕以朕意。'""洪武二十六年二月初六日(1393年3月18日),置大同后卫及东胜左右、阳和、天城、怀安、万全左右、宣府左右十卫于大同之东,高山、镇朔、定边、玉林、云川、镇虏、宣德七卫于大同之西,皆筑城置兵屯守。"使山西行都指挥使司(治所大同)守御地域达到最大。

永乐年间,随着迁都北平,山西行都指挥使司所辖卫所变动频繁,大幅度减少。到永乐朝结束,山西行都司共辖天城卫、阳和卫、大同前卫、大同后卫、大同左卫、大同右卫、朔州卫、安东中屯卫共八卫。宣德朝以后,山西行都司卫所设置进入稳定期,一直维持十四卫三所。具体为,大同左卫、大同右卫、大同前卫、大同后卫、朔州卫、镇虏卫、安东中屯卫、阳和卫、玉林卫、高山卫、云川卫、天城卫、威远卫、平虏卫、山阴千户所、马邑千户所、井坪千户所。

大同,古云中地,北邻大漠,东卫京师,南护太原,历来就是重要的军事要塞。为了进攻和防卫,明朝迁都后在此驻扎了庞大的军事力量。据《三云筹俎考·军实考卷》记载,大同镇"原额官军九万九百六十六员名,马三万一千七百八十五匹,犹然不敷战守也。自嘉靖十五年以至四十五年恢拓疆土,增堡四十八座,募军四万四千八百一十二名,马二万二千七百八十八匹。由是旧额新增共该一十三万五千七百七十八员名,马五万一千六百五十四匹"。

随着卫所的设置、以攻为守政策的改变、北部边境的内缩,明政府越来越重视北部军事防御体系的建设。终明一朝,边防甚重。作为九边重镇之首的大同,更是重中之重。大同镇防御工程的建设,一是72城堡的建修;二是军屯墩台的建设;三是长城即三道边的修建。其任务之巨、用人之众、规模之大、所需之多空前未有。

72城堡建修中,镇城、县城主要集中于洪武朝。据《三云筹俎考·险隘卷》记载,以时间先后整理。浑源城:唐州治,洪武元年(1368年)因之,万历元年(1573年)砖甃。朔州城:洪武三年(1370年)砖建,万历十五年(1587年)增修。大同镇城:洪武五年(1372年),大将军徐达因旧土城南之半增筑,砖包。万历八年(1580年)加修。蔚州城:北周大象二年(580)初建,洪武七年(1374年)砖包。广昌城:洪武七年(1374年)砖建,嘉靖三十七年(1558年)重修。应州城:古州治,洪武八年(1375年)土筑,隆庆六年(1572年)砖包。广灵城:洪武十六年(1383年)土筑,万历元年(1573年)砖包。怀仁城:洪武十六年(1383年)设,万历二年

(1574年)砖包。马邑城:洪武十六年(1383年)土筑,正统二年(1437年)展拓,隆庆六年(1572年)砖包。天成城:洪武三十一年(1398年)砖设,万历十三年(1585年)重包。阳和城:洪武三十一年(1398年)砖建,万历三十年(1602年)重修。

其余县城与卫城的建修时间如下。山阴城:古县治,永乐三年(1405年)土筑,隆庆六年(1572年)砖包。右卫城:永乐七年(1409年)始设,万历三年(1575年)砖包。左卫城:永乐七年(1409年)设,砖砌,万历六年(1578年)增修。灵丘城:唐开元年间创,天顺三年(1459年)土筑,万历二十八年(1600年)砖包。平鲁城:成化十七年(1481年)筑,万历二年(1574年)砖包。井坪城:成化二十一年(1485年)土筑,隆庆六年(1572年)砖包。高山城:天顺六年(1462年)建置,嘉靖十四年(1535年)改建,万历十年(1582年)砖包。威远城:正统三年(1438年)砖建,万历三年(1575年)增修。聚落城:弘治十三年(1500年)创,隆庆六年(1572年)砖包。

52堡中有48堡建修于嘉靖年间,有1堡建于隆庆年间,还有3堡建于万历年间。

以上72城堡的城墙的高度最低3丈5尺,最高达4丈有余。如果将72城堡的长度累计计算,其总长度可达210多里。这些城墙中,有的是增修,有的是新建,而包砖、包石则都在明代。

在建修72城堡的同时,为了保障村屯居民生命财产安全,明代大同还建修了数量更加众多的村屯。据张连文在《论明清之际大同地区卫所职能的转变》一文中说:据有关方志记载,截至正德九年(1514年),大同地区已累计修筑土堡833座,属于成化至正德年间修筑的即有802座,占总数的96.2%。他还在此文中说:较小的军事聚落还有墩台,“御边莫先设备,设备在于添墩”。自周代开始,边防就有烽燧之设,唐以后称之为烽火台,明代则名为墩台。明代将长城设防推向极致,墩台数量堪称史无前例。“山西濒虏,屯牧连野,堤守失严,变将随至,必相地形高耸足以远眺者,筑立墩台,设军戍守。一旦有警,昼则鸣炮,夜则举火。”明代于边每二里设墩一座,每座守兵少则三人,多则十人,“拨给沙田四五十亩,耕种养赡,专司瞭望”。这种以墩台为形式的聚落,在山西沿边很多。据成化《山西通志》卷3《烽堠》记载:大同镇沿边有827个边墩和813个火路墩。

在长城即三道边的修建方面,博士李海林在其论文《明代大同镇边防体系研究》一文中说:整个明朝,大同镇共修建了大边、二边、三边三道边墙,而不是我们熟知的大边、二边两道边墙。这三条边墙形成时间是不一样的,大边形成于永乐时期,二边肇始于正统时期,形成于景泰、天顺时期,三边形成于嘉靖时期。三条边墙的走向基本一致,均从宣府西阳河起,至山西丫角山。但是,这三条边墙并不是都能有效地起到防御作用。大边、二边屡次重修,也就证明了屡遭破坏,尤其是嘉靖时期,蒙古诸部就驻牧于二边之内。嘉靖以后重点修筑的边墙是三边，距离镇城五十里，距离二边三十里（这个距离不是很确切，只是一个大概）。

为了解决军队粮饷问题，明政府在实行屯田制的同时，还实行了纳粮开中制和京银供给制。这又为晋商的兴起创造了“近水楼台先得月”的有利条件。

大同是明代开中制实行的初始地。明实录有载：洪武三年六月二十四日（1370 年 7 月 17 日），山西行省言：“大同粮储自陵县长芦运至太和岭，路远费重，若令商人于大同仓入米一石，太原仓入米一石三斗者，给淮盐一引，引二百斤。商人鬻毕，即以原给引目赴所在官司缴之。如此则转输之费省，而军储之用充矣。”从之。洪武四年二月初四日（1371 年 2 月 19 日），晋王相曹兴上言三事：“……一、朔、蔚等州俱在边陲，宜依大同之例，召甫纳米中盐以充边饷。”上谓省臣曰：“……中盐之事，皆从其请。”洪武四年二月十九日（1371 年 3 月 6 日），户部定淮、浙、山东中盐之例，皆以一引为率。商人输米大同府仓，淮盐一石，浙盐八斗。

黄鉴晖在其所著《明清山西商人研究》中说：纳粮开中制度，也叫“中盐”。商人按照官府规定，每一盐引纳粮若干，向边镇各仓输纳，然后凭各仓发给的盐引，到各盐转运提举司支取食盐，再到各盐行销区卖盐获利。洪武三年（1370 年），山西行省请准令商人纳粮中盐后，洪武四年（1371 年），定全国中盐例，大同等 14 个仓，按道路远近，每引盐纳粮 5 斗至 1 石有差，开中制推行开来。山西商人到边镇纳粮中盐，应该说去大同是最早的，即使成祖帝即位悉停天下中盐，专于京卫开中，事实上，大同并未停止。因为大同仓不仅供大同镇驻军粮需，宣府官军粮俸也由大同关供给。明洪武三年（1370 年）到永乐十年（1412 年）近 40 年中，宣府 5 个卫所并不设边仓，“官军俸粮，岁往大同关供给，道路遥远，往复艰难”，当京城卫所开中后，永乐十年（1412 年）才有“令山西商民于顺天府中纳盐粮，宜令顺途就各卫输纳为便，从之。乃命宣府存留商民中粮一万石，备官军俸粮，余输北京”，这既是宣府卫所设仓之时，也是山西商人开始去宣府纳粮之始。山西商人纳粮，由大同而宣府，再去宁夏，最晚也是宣德四年（1429 年），而且比宁夏商人优惠，陕西、山西商人每引只纳米麦 4 斗。

黄鉴晖在其所著《明清山西商人研究》一书中还说：开中制推动了山西盐商，特别是寄籍扬州府的两淮盐商的发展，有姓名可查的共有 23 人，其中大同（含云中）、代州就有 12 人，占 52%，说明地理因素很重要。

据（日）寺田隆信著《山西商人研究》和黄鉴晖著《明清山西商人研究》及大同明清地方志中的记载，在扬州最著名的大同盐商有如下三家。

一是李满一家。他是大同城内的盐商，家中十分富有，经常慷慨解囊，资助困难人士。

同治《两淮盐法志》卷四五人物条载："李承式，字敬甫。其先山西大同人，中盐于扬州，承式登嘉靖三十五年进士……子植，字汝培，万历五年进士……子孙以商籍起家。"李植是万历五年（1577年）进士，被朝廷选为庶吉士（翰林院的庶常馆，选擅长文学书法的新进士入院深造，称庶吉士），结业后，他被授予御史一职。万历（1573年—1620年）后期，李植在家乡病逝，朝廷追赠他兵部右侍郎。李满的子孙，由商籍进入官场的不乏其人。嘉庆《江都县续志》称："科第历二百余年"的"山西李氏"，就是指他们一家。依据寺田隆信的这一分析，万历丙戌科进士李杜、天启壬戌科进士李柄，极有可能都是李满的后代。

二是马豸（约1522年—1566年），大同前卫人。马豸在江南为官后，他的儿子马呈德，从子马呈秀都跟随他移居江南，占籍江都（今江苏扬州）。儿子马呈德学识渊博，为人淳厚，中年时得以成为万历二十八年（1600年）庚子科解元，10年后又成为万历三十八年（1610年）庚戌科进士，官至中书舍人。他为官清廉方正，仍旧保持着学生时代的作风。从子马呈秀（其父马凤），也在万历二十八年（1600年）庚子科中举，后于万历三十二年（1604年）甲辰科高中进士，朝廷授予他正七品大理寺评事一职。

三是大同天成卫薛云一家，他有三个儿子：老大薛纲屯田务农；老二薛纶聪明好学、过目不忘，老大供其读书，后入朝为官；老三薛缨经商贩盐。明嘉靖甲子（嘉靖四十三年，1564年），薛纶经乡试中举，隆庆戊辰（隆庆二年，1568年），薛纶荣登罗万化榜进士，朝廷授予他长安（今陕西西安市东城区）县令。不久，薛纶被朝廷擢升为兵部武选主事，进京为官。万历初年，朝廷派他到开封府（今河南开封）出任知府。万历十年（1582年），薛纶升任正四品陕西按察司副使。这时，天成薛家已经五世同堂，未曾分家。薛家老大薛纲占有大量土地，老二薛纶常年在外做官，老三薛缨始终控制盐引，弟兄几个齐心协力，出钱出人，官商结合，实现互补，很快发展为著名的两淮盐商。不久，薛纶辞官还家。当时，薛氏在大同和扬州的产业已相当可观，他经常往返于大同和扬州之间，一并加入经商的行列中。有人很惋惜他辞官离职，但薛纶说："我有幸继承先辈之产业，兄耕弟贾，助我求学，才有今位，愿已足矣！"

此外，寺田隆信所著《山西商人研究》中还列举了朔州覃表和代州杨继美两位两淮盐商：在《复宿山房集》卷二五中有大同府朔州覃应元的传记，内有一节叙述其祖父覃表的生涯说"（覃）表用高资，游贾江淮间"。同集卷二六《封刑科给事中杨公墓志铭》是大同府代州商人杨继美的传，文中说他携资数千金活跃于江淮地方，并受到了当地士大夫和商人的尊敬，被拥为盐商祭酒。

消费市场的形成、军事需求的膨胀，不仅促进了山西粮商、盐商、棉商、茶商、皮商的兴起，也促进了其他生产、生活用品经销商的发展。寺田隆信在其所著《山西商人研究》中还记述了如下情况：

《实录》景泰四年十二月辛亥条中提督大同军务左副都御史年富的上奏中也记述道："……山西、河南、正定、保定、临清等处军民客商往大同宣府输纳粮草军装，及贩马、牛、布、绢、香、茶、器皿、果品……"由此可知，山西、河南、山东等华北各省的商人曾到大同、宣府地区缴纳军需物资和贩卖马、牛及其他日用品。《实录》成化二十一年二月壬申条有关于南方的商人（可能是江南商人）携带罗缎远到辽东地区的记载。《实录》弘治十四年八月壬申条巡抚大同都御史刘宇的上奏中也记述道："……大同十一州、县军民，铁器耕具，皆仰商人从潞州贩至……"

二、隆庆和议的历史意义与北方民族贸易

隆庆和议是发生在明代隆庆年间停战息争、通贡互市的一起重大历史事件。事件的起因、经过和结果，明实录都有明确记载："隆庆四年十月初九日（1570 年 11 月 6 日），虏酋俺答孙把汉那吉率其属阿力哥等十人（到大同镇败虎堡）来降。把汉那吉者，俺答第三子铁背台吉之子也。幼孤，育于俺答妻所，既长，娶妇比吉。久之，会我儿都司有女，那吉欲娶之，为俺答所夺。其女即俺答外孙女也。那吉怒，欲治兵相攻。俺答以他女畀之，终不悦，遂弃所部来归，独阿力哥等十人从。已而，降者相踵。（大同）巡抚方逢时受之，以告（宣大）总督王崇古，处之镇城，所以拊循慰藉之甚至。"王崇古研判非诈降之后，采取了一系列的安抚防变防御措施并多次上奏，其中最为详尽、最为著名的是隆庆五年二月初八（1571 年 3 月 3 日）的黎波里"八议"。在明内阁首辅高拱、张居正的大力支持下，终于实现了明蒙之间的停战息争、通贡互市。明实录记载：

"隆庆五年三月二十八（1571 年 4 月 21 日），（在大同镇得胜堡）封虏酋俺答为顺义王，赏大红五彩苎丝蟒衣一袭，彩缎八表里。赐之敕曰：'朕惟天地以好生为德，自古圣帝明王代天理物，莫不上体天心，下从民欲，包含遍覆，视华夷为一家，恒欲其并生并育于宇内也。我太祖高皇帝膺天眷命，君主万方。成祖文皇帝顺天继统，镇抚九围，薄海内外莫不臣服。迨朕缵承丕绪，于兹五年，钦天宪祖，爱养生灵，胡越一体，并包兼育。顷因尔孙来归，特命边臣护视，给其服食，厚加拊纳，以礼遣还。尔感朕恩，愿称臣内属，岁岁入贡，永为荒服，俘献叛贼，以表悃诚。边臣为奏，恳款再三，朕念北番朝贡，代固有之，在我国家，亦为常典。尔能慕华内附，请命恭虔，可谓深识天道者矣。朕实嘉悦，特允所请，封尔为顺义王，尔弟尔子及诸部落头目，俱授以都督等官，俾尔世居本土，逐草射猎，各安生业，同乐太平。朕代天覆帱万国，无分彼此，照临所及，悉我黎元，仁恩惟均，无或尔遗。尔尚仰遵

天道,坚守臣节,约束尔众,永笃恭顺,使老者得安,幼者得长,保境息民,世世安乐。朕国家膺万年之天运,尔子孙亦保万年之福泽,岂不永有美利哉!倘尔部众或背初心,扰我边境,是乃自乖大义,轻弃盟言,天地鬼神,实共鉴临,非尔之福。尔其体悉朕意,尚钦承之。"

《明会典·卷一百〇七·朝贡》中记载:(隆庆)"五年(1571年)……开市凡十一处:在大同者三,曰得胜口、曰新平、曰守口;在宣府者一,曰张家口;在山西者一,曰水泉营;在延绥者一,曰红山寺堡;在宁夏者三,曰清水营、曰中卫、曰平虏卫;在甘肃二,曰洪水扁都口、曰高沟寨。"在《续文献通考》中亦有上述记载。

随着和议的达成,不仅开了官市,还开了民市;不但有大市,还有小市;其交易成果也十分显著。明实录中对此也有明确记载:

"隆庆五年九月二十四日(1571年10月12日),宣大总督王崇古报北虏互市事竣。大同得胜堡自五月二十八日至六月十四日,官市顺义王俺答部马千三百七十匹,价万五百四十五两,私市马、骡、驴、牛、羊六千,抚赏费九百八十一两。新平堡七月初三至十四日官市黄台吉、摆腰、兀慎部马七百二十六匹,价四千二百五十三两,私市马、骡、牛、羊三千,抚赏费五百六十一两。宣府张家口堡六月十三日至二十六日,官市昆都力哈、永邵卜、大成部马千九百九十三匹,价万五千二百七十七两,私市马、骡、牛、羊九千,抚赏费八百两。山西水泉营八月初四日至十九日,官市俺答、多罗土蛮、委兀慎部马二千九百四十一匹,价二万六千四百两,私市马、骡、牛、羊四千,抚赏费千五百两,市皆无扰。疏人,得旨:'加崇古太子太保,赐之诰命,赏四十两,苎丝二表里。巡抚刘应箕升俸二级,杨彩、孟重一级,总兵马芳、赵岢,副总兵麻锦实职一级,副使申佐、朱裳,参议崔镛,千户鲍崇德等各升赏有差。'"

对隆庆和议的历史意义,清人魏源在《圣武记》中盛赞:"高拱、张居正、王崇古等张弛驾驭,因势推移,不独明塞息五十年之烽燧,且为本朝开二百年(1643—1842年,即清顺治至道光)之太平,仁人利溥,民到于今受其赐。"

全太锦在《明蒙隆庆和议前后边疆社会的变迁——以大同和丰州滩之间碰撞交流为中心》一文中如此评价隆庆和议和大同:

"隆庆和议后,大同与丰州滩之间的经济、文化交流愈益广泛深入。长城线上的和平互市紧密联结塞北与江南经济腹心地带,带动了运河沿线商业城镇的勃兴,极大地改善了明蒙人民的生活状况。大同发展成边境商业巨镇,丰州滩成为蒙古部转向定居生活的基地,明蒙边疆出现'胡汉杂糅''喜见车书同'的和平融合局面。隆庆和议不但维系了明蒙边疆六十年和平,还为清初巩固统一多民族国家奠定了基础。"(《中国长城博物馆》2004年第一期)

著名历史地理学家谭其骧也如此评价明代大同的历史地位，他说：在明代，山西的边境城市大同的繁华也是很有名的。谢肇淛《五杂俎》：“九边如大同，其繁华富庶不下江南，而妇女之美丽、什物之精好，皆边陲所无者……谚称蓟镇城墙、宣府教场、大同婆娘为三绝云。”大同的妇女何以以美丽著称？显然并不是明以前大同妇女不美，到明代时美了，而是明代大同的都市经济发达，妇女的穿戴也讲究起来了，所以看上去很美。促成大同繁荣的有两个原因：一是由于大同是边境城市，驻扎了大批军队，所以全国的财富大量输往大同消费；二是对蒙古的互市。明朝与蒙古和好时期，大同是对蒙古贸易的主要市场。明朝设有防边九镇，称为“九边”，大同是九边中最繁华的。明代的山西人做生意已经很了不起了，但明代商人经营的范围只限于当时在明朝版图内的黄河流域和长江流域。到了清朝，随着王朝版图的逐步扩大，山西商人的经商范围也扩大到了东北三省和内、外蒙古等边远地区，甚至远达俄罗斯的莫斯科。因为这种跑北路边疆和国外的商队使用的交通工具是骆驼，故其被称为“骆驼帮”。（谭其骧：《山西在国史上的地位》，本文是作者应山西史学会之邀在山西大学所作报告的记录，发表于 1981 年第五期《晋阳学刊》）

三、清代大同转型发展与中蒙俄万里茶道

明清两朝更替，大同边境变腹里、军镇变府县，促进了经济的转型发展，由茶马互市的民族贸易中心向万里茶道的中蒙俄国际贸易节点的发展。虽经历了清顺治六年（1649 年）的“多尔衮屠城”，但很快又恢复了元气，“北方商埠”的地位再次确立。

清代初期大同作为后备军队驻地和后勤供给基地，其军镇和军事消费区的地位尚未转变。2001 年 6 月出版的《山西通史·卷五》记述道：清朝统治者仿照明代做法，首先设立了大同镇，随后又设立了太原镇（太原原为协，后为镇），由两个总兵官各自统领两个镇。第 227 页还记述：山西绿营兵与其他各省地方绿营兵一样，全属汉人军队，其规制也大体上是模仿明代汉人兵制。自康熙以来，山西的绿营兵数量屡有变异，通常为 2 万多名，到康熙五十年（1711 年），朝廷酌定各省绿营兵数目，山西绿营兵定额为 25752 名。这是山西地方部队的总体实力。绿营的编制和配置都根据镇戍需要而定。原则是“按道里之远近，计水陆之冲缓，因地设官，因官设兵，既联犄角之声援，复资守御之策应”，“皆量地形之险易，酌兵数之多寡”。因此，全国除福建金门、海坛两个水师镇以外，其余水陆各镇编制都不相同。如山西大同镇编制士兵 18687 人，而云南永北镇编制士兵只有 1953 人；山西太原镇城守营额定士兵 1253 人，而直隶宣化镇君子堡营只有 50 人。

与此同时，清初大同镇所属右卫还驻有八旗兵。2001 年 6 月出版的《山西通史·卷五》

记述道:朝廷在山西等地组建和驻防绿营兵的同时,还在各个重要地方布防旗兵。首先,在顺治六年(1649 年),朝廷正式于山西太原设立正蓝、镶蓝两旗兵及一部分满、蒙官兵驻防。康熙三十二年(1693 年),朝廷兵部令在山西设置右卫(归化城)八旗兵及蒙、满、汉护军,领催、马甲、铁匠共 5600 多名,设随甲 48 名。第二年,又规定:设立驻防山西右卫旗满、蒙、汉护军 2299 名,领催、马甲 2604 名,军铁匠为 112 名,再增设蒙古兵 3000 名,随甲 48 名。

大同镇除驻军外,还是军马的饲养地和军事物资的供应基地。《清实录·康熙朝实录》中多有记载。康熙三十五年(1696 年)甲子"以冲天炮三门、神威炮十门、景山制造子母炮二十四门、江南炮五十五门,发往大同,以备西路兵之用。"(《清实录·康熙朝实录》卷一百七十一)康熙三十五年丙子九月谕议政大臣等:"大同、宣化所积草料甚多,著于骑坐官马之新满洲护军三百内使二百一十名乘盐池厂马前去,其九十名携其所乘官马九百匹往大同牧养,其大臣侍卫官员自备之马亦携往大同牧养。解此项马匹牧养时,令三旗大臣各一员、侍卫各三员前去。其在前两队之兵,亦发往大同牧养马匹,如此则不误军行。于事大有裨益,此所养马匹著布克韬、苏永祚唐保住前往与侍郎多奇监牧。"

清初顺治帝和康熙帝都十分重视移民开荒、鼓励农耕。《山西通史》载:顺治六年(1649 年),朝廷规定:"无主荒地,州县官给印信执照。开垦耕种,永准为业。俟耕种六年之后,右司官亲察成熟田亩数,抚按勘实,奏请奉旨,方议征收钱粮。其六年之前,不许开征,不许分毫金派差徭。"顺治十四年(1657 年),中央颁布了督垦条例:各省的总督、巡抚官员,一年之内,主持开垦 2000 顷以上者,记录;6000 顷以上者,加升一级。地方道、府官员,主持垦荒达 1000 顷以上者,记录;2000 顷以上者,加升一级。州、县官员组织垦田至 100 顷以上者,记录;300 顷以上者加升一级。卫、所官员,能发动人们垦田至 50 顷以上者,记录;100 顷以上者,加升一级。文武乡绅,开垦 50 顷以上者,现任者记录,致仕者给匾旌奖。至于贡、监生以及一般富人仍开垦本主土地,如本主不能开垦,由地方官吏招民开垦,发给印照,定为永业。康熙帝即位后,山西地方政府仍动员和鼓励农民向荒野山坡要粮,还让人们到土地辽阔的长城口外屯垦居住。其中,雁北山阴知县何玉相,招来外地流民开垦荒地,仅在康熙五年(1666 年),就使农田在一个季度内增加了 4.5 万亩。他又改革屯田制,奏请让军队来山阴县分种一部分土地,充实当地生产力,从而加大了该县农业生产的规模。晋北其他各县也逐渐将荒土全部垦尽,逐渐恢复了原貌。康熙年间,晋北、晋西农户不断增加,逃离外地多年的乡民纷纷回归故里,农田上的劳动力逐渐达到饱和。朔平府、宁武府、大同府等地的农民还大量地涌出长城口外,往归化、托克托、萨拉齐一带开荒耕种,租地屯居。康熙二十四年(1685 年),山西耕地面积为 4452 万亩,比顺治时多开荒地近

400 万亩。长城内外的农业经济出现了一片生机，人民生活有了显著的改善。康熙时期还推行“滋生人丁，永不加赋”的政策，大大刺激了人口的增长。这一增长趋势也一直从嘉庆时期持续到光绪时期，光绪九年（1883 年），大同府人口突破了 100 万，达到 1159159 人。

随着明灭清兴、北方统一，大同由边境变腹地，清政府还继承了明朝隆庆和议的成果，进一步拓展了茶马互市的民族贸易。《清实录》记载：乾隆二十九年（1764 年）三月初十日，山西巡抚和其衷奏：“请开宁鲁口以通商旅，以便民生。晋省北部向来有边墙一道，蜿蜒九百余里，历年久远，半多残缺。长城以内大同、朔平、宁武等府，长城以外归化、丰镇、宁远等厅，数十年来，内地人民到边外各厅垦种贸易，加之征粮纳赋，常见穿墙来往，络绎不绝于道者。查边墙一带，旧设堡门四十三处，其杀虎口等三十五处口俱已开通，允民穿行。每口建立木栅，驻扎官兵，负责启门稽查，以便商民出入，历久相安无弊。唯有宁远厅之碌轴等三十多个村庄不能取便。以致碌轴等村民贩运粮物必绕道而行杀虎口、保安等长城口，逾越崇山峻岭，肩挑驼载，往返三至四天才能到达内地。且左云等县地瘠民贫，全靠碌轴等村之米粮接济，如此交通不便，实于民生大大不利。为了黎民百姓，本官朔平知府皆到边墙处实地查堪过，一旦启开宁鲁口，亦不会妨碍国家边墙军务，恳请开恩俯准。得旨：‘可开宁鲁口。’”乾隆五十八年（1793 年）五月，山西巡抚蒋兆奎奏：“山西省北边墙一道中，有杀虎、宁鲁、得胜等三十六处，向于杀虎口设立监督，凡货物往来必由该口投税放行。乾隆二十九年经前抚和其衷奏请，于左云县属宁鲁口添设税口，税务仍归杀虎口监督派人征收，奉旨允行在案。兹查，近来各货多在大同府城聚集，由府城出宁鲁口至丰镇发卖，计程三百六十里，出杀虎口远至五百二十里。道里既远，则脚价增添，货物因而昂贵。若由大同府出得胜口添设税口，镇厅经止百里，道里甚平坦，车辆可通。请于得胜口添设税口，俾货物就近投税，赴丰镇实属商民两便。”朝廷“从之”。同治二年十二月十三日（1864 年 1 月 21 日），据杀虎口监督俊达上奏朝廷关于“请严禁奸商绕越，由地方官协查，并禁东西边口私行出入货物”各一折，同治帝谕曰：“……自杀虎口起，东边一带至新平口内，除得胜口照例征税，宁鲁口严稽过货外，其西边一带至陕西神木口止，所有私行出入货物牲畜均属严行禁止。并饬守口弁兵，常川驻守，实力盘查，毋得仍前玩忽。”

对于整顿税赋、促进贸易，黄鉴晖在其所著《明清山西商人研究》第 287 页中说：“整顿赋役的过程，贯穿于由康熙至乾隆的 130 年中，为通商利民，为发展国内贸易提供了一个和平、公正的竞争环境。这些政策主要有：第一，关税刊刻木榜，竖立关口，既便商民纳税，又便商民监督税吏多征，为商贾长途贩运货物铺设了通畅的道路。第二，严格限制牙帖，永杜牙行苛索，便利商民交易。第三，肩挑小贸不纳税，裁革乡镇市集落地税，给小商小贩以优惠。在这种环境下，大商富贾走南闯北长途贩运货物，可以无所顾忌，有利于商品流通,繁荣经济。”

对清朝末民国初大同转型发展的状况,日本同文会曾于1908年进行了调查,在1917年成书的《山西省志》中做了记载:“此地自古以来便是山西北部的重镇和附近物产的集散地,因而大街各种商店鳞次栉比,尤以钱铺最多,竟达三百四十余家。商业原来颇为发达……北门外有很多货栈和旅店……”“城区略呈椭圆形,以四牌楼为中心,街道向四面延伸。以东、西、南、北四大街及北大街中段向西拐的大府巷等处为繁华地区。”“南关(南门外)住户、商店栉比鳞次,有很多制茶作坊。北关(北门外)地当通往火车站及其他地方的要道,马路宽阔,有不少地方可令人忆起昔日繁华景象。”“交通四通八达……远自北京、张家口,北至丰镇,均极便当。”“此地(大同县)有如下几处会馆:广东会馆、八旗会馆、榆次会馆、湖南会馆……此地的牙行均自营批发业务,并拥有仓库设备,故一般称为货栈。有的牙行还备有客房,成立了行栈组织,为客户的交易提供方便。经营的商品有的由北京、天津、张家口运来,再转往各地,有的经此地运往省外。”“钱铺的业务比较繁忙,钱铺除主要办理货币兑换外,据说很多还无限制地发行钱票,以维持资金周转……”“大同是仅次于省城太原府的城市,地当山西省通往京津地方及蒙古方面的交通要冲……雁门以北的商业中心……现将大同至各地的交通道路列下:一、自大同至张家口及京津地方线。二、北经丰镇至归绥县城线。三、南过雁门关至太原线。四、西南经怀仁、河曲至陕甘地方线。五、西北经杀虎口、宁远至归化城线。”

黄鉴晖在其所著《明清山西商人研究》中写道:“大同工商业由乾隆到道光,两碑文所载,计有棉布行、杂货行、干菜行、南宫行、估衣行、粟店行、缸行、碾行、油行、木店行、口袋行、帽行、毡行、皮行、皮袄行、当行、钱行、银行(银号)等19个行业,必然要加大煤炭的需求,所以煤炭业发展,牙行商人兴起。大同县城和十个堡镇,道光初共有各色牙人377人,其中煤炭牙人72人占19%。”“由明至清乾隆三十四年(1769年),大同工商业已分为不同的行业,即有布行、杂货行、干菜行、帽行、皮行、缸行、当行和钱行。道光十五年(1835年),工商业行业又发展为15个行业:棉布行、粟店行、钱行、碾行、当行、油行、南宫行、估衣行、银行、木店行、口袋行、帽行、毡行、毛袄行。一个地方工商业有了行业的划分,特别是货币兑换业的钱行(即钱铺)、银行(即银楼、银号),已从普通工商业中分离出来成为独立的行业,那就表明当时市场有了相当的发展。”

中国社科院博士丰若飞在其所著《清代榷关与北路贸易》中说,围绕俄蒙市场展开的清代北路贸易主要形成了以下三条相对固定的商路。第一条:经大同、张家口、乌兰察布、库伦、恰克图至俄国。这是最为便捷的国际商路,山西商人在福建等地贩运茶叶大都稳定地由这里前往俄国,尤其是恰克图市场兴起之后,这条商道的驼队、马帮运送不绝。第二条:经杀虎口、归化城通往乌兰察布、伊克昭、阿拉善、额济纳、库伦、乌里雅苏台、唐努乌梁海、科布多、伊犁、塔尔巴哈台。这是西北方向通往新疆的北商道。第三条:经张家口、多伦诺尔,通往漠南锡林郭勒、察哈尔、昭乌达、呼伦贝尔、喀尔喀蒙古、东臣汗部、土谢图汗部。这是一条通往东北方向的商路。(王尚义:《山西商人商贸活动的历史地理研究》,科学出版社 2004 年版,第 89 页。)上述三条商路基本上从大方向上概括了清代北路贸易所包括的主要商路,但事实上这些商路还包括更为详细和复杂的线路。比如,以张家口为中心,就形成了五条主要的旅蒙商路:

第一,张家口—塞尔乌苏—库伦—恰克图;第二,张家口—多伦诺尔—乌珠穆沁—呼伦布雨尔(今海拉尔);第三,张家口—归化城—漠西蒙古—乌里雅苏台;第四,归化城—大同—张家口—北京;第五,多伦诺尔—张家口—大同。(卢明辉、刘衍坤:《旅蒙商》,中国商业出版社 1995 年版。)

刘建生主编、张喜琴著的《晋商五百年 万里茶路》中说:降至清末,输出货物多取道绥远北上,路线有所变更。其路有三:一为东路,由大同、丰镇、集宁、滂江(明安)、博务、叨林达库伦;二为中路,由大同、右玉、绥远、武川、百灵庙、哈什、布连不啦、吉恩泽、中关忽以、昔啦忽洞、毛乌素、干站、小坝子抵库伦;三为西路,由绥远、武川、百灵庙、喀尔喀右旗、赛尔乌苏、巴彦和硕、托里木、佛多尔多过土拉河抵库伦。

四、万里茶道大同节点的丰厚历史文化遗存

大同地区是我国长城文化资源最为丰富的地区之一。内外长城南北呼应,城堡墩台星罗棋布,马市关口数量众多;古城内不仅有明清时期的四大街、鼓楼东西街,还有东西南北马市角、柴市角和东西羊市巷;不仅有寺观庙宇,还有记录众多清代商号为其修缮捐款的碑记。对明清时期大同的商贸地位,不仅有国史和地方志书的记载,还有当代专家学者的丰硕研究成果。

(一)大同古城内的明清时期的历史文化遗存

大同古城曾是北魏首都、辽金西京、明代王城,建城 2300 多年,南北中轴线始终未变,这在中国十大古都中绝无仅有。明清时期它是藩王城、军镇、府城,也留有众多历史文化遗址。古城内不仅有东西南北四大街、鼓楼东西街、东西南北马市角、东西羊市巷、东西南北柴市角,还有缎市角、唐市角等众多商贸市场。古城四隅还有明代纳粮开中制实施的起始之地大有仓。明代张钦编纂的《大同府志》[成书于正德癸酉年(1513 年)]记载:大同

府大有仓,在府治东北隅,西仓在府治西北隅。大有东南仓,在府治东南,又有南仓,也在府治东南。大同草场,在府城北新城内(即操场城,景泰年间巡抚年富建)。清乾隆三十五年(1770 年),知府吴辅宏编纂的《大同府志》记载:大同府大有北仓在府治东北隅,仓廒三十四楹。贮军需谷 10 万石以上,清乾隆三十五年(1770 年),仓内实贮军需谷 105976 石,军需豆 19991 石。大有西仓在府治西北隅。大有东南仓,在府治东南,又有南仓,也在府治东南,专储禄米、俸粮。大有东仓,在城东南隅,明弘治年间督饷郎中欧信增置仓廒一十八楹。清乾隆年间东仓实贮常平仓定额谷 20000 石,溢额谷 2700 石,社仓谷 2388 石,义仓谷 1457 石。

斗转星移、历经沧桑,这些遗存有不少遭到自然或人为破坏,但尚存有鼓楼东西街、东西南北柴市角、东西羊市巷、北马市角和东西马市角的北半部。还有大有北仓留下的街巷名大有仓街和仓巷(代王府东)。大有南仓留下的街巷名仓门街(李怀角南),大有西仓留下的街巷名南仓(善化寺西)。

明清时期,大同商贸业的发展状况史籍志书中罕有记载,但寺观庙宇楼亭的碑刻中却记载了众多捐款的商号名录,从侧面反映了大同北方商埠、贸易中心的地位,也为大同古城是“万里茶道节点”提供了重要的历史依据。到目前为止,大同已发现有关刻碑共 18 通,依时间先后排列为:乾隆五年(1740 年)《重修南善化寺碑记》、乾隆三十年(1765 年)《重修观音堂碑记》、乾隆四十三年(1778 年)《装塑观音堂三真圣像记》(三清殿前壁)、乾隆五十九年(1794 年)《重修上华严寺》、乾隆五十九年(1794 年)《重修上华严寺碑记》、嘉庆二十二年(1817 年)《重修下华严寺碑记》、嘉庆二十二年(1817 年)大同清真寺《送与寺中田舍碑记》、道光九年(1829 年)《重修清真寺碑记》、道光二十三年(1843 年)《重修观音堂碑记》、咸丰十一年(1861 年)《重修大佛寺碑记》、光绪二年(1876 年)《重修云冈堡大佛寺前殿遗址碑记》、光绪十一年(1885 年)《上华严寺开光碑记》、光绪十六年(1890 年)《重修上华严寺碑记》、光绪十八年(1892 年)《重修上华严寺碑记》、光绪二十六年(1900 年)《重修观音堂碑记》、宣统三年(1911 年)《重修云郡城西观音堂庙碑记》、民国十六年(1927 年)《重修下华严寺碑记》、民国二十五年(1936 年)《重修上华严寺碑记》。

这些碑刻的内容有以下几个特点:一是集中反映大同典当业发展状况的是乾隆五年(1740 年)《重修南善化寺碑记》。除其他行业外,它记载的当铺就有 12 家,分别为如松当、好义当、丰隆当、锐兴当、聚德当、天源当、复兴当、三义当、万通当、三元当、兴隆当、德盛当。二是集中反映大同各行业发展状况的是嘉庆二十二年(1817 年)《重修下华严寺碑记》和光绪二年(1876 年)《重修云冈堡大佛寺前殿遗址碑记》。嘉庆二十二年(1817 年)《重修下华严寺碑记》之中记载的行当为机布行、粟店行、钱行、碾行、当行、油行、南宫行、干菜行、估衣行、银行、木植行、袋行、帽行、毛袄行。大同著名历史文化学者、全国北朝史著名研究专家殷宪分析光绪二年(1876年)《重修云冈堡大佛寺前殿遗址碑记》时指出:《重修云冈堡大佛寺前殿遗址碑记》,在云冈石窟第六窟佛阁外西侧,著录于《云冈金石录》《云冈石窟编年史》。迄于光绪年间,大同地区商业迅速发展,富商大贾日增。云冈大佛寺的僧人心锐、心明、心如、心禄、源和、源麟、源续、源法等在重修第六窟前僧庙、禅堂时,便把募捐对象放在了"各处宝号"及行户、仁人、长者身上。列出的名单是:大同钱行、店行、油行、碾行、木店行、干菜行、山货行、布行、钉行以及恒兴馆、天元号、李掌案、王掌案等,乱家嘴天成货房、东仓豆厂、永合馆,蓼阳庄铺行、牛犋社,蔚州元恒利等等。而以个人名义列入捐款名单的也应多是经商致富的仁人、长者。三是集中反映大同回民商贸业发展状况的道光九年(1829年)《重修清真寺碑记》和道光二十四年(1844年)《兹将经典谨记》碑记、同治四年(1865年)《回教之苗裔从西域来至东土大唐》碑记。大同历史文化学者、著名回族史研究专家李大钧分析这三通碑刻时指出:"道光九年(1829年)《重修清真寺碑记》上,记载了为清真寺捐款的众多回族商号。其中碑阴部分就镌刻了聚和店、永德店、永德元、永和元、三和局、三和兴、三兴园、三兴成、三顺斋、义利店、义和园、义顺园、义成斋、义兴盛、义兴隆、义兴泉、义兴复、义兴德、义兴成、义宾元、和兴园、和兴图、和兴荣、公和益、全盛盈、德顺永、德盛全、德兴斋、德义斋、丰义斋、庆臣斋、仲义斋、清义元、西顺元、万庆斋、万庆成、恒盛铺、马糕铺、库糕铺、马果铺等四十余家各类回族商号。"而碑记正文还重点记述了一些回族商号捐款的数额:和兴荣捐钱十千,义兴成捐钱十千,牛行捐钱十千,和兴图捐钱五千,永和元捐钱五千……说明这些商号很有实力。道光二十四年(1844年)《兹将经典谨记》碑记和同治四年(1865年)《回教之苗裔从西域来至东土大唐》碑记上,分别记载了百余家捐资修寺的各类商号,比此前各个年代碑文记载的商家都多出很多。四是捐款商号高达293家的是中华民国二十五年(1936年)《重修上华严寺碑记》。此碑刻中既有捐款人名录还有捐款商号名录。五是所有碑刻捐款的商号中当地商号和外地商号因资料欠缺很难分清。顺治年间《云中郡志·方舆志》卷二记载:"商贾俱出山右人,而汾(阳)介(休)居多,踵世边居,婚嫁随之。"据初步查对,仅发现大德兴、谦和成、复盛店为晋中祁县乔家所有;存义公为祁县渠家所有;兴隆茂茶叶店为榆次常家的分号。

(二)大同明代马市与清代榷关历史文化遗存

山西省文物局学者师悦菊为更加完善《中国文物地图集·山西分册》中历代长城遗址的内容,于2001年6月至2002年8月对此进行了更新调查。之后她撰写了考察大同镇马市遗迹的论文《明代大同镇马市的遗迹》(刊载于《文物世界》2003年第1期)。论文中说:“在调查中发现,明代九边之一的大同镇所辖长城的马市遗迹较为丰富、较为集中,引起我们的注意。这些资料可以形象地反映明代边境互市的情状,弥补史料记载的不足,对于研究明代民族经济、文化交流有其独特的价值。”“据《三云筹俎考》记载,大同镇的马市有新平堡马市、守口堡马市、镇羌堡马市、助马堡马市、宁虏堡马市、杀胡堡马市、云石堡马市、迎恩堡马市,共8处。调查所见,大部分尚存遗迹,仅助马堡、杀胡堡、迎恩堡三处的马市遗迹无存。”

师悦菊在论文中按大同镇长城的走向,由东向西,分别叙述了马市遗迹:

(1)新平堡马市遗址,在大同市天镇县新平镇西马市村北30米。马市遗迹与长城墙体相连,在长城东侧。其北200米即西洋河,是通向塞外的天然通道。该马市隶属于新平堡。新平堡的遗址在天镇县新平镇新平堡村,位于长城东侧1公里处。马市遗址在新平堡西偏北约900米。

(2)守口堡马市遗址,在大同市阳高县龙泉镇守口堡村北约300米。马市与长城墙体相连,在长城南侧,紧邻谷口通道。现存遗迹仅有一段夯筑土墙和与其相连的一座敌台。

(3)镇羌堡马市遗址,在大同市新荣区堡子湾乡镇羌堡村北100米。遗址与长城大边相连,在长城北侧。平面长方形,东西长200米、南北宽115米,东墙存95米,余皆基本完整,南墙即长城墙体。 该马市隶属于镇羌堡,堡址即在堡子湾乡镇羌堡村中。得胜堡堡址在堡子湾乡得胜堡村中。然而经过我们的调查,除记载中的上述二堡,还有一个未见于记载的堡子,从建筑形制判断,与镇羌、得胜二堡为同时期的城堡,当地村民称为“马市堡”。此堡在镇羌堡村西300米,恰与镇羌、得胜二堡构成一个品字形的防御体系。马市堡堡址在长城大边南侧150米。平面长方形,东西长200米、南北宽160米。墙体保存基本完整。墙基宽5米、顶宽0.5至1米、高6米。墙体夯筑。东门1座,位于东墙正中,现为豁口,宽5米、进深9米。角台4座。西南角台,基部突出墙体7.3米,宽6米、高6米。马面3座。南墙马面,基部突出墙体7米,宽5、高6米。东门外侧有瓮城遗迹,东西长30米、南北宽30米。墙形制与堡墙相同。瓮城门在南墙,现为豁口,宽7米。瓮城外侧还有一周护墙,东西长30米、南北宽40米。墙基现宽1.5米、存高1至1.5米。堡内为耕地。镇羌堡马市最为典型。此马市在《三云筹俎考》卷二《封贡考》中又称为“得胜堡市口”,显然该马市是镇羌堡和得胜堡共同防卫的。由镇羌堡、未见记载的“马市堡”和得胜堡三个城堡品字形包围着的马市,尤其能够反映出明代马市的性质,和明朝廷设置马市的矛盾心理:一方面是政治和贸易的需要,必须设立市场;另一方面是如临大敌,戒备森严,唯恐发生意外。

(4)宁虏堡马市遗址,位于大同市左云县三屯乡宁鲁堡村东北2公里处,在宁鲁堡村附近长城墙体北侧。平面长方形,东西长 50 米、南北宽 30 米。墙基宽 2 米,残高 1 至 2 米,且有塌毁处。马市遗址南侧 4 米处,紧邻着的一座高大敌台,建于长城墙体上,骑墙而筑。平面方形,基部边长 14 米、顶部边长 12 米,高 16 米。基部石砌,上部包砖。南壁正中有砖券门,垂花门罩,宽 1.2 米、拱高 5 米,门额书“镇宁”二字。门内有踏道,可至台顶。敌台在长城墙体南侧夯筑有方形围墙,边长 45 米、基宽 2 米、残高 5 至 6 米。南墙正中有砖券门,拱高 3 米,门道内侧宽 3 米、外侧宽 2.5 米、进深 3 米。此敌台应是马市的警戒设施,与宁虏堡相互呼应,组成马市的防御体系。此台虽与马市围墙有 4 米间隔,但二者相距如此之近,认为是马市的组成部分也是可以的。

(5)云石堡马市遗址,位于朔州市右玉县丁家窑乡云石堡村西约 500 米,在长城东南 50 米。平面方形,边长 200 米。东墙存 80 米、西墙存 70 米、南墙存 100 米、北墙存 50 米。墙基宽 3 米、顶宽 0.5 至 1.5 米、残高 0.5 至 2 米。墙体夯筑,包砖不存。未见门的遗迹。遗址内现为荒地。

(6)助马堡马市遗址。学者师悦菊认为助马堡马市遗址已不复存在,但大同市新荣区的当地研究者有不同看法。他们在学术文章《新荣马市遗址》中说:助马堡以西一公里处是助马堡马市遗址。遗址以长城为轴,分内外两个墙高一丈五尺的方形小堡子,土夯砖包。外堡相对小一些,周长四十六丈,是市马的检查、检疫处,开南门与边外西路相通,其门原为五尺多宽的一扇大石门;内堡相对大一些,周长四十七丈,开东门与内地相通,由两扇红漆大门把控,是边口茶马互市之场所,门前有一照壁。在两堡中间的长城脊上,建有黄土夯筑、石砌砖包,南北宽二丈五尺、东西长二丈、高三丈五尺的高大敌台,台上有楼,曰“马市楼”,是边口茶马互市指挥与警戒的制高点。敌台东面有石砌台阶,拾级而上便可入马市楼。在敌台南侧的长城上,有一内高外低、仅供一人一马出入的砖碹门洞,为内外两堡的唯一通道。长城内、外各有占地约 10 亩地的旅居店遗址。边外还有一条“官道”,直通山岗,然后蜿蜒攀越过马头山,直抵内蒙古中心地带。(摘自山西长城网·长城研究·学术文章《新荣马市遗址》,发布时间:2014 年 11 月 12 日)

(三)大同经杀虎口至归化的丰州道遗存

万里茶道自福建武夷山起,经长江水路至武汉,一直往北经郑州,再往北进入山西晋城,继续北上经长治、晋中、太原、忻州过雁门关到大同,然后分为两路:一路去张家口(东口)沿张库商道到蒙古库伦(乌兰巴托)再至俄国恰克图;一路去杀虎口(西口)再到归化继续往北到蒙古库伦(乌兰巴托)然后到俄国恰克图。走西口即是走北魏平城的丰州道,是丝绸之路的最东端的一段,也是走万里茶道的一段。在这一段的大同境内至今已发现三处车辙印：一处在观音堂前之古道上；一处在云冈石窟1至3窟前的古道上；一处在新高山古城西门外石桥上。这三处车辙印皆痕迹深深、十分醒目，记录了历史的沧桑，反映了运输的繁盛。

综上所述，无论是史书的记载、专家学者的论述，还是历史文化遗存的实证，都说明了大同既是明代茶马互市、民族贸易的中心城市，也是清代万里茶道、中蒙俄国际贸易的节点城市。促进晋商兴起的开中制的最早实施地是大同；繁荣茶马互市、促进明末清初商贸发展的隆庆和议重大历史事件的发生地也是大同。从这个意义上可以说，没有大同的茶马互市中心就没有晋商的兴起和发展；没有晋商的兴起和发展也就没有万里茶道的产生和繁盛。大同古城是万里茶道的节点城市，万里茶道申请世界历史文化遗产不能没有大同古城。大同拟申报的世界历史文化遗产应为“万里茶道节点城市大同古城”，并捆绑得胜堡马市、守口堡马市、新平堡马市、助马口马市、马市楼和丰州道遗址等。

（收录于《大同与万里茶道》文集）

本文参考文献：

一、史籍

明·杨时宁.宣大山西三镇图说[M].明万历癸卯(1603)刊本.中国台北:“国立中央图书馆”出版，正中书局印行，1981.

明·王士琦.三云筹俎考[M].明万历刻本.中国台北:华文书局影印，1969.

李峰，张焯，等主编.明实录·大同史料汇编(上下册)[M].北京燕山出版社，2008.

二、地方志

明·张钦纂修.(正德)大同府志[M].大同市地方志办公室，1986年点校本.

清·吴辅宏纂辑.(乾隆)大同府志[M].乾隆四十一年(1776)修，四十七年(1782)重校刻本.大同市地方志办公室，2006年点校本.

清·黎中辅纂修，许殿玺校注.(道光)大同县志[M].道光十年(1830)刻本.山西人民出版社，1992.

清·胡文烨等纂修.(顺治)云中郡志[M].顺治九年(1652)刻本，大同地方志办公室点校注释，1988.

清·刘士铭修，王霷纂.(雍正)朔平府志[M].雍正十一年(1733)刻本.东方出版社，1994年李裕民点校.

三、当代论著

（日）寺田隆信. 山西商人研究[M].山西人民出版社，1986.

张正明.明清晋商及民风[M].人民出版社，2003.

黄鉴晖.明清山西商人研究[M].山西经济出版社，2002.

程光，李绳庆.晋商茶路[M].山西经济出版社，2008.

王俞现.中国商帮600年[M].中信出版集团，2011.

刘建生主编，张喜琴著.晋商百年 万里茶路[M].山西教育出版社，2014.

孙靖国.桑干河流域历史城市地理研究[M].中国社会科学出版社，2015.

丰若飞.清代榷关与北路贸易[M].中国社会科学出版社，2014.

刘振英主编.张家口历史文化丛书·兴盛的古商道[M].党建读物出版，2007.

李海林.明代大同镇边防体系研究[M].三晋出版社，2013.

孙辅智主编.晋商史料全览·大同卷[M].山西人民出版社，2006.

四、论文：

李孝聪.中国城市历史地理研究的思考.

全太锦.明蒙隆庆和议前后边境社会变迁研究.

师悦菊.明代大同镇马市的遗迹.

菅佩芬.明清时期大同城镇发展轨迹.

赵子彦.明清时期大同地区屯堡的历史变迁研究.

张连文.论明清之际大同地区卫所职能的转变.

韦占斌.明代九边设置时间辩析.

刘永军.晋商与山西城镇的发展变迁.

赵玉珍.明清时期长城沿线回民聚落的变迁.

冯汉卿.清代大同地区集市发展变迁研究.

余同元.明代马市市场考.

李江汉.明代大同镇现存砖包敌楼举例.

左宝.山西茶商.

孙靖国.清代榷关与北路贸易.

《古都大同六书》总序

大同是1982年2月国务院首批命名的24座历史文化名城之一，它与北京、南京、西安、洛阳、开封、杭州一样是以中国历史上的都城和文物古迹众多而入列的，这一批历史文化名城都是没有经历自己申报和层层审批，而是由专家学者提名并经国务院有关部门集体研究决定，然后经国务院批准颁布的。

历史文化名城大同的最大价值在于：

是中国古都之一，有着四百多年的建都史；

是民族融合之都，见证了中华民族的形成和发展；

是文化融合之都，见证了中华文化儒、释、道三大支柱的形成；

是中国佛都，北魏王朝在此创立了一系列的有关佛教的国家制度，包括僧官制度、寺院经济制度、寺院和僧尼管理制度，出现了中国最早的佛教社会团体——邑社组织；

是中国艺都，保留着中国古代北魏、辽金、元明清的原汁原味的建筑、雕塑、壁画、油饰彩画、北魏碑刻书法等艺术精品；

是中国古代丝绸之路起点之一，见证着中西文化的交汇融合；

是汇大古都、佛都、艺都、融合之都于一身，集王城、军城、府城、龙壁之城为一体的中国首批历史文化名城，它是公元4至5世纪屹立在世界东方的中国大古都城市，丝绸之路的东方起点！

它具有灿烂的历史，以秦汉名邑、北魏首都、辽金西京、明代王城、历代军镇在中华民族历史上留下了辉煌的篇章和丰厚的遗产。

历史文化名城机制的建立，其目的是切实保护好和利用发展好历史文化名城。如何保护好利用好发展好历史文化名城？这是摆在全国一百多座历史文化名城面前的一个重大的课题，也是至今仍未完全破解的一道难题。

2008年以来，大同市就“历史文化名城的保护与发展”进行了有益的探索：一是以“历史文化名城复兴"为目标,大力开展硬件建设;二是盘点历史文化家底,建立资料库,充分认识其历史文化价值,切实抓好软件建设;三是发挥历史文化资源优势,科学论证、合理利用,促进当地政治、经济、文化发展。在"名城复兴活动"之初,一是成立了专抓硬件的古城保护和修复指挥部;二是成立了专抓软件的古城保护和修复研究会。

2008 年 2 月以来的硬件建设,是以我国文物保护法律法规和有关国际文件为规范,以梁思成、罗哲文的中国古城古建保护理论为指导,以国务院 2006 年批复的《大同市 2006—2020 年城市发展总体规划》为蓝图而进行的。在硬件建设过程中,始终"秉持正确的保护理念,即保护其历史文化价值",努力达到"四保护"要求和"五体现"目标,即保护传统格局、保护历史风貌、保护空间尺度、保护依存环境,体现朝代特色、体现地方风格、体现礼义规制、体现形神兼备、体现文化价值。对文物建筑、历史建筑的修复,在具体做法上都坚持了"五原",即原形制、原规格、原工艺、原材料、原环境。自 2008 年 2 月起至今,是大同市保护和修复古城古建苦干实干的七年。这七年是大同历史上变化最大也是广大人民群众高度认可的七年。2010 年 5 月 10 日,时任国家文物局局长单霁翔在现场考察了正在修复的大同古城。他说:"上次看的是市内一些环境整治的情况,我觉得在大方向上是完全正确的。把历史文化名城的核心景区,具体说就是明代以来的古城,能够作为一个整体目标来进行展示,把旧城里的功能逐渐疏解,跨过御河进行新城建设。这是梁思成先生 60 年前所倡导的'跳出旧城建设新城'的观点,但是这种模式在国内很多城市中没有被采纳。现在越来越多的历史性城市认识到这是历史城区保护的必由之路,包括南京提出建设核心区、杭州提出建设钱塘江地区都是这个意图。在实施的动作与效果上,大同在这短短的几年里已经显现出来了。历史城区里只做减法,增加新城的磁力、吸引力。特别是把一些像医疗、教育等大型的公共设施和就业岗位往新城安排,使新城增加凝聚力,居民比较愉快甚至向往到新城,在改变居住条件的同时提升生活质量,现在看来效果已经初步显现。"

大同市在历史文化名城保护和发展的软件建设上,也进行了有益的探索:一是盘点历史文化家底,建立完备的历史文化资料库;二是不断深入研究,充分认识古都古城的历史文化价值;三是邀请全国著名专家学者科学评审研究成果,提出更好地利用和发展的真知灼见。

为了盘点清这座城市的历史文化家底,充分认识其历史文化价值,切实保护和修复好这一历史文化名城,激活和利用好其宝贵稀缺的历史文化资源,大同古城保护和修复研究会成立之初,便遵循"多调研、多建议,多服务、不干预"的原则,先后开展了以云冈石窟为核心景点的武周川石窟群大景区,以得胜堡为核心景点的新荣古长城古堡古屯大景区，以左云古城为核心景点的古长城古堡古屯大景区，以大同古城为核心景点的包括明堂、宫殿、苑囿遗址的京都大景区，以北岳恒山为核心景点的浑源古城大景区等的调查研究活动，为市委、市政府提出了书面建议。

作为一座历史文化名城，它的一条条古街古巷、一处处历史遗产、一件件出土文物和它在史书中的一段段文字记载，都是它十分珍贵的文化家底。大同市"盘清文化家底，建立完备的资料库"的软件工程，应该说这一任务的提出者是"文化守望者"冯骥才先生，也是他亲自率领一班人开始实施的。第一阶段的丰硕成果，便是由他主编、由商务印书馆出版的《中国大同雕塑全集》。它以云冈石窟卷、寺观卷、馆藏卷、民间建筑雕刻卷"四卷六集"的鸿篇巨制，收集整理了大同现存的最经典最有历史价值和地方特色的雕刻艺术。这部书的编采出版过程，就是盘点大同文化家底的过程。盘点是立体式的、全方位的：不仅有山体上的，垒在房脊上的，也有摆在台基上的，还有从地下出土的；不仅有皇家工程里的，还有民间建筑内的；不仅建立了雕塑艺术资料库，而且建立了建筑艺术资料库、壁画艺术资料库、油饰彩画资料库。第二阶段是从 2008 年 9 月开始的，是研究会选聘的未就业的大学毕业生左洁麓同志首先从《魏书》《北史》中摘录有关大同的史料。2011 年 6 月，研究会又借调了王丽、张燕、朱瑞江、李林叶等五位公益岗位的大学生，对大同区域相关史料进行摘要、分类、整理。先将二十四史分工，用时四年多初步完成了摘录任务。后在编纂过程中又结合了《明实录》、《清实录》、碑文、题刻、地方志书中的相关内容，不断充实完善，力求全面。2013 年初，编纂的《大同历史大事编年》《北魏平城分类纪事》就是由宋志强同志统稿又经编委会主任安大钧，编委古鸿飞、力高才、高平、葛世民、孙学武等审阅修改后成稿的。"古都大同六书"中的《大同——中华民族团结融合之都》，这一课题和书稿是研究会委托叶晓军、高钟、沈骅等教授共同研究起草，经编委会多次提出修改意见，又经中国社科院学部委员刘庆柱研究员和李毓芳、尹钧科、叶万松、王岗研究员等专家学者评审定稿的。《丝路起点——北魏平城（大同）》是由研究会王飞同志起草，经编委会多次提出修改意见，又经中国社科院学部委员刘庆柱研究员和李毓芳、尹钧科、叶万松、王岗、张庆捷研究员等专家学者评审定稿的。《佛都大同》是由研究会宋志强同志起草，经编委会多次提出修改意见，又经中国社科院学部委员魏道儒研究员和李建欣、周广荣、杨健、邓建新等专家学者评审定稿的。以上"五书"再加上已由杭州出版社出版的中国古都系列丛书《古都大同》，合称为"古都大同六书"。

大同面对"历史文化名城的保护和发展"这一重大而难解的课题，把抓硬件与抓软件紧密结合，始终"秉持正确的古城保护理念，即切实保护好其历史文化价值"。硬件建设为软件建设提出保护和修复的急须解决的问题，软件建设为硬件建设提供保护和修复的重要依据。对华严寺、关帝庙、文庙、帝君庙、纯阳宫、代王府、古城墙等古迹的修复,对云冈石窟周边环境的治理,都是请专家学者论证并提出尽可能多的历史文化信息及可参照的遗存依据。大同古城保护和修复研究会虽然是务虚的参谋服务机构,但在古城古建修复中却担负起了整体策划、协助设计、施工指导、艺术监理的重任。

大同古城保护和修复研究会在盘点清楚历史文化家底,建立完备的历史文化资料库,加强历史文化研究,认清其历史文化价值,为制定保护发展规划提供依据的同时,还着眼于当前和长远的发展,多次邀请、组织全国著名专家学者共同研讨历史文化资源利用和促进统筹、协调和可持续发展的问题。正如习近平同志所讲的:"要系统整理传统文化资源,让收藏在禁宫里的文物、陈列在广阔大地上的遗产、书写在古籍里的文字都活起来。"

2012年9月13日,邀请国内著名专家学者就《大同——中华民族团结融合之都》课题研究成果进行评审,并就这一历史文化资源如何保护和利用进行了研讨。

2014年8月11日,召集我市专家学者,与我市文物、规划相关部门领导一道,在充分认识古都大同历史文化价值所在的基础上,就如何做好我市新一版历史文化名城保护和发展规划这一议题展开了深入细致的研讨,出台了《关于大同历史文化名城保护和发展的研究报告》,为我市历史文化名城保护规划的编制奠定了思想和理论基础,也为当前和今后的长期发展提出了意见和建议。

2014年11月7日,邀请国内专家学者,就《丝绸之路平城(大同)起点》课题研究成果进行评审。同时,就大同融入国家"一带一路"发展规划、参与丝绸之路经济带建设进行研讨。

2014年12月13日,邀请中国社科院学部委员魏道儒、《世界宗教》杂志主编李建欣等专家学者就"佛都大同"课题进行评审;同时就大同佛教文化资源的保护和利用进行了研讨。

当前,我们研究会正在收集、整理、研究桑干河流域的古人类文化、多元一体的中华文明,拟与北京、河北、内蒙古有关省市联手共同研究桑干河(永定河)流域文化,促进大同融入京津冀一体化协同发展和环渤海经济圈。

本前言是"古都大同六书"的总前言,但却啰里啰唆地说了这么多。其目的就是为了介绍这个系列丛书编辑出版的大背景,也是为了说明我们研究会绝不仅仅是为了出版几本书。正是缘于此,我们研究会的工作才得到了全市广大人民群众的大力支持。这一次系列丛书的出版,就得到了满怀古都文化情结、积极支持名城复兴活动的大同银星金店有限公司、大同市阳光嘉业房地产开发有限责任公司、大同市万城房地产开发有限责任公司的慷慨资助。

《大同历史文化辞典》序

2008年，是值得大同人民永远纪念的一个年头。这一年，作为1982年全国首批24座历史文化名城之一的大同，正式把保护与发展的问题提上了重要议事日程。“一轴双城”——建设一座新城、保护一座古城的硬件建设开始在大同大地上轰轰烈烈地展开。

与此同时，系统研究大同历史文化的软件建设也全面展开：这一年7月成立的大同古城保护和修复研究会开始编撰《古都大同》《大同历史大事编年》《北魏平城分类纪事》《佛都大同》《民族团结融合之都大同》《丝路起点平城（大同）》，即“古都大同六书”。在编撰这六书的过程中，需要查阅不少有关历史文化的工具书，诸如《二十六史大辞典》等。但这些工具书都是站在全国角度上编撰的，具有全局性、概括性，对于一地一城来讲，就显得不具体、不详尽。因此，我们便产生了编辑一本《大同历史文化辞典》的想法，一方面为学习、研究大同历史文化提供工具，另一方面它自身也是宣传大同历史文化的阵地。

自战国时期赵武灵王建立平城以来，大同历史已有2300多年。综观大同历史，最辉煌的时期莫过于北魏首都、辽金西京、明朝王城、清代商埠这四个时期。编辑《大同历史文化辞典》涉及建城的2300年，但重点是最辉煌的四个时期。其类型可分为人物、事件、典章制度、名物、艺文、方域、民族、宗教、食货等。宋志强、关仲秀担负了选择条目和综合统稿的重任。《大同历史文化辞典》的编辑工作是一项浩瀚复杂的工程。定稿时，编委会成员安大钧、力高才、古鸿飞、高平等又进行了细心的审定。

在这里需要说明的是这里的“大同”，并非是现在行政区划中的大同。这个“大同”是指“北魏平城”时期的京畿地区、“辽金西京”的大同府地区，它涵盖了现在行政区划中的河北省张家口市和内蒙古自治区的部分地区及山西省朔州市。说明这个问题，是要避免一些误会：大同不是“手伸得太长”，也不是“无理扩张自己的地盘”。

《大同历史文化辞典》工程浩大、内容复杂，又涉及众多未有结论的研究成果，加之参与人员都是辞典编辑的新手，所以差错纰漏之处在所难免，诚请行家里手和读者批评指正。

是为序。

（2017 年 8 月 16 日）

《雁北历史纪事》序

“雁北地区”,按照辞典上的解释,是雁门关以北,内外长城之间的地区。它首先是一个地域概念,这个概念是何时产生,我推测肯定与雁门关设立的时间有关。它还曾是一个行政区划概念,最早与战国时期设立的雁门郡有关,最迟与1993年7月10日的中共山西省雁北地区委员会、雁北行政公署有关。随着雁北地委、雁北行署的消失,从行政区划的概念说,“雁北地区”已不存在。但从地域概念上讲,“雁北地区”还是存在的。在这个地区,现在就有了大同和朔州两个地级市。作者编撰的《雁北历史纪事》也就包括了这两个市的历史。如果从行政区划的概念上讲,雁北地委、雁北行署的历史,也就只能写到其消失之时。正因为如此,作者编撰的《雁北历史纪事》也就到1993年7月10日为止。目前,在此地虽有行政区划概念上的两市(实际上还应包括河北省张家口市部分地区),但在中国古代史中,自赵武灵王“胡服骑射”,在此地建立雁门郡和代郡开始,北魏平城时代同属京畿之地,隋唐两朝、辽金时期直至元明清,也始终难解难分。现在的大同和朔州两市(也应包括河北省张家口市部分地区),人同脉、水同源,同居一盆地,风俗习惯相近,有时你中有我,有时我中有你。因此,无论是修编志书,还是新撰通史,“越界侵权”之事,恐难避免。当前,为了提高知名度、发展文化旅游产业,一些地方往往用现在的行政区划对待历史文化,这应该说是违背历史事实的,是不妥的。

作者之一的古鸿飞(另一位是其女)和我是老同学、老同事。在山西大学,他是历史系62级,我是中文系63级,参加工作后又同在雁北共事28年,1993年7月后又同到大同市。他历史系毕业,又是当地人,对地方史研究颇有造诣。他的大作《雁北历史纪事》本可亲撰自序,或请史学大家撰序,但却请我作序。我深知自己学识浅薄、笔力难及,但对老同学、老同事又难以推却,故勉强为之。

雁北地区的历史,史前史久远辉煌,有文字记载的历史也灿烂夺目。此地旧石器遗址遍布,早在195万至177万年前,就有古人类在此繁衍生息,是东亚古人类起源地之一。

12.5 万年前的许家窑人，至今仍是英、美等西方国家和我国古人类学家共同关注研究的对象；生活在 2.8 万年前的峙峪人，已为现代人，它完善了古人类在此地演进的链条。

人常说，一方水土养一方人，一方人创造一方文化。此区域地处 400 毫米降水线、内外长城之间，是农耕文化与游牧文化的分界地，也是民族融合之地。特殊的地理位置、特殊的族群结构、特殊的都城史造就了开放包容、开拓创新的特殊文化，为中华文化的形成与发展做出了特殊的贡献，这也是中华文化博大精深、源远流长的重要原因之一。

我曾在《大同古城的历史文化价值》一文中说过，大同历史文化的最大价值在于：大同是中国九大古都之一，有着四百多年的建都史；大同是民族融合之都，见证了中华民族的正式形成；大同是文化融合之都，见证了中华文化儒、释、道三大支柱的形成；大同是中国佛都，北魏王朝在此创立了一系列有关佛教的国家制度，包括僧官制度、寺院经济制度、寺院和僧尼管理制度，出现了中国最早的佛教社会团体——邑社组织；大同是中国艺都，保留着中国古代北魏、辽金、元明清的原汁原味的建筑、雕塑、壁画、油饰彩画、北魏碑刻书法等艺术精品；大同是丝路起点之一，见证着中西文化的交汇融合；大同是汇大古都、佛都、艺都、融合之都于一身，集王城、军城、府城、龙壁之城为一体的中国首批历史文化名城，它是公元 4 至 5 世纪屹立在世界东方的中国大古都城市，丝绸之路的东方起点！大同有灿烂的历史，它以北魏京华、辽金西京、明代王城、历代军城在中华民族历史上留下了辉煌的篇章。其丰厚的历史文化底蕴是国内同规模、同类型城市中所罕见的。从地域概念上说，目前的大同是雁北地区的主要组成部分，它的历史文化价值理所当然地也是雁北地区的历史文化价值；从行政区划概念上讲，目前的大同和朔州两市（包括河北省张家口市部分地区）在历史上绝大多数时间就是一家，其历史文化价值如古都、佛都、艺都、融合之都等都是连在一起、难分难拆的。

雁北地区具有优秀的革命传统和爱国主义精神。闻名遐迩的是在抗日战争中，八路军首战平型关，震惊了世界，打败了不可一世的日本侵略军，振奋了全国人民的抗战意志。雁北抗日根据地是根据毛主席关于“布置恒山、五台、管涔三大山脉之游击战争”建立的最早的抗战根据地之一。战争年代，雁北大地造就了许多可歌可泣的英雄人物，他们的精神被人民代代传颂，鼓舞着年青一代。

雁北地区矿产资源，特别是煤炭资源十分丰富，大同煤田和宁朔煤田分布其中。此地生产的煤炭及其发的电，源源不断地供应全国，成为世界著名的能源基地。燃烧自己、奉献光热的煤炭品格，也是当地人开拓奉献精神的生动体现。

雁北地区人民不仅有优秀的革命传统，在社会主义建设时期，还充分展现了自力更生、艰苦奋斗的精神。“大泉山精神”就是生动体现。毛主席在《中国农村的社会主义高潮》

一书中，对《看，大泉山变了样子！》一文做了重要批示，要求全国各地要向阳高县大泉山学习，"用心寻找当地群众中的先进经验，加以总结，使之推广"。大泉山典型成为全国人民改天换地的榜样。20世纪50年代和60年代初，雁北地区人民响应党中央的号召，针对当地风沙肆虐、十年九旱、生态环境恶劣、严重影响农牧生产和群众生活的实际，开展了轰轰烈烈的植树造林运动。全国有了"南有湛江、北有雁北"的评价，其改天换地的业绩得到了国家的认可和全国人民的赞扬。

党的十一届三中全会后，全国进入了改革开放的年代。20世纪80年代初，雁北地区与安徽省滁州地区结为友好地区，虚心学习农村改革的经验，较早推行农村联产承包责任制，创造了新鲜经验，被全国誉为"南有广汉（属四川省）、北有雁北"。

《雁北历史纪事》一书，以编年体和纪事本末体相结合的写法，全面系统地介绍了雁北地区（包括现在大同市、朔州市、河北省张家口市部分地区）的历史文化，是了解雁北地区古代、近代、现代（至1993年）历史的知识性读本，内容丰富、资料翔实、文笔朴实、通俗易懂，填补了雁北历史这段空白，可读性也很强，值得一阅。

（2015年11月28日）

大同小档案：

1.1982年2月8日，获首批"中国历史文化名城"称号；

2.1984年12月15日，获首批"全国较大市"称号；

3.2000年，获第二批"中国优秀旅游城市"称号；

4.2010年9月，获"中国大古都"称号；

5.2010年9月，获"中国雕塑之都"称号；

6.2013年9月，获"2013最具生态竞争力的城市"称号；

7.2014年1月14日，获"国家园林城市"称号；

8.2014年2月7日，获国家能源局公布的第一批"新能源示范城市"称号；

9.2015年6月1日，连续第7次获"全国双拥模范城"称号；

10.2015年10月，获"中国避暑旅游城市"称号；

11.2015年11月6日，获"中国十佳运动休闲城市"称号。

附一

大同古城墙保护修复背后的故事

——古城墙合龙之际访安大钧主任

木子(李勇)

2016年11月18日,“注定是一个载入大同发展史册,彰显大同人们荣光的大日子、好日子、喜日子”(市长马彦平语)。上午11时许,随着3块铜质纪念砖在西城墙砌筑到位,最后一罐混凝土浇筑完成,省委常委、市委书记张吉福响亮宣布:大同古城墙全面合龙,护城河全线贯通。顷刻间,锣鼓喧天,鞭炮齐鸣,工地周围红旗招展,城墙上下一片欢腾。此时城墙合龙处一位老人喜极而泣,和张吉福书记、马彦平市长紧紧拥在一起,连说三个“谢谢”(事后他讲到三个“谢谢”的具体内容:一谢大同老百姓的支持与付出,没有他们的牺牲与奉献,没有老百姓的文化自觉,古城墙合龙是绝对做不到的;二要感谢耿彦波同志,没有他的慧眼识珠,没有他的胆量、魄力和实干,也是万万不可能的;三要感谢市委、市政府现任领导,没有他们纳民意,理旧账,一张蓝图绘到底,也是不可能的)。其实,我们在这里还应加一个“谢谢”,那就是感谢这位古稀老人——本文采访的主人公,大同古城保护的首倡者之一,原市人大常委会主任、古城保护和修复研究会会长安大钧,没有他较早提出古城保护并为之付出极大的心血,今天的古城墙合龙也是不可能的。为此,我们于城墙合龙的第二天走访了安大钧主任。

安主任年已七十有五,身患糖尿病、心脏病,近又被腰椎管狭窄所困,行走都有困难,但他仍早早地来到办公室,开始了他退而不休的忙碌工作。说起昨天城墙上感人的一幕,网上人们对老人的赞誉,老人连说失态了,太激动了。8年了,不,18年了,为了古城保护,为了城墙修复,老人家不知吃了多少苦,受了多少委屈,真是酸甜苦辣,五味杂陈,感情的闸门一旦打开,知心的话语便喷涌而出、一泻千里——

李勇:“安主任,您是什么时候想起要保护古城的?(古城保护的源起)”

安主任:“参加昨天那个隆重的仪式,我确实太激动了,因为城墙毕竟合龙了。今天说是8年,其实不是8年。当然,真正古城墙修复是从2009年开始的,是8年,但古城保护却得从1998年8月说起。那时候,我刚被选上人大常委会主任,包括王中一等一部分专家就来找我，说咱们也应该像平遥一样保护自己的古城。后来刚连任的副主任靳胥也积极向我反映这个事，也说要想办法保护古城。我后来想了想，这个古城应该保护，再不保护，这些资源就破坏完了。当时叫旧城改造，已经在古城搞了规划了，而且已经动手了，就是古城西南角教场街那一片，已经搞了一两个小区，叫福兴园吧，把历史街区和传统风貌都破坏完了。我说咱们这样吧，先调研，很好地调查研究一下。于是就组织人大的人搞调查研究，认为确实应该保护。大同两个资源，一个煤炭，一个历史文化。这个资源要想充分利用，必须保护。1998 年 8 月 20 日，大同市第十一届人大常委会第一次会议就做出了保护古城的决议。调研过程中，有人就问到，城墙这么破破烂烂，你保护它做啥？我说这是一块历史文化资源，这个资源很有用，现在已经把包砖扒掉了，咱们不能再把夯土层破坏了，再破坏就怎么也弄不起来了。说这有啥用呢？我说肯定有用，将来遇到个开明（懂得其价值）的领导来，这个东西绝对是有用的，看看平遥古城、西安古城墙，就知道那肯定是有用的。从那个时候直到现在，就是 18 年了。"

李勇："这么说在耿市长来大同之前，就已开始了古城保护？"

安主任："对，古城保护大致可分为两个阶段，以 1998 年市人大做出保护古城的决议到 2008 年耿彦波来大同前为第一阶段。我当人大常委会主任十年，一上台出了一个古城保护的决议，2008 年下台前又做了个古城保护修复的决定。1998 年保护古城决议中最重要的一句话就是在未拿出古城保护规划之前，古城内所有的建设活动一律停止。这是最硬气的一句话，你不能在古城盖 6 层楼了，不能再破坏历史文化街区和古城的传统风貌了。"

李勇："安主任，第一个保护决议之外还有个古城保护条例吧？"

安主任："对，那个时候人大保护古城分三个步骤，第一步做了上边说的这个决议，紧接着第二步，就是制定古城保护条例。1998 年一做决议就马上决定搞立法调研，制定法规。不弄成法规，它的规范性、强制性就不够。"

李勇："而法规就有更强的法律效力了。"

安主任："因为立法不是一下就能拿出来的。一开始让政府拿出个方案，不行，我们自己又重来。当时还在全国最早搞了立法听证会，那个时候还不时兴这个，我说要不搞个听证会吧，听听政府的意见，听听群众的意见，听听专家的意见。由第一副主任王兴祥分管，搞了几次立法座谈会、听证会。经过一年的努力，2000 年初，省人大就批准了《大同市古城保护条例》。这以后是第三步，制定古城保护规划。从 2001 年开始编制大同市城市总体规划和古城保护规划。那个时候，我记得清清楚楚，提出要保护一个古城，要分流人口，就必须建设一个新的城市，叫河东新区。耿彦波来了，把它改成御东新城。那个规划直到 2006

年国务院才批准。历史文化名城、较大城市规划必须经国务院批准。批准的是一个总规，附带一个历史文化名城保护的专项规划(2006—2020年),现在还实施的了。三步走,从1998年做决议,到2006规划批复,形成了一个完整的保护体系,因此我把这一阶段概括为依法保护的十年。”

李勇:“耿彦波2008年来后,古城保护进入了第二阶段——修复古城阶段。”

安主任:“对,谁也没有想到从1998年到2008年,经过10年的时间,终于等来了耿彦波当市长。我记得他是那年2月6日来的,先任的代市长。他提出要保护修复古城,正月初三,实际在过年前就和我商量过,说‘安主任,你能不能给组织一批人,咱们正月初三开个座谈会,研究保护修复古城’。实际上,耿彦波来之后,就已经把古城转遍了。在这种情况下,我就组织了大同地方对大同历史很有研究的一批专家,像殷宪、力高才、姚斌、古鸿飞、高平、葛世民等。包括赵一德,1998年他还在呢,等等吧,专家太多了!而且还吸收了一部分年轻的专家,像张焯、曹臣民等。座谈会上,耿彦波就让大家讨论怎么保护修复,其中就谈到城墙。那次会上,耿彦波说:‘安主任,咱们能不能成立个组织。’我说可以。2008年8月,我已任够两届人大常委会主任,届满退休,耿彦波就跟我说:‘安主任,你能不能给咱们当总指挥,来修复古城。’我说不能,退休了就不能再管人、财、物方面的事。我可以成立一个学术组织,做一些保护修复的研究性工作。当时,看到杭州有个历史文化名城专家委员会,所以就成立了这么个组织(古城保护和修复研究会),为保护修复古城做参谋、咨询、助手工作。当时制定的工作原则就是‘多调研、多建议,多服务、不干预’。耿彦波说安主任这12字的工作原则充满了政治智慧。我说这不是政治智慧,是党的规矩,老人不得干政。在这个过程中,有个事情很重要,这就是下台的时候,又做了个古城修复的决定。事情的缘起是这样的,当时政协也很重视古城保护与修复,他们给市委上了个提案,就是要保护修复古城,时任市委主要领导就批给我了,因为他知道人大做过一个保护古城的决议,他说能不能再做一个保护修复古城的决定。我觉得有道理,就和耿彦波商量,有这么个批件,咱们还应该做一个决定。有什么好处呢?一个这就成了组织行为,人大决定,政府执行,就是将来有什么问题也好说话,这是人大做的决定,能给你起一个保驾护航的作用。当然也有一个约束的作用,这个决定政府必须执行必须做。你当市长是自愿做,别人当市长也要做。这个时候,国务院的历史文化名城保护条例也出台了,做这个决定的时候,就遵循了国务院《历史文化名城名镇名村保护条例》。”

李勇:“那咱对古城是按什么原则进行保护的呢?”

安主任:“保护修复的决定里提出了‘整体保护、重点修复、科学规划、分步实施’的十六字总原则,‘整体保护、重点修复’,就是标志性建筑要修,比如城墙是古城的标志,那就必须修。在决定中修复啥只占了一部分,那时候为了不给政府太大压力,要求不是很严格,任务提得也不是很多,决定分步走,第一步做什么,第二步做什么。实际上耿市长干的比这个还快、还多。那时候古城修复定下 11 项工程,先修的是关帝庙,后来华严寺等依次都修了。耿市长的进度特别快。是按‘四原’(原形制、原规格、原材料、原工艺)修复的,中国古建筑的文化内涵都还在。”

李勇:“听说您在耿彦波来大同前就认识他。”

安主任:“对。那是 1995 年中组部和省委组织部决定让一部分领导到德国接受社会市场经济的培训,当时太原市委副书记金银焕担任团长,我作为大同市委副书记担任副团长,带了 30 多人,大部分是厅级干部,也有一部分是县委书记和县长。耿彦波当时是灵石县县长,一起去的。再加上当时晋中地区的书记和专员都和我是同学,都给我介绍过耿彦波。他们都特别重视历史文化,在他们手里修了平遥古城和那么多大院,现在晋中文化旅游发展全省最好,就是在他们手里打下的基础。我当时下决心弄古城保护,其中一个重要原因,就是想大同有这么丰富的历史文化资源,搞得反而不如晋中,觉得说不下去。总之,我和耿彦波一块干了五年,他是白加黑,我也差不多。他是一天没休息,我也是。但他是干实的,我是务虚的。古城保护须要研究,须要寻找历史信息、历史依据。也应他的要求参与了一些实际工作。他说他实在忙不过来,就让我、殷宪、张翁、王彤和王飞去参与雕塑、壁画、油饰彩绘等艺术性较强的方面的事前设计审查、事中艺术监理和事后评审等工作。也包括古城墙。”

李勇:“那古城墙您们是怎样研究保护的?”

安主任:“咱们是进行了非常认真的研究的。当时有各种各样的意见,包括有人说古城墙用大玻璃罩子罩住,咱们不同意这个意见,这里首先要处理好保护、修复与利用的关系。当时,我特别强调,保护、修复、利用这三个环节哪一个都必不可少。首先要保护好。另外要修复好,修复也是为了利用,不利用的东西存不住,有句俗话叫‘有用才有命,有为才有位’。文物古迹你不合理利用的话,很快就衰亡了。正是有用,人们才爱护它呢。我记得当时争议也比较大,尤其是城墙到底怎么修,因为有几个难题,最大的一个是南小城到底怎么修。你知道明代的南小城南边要到原来财政局和现在的百盛那个位置。现在还留着南关东西两边断续的城墙。后来我们商量要是真按原来南小城修的话,那城南就要打断两条主干道,一个是现在的北都街,关键还要把迎宾街打断,这个损失就太大了。最后说那就把关城缩小,这是经过反反复复考量弄的。你说没按原规格,确实是,但历朝历代修东西必须和当时实际结合起来,包括明朝徐达修大同城,不可能不考虑当时的实际情况。

再一个,古城墙要包砖,把里面最珍贵的夯土层保护好。因为咱这个古城墙夯土层的考古证明里头有好几个朝代的文化元素,有秦汉的,有北魏的,有辽金的,还有明代的,是非常珍贵的。这个问题怎么处理,不包不好保护,包了看不到怎么办,人家说你是个赝品,是新建的假城墙。这个问题咱们也考虑到了,就是在古城墙中留了 11 个观测点,其中最大的是西城墙的观测点,那是三个朝代的,一般人都不看那个,其实那是最珍贵的。大同古城墙最有价值的是夯土层而不在包砖,包砖是明代包的,作为北魏都城的夯土层还在里面呢,所以夯土层要有展示的地方,包括北城墙中国雕塑博物馆两头,都可以看到夯土层,大的观测点就有五六处,这就解决了这个问题。

此外,咱们在夯土层的保护上还有另外两种模式,一种是文瀛湖公园里那个古堡,外面包砖,里面露夯土,拿水泥框架弄上,中间展示夯土层;另一种是操场城,砖包半截墙,两边包砖,上面露着,但终究风吹雨淋日晒,还是要毁坏的。我们是主张文瀛湖那种模式,但那是有基础条件的,就是人家那个夯土层连接得非常好、比较完整。

还有就是展览馆压在城墙线上,怎么办?有人说,展览馆是文物,不能拆了。后来大家一致认为确实不能拆,最后耿市长提出平移展览馆。现在看,平移了展览馆,恢复了古城墙,两全其美。

还有一个重要的问题是断了的城墙怎么修?在里面筑夯土呀,还是拿水泥框架把它再连接起来。关于这个问题耿市长见得多,提出就采取西安的模式,凡是夯土断了的城墙,就用水泥框架,把这个里面的空下,将来作文化场所,现在的和阳美术馆啦,雕塑馆啦,包括西城墙里面,等等。这就留出了可以利用的空间。如果现在再夯土,费工又费事,还不能利用。

总之,咱们古城修复是非常讲究的,比如望楼、箭楼、乾楼、洪字楼、角楼等的修复,都是砖木结构,都遵循了"四原"修复原则。城楼修好后,牌匾怎么弄,楹联怎么弄,都是古城保护和修复研究会要认真研究落实的事。"

李勇:"记得最开始修古城墙,一年就拿下了东城墙,以这样的速度,四面城墙,用四五年时间应该很快就合龙了吧。"

安主任:"对,以最快的速度修复了东城墙,9 个月,创造了大同精神、'耿彦波速度'。后来慢在南城墙,不但有瓮城、月城,还有耳城、关城,工程量特别大,任务又艰巨,所以拖长了时间。"

李勇:"一句话怎么总结那五年?"

安主任:"我和耿彦波开玩笑:'跟你的那五年是忙且快乐着。'天天在工地上,有一年天冷得特别厉害,我穿上皮袄,和他两个人上华严寺文殊阁,又上了那个木塔,烧的炉子,烟冒得通通的，烟笼雾罩，在霾烟里呛得气都透不过来，一出来，吐的痰是黑的，把我那个新皮袄熏得到现在都擦不下去。苦点累点，但心里是甜的。最麻烦的是人际关系上，18 年了，咱是一心一意保护古城，免不了和人据理力争，而且争论的对象都是比我权力大的领导。我是个从来不为难别人，更不想给别人带来伤害的人，是个既坚持原则，还不愿得罪人的矛盾综合体，结果还是得罪了人，想到此心里不禁酸楚。”

李勇：“说了这么多，可以得出个结论，您就是古城保护的首倡者之一吧。”

安主任：“其实一部分基础工作是大同一些老专家督促我的。我当然也有这个意识，这里特别感谢王中一等等许多老同志，包括古城保护研究会一些老同志，没有他们的意见和建议，我不会那么重视古城保护的，但我毕竟是牵头人，我要不带头做决议决定，不带头提出制定法规，肯定也弄不成。但我是个务虚的人，人家耿彦波才是务实的人，是把蓝图刻印在大地上的人。”

李勇：“从古城保护决议说起，您干了那么多实事，怎么不是务实的？您也是个实干家。”

安主任：“可以说我是在纸面上做文章的，是纸上谈兵的。耿彦波是在大地上做文章的，是干大事实事的。这不一样，他的功绩都刻印在大同的大地上。没有耿彦波，就没有大同今天这个变化，我和耿彦波关系非常好，今天上午还通了电话，我说：‘我知道你出国去了，应该说昨天上午的合龙仪式你最应该参加。’他说他不能参加。从走了就再也没有回来过。我和他伤心的事太多了，想起来都要哭的。他说我是他的知音，我说：‘高山流水遇知音，我们互为知音。我原来的想法都是在你手上实现的，梦想成真，我是追梦者，微不足道，你才是真正让我们实现梦想的人。’”

李勇：“这两年您怎么概括？”

安主任：“张吉福书记来了之后，我是忙且激动着，尽管现在腿不好，不能出去，每天就在办公室忙，整整一年查找万里茶道的资料，想着怎么拿出充分的证据证明大同古城就是万里茶道的重要节点城市。万里茶道一旦弄成世界遗产，咱古城也就成了遗产点，加上原有的云冈石窟，咱大同就有了两个世界遗产(当然还包括长城)。这不一定能成功，但我们要向那个方向努力。”

李勇：“当年古城保护最初哪会想到有今天的城墙合龙，不是也梦想成真了吗？这个也一定能！”

安主任：“这是说了忙，还没说为什么激动着。你看张书记这一年零三个月干了多少难办的事，联通大楼的搬迁，和平里的拆迁，26 层宇鑫大厦的“山西第一爆”，四套班子过御东，隆重开业的方特娱乐城，这都在继续完成着一轴双城的宏伟规划，实现着一任接着一任干，一张蓝图绘到底的夙愿，这怎能不令我兴奋激动？我感谢他们，也祝福他们，最后也祝愿大同的明天在他们的领导下会更加美好！”

（刊载于2017年第1期《大同今古》）

附二

大同是实至名归的大古都

——本报记者专访中国古都学会副会长、大同古城保护和修复研究会会长安大钧

《山西晚报》记者　郭斌

新闻前缀:2010 年 9 月 19 日至 2010 年 9 月 22 日，中国古都学会 2010 年年会在历史文化名城大同举行。来自全国各地的学者相聚在这里,经过实地考察、学术研讨,就古都大同的历史文化内涵、在中国古都中的地位以及文化遗产保护与利用,达成了共识。专家们普遍认为,古都大同是 1982 年国务院批准的第一批 24 座历史文化名城之一,有着数百年的建都史,在中华民族和中华文化的形成与发展中有着重要的贡献,是民族融合的大平台,是中国都城建设的重要里程碑之一。大同作为我国历史上主流王朝北魏的国都、辽金的陪都,拥有丰富的都城文化内涵,以其在中国历史发展中的重要地位,堪跻中国大古都之列。

“常务理事会讨论中提出,古都大同以其在中国历史发展中的重要地位,堪跻中国大古都之列。” 2010 年 9 月 22 日下午,在大同举行的中国古都学会全体理事会议上,当大会以热烈掌声通过《大同古都文化保护与发展宣言》时,会场上一位华发老人听到这段话后,疲惫的脸上露出了欣慰的笑容。

这位老人就是大同古城保护和修复研究会会长安大钧,让古都大同的历史地位和独特价值为世界重新评价认识,并让大同跻身中国大古都之列,是他近年来的最大心愿。在这个社会团体任职之前,安大钧的身份曾经是大同市市委副书记和大同市人大常委会主任。1998 年 7 月,他由市委副书记转任大同市第十一届人大常委会主任。上任一个多月,他就与常委会组成人员一起顶着重重压力在市第十一届人大常委会第一次会议上做出了《保护大同古城的决议》,1999 年又制定了《大同古城保护条例》。2008 年 7 月,在他任期届满的大同市第十二届人大常委会最后一次会议上,又按照市委的要求和根据市政府的专项工作报告作出了《保护和修复古城的决定》。从领导岗位退下来后,他应市委、市政府主要领导之邀，出于对古都大同的无限热爱又担任了大同古城保护和修复研究会会长。从此他潜心研究大同的都城史,和大同市一批老专家首度提出“大同堪为大古都”的

命题，之后为之努力并倾注巨大心血，使“大同是中国大古都”这一命题逐渐为一些专家学者所认可。在大同最终实至名归地跻身中国大古都行列后，本报记者就以大同在中国古都史上的重要地位和特殊价值为主要内容进行了专访。

郭斌：“退下来之前，您是大同市人大常委会主任，之后担纲组建大同古城保护和修复研究会并亲任会长。从官员到社会团体的负责人，您带着一种什么样的情感完成了这种角色转换？”

安大钧：“文化遗产延续城市的记忆，是一座城市的文化基因，是城市特色的重要体现。一个城市历史积淀越深厚，文化遗产保护得越好，城市的个性就越强，品位就越高，特色就越鲜明。正是基于这样的认识，大同市开始了名城复兴战略。在这个进程中，无论是政府官员、专家学者还是普通市民，都担当着相同的使命。作为一个在雁北和大同市担任市级领导职务近二十年的老同志，更应该为大同人民再做点事。”

郭斌：“您提出‘大同堪为大古都’的初衷是什么？”

安大钧：“在生活中有这么一种人，能干、老实、有作为、贡献大，但其的地位重要就是得不到社会的承认。大同就是这样，历史上和中华人民共和国诞生后都做过很多贡献，但都得不到足够的承认。可是我们自己不能忘掉历史赋予大同的深厚啊，自己都不重视怎能奢求别人？所以，当我们上下一心开始名城复兴战略后，自然也就引来外界的关注。去年中国古都学会一位副会长给市委书记丰立祥来信说，古都学会想在大同开一次学术年会。他把信转给了我，想让我们研究会提出意见。我们研究会觉得这是个难得的机遇，同意了中国古都学会在大同召开年会的意见。市长耿彦波对此高度重视，决定以市人民政府的名义主办这次会议。之后我们多次邀请全国著名专家分五批到大同实地考察、研讨座谈，对古都大同的历史进行研究，众多专家学者越来越肯定了大同就是大古都的这种说法。”

郭斌：“那么，在大古都这个考量范畴内，大同这个‘好人’好在哪里？大同具备入列大古都的哪些条件？”

安大钧：“我想先说明一点。关于‘中国大古都’，我国政府及其所属部门没有对此定过标准，也没评定审批过。‘中国大古都’是一个学术称谓，是学术界和社会的一个认可、一种承认，不像‘历史文化名城’和‘全国较大城市’称号需要国家有关部门审查批准。国家没有赋予任何一个学术团体审批‘中国大古都’的权力。中国古都学会对‘大古都’的认可，仅仅是学术上的承认而不是审批，所以没有做什么决议、决定。

关于中国大古都，中国古都学会有这样一个学术标准：应是中国历史上主流（或主体、主干）王朝或政权的都城；有着较长的作为都城的时间，一般而言应在200年以上；有着相当大的城址规模；在其遗址上或近旁存在后续城市，且应是国家级或较高级别规格的区域性的政治、经济、文化中心。

按照这个标准，我们衡量一下大同：首先，大同是第一个由少数民族入主中原建立的主流王朝的都城，也就是北魏平城，还是辽和金的西京。其次，大同有着较长的作为都城的时间，北魏在此建都 97 年，之前作为大代的南都 63 年，作为北魏初的南都 12 年，作为迁都洛阳后的'北京'48 年，作为辽和金的西京 190 年，前后共 410 年。再次，它有着相当大的城址规模，史书记载和考古发掘证明，北魏平城如加上周边的东、西、南、北四苑，那就比现在的大同市区还要大许多。最后，在它的遗址上或近旁存在大的后续城市。大同作为城市自赵武灵王建城以来，至汉平城、北魏平城，至辽金西京、明清大同镇，至今，其城址从未发生过位移，城市的南北中轴线始终未变。这在我国众多古都中是少见的。当今的大同是国务院首批批准的全国十三个较大城市之一，是山西省的第二大城市，如按人口计算则是特大城市。这四个方面说明，大同作为大古都是符合中国古都学会制定的学术标准的。"

郭斌："与其他中国大古都相比，大同的独特价值在哪里？"

安大钧："作为国务院首批批准的 24 座历史文化名城之一的古都大同，自北魏建都平城至今已经 1600 多年了，但仍保存着丰厚的古都历史文化遗存，体现着皇城气象。它有体现佛教政治化、本土化，体现中外文化、汉夷文化相融合，体现北魏前中期政治、经济、文化生活的云冈石窟；有体现北魏皇帝皇后陵寝文化的北魏金陵、方山文明太后陵；有体现北魏礼制文化的明堂遗址；有体现北魏宫城文化的平城一、二、三号遗址和灵泉宫、灵泉池遗址；有承载着儒、释、道三教合一的北魏遗存北岳恒山悬空寺；有汉、北魏、隋唐、辽金、明清多个历史文化层叠加的古城墙；有梁思成先生考证、测绘并高度评价的辽金西京的古建筑善化寺大雄宝殿、天王殿、普贤阁和华严寺薄伽教藏殿、大雄宝殿；有明朝代王府九龙壁、广智门和宫殿遗址，还有从众多北魏、辽金墓葬中出土的国家一级文物。市区、市郊就有国家重点文物保护单位七处。作为北魏京华、辽金陪都和明代亲王主政的重镇的大同，有着这么多的古都文化遗存，这在我国古都包括现有八大古都中都是少见的。"

郭斌："大同在中国历史上的贡献有哪几方面？"

安大钧："大同是民族融合的大平台。大同地处塞上，历史上是少数民族和汉族杂居之地，是游牧文明与农耕文明交汇融合之处。研究中国民族融合史的专家、学者普遍认为，历史上的民族大融合共有四次，分别发生在春秋战国、魏晋南北朝、辽金、明清。前三次大同都是大平台，后一次也与大同有关。大同是改革创新的大舞台。余秋雨先生说，'大唐从北魏走来’。北魏孝文帝改革是中国封建社会三次意义重大改革之一,改革使比较落后的游牧民族加入先进制度行列,同时也为汉民族输送了新的血液。从制度上说孝文帝改革所奠定的北魏乃至北朝是一个板块,这个制度板块基本上为隋唐所因袭。大同是都城建设的里程碑。北魏平城建设中许多重要规制和设计理念,影响到北魏洛阳、隋唐长安的都城建设,甚至波及域外的日本、新罗。目前,大同的城市框架基本保留了古都的概貌,为中国学术界对古都研究提供了珍贵的样本。两院院士、著名城市规划建设专家周干峙在评价北魏平城时说,公元 5 世纪初,北魏平城的规划建设曾在世界上独领风骚。平城时代积累的比较完备的规划理念及方法,对于我国后来规划建设的北魏洛阳、隋唐长安、元大都和明清北京城,都产生过深远的影响。古都大同还是中国文化发展的一个重要环节。在中国传统文化发展进程中,儒、释、道三教的相互融合占有突出的位置。以北魏平城为中心的佛教发展,促进了儒、释、道三教的激烈碰撞和融合,为中华文化的多元化发展起到了承前启后的重要作用。特别是它遗留下来的古代佛教艺术珍品,无论是北魏云冈石窟的五万多尊石刻,还是辽金华严寺、善化寺的彩绘泥塑,都是旷世精品,是大同古都文化的重要组成部分,是中华民族文化独特的结晶。梁思成、林徽因、刘敦桢、郑振铎、冰心等大师分别在 20 世纪三四十年代对大同进行了认真细致的考察,对大同的建筑艺术、雕塑艺术、壁画艺术和油饰彩绘艺术都做出了极高评价。中国文联副主席冯骥才先生更是认为,大同雕塑是一种艺术的极致,应被认定为国家乃至人类的文化遗产。大同还是军事防御的大前沿。自古有‘三控燕晋之要冲,为边陲之屏蔽’‘屹为要区’的说法。

一座城市,其历史地位取决于它所取得的成就,取决于它对人类、对世界的贡献。作为古都、佛都、艺都、军都、融合之都、改革之都的大同,特殊的地理位置、特殊的人类族群、特殊的历史成就和贡献,决定了它的历史地位和特殊价值。”

郭斌:“学界曾有这样的观点,作为一个民族实体,创建了北魏王朝的鲜卑族已经不存在,对作为北魏王朝都城的大同入列中国大古都存有异议,您对此怎么看?”

安大钧:“建立北魏王朝的鲜卑族,是一个主动把自身融入中华民族而为中华民族的形成做出过巨大贡献的伟大的民族。我们应该站在中华民族的立场上,站在中华文化的立场上,看待拓跋鲜卑主政中原的北魏,看待契丹、女真主政中原的辽、金,放弃重汉轻夷、重中轻边的观念,放弃封建正统思想。无论是科学的基因分析,还是全面的肤纹考察,纯种的汉族已不复存在,你中有我,我中有你,这是历史演进的必然!中华文化博大精深,中华文明生生不息,因为它是多源汇流的。尧与舜、华与夏、汉与夷的融合,农耕文化与游牧文化的融合,儒、释、道三教的融合,才造就了五千年不朽的中华文化。这就是中华文明与古印度、古埃及、古巴比伦文明的根本差异。全面、客观、科学、准确地看待历史,才能得出令人信服的结论!

大同是个大古都,这是对它巨大贡献的回报,是对它应有的名分的承认,也是对最伟大、最具有牺牲奉献精神的拓跋鲜卑的奖赏! 大同是大古都,而且是特殊的、具有重要意义的大古都,是名实相符、实至名归的大古都! ”

郭斌:“河南安阳在加盟大古都之前,人们只知殷墟,只知甲骨文,很少有人知道安阳。戴上‘古都’的‘皇冠’后,安阳开始在全国乃至世界范围声名鹊起。大同成为大古都后,对城市的未来会有多大影响? ”

安大钧:“中国大古都这张名片,对提高大同的城市影响力具有非同凡响的意义。它不仅好听,而且实用,有了它,大同人又多了一份自豪感,城市又多了一些大气魄、软实力,发展又有了一个新动力、新支撑。作为大同市民,我们有理由来爱护保护自己生活的这座城市,提升它的品位。”

郭斌:“目前,我国城市化正处于加速发展时期,文化遗产保护处于严重困难时期,许多历史文化名城、古都城市建设,依然采用‘旧城改造’,即拆除旧城区改建为现代化新城区的建设模式,不可避免地对文化遗产造成严重损毁。您认为大同在古城保护过程中,在走着一条什么样的路子? ”

安大钧:“大同在古都文化保护与发展中有明晰的工作思路:‘一轴双城, 分开发展;古今兼顾,新旧两利;传承文脉,创造特色;不求最大,但求最佳。’这正是郑振铎、梁思成先生当年提出的避开文化遗产建设新城区以保护文化遗产的城市设计、规划理念的具体体现。大同在古都文化保护中有科学的运作方法。文化遗产保护工程包括云冈石窟周边环境的治理,许多历史建筑和历史街区及古民居的修复,都是有历史依据并经过专家研讨、论证过的;工程的规划与设计都是全国、全省著名专家的智慧结晶。修复工程努力按照中国传统样式并体现了其初创时代的建筑特点,利用传统设计、传统材料、传统工艺、传统结构,修旧如旧,这些具体做法保证了文化遗产保护和修复工程的科学性。

在这次中国古都学会的年会上,大同摒弃‘旧城改造’建设模式,采用避开旧城、异地建设新城区的做法,被与会专家、学者称之为城市建设的‘大同模式’。这种模式如果不断加以完善,必定能给全国各古都城市和历史文化名城的保护和建设工作以借鉴,从而极大地推动我国城市化进程中文化遗产的科学保护和合理利用,使城市更具个性、更有特色、更富魅力、更宜居住,让人民的生活更美好! ”

附三

历史底蕴深厚　晋商印记长留

《山西晚报》记者　王晋飞

今天,获得首批中国历史文化名城盛誉的大同市,掀开了它崭新的一页:天下大同,群贤毕至!大同市国际同商总会即将揭牌!记者走进大同,请中国古都学会副会长、大同古城保护和修复研究会会长安大钧先生讲述大同那些鲜为人知的前世今生。

一、历史文化名城的桂冠名副其实

7月20日,在大同古城保护和修复研究会堆满书籍的办公室里,75岁高龄的安大钧精神矍铄。这位曾经担任大同市委副书记和大同市人大常委会主任的老人,说起大同情真意切:"获批全国首批历史文化名城,大同名副其实。"他掰着手指头历数大同的历史价值:大同是中国大古都之一,有着四百多年的建都史;大同是民族融合之都,见证了中华民族的正式形成;大同是文化融合之都,见证了中华文化儒、释、道三大支柱的形成;大同是中国佛都,北魏王朝在此创立了一系列的有关佛教的国家制度,包括僧官制度、寺院经济制度、寺院和僧尼管理制度,出现了中国最早的佛教社会团体——邑社组织;大同是中国艺都,保留着中国古代北魏、辽金、元明清的原汁原味的建筑、雕塑、壁画、油饰彩画、北魏碑刻书法等艺术精品;大同是丝路起点之一,见证着中西文化的交汇融合;大同是汇大古都、佛都、艺都、融合之都于一身,集王城、军城、府城、龙壁之城为一体的中国首批历史文化名城,它是公元四五世纪屹立在世界东方的中国大古都城市,丝绸之路的东方起点!大同具有灿烂的历史,它以秦汉名邑、北魏首都、辽金西京、明代王城、历代军镇在中华民族历史上留下了辉煌的篇章。其丰厚的历史文化底蕴是国内同规模、同类型城市中所罕见的。

二、大同是实至名归的大古都

如果说，1982 年大同获批全国首批历史文化名城是因为它厚重的历史底蕴，那么，它又是凭借什么优势在 2010 年 9 月 22 日跻身中国大古都之列的？

安大钧老人的思绪回到了十几年前。“1998 年 7 月，我从市委副书记转任大同市第十一届人大常委会主任。上任一个多月，我就与常委会组成人员一起顶着重重压力，在市第十一届人大常委会第一次会议上做出了《保护大同古城的决议》。1999 年，又制定了《大同古城保护条例》。2008 年 7 月，我任期届满，应市委、市政府主要领导之邀，担任了大同古城保护和修复研究会会长，开始研究大同的都城史，和大同市一批老专家首度提出‘大同堪为大古都’的命题。”

老人坦言，关于“中国大古都”，我国政府及其所属部门没有对此定过标准，也没评定审批过。“中国大古都”是一个学术称谓，是学术界和社会的一个认可、一种承认，不像“历史文化名城”和“全国较大城市”称号需要国家有关部门审查批准。国家没有赋予任何一个学术团体审批“中国大古都”的权力。中国古都学会对大古都的认可，仅仅是学术上的承认而不是审批，所以没有做什么决议、决定。

关于“中国大古都”，中国古都学会有这样一个学术标准：应是中国历史上主流（或主体、主干）王朝或政权的都城；有着较长的作为都城的时间，一般而言应在 200 年以上；有着相当大的城址规模；在其遗址上或近旁存在后续城市，且应是国家级或较高级别规格的区域性的政治、经济、文化中心。

老人打开厚厚的一摞手稿，一边翻阅，一边介绍：首先，大同是第一个由少数民族入主中原建立的主流王朝的都城，也就是北魏平城，还是辽和金的西京。其次，大同有着较长的作为都城的时间，北魏在此建都 97 年，之前作为大代的南都 63 年，作为北魏初的南都 12 年，作为迁都洛阳后的“北京”48 年，作为辽和金的西京 190 年，前后共 410 年。再次，它有着相当大的城址规模，史书记载和考古发掘证明，北魏平城如加上周边的东、西、南、北四苑，那就比现在的大同市区还要大许多。最后，在它的遗址上或近旁存在大的后续城市。大同作为城市自赵武灵王建城以来，至汉平城、北魏平城，至辽金西京、明清大同镇，至今，其城址从未发生过位移，城市的南北中轴线始终未变。这在我国众多古都中是少见的。当今的大同是国务院首批批准的全国十三个较大城市之一，是山西省的第二大城市，如按人口计算则是特大城市。这四个方面说明，大同作为大古都是符合中国古都学会制定的学术标准的。

作为国务院首批批准的24座历史文化名城之一的古都大同，自北魏建都平城至今已经1600多年了，但仍保存着丰厚的古都历史文化遗存，体现着皇城气象。它有体现佛教政治化、本土化，体现中外文化、汉夷文化相融合，体现北魏前中期政治、经济、文化生活的云冈石窟；有体现北魏皇帝皇后陵寝文化的北魏金陵、方山文明太后陵；有体现北魏礼制文化的明堂遗址；有体现北魏宫城文化的平城一、二、三号遗址和灵泉宫、灵泉池遗址；有承载着儒、释、道三教合一的北魏遗存北岳恒山悬空寺；有汉、北魏、隋唐、辽金、明清多个历史文化层叠加的古城墙；有梁思成先生考证、测绘并高度评价的辽金西京的古建筑善化寺大雄宝殿、天王殿、普贤阁和华严寺薄伽教藏殿、大雄宝殿；有明朝代王府九龙壁、广智门和宫殿遗址，还有从众多北魏、辽金墓葬中出土的国家一级文物。市区、市郊就有国家重点文物保护单位七处。作为北魏京华、辽金陪都和明代亲王主政的重镇大同，有着这么多的古都文化遗存，这在我国古都包括现有八大古都中都是少见的。“大同是大古都，而且是特殊的、具有重要意义的大古都，是实至名归的大古都！”安大钧老人把手稿合起，自信地说。

三、大同见证了晋商的辉煌

“大古都的大同历经千年风雨，见证了晋商百折不挠走出万里茶路，创造商业帝国的时代。”安大钧老人说，这是刘继伟先生的研究所得结论。

大同紧邻内蒙古，扼晋北之咽喉。贯通山西南北的茶马古道，是蒙古客商进入内地的主要通道之一。而晋商通往蒙、俄市场的三条商路，均以大同为辐射点和中转站。开辟通往蒙、俄市场，有两方面的因素不可忽略。一是明初九边重镇与内地联系的主要交通干线；二是明代以来形成的通北驿道、驿站。明代通往九边重镇的主要干线有三个方向：东北向是辽东镇、蓟镇、宣府镇；北向是大同镇、山西镇；西北向是延绥镇、宁夏镇、同原镇、甘肃镇。从晋商的角度讲，从明中叶开始就形成了这三个方向的行商路线，且均以大同为辐射点，向北、东北、西北发展。

万里茶路的形成，为大同带来了勃勃生机，茶路途经大同，更直接地使大同的经济融入茶路经济。比如大同制造的口袋，几乎全部用于晋商的茶路运输。“其匠艺之最众者，尤其有毛袄匠、口袋匠十倍于他处。”(清道光《大同县志》)

大同口袋匠“十倍于他处”，可见当年市场需求之旺盛。织出的毛口袋根本用不着外出推销，仅南来北往的各地客商捎脚就卖光了。用量大时，客户还不得不等上几天。

通达的商道、便捷的交通是晋商垄断蒙、俄市场的重要条件。明清两代山西省内的商人及经山西周转对蒙、俄贩运的商帮，均以大同为集散之地。或入市场卖出，或转运蒙、俄，或贩取厚利，大同都是必经之地，因而使得大同“繁华富庶，不下江南”。

而大同繁华的商业，也带动了当时佛教、文化等方面的发展。记者在大同市内的华严寺、善化寺、鼓楼、关帝庙等处，看到了记载晋商捐献善款修缮建筑的碑记，其各个时期的修缮、维护，都有晋商捐献的影子。

根据大盛魁的大玉川打造“三玉川”品牌砖茶的经验，永聚祥专门打造“兴隆茂”品牌砖茶，因此设在安化、大同的分庄，不叫永聚祥，而是取名“兴隆茂”。而在华严寺内嘉庆二十二年(1827 年)《重修下华严寺碑记》中，也留下了“兴隆茂”的名字。

再以大同本地著名的广丰茶庄为例。广丰茶庄为高氏兄弟于清宣统元年(1909 年)创立，是大同首家专营茶叶的字号，品种琳琅满目，前来购物的人络绎不绝。在华严寺内民国二十五年(1936 年)《重修上华严寺碑记》中，“广丰仁记茶庄”的名号也赫然在列。

除此之外，华严寺内清光绪十八年(1892 年)《重修上华严寺碑记》中记载的著名茶票号有大德兴、谦和成(乔家)；民国二十五年(1936 年)《重修上华严寺碑记》中记载的著名票号有存義公(渠家)、复盛店(乔家)等等。这些历史的碑刻，无一不是万里茶道以及晋商留下的印记。

大同古城内的碑记记载，以其世所罕见的时间与空间尺度，证明了那个时代，那个晋商百折不挠走出万里茶路，创造商业帝国的时代。正所谓一条路繁荣一座城，一座城带动一条路，大同古城是万里茶道的无言见证，万里茶道为大同带来了无限的活力与生机。

今天，大同市国际同商总会成立，我们有理由相信，他们会比先辈们走得更远，飞得更高！

(刊载于 2016 年 7 月 27 日《山西晚报》)

家庭个人生活中的感悟

恩重如山的老母亲

说起自己的老母亲，我总是满噙泪水。我恨自己没有尽到儿子的责任，我悔自己没有在母亲头痛时多动脑子：1993年7月5日早晨，老母亲上街买菜回家后告诉我说头痛。我立即叫来车辆到雁北地区医院，找到神经科主任医师、医院李副院长。他给做了脑电图、开了药，我们便回了家。因7月10日将召开雁北地区七县合并到大同市的大会，我安排了宣传部部务会议，就急匆匆去上班。会议还没结束，我妻子就打来电话叫我马上回去。路过机关门诊部我请针灸大夫和门诊部主任到家里，先针灸，无效。做心电图发现是大面积心肌梗死。我又叫车去雁北地区医院，未到，老母亲便声音微弱地说“我不行了”。十多分钟到医院，马上急救，已无济于事，老母亲走了。我悔恨自己知道是冠心病却在早上到医院时没有给老母亲做心电图，丧失了抢救时机。

我三周岁多、弟弟一周岁多时，父亲就已外出七年之久而未管家。母亲带我和弟弟便在汾城县（今襄汾县）上鲁村姥姥家生活。姥姥家生活并不宽裕，特别是舅舅在延安中央女子大学牺牲后更显贫困，但仍接济我们，特别是我三姨父（上门女婿、我亦称舅舅）对我们更加照顾，但母亲仍夜以继日靠纺线织布、卖线卖布增加收入。母亲没有上过学，但舅舅是高小毕业，未参加革命前，经常教妹妹识字，所以母亲也粗通文字。只要村里老爷庙前唱大戏，她都领我去看。岳母刺字、桃园三结义、包公案、孟母断杼等我都看过多次，母亲也反复给我讲过，让我从小懂得了做人要“仁、义、礼、智、信、忠、孝、节、勇、和”的道理。20世纪80年代，我到河南安阳去开会，顺路领母亲去河北武安看二姨。在河南安阳汤阴我参观了岳飞祖庙。回来的路上，我给母亲说到岳飞名言“文官不爱钱，武官不惜死，不患天下不太平”。母亲说：“你小时候我就给你说过‘喝凉水、使官钱，终久是害’。”1949年，我父亲在内蒙古随董其武起义后，被安排到土默特左旗区公所任民政助理员。1952年，回到原籍绛县当速成识字班教师。我和母亲才跟随回到老家。我父亲患严重痔疮便血，不能参加田间劳动。家里的16亩土地全靠母亲经营。我和弟弟放学回家，母亲就教我们烧火做饭。加入农业合作社后，星期日，母亲还让我参加田间劳动挣工分。高中上学放假期间，我去中条山有色金属公司淘过沙，到霍县什林柏树沟煤矿从山上往山下什林火车站拉过煤，挣钱补贴家用。上大学后的1964年，父亲因胃穿孔去世。我准备休学回家，母亲不允许，出卖了三间东房和自己的陪嫁品，到县医院当保姆，晚上还要把上夜班的医护人员的小孩带回家。我上大学暑假期间，参加勤工俭学，在货运站卸过木材，到太原毛纺厂用金刚石磨过水磨石地板。好在学校每月给我16元助学金，是中国共产党这个母亲和老母亲让我度过了大学岁月。1968年9月，到河北石家庄部队农场锻炼，一年多后，1970年1月被分配到右玉县委工作。1972年，右玉县委主要领导为了留住我又给我妻子安排了工作。1973年，我妻子临产前母亲也来到右玉。一家子晋南人吃不惯莜面、豆面、玉米面，粮食门市部每月只供应我夫妇两人8斤白面，母亲还让留给我妻子坐月子吃。好在用粗粮可以换小米，一家人把小米磨成面摊黄儿吃。妻子坐月子后，因白面太少母亲又让我回原籍背白面。我背了三大袋150斤，劝母亲吃，她仍然不肯，每天和我吃小米面黄儿。母亲无论到哪里都能处理好邻里关系，她抽空就给邻里做针线活儿、帮助炒菜做饭。我1977年秋被调到雁北日报社工作。1999年，全家搬到大同，在右玉梁家油坊村的邻居还常到大同看望我母亲。我三个孩子，全是母亲拉扯到上学。

老母亲的突然离世让我悲痛万分，至今也常常噙泪。老母亲在世时，曾跟我不止一次地说过："我死也会痛痛快快地走，不会拖累你们。"果然应验了。她给我留下了无限的悲痛，但也引起了我深深的感悟：老人在世时，一定要无微不至地尽孝，千万不能"活着不孝顺，死了读祭文（老母亲给我说过的话）"。

在安氏祠堂落成暨《安氏宗谱》修编出版庆祝仪式上的讲话

尊敬的族长、尊敬的长辈、亲爱的安氏族人、同志们：

在这春暖花开、生机勃勃、万象更新的季节，在这心灵清明、天地清明、政治清明的时日，我们安氏族人欢聚一堂，共庆安氏祠堂落成暨《安氏宗谱》修编出版，这是安氏的一桩幸事、大事、喜事，请允许身在异乡的我并代表本门表示热烈诚挚的祝贺！对参与安氏祠堂重修扩建和《安氏宗谱》修编重纂的族人、亲戚和其他同志表示衷心感谢！在这里，我还要特别感谢对此贡献特别突出的德天、思和及乡村干部。

作为安氏一分子，我十分感谢老祖宗给了我们一个好姓：它不仅是一个姓氏，而且是一种状态，是一种境界，也是人生的一种追求。翻开《现代汉语词典》，安定、安分、安康、安好、安全、安乐、安适、安然、安生、安稳、安闲、安详、安心、安逸……一个个吉祥的词语便扑面而来；查阅《成语大辞典》，安邦治国、安长处顺、安不忘危、安居乐业、安分守己、安富恤贫、安老怀少、安贫乐道、安然无恙、安然无事、安如磐石、安若泰山、安之若素、安闲自在……一个个"安"字开头的成语又会让人浮想联翩。这种状态、这种境界，难道不是世人的价值追求吗？

"安"是我们的姓氏，也是我们安氏的追求。我们最大最好的追求就是国安、民安、家安、身安！求国安，就是要有热爱祖国的情怀、献身祖国的信念，就是要在不同的岗位上积极参与现代化建设，为国家的科学发展、繁荣昌盛做出应有的贡献；求民安，就是要有全心全意为人民服务的思想，讲求社会公德、职业道德，要以人为本，改善民生，维护民利，保障民权，为社会和谐不懈努力；求家安，就是要讲家庭美德，要尊老爱幼、男女平等、家庭和睦、勤俭持家、邻里团结，要牢记家训、严守家规、有所作为、光宗耀祖；求身安，就是要讲求个人品德，要厚德载物、自强不息、严于律己、宽以待人，要遵纪守法、明礼诚信、团结友善、敬业奉献。为"安"而努力、为"安"而献身，是我一生的信条，是我追求的目标。我深知自己做得还不够，但我想提出来，与家人共勉。不知妥否？

家和万事兴，家安百业旺。我们安家，历史上有过辉煌，当今也有辉煌，将来更有辉煌。我衷心祝愿：安氏宗族根深叶茂、繁荣昌盛、人才辈出、事业辉煌！

谢谢大家！

（2009 年 4 月 4 日）

在七十寿筵上的讲话

各位亲朋：

明天是我七十寿诞。今天，在这里举行寿筵，感谢我的表弟吴大钟、吴大镛不远千里前来祝寿！也感谢我的家人和亲友前来祝寿！人要满怀感恩之心，后辈要感谢长辈的养育之恩，长辈也要感谢后辈的孝敬之情。这是家和万事兴的基础，也是大慈大爱的体现。

杜甫《曲江》一诗中说“人生七十古来稀”。人在古稀之年，总爱回首往事，总会谈些感悟。勤学、多思、贵实践、爱探索，是我的座右铭。我信奉儒教的“四维十德”，即礼、义、廉、耻和仁、义、礼、智、信、忠、孝、节、勇、和。我信奉佛教的“诸恶莫做，众善奉行；自净其意，利益众生”。我也信奉道教的“自强不息，厚德载物，修身养性，天人合一”。以儒治国，以道治身，以佛治心，是古训，对今人也有教益。我在大同工作三十多年，我特别信奉“包容和合，崇尚先进；开拓进取，改革创新；煤炭品格，大同精神”。我是共产党人，担任处级以上领导职务二十七年，更信奉全心全意为人民服务，权为民所授，权为民所控，权为民所用，利为民所谋。从走上工作岗位到今天，我没有干出过惊天动地的大事，但我正正派派做人，勤勤恳恳做事，清清白白做官，还是能走一处胜一处的。如果说有什么能令我自豪的，那就是我敢于探索，是一个探索者。在雁北日报社，我探索了办一张指导服务型报纸，建一个企业管理型报社；在市委宣传部，我探索了既要统一人的思想，更要解放人的思想，在解放人的思想的过程中再统一人的思想；在担任大同市委副书记时，我探索了干部制度的改革，坚持了按民意、按德才、按政绩、按规矩用人；在大同人大常委会十年，我探索民本、民意、民生、民主的工作路径。回顾工作的四十一年，我没有虚度过，没有懈怠过，没有渎职过，没有失责过，我对得起天地，对得起人民，对得起祖先，对得起后辈！

在这个寿筵上，我还想给家人说几句：前年清明节，我在垣曲县马村安氏宗祠落成典礼上有一个讲话，我现在把其中一部分给大家念一下。

“作为安氏一分子，我十分感谢老祖宗给了我们一个好姓：它不仅是一个姓氏，而且是一种状态，是一种境界，也是人生的一种追求。翻开《现代汉语词典》，安定、安分、安康、安好、安全、安乐、安适、安然、安生、安稳、安闲、安详、安心、安逸……一个个吉祥的词语便扑面而来；查阅《成语大辞典》，安邦治国、安长处顺、安不忘危、安居乐业、安分守己、安富恤贫、安老怀少、安贫乐道、安然无恙、安然无事、安如磐石、安若泰山、安之若素、安闲自在……一个个'安'字开头的成语又会让人浮想联翩。这种状态、这种境界，难道不是世人的价值追求吗？

'安'是我们的姓氏，也是我们安氏的追求。我们最大最好的追求就是国安、民安、家安、身安！求国安，就是要有热爱祖国的情怀、献身祖国的信念，就是要在不同的岗位上积极参与现代化建设，为国家的科学发展、繁荣昌盛做出应有的贡献；求民安，就是要有全心全意为人民服务的思想，讲求社会公德、职业道德，要以人为本，改善民生，维护民利，保障民权，为社会和谐不懈努力；求家安，就是要讲家庭美德，要尊老爱幼、男女平等、家庭和睦、勤俭持家、邻里团结，要牢记家训、严守家规、有所作为、光宗耀祖；求身安，就是要讲求个人品德，要厚德载物、自强不息、严于律己、宽以待人，要遵纪守法、明礼诚信、团结友善、敬业奉献。为'安'而努力、为'安'而献身，应该是我们安家的信条，是我们安家追求的目标。"

谢谢！

（2011 年 10 月 6 日）

附

同舍同桌的安大钧

梁志宏

“五四”青年节将至，周刊编者欲组一版有关“同桌”情感记忆的散文，约我也写一篇。打开人生档案，中学时代几个同桌的影像一闪而过，而大学同一宿舍几位“同桌”的容颜清晰地呈现在了眼前。我就读的山大中文系教室没有双人课桌，使用的是单人座椅右侧伸出托板的小桌。但在学生宿舍里，则有双屉或三屉桌摆在靠墙两侧的双层床中间大家共用。本文记述的，便是这种朝夕相处的同舍“同桌”的往事与情怀。

那是1963年金秋，我与5位朴实而各具个性的新生有缘住进了同一宿舍：个子瘦高眼睛透亮的蔚世仁，脸颊黑红爱抽小兰花烟叶的王满田，嘴角总是溢着微笑、开口拜伦闭口普希金的佟耀军，同样爱笑更喜欢运动的刘世铭，还有性格沉稳脸上似乎带有几分沧桑的安大钧，由于穿着晋南土布做的衣服而尤为引人注目。我和大钧是上下床，伙用半张桌面。慢慢地，我知道大钧家在农村，为供他们兄弟三人上学，家里举债累累。班里评议助学金，大钧享受最高等级每月16元，就这样他在假期还要到建筑工地当小工以便积攒下学期的学费书费。

我们同舍6人以兄弟相称，大钧叫“安老三”，我年龄最小是“梁老六”。我最早在报刊上发表诗歌散文，曾悄悄拿出写在笔记本上的习作集《向阳花》让大钧看，他对那些稚嫩的诗文给予称赞。其实他的文字功底很好，只是专攻学业不事投稿罢了。

记得有一天我病倒在床，突然想吐，赶紧从上铺下来，可没忍住吐在大钧身上。他没有一丝埋怨，招呼同学们给我倒水漱口，收拾完污秽物，立即送我去医务室。

星期天，我邀大钧去我家。知道他为了省钱进城从来都是步行，上了车我抢着买了两张1角6分的车票。母亲看他穿着单薄，得知他家境贫寒，便送一件我的秋衣让他穿上。大钧推让不过，动情地说那是他一生穿的第一件秋衣。

“文化大革命”风暴骤起，学生大串连的浪潮遍及全国。我和大钧、作柱结伴乘车坐船穿越了北京、青岛、上海、南京等城市。这日，我们坐在风陵渡黄河岸边小憩。大钧望着铜汁般涌动的黄河波涛，慷慨建言：发扬红军长征精神，步行串联返回省城！于是我们徒步北上，一路风餐露宿。途经大钧老家时，我知道他父亲去世不久，劝他回家看看，他却没有那样做，而是与我们一路返回太原。返校不久，我贴出一份《造反声明》，离开班里多数同学所在的群众组织加入对立派组织。同学中有的侧目，有的往我抽屉塞了“把你入另册”的纸条；同舍的几位学兄皆为原来一派的“铁杆”，却对我依然如故。回到宿舍我觉得有点别扭，大钧则在私下开导：“你的情况我知道一些，咱们只是观点不同，哪一派都有好人……”他所说我的情况，是指另一派群众组织的一把手系我高中的同班好友，几次拉我过去；还有我的初恋对象加盟当了这派组织的广播员。

当然在“文化大革命”中，我与大钧，与同舍同班学子都属于“毛主席挥手我前进”，受了蒙蔽但从未参与批斗、武斗活动，我与不同观点的同学应是“君子和而不同”，而且在毕业前的“工宣队”领导时期就和解了。

在那个“非常年代”，毕业后同学们走过各自的蹉跎岁月，画出了不同的人生轨迹，于毕业 30 周年实现了第一次大聚会。我同舍同桌的学兄除“佟老二”早逝外，又都相握相拥在一起了。

有一件事令人难以忘怀。20 世纪末叶，省城一位朋友筹拍一部反映邓小平少年生活的电视剧，邀我与作家孙涛加盟，寻求联合摄制或协拍单位。我与孙涛陪他前往大同，向在市委任职的大钧学兄求助。大钧答应帮忙，最终一家企业愿以两辆汽车作价 10 万元投资。我知道大钧伸出援手，是看重同学情义，尤其是对我这个同桌学弟的情义；而我却未能给予学兄什么回报。不过我想，世上总有些情义是不计功利、不要回报的，比如血浓于水的亲情，铭心刻骨的爱情，还有超凡脱俗的同学、同桌的友情。

（刊载于 2012 年 05 月 04 日《山西日报》）